SELF COMES TO MIND

지은이 안토니오 다마지오(Antonio Damasio)
서던캘리포니아 대학교 데이비드 돈사이프 신경과학과·심리학과·신경학과 교수 겸 뇌와 창의성 연구소 소장이다. 다마지오의 또 다른 저서로는 『데카르트의 오류: 감정, 이성, 그리고 인간의 뇌』, 『느낌의 발견: 의식을 만들어 내는 몸과 정서』(『뉴욕타임스』 북 리뷰 올해 최고의 책 10권 중 하나로 선정), 『스피노자의 뇌: 기쁨, 슬픔, 느낌의 뇌과학』, 『느낌의 진화: 생명과 문화를 만든 놀라운 순서』, 『느끼고 아는 존재: 인간의 마음은 어떻게 진화했을까』 등이 있다. 페소아상, 시뇨레상, 코자렐리상(아내 한나 다마지오와 공동 수상), 아스투리아스 과학기술상 등 수많은 명예로운 상을 받았다. 또한 미국 국립과학원 의학연구소, 미국 예술과학아카데미, 유럽 과학예술아카데미 회원으로 활동하고 있으며, 현재 로스앤젤레스에서 연구와 강의를 계속하고 있다.

옮긴이 노민화
연세대학교 인지과학 협동과정 박사 과정을 수료했으며, 초등학교 교사로 재직하고 있다. 자아와 마음 교육을 중심 주제로, 신경교육철학에 기반한 다학제적 연구를 진행하고 있다. 함께 쓴 논문은 노민화·김경래·권석원, "The Impact of Mathematics Class Right After Physical Education Class on Brain Activation in Children"[*Brain, Digital, & Learning* 12(4), pp. 621~635]이 있다.

자아가
마음에
오다

Self comes
to mind

의식하는 뇌는
어떻게 형성되는가?

안토니오 다마지오 지음
노민화 옮김

그린비

SELF COMES TO MIND: CONSTRUCTING THE CONSCIOUS BRAIN
2010 by Antonio Damasio
All rights reserved

Korean Translation Copyright © 2025 by Greenbee
Korean translation rights arranged with InkWell Management, LLC through EYA Co.,Ltd.

마음학 세미나 03
자아가 마음에 오다—의식하는 뇌는 어떻게 형성되는가?

초판1쇄 펴냄 2025년 10월 10일
초판2쇄 펴냄 2025년 11월 20일

지은이 안토니오 다마지오
옮긴이 노민화
펴낸이 유재건
펴낸곳 (주)그린비출판사
주소 서울시 서대문구 이화여대2길 30, 1층
대표전화 02-702-2717 | **팩스** 02-703-0272
홈페이지 www.greenbee.co.kr
원고투고 및 문의 editor@greenbee.co.kr

책임편집 문혜림
편집 이진희, 민승환, 전혜빈, 박선미 | **디자인** 심민경, 조예빈
독자사업 류경희 | **경영관리** 장혜숙

이 책의 한국어판 저작권은 EYA Co.,Ltd.를 통한
InkWell Management, LLC 사와의 독점계약으로 (주)그린비출판사에 있습니다.
저작권법에 의하여 한국 내에서 보호를 받는 저작물이므로 무단전재와 무단복제를 금합니다.
책값은 뒤표지에 있습니다. 잘못 만들어진 책은 구입처에서 바꿔 드립니다.
ISBN 979-11-94513-33-9 93120

독자의 학문사변행學問思辨行을 돕는 든든한 가이드_(주)그린비출판사

이 책의 역자 인세 전액은 아이들의 건강과 안전을 위해 활동하는 단체에 기부됩니다.

추천의 글

우리는 누구나 매일 아침 눈을 뜨는 순간, 의식이라는 기적을 경험한다. 그러나 의식은 그저 '깨어 있음'에 그치지 않는다. 그것은 세상과 자신을 동시에 알아차리고, 나아가 존재의 의미를 묻는 힘이다.

안토니오 다마지오는 인간 뇌 작용의 핵심인 느낌, 자아, 의식에 대해 평생토록 몰두해 온 연구자이다. 그의 『자아가 마음에 오다』는 의식의 삼중주인 각성, 자아, 마음에 대한 대담하고 정교한 탐구로서, 자아라는 과정을 통해 비로소 마음이 '나의 것'이 되는 순간을 포착한다. 다마지오는 의식을 자아 과정이 추가된 마음의 상태로 보고, 이 책에서 자아를 신체 상태에서 올라오는 '원자아'와 대상과의 친숙한 연결에서 생성되는 '핵심자아', 그리고 과거 기억을 매 순간 회상하면서 출현하는 '자서전적 자아'로 설명한다.

독자는 이 책을 통해 인간다움의 핵심이 어디에서 비롯되는지, 왜 자아가 의식의 필수적 조건인지를 새롭게 깨닫게 된다. 그리고 왜 우리는 일인칭 관점으로만 세상을 보게 되었는지를 내부감각, 신체 표상, 외부를 향한 감각통로의 상호작용이라는 개념을 통해 알게 된다. 다마지오는 인간 정신 작용의 본질을 향한 탐구의 가장 깊은 자리로 우리를 이끈다.
— 박문호 박사 ('박문호 자연과학 세상' 이사장, 『뇌, 생각의 출현』 저자)

안토니오 다마지오는 상위 뇌에서 감정이 시작된다는 통념을 넘어 감정·감각·항상성 경험을 지탱하는 하위 뇌의 깊은 진화적 흔적까지 시야를 넓혀 간다. 그의 창조적 비전은 우리가 존재의 근원에 한 걸음 더 가까이 다가가게 하는 저력이 있다.
— 야크 판크셉(워싱턴 주립대학교 동물 복지 과학 베일리 석좌 교수, 『정서 신경과학』 저자)

나는 이 책에 완전히 매료되었다. 안토니오 다마지오는 신경과학에서 거둔 탁월한 성과들을 진화생물학과 문화 발전이라는 거대한 흐름 속에서 풀어낸다. 이 선구적인 책은 우리 자신과 우리의 역사, 그리고 우리가 함께 맞이할 미래를 창출하는 데 있어 문화가 얼마나 중요한지에 대한 전혀 새로운 사유 방식을 제시한다.
— 요요 마(첼리스트, 그래미상 수상자)

안토니오 다마지오는 과학자이자 임상의로서 인간 뇌에 관한 두 가지 귀중한 지적 자산을 손에 쥐고 있다. 이 책에서 그는 우리 몸에 기반을 둔 뇌와 세계의 인터페이스를 매혹적인 창으로 펼쳐 보인다.
―「르 피가로」

안토니오 다마지오의 유럽식 학문 수련은 그의 많은 동료 학자들이 빠져드는 환원주의적 함정을 피해 가게 한다. 수많은 의식 관련 저서들이 서가를 메우고 있지만, 프로이트가 '무의식'이라는 용어를 사용한 사실을 굳이 상기시켜 주는 책은 그의 저서가 유일하다.
―「가디언」

모험적이고, 용기 있으며, 지적인 책. 안토니오 다마지오는 의식 연구 분야의 선도적 학자 가운데 한 사람이다. 나는 이 책과 저자 모두에게 깊은 존경심을 보낸다.
― 존 설,「뉴욕 리뷰 오브 북스」

아내 한나에게

내 영혼은 숨겨진 오케스트라 아니던가.
내 안에 어떤 악기들이 격렬하게 연주되고 있는지 모를 일이다.
현악기와 하프, 타악기와 드럼이 울려 퍼지는 것인가?
오롯이 나는 하나의 교향곡으로만 나를 인식할 수 있을 뿐이다.
—페르난두 페소아, 『불안의 책』 중에서

나 스스로 만들어 보지 않았다면, 제대로 알 수 없다.
—리처드 파인만

일러두기

1. 원서의 'emotion'은 '감정'으로 번역했다. 다마지오의 국내 번역서들은 번역자에 따라 'emotion'을 '정서' 혹은 '감정'으로 달리 옮기고 있지만, 이 책에서는 주관적 경험과 개인의 의식 간 관계를 심층적으로 탐구한다는 점에서 '감정'이라는 용어가 더 적합하다고 판단했다. 일반적으로 '감정'은 개인이 특정 순간에 주관적으로 느끼는 구체적이고 직접적인 심리 상태를 강조하는 경향이 있다. 반면 '정서'는 보다 포괄적이고, 객관적으로 관찰할 수 있는 심리적 반응 패턴을 의미한다. 덧붙여 'affect'는 감정적 반응의 가장 원초적이고 생리적인 수준을 지칭하는 개념으로, '정동'으로 번역했다.
2. 'conscious'는 주로 '의식이 있는' 혹은 '의식을 가진'으로 옮겼으며, 의식의 존재 여부와 그 영향에 초점을 맞춘 이 책의 취지를 살리기 위한 의도적인 선택이다. 그에 대응하는 반대 용어인 'nonconscious'와 'unconscious'는 일반적인 관례에 따라 각각 '비의식적'과 '무의식적'으로 구분했다. 여기에서 '비의식적'이란 진화사에 아직 의식이 출현하지 않았던 시기나 마취, 꿈 없는 수면처럼 애초에 의식 자체가 부재한 상태를 가리킨다. 반면 '무의식적'은 프로이트식의 억압된 심층 심리를 넘어서, 의식이 작동함에도 우리가 자각하지 못하는 심리적·신경학적 과정 전체를 포괄하는 개념이다. 물론 문맥에 따라 'conscious'를 '의식적인', '의식하는'으로, 그리고 'nonconscious'를 '무의식적인'으로, 또 'unconscious'와 함께 '의식이 없는' 등으로 적절히 혼용해 사용하되, 기본적으로는 위와 같은 나름의 번역 원칙을 따랐다.
3. 원문에서 이탤릭체로 강조된 부분은 내용의 가독성을 고려해 **볼드체**로 표기했다.
4. 본문 안의 소괄호는 원저자가 부연 설명으로 사용한 방식을 그대로 따랐다.
5. 역자가 추가한 주석은 [옮긴이]로 표시했다.
6. 단행본과 학술지는 겹낫표(『 』), 영화는 홑낫표(「 」), 음악 작품명은 홑화살괄호(< >)로 묶었다.
7. 전문용어 및 개념어에는 이해를 돕기 위해 원어(영어, 불어, 라틴어 등)를 병기했으며, 인명·작품명·저서명 등은 가독성을 고려해 본문에서는 원어 표기를 생략했다(각주 등에서만 표기).
8. 외래어 표기는 국립국어원 외래어표기법을 준수했으나, 관습적으로 굳은 표현이 있는 경우 그를 따랐다.
9. 찾아보기는 원서 인덱스를 역자가 핵심 주제어 중심으로 정리·가공했다.

차례

추천의 글 ... 5

제1부
다시 시작하다

1장 잠에서 깨어나다
목적과 이유 ... 26
문제에 다가서다 ... 28
목격자로서의 자아 ... 38
호도하는 직관 극복하기 ... 40
통합적 관점 ... 43
얼개 ... 47
주요 아이디어 선공개 ... 51
생명과 의식을 가진 마음 ... 62

2장 생명 유지에서 생물학적 가치까지
의식의 비개연성 ... 67
자연적 의지 ... 69
계속 살아남다 ... 82
항상성의 기원 ... 85

세포, 다세포생물, 공학 기계 ... 87

생물학적 가치 ... 89

유기체 전체의 생물학적 가치 ... 92

인간의 초기 선조들의 성공담 ... 95

인센티브 개발 ... 99

항상성, 가치, 의식의 연결 고리 ... 102

제2부
마음이 존재할 수 있는 뇌 속에는 무엇이 있을까?

3장 지도 제작과 이미지 형성

지도와 이미지 ... 113

표면 아래로 파고들기 ... 117

지도와 마음 ... 123

마음의 신경학 ... 128

마음의 시작 ... 133

마음 만들기에 한 걸음 더 가까워지고 있는가? ... 148

4장 마음속의 신체

마음의 주제 ... 153

신체 지도화 ... 157

신체에서 뇌로 ... 163

양은 표상하고 질은 구성하고 ... 167

원초적 느낌	169
신체 상태 지도화와 시뮬레이션	170
아이디어의 진원지	175
신체-마음-뇌	178

5장 감정과 느낌

감정과 느낌의 자리매김	181
감정과 느낌 정의하기	182
감정 유발과 실행	186
윌리엄 제임스의 별난 사례	190
감정의 느낌	193
우리는 어떻게 감정을 느낄까?	198
감정과 느낌의 시간성	202
감정의 다양성	203
감정의 상한선과 하한선	206
감탄과 연민에 대한 단상	208

6장 기억의 구조적 설계

어디선가, 어떻게든	215
기억 저장의 본질	219
기질이 먼저, 지도는 나중에	220
기억의 작동 방식	224
기억의 종류에 관한 짤막한 첨언	228

문제에 대한 가능한 해결책　230

수렴-발산 지대　232

수렴-발산 지대에 대한 추가 고찰　236

모델의 실제 적용　238

지각과 회상의 방식과 위치　246

제3부
의식을 가진 존재

7장 관찰된 의식

의식의 정의　253

의식 분해하기　256

자아는 사라져도 마음은 남는다　262

실용적 정의를 완성하면서　267

의식의 종류　269

인간의 의식과 비인간의 의식　275

의식을 둘러싼 오해　276

프로이트의 무의식　283

8장 의식을 가진 마음 구축하기

작업 가설　289

의식을 가진 뇌로의 접근　293

의식을 가진 마음 선공개　295

의식을 가진 마음의 재료 298

원자아 304

핵심자아의 형성 319

핵심자아의 상태 325

의식을 가진 마음을 구성하는 뇌 탐방 328

9장 자서전적 자아

기억이 의식이 되다 333

자서전적 자아의 형성 335

협응의 이슈 337

코디네이터들 339

후내측피질의 잠재적 역할 342

후내측피질의 작동 원리 348

후내측피질에 관한 추가 고찰 352

의식의 병리 현상에 관한 마무리 371

10장 갈무리

최종 점검 377

의식의 신경학 380

의식 있는 마음 뒤편의 해부학적 병목 현상 389

해부학적 구획의 협연에서 신경세포의 독주까지 392

자신의 지각을 느낄 때 395

감각질 I 396

감각질 II	400
감각질과 자아	409
남겨진 의문	410

제4부
의식 이후 기나긴 시간이 흐르고

11장 의식과 더불어 살아가기

의식이 살아남은 이유	415
자아의 통제 이슈	418
무의식에 관한 단상	424
유전적 무의식에 관한 첨언	432
의식적 의지의 느낌	435
인지적 무의식 교육하기	436
뇌와 정의	440
자연과 문화	443
자아가 마음에 오다	448
성찰적 자아의 귀결	452

부록	463
감사의 말	489
옮긴이 후기	493
찾아보기	522

제1부

다시
시작하다

1장

잠에서 깨어나다

눈을 떠 보니 비행기는 하강 중이었다. 한동안 잠들어 있었던 탓에 착륙과 날씨를 알리는 기내 방송도 놓쳤고, 나 자신이나 주변 상황도 전혀 알아채지 못했다. 나는 의식이 없는 상태였다.

우리 인간의 생물학적 특성 중에서 '의식'으로 알려진 이 재능 commodity만큼, 겉보기에는 별것 아닌 듯하면서도 실제로는 헤아릴 수 없이 심오한 것도 드물다. 그렇다. 실제 의식은 소유자를 갖춘 마음, 즉 자기 존재의 주인공이자, 내면과 주변 세계를 살피는 자아이자, 언제든 행동할 준비를 갖춘 주체가 되는 능력이다.

의식은 단순히 깨어 있음이 아니다. 방금 전 잠에서 깨어났을 때, 나는 멍하니 주변을 둘러보지 않았다. 깨어 있는 나의 마음이 소속감 없이 주변의 풍경과 소리를 받아들이지도 않았다. 오히려 나는 거의 즉각적으로, 일말의 망설임 없이, 어떤 노력조차 들이지 않고도 '아, 내가 여기 있구나' 하고 스스로를 알아차렸다. 그와 동시에 오늘 안에 마무리해야 할 일들이 산더미처럼 쌓인 채 내가 로스앤젤레스로 돌아가는 비행기 좌석에 앉아 있다는 사실이 단번에 떠올랐다. 한술 더 떠, 여독이 몰려오는 와중에도 앞으로 해야 할 일에 대한 열정이 묘하게 뒤섞인 채 우리 비행기가 어느 활주로에 착륙할지 호기심이 발동한 상태로, 지상에 안착하기 직전 엔진 출력이 미세하게 조정되는 소리까지 유심히 살피고 있는 나의 모습까지 스쳐 지나갔다. 물론 깨어 있다는 것은 이 상태에 없어서는 안 될 요소였지만, 그렇다고 해서 각성을 가장 중요한 특징이라고 보기는 어렵다. 그렇다면 핵심은 무엇이었을까? 바로 그 모든 내용들이 이른바 '자아'라고 불리는 끊임없이 이어지는 향연 속에서 보이지 않는 끈으로 서로 연결되어 있다는 것이다. 또한 그 연결의 중심에는 그 모든 내용을 하나로 묶어 주는 마음의 주인인 내가 있다. 나아가 이에 못지않게 중요한 것은 그 연결이 실제로 느낄 수 있다는 사실이다. 연결된 나를 경험하는 데에는 일종의 느낌적 특성feelingness이 수반된다.

깨어남은 잠시 사라졌던 마음이 되돌아왔음을 의미할 뿐 아니라 마음 안에 나라는 존재가 있음으로써 소유물(마음)과 소유자(나), 이 둘 모두의 소재를 파악하게 된다는 뜻이기도 하다. 깨어남을 통해 나는 온 하늘에 펼쳐진 마법 영화를, 일부는 다큐멘터리요 일부는 픽션으로 이루어진, 혹은 의식하는 인간의 마음이라는 또 다른 이름으로도 불리는 나의 정신 영역을 재조명하고 탐색할 수 있게 된다.

우리는 누구나 의식에 자유롭게 접근할 수 있다. 의식은 마음 속에서 거품처럼 가볍고 풍성하게 떠오르기에, 우리는 망설임이나 불안 없이 매일 밤 잠이 들고 의식이 사라지도록 내버려두었다가 아침이면 알람 소리에 맞춰 다시 의식을 맞이한다. 낮잠을 빼더라도 일 년에 최소 365번은 그런 셈이다. 그럼에도 우리네 존재에 있어 의식만큼 경이롭고 근본적이며, 겉으로 보기에 신비로워 보이는 것은 드물다. 의식, 즉 주관성이 부여된 마음이 없다면 여러분은 자신이 누구인지, 무엇을 생각하는지 알기는커녕 자신이 존재한다는 사실조차 알 길이 없다. 우리보다 훨씬 단순한 생명체에서 처음에 아주 소박한 형태로나마 주관성이 등장하지 않았다면, 기억과 추론은 지금처럼 방대하게 확장되지 못했을 것이고, 언어와 현재 우리가 가진 정교한 인간 버전의 의식으로 이어지는 진화의 길도 닦이지 않았을 것이다. 창의성은 꽃피지 못했을 것이다. 노래도, 그림도, 문학도 없었을 것이다. 사랑은 한낱 섹스에 불과할 뿐 결코 사랑이 아니었을 것이다. 우정은 단순한 협력적 편의에 지나지 않았을 것이다. 고통은 결코 번뇌로 발전하지 못했을 것이다. 물론 생각하기에 따라 꼭 나쁜 것만은 아닐 수도 있는 것이 쾌락 역시 환희bliss로 탈바꿈하지 못했을 것이기 때문이다. 이런 의미에서 의식이 주는 이점이란 참으로 아리송하다. 만약 주관성이 급진적으로 등장하지 않았다면, 앎도 없었을 것이고 알아채는 이도 없었을 것이다. 결국 생명체가 시대를 거쳐 무엇을 해 왔는지에 대한 역사와 문화도 전무했을 것이다.

아직 나는 의식에 대한 상용화된 정의를 내리지 못했지만, 의식이 없다는 것이 무엇을 의미하는지 명확히 하고 싶다. 의식이 없으면 개인적 관점은 멈춘다. 우리는 자신의 존재는 물론 다른 무엇이 존재하는지도 인식하지 못한다. 만약 진화 과정에서 의식이 발달하지 않았고 인간 버전으로까지 확장되지 않았다면, 지금 우리에게 익숙한 연약함과 강인함을 모두 갖춘 인류로 우린 결코 도약하지 못했을 것이다. 진화의 한 순간이 달라졌더라면, 우리를 진정으로 인간답게 만드는 생물학적 선택지들을 모두 잃었을 수도 있다는 생각에 전율이 인다. 만약 그랬다면, 우리가 무언가를 잃었다는 사실 자체를 어떻게 알아차릴 수 있었겠는가?

우리는 의식을 당연시한다. 의식이 늘 곁에 있고 다루기도 쉽고 날마다 사라졌다가 다시 나타나는 행보가 실로 유려하기$_{elegant}$ 때문이다. 하지만 과학자든 아니든, 의식에 대해 생각하다 보면 절로 의문이 든다. 도대체 의식은 무엇으로 이루어져 있을까? 비틀린 마음이라는 것이 내 생각이다. 의식할 마음이 없으면 의식할 수 없으니 말이다. 그렇다면 마음은 무엇으로 이루어져 있을까? 마음은 공기에서 오는 것일까? 아니면 몸에서 오는 것일까? 식자들은 마음이 뇌에서 비롯된다느니, 마음이 뇌 속에 존재한다느니 말하지만, 그것만으로는 여전히 궁금증이 해소되지 않는다. 도대체 뇌는 어떻게 마음을 만들어 내는 것일까?
　의식이 있든 없든 그 누구도 타인의 마음을 보지 못한다는 사실이 특히나 신비롭게 다가온다. 우리는 누군가의 몸과 몸짓, 행동, 말이나 글을 관찰할 수 있고, 거기에서 그들이 무슨 생각을 하는지

나름의 근거에 입각해 추측할 수 있다. 하지만 우리는 타인의 마음을 직접 관찰할 수 없을 뿐더러, 오직 자기 자신만이 내면에서 자신의 마음을, 그것도 비교적 좁은 창을 통해서만 들여다볼 수 있을 따름이다. 의식 있는 마음은 차치하더라도, 마음의 속성 자체만으로도 눈에 보이는 살아 있는 물질의 그것과 본질적으로 확연히 다르다. 그 때문에 사려 깊은 이들은 한쪽의 과정(의식 있는 마음의 작용)이 다른 한쪽의 과정(조직이라는 집합체 안에서 한데 살아가는 물리적 세포들의 활동)과 어떻게 맞물리는지 의문을 품는다.

하지만 외관상 의식하는 마음이 신비롭다고 회자된다고 해서 그 불가사의가 영원히 미해결 상태로 남을 것이라는 뜻은 아니다. 즉 뇌를 부여받은 생명체가 어떻게 의식 있는 마음을 발달시키는지를 우리가 절대 이해할 수 없을 것이라고 단정짓는 것과는 천양지차이다.[1]

1   1980년대 후반에 필자가 처음으로 프란시스 크릭과 의식을 주제로 이야기하면서 의식 연구에 대한 반감이 존재한다는 사실을 인식하게 되었다. 그 무렵 크릭은 자신이 가장 선호하던 신경과학 주제들을 뒤로하고, 의식이라는 문제로 연구의 방향을 선회할지 고민 중이었다. 나는 아직 준비가 미흡해 신중한 입장이었는데, 당시의 분위기를 감안하면 현명한 선택이었다고 본다. 나는 크릭이 특유의 익살스러운 표정으로 나에게 스튜어트 서덜랜드가 정의한 의식에 관해 아느냐고 물었던 것으로 기억한다. 나는 알지 못했다. 영국의 심리학자 서덜랜드는 다양한 주제에 관한 관심과 동료들에 대한 냉소적이고 가차 없는 발언으로 유명했다. 크릭은 서덜랜드가 저서 『심리학 사전』에 제시한 의식에 관한 놀라운 정의를 읽어 주었다. "의식은 매혹적이지만 해명하기 어려운 현상이다. 그것이 무엇인지, 무엇을 하는지, 왜 진화했는지를 명확히 규정하는 것은 불가능하다. 의식에 관해 학술적 가치를 지닌 문헌은 전무한 실정이다"(Stuart Sutherland, *International Dictionary of Psychology*, 2nd edn., New York: Continuum, 1996).
우리는 한바탕 웃지 않을 수 없었다. 곧이어 열정의 도가니 같은 이 걸작의 장점을 꺼내기에 앞서 크릭은 서덜랜드의 사랑에 대한 정의 또한 낭독해 주었다. 호기심 많은 독자들을 위해 적어 두자면 다음과 같다. "아직 어떤 표준 진단 매뉴얼에서도 인정받지 못한 정신 질환의 한 형태." 우리 둘 다 폭소를 터뜨렸다. 당시 기준으로 보더라도 서덜랜드의 발언은 극단적이었지만, 한

목적과 이유

이 책은 두 가지 질문을 톺아보는 데 주력하고 있다. 첫째, 뇌는 어떻게 마음을 형성하는가? 둘째, 뇌는 어떻게 그 마음을 의식적으로 만드는가? 물론 나는 익히 알고 있다. 질문을 던지는 것과 그에 답하는 것이 엄연히 같지 않고, 특히 의식 있는 마음이라는 문제에 대해 정답을 전제하는 것은 어불성설이라는 점을 말이다. 게다가 의식에 관한 연구가 너무 방대하게 확장되어 사람들이 저마다 연구에 기여한 바를 치우침 없이 살피는 것이 더 이상 불가능하다는 것 역시 깨달았다. 현재의 의식 연구는 용어와 관점이라는 쟁점과 함께 지뢰밭을 걷는다고나 할까? 그럼에도 위험을 감수하고서라도 관련 질문과 씨름해 본다든지, 불완전하고 잠정적일지라도 현재의 증거

편으로 널리 퍼져 있던 인식을 잘 포착한 것이기도 했다. 통상 의식 연구라는 것이 실제로는 뇌가 어떻게 의식을 만들어 내는지를 규명하는 것으로 이해했던 터라, 본격적인 의식 연구는 아직 시기상조라는 인식이 팽배했었다. 본격적인 의식 연구 시대는 아직 도래하지 않았다. 이런 태도 탓에 연구 분야가 중단되었다고는 할 수 없지만, 지금 와서 돌이켜 보면 득이 되지 않았다. 인위적으로 의식 문제와 마음 문제를 분리시켰기 때문이다. 신경과학자들은 의식 연구의 본질적 난제를 우회한 채 마음 연구를 계속할 면죄부를 얻은 것 같았다(뜻밖에도 나는 몇 년 후 학술적 교류의 장에서 마음과 자아 문제를 주제로 내가 어떤 연구를 하고 있는지에 관해 서덜랜드와 논의할 기회가 있었다. 그는 나의 아이디어를 반기는 듯했고, 내게 대단히 호의적이었다). 의식 연구에 대한 회의적 태도는 현재까지도 학계 일각에서 사라지지 않았다. 이런 입장을 고수하는 동료 연구자들을 물론 존중한다. 하지만 의식하는 마음의 출현을 설명하는 것이 현재의 지성을 넘어선다느니, 이런 불가사의를 해결할 다음 다윈이나 아인슈타인을 기다려야 한다는 생각은 재고의 여지가 있을 뿐 아니라 말이 되지 않는다. 예컨대 생물학적 진화의 역사를 야심차게 밝히고, 생명의 배후에 있는 유전적 부호를 해독할 수 있을 정도의 엇비슷한 지성이라면, 패배를 선언하기에 앞서 적어도 의식 문제에 학문적 경주로라도 도전해 봐야 할 것 아니겠는가. 어쨌든 다윈은 의식이 과학의 에베레스트산이라고 생각하지 않았고, 나 역시 이 견해에 동의한다. 스피노자의 철학적 렌즈를 통해 자연을 조망했던 아인슈타인이 만약 의식 현상을 규명하려 들었다면, 그러한 도전에서 뒷걸음질 치지 않았을 것임을 어렵지 않게 상상할 수 있다.

를 활용해 검증 가능한 가설을 세우며 미래를 구상하는 일은 분명 의미가 있다. 이 책의 목적은 이런 추측들을 고찰하고 가설의 얼개를 논의하는 것이다. 즉 의식 있는 마음이 출현하기 위해 인간 뇌가 어떻게 구조화되고 어떻게 작동해야 하는가에 논의의 초점이 맞춰져 있다.

책을 쓰는 데는 응당 집필 이유가 있어야 하는 법, 이 책으로 말할 것 같으면 처음부터 다시 시작하고자 쓴 것이다. 나는 30년 넘게 인간의 마음과 뇌를 연구해 왔고, 의식에 관한 과학 논문과 도서를 집필해 왔다.[2] 하지만 나는 의식 문제에 관한 내 설명에 점점 불만을 품게 되었고, 관련된 신구新舊의 연구 성과를 반영하면서 특히 두 가지 쟁점에 대한 견해가 바뀌었다. 다름 아닌 느낌의 기원과 본질, 그리고 자아 구성의 메커니즘이 그것이다. 이 책은 내가 갖게 된 현재 시점의 견해를 논의하려는 시도이다. 또한 이 책의 상당 부분은 여전히 우리가 알지 못하지만 알고 싶어 하는 것들에 할애하

---

[2] 약 10년 전부터 필자는 의식 문제에 관해 체계적 접근을 시도해 왔으며, 과학 논문과 저술 활동 속에서 이를 구체화했다. Antonio Damasio, "Investigating the Biology of Consciousness", *Philosophical Transactions of the Royal Society B: Biological Sciences* 353, 1998; Antonio Damasio, *The Feeling of What Happens: Body and Emotion in the Making of Consciousness*, New York: Harcourt Brace, 1999(한국어판은 안토니오 다마지오, 『느낌의 발견: 의식을 만들어 내는 몸과 정서』, 고현석 옮김, 아르테, 2023); Josef Parvizi and Antonio Damasio, "Consciousness and the Brainstem", *Cognition* 79, 2001, pp. 135~159; Antonio Damasio, "The Person Within", *Nature* 423, 2003, p. 227; Josef Parvizi and Antonio Damasio, "Neuroanatomical Correlates of Brainstem Coma", *Brain* 126, 2003, pp. 1524~1536; David Rudrauf and A. R. Damasio, "A Conjecture Regarding the Biological Mechanism of Subjectivity and Feeling", *Journal of Consciousness Studies* 12, 2005, pp. 236~262; Antonio Damasio and Kaspar Meyer, "Consciousness: An Overview of the Phenomenon and of Its Possible Neural Basis", *The Neurology of Consciousness: Neuroscience and Neuropathology*, eds., Steven Laureys and Giulio Tononi, London: Academic Press, 2009.

고 있다.

    1장의 나머지 부분에서는 문제를 설정하고, 이를 해결하기 위해 선택한 얼개를 설명한 다음, 후속 장에서 다룰 주요 아이디어를 미리 엿본다. 일부 독자들은 1장에서의 장황한 설명으로 인해 읽는 속도가 지지부진하다고 불만을 토로할지 모르지만, 오히려 그 덕분에 나머지 부분이 더 수월하게 읽힐 것이라 장담한다.

문제에 다가서다

인간의 뇌가 어떻게 의식하는 마음을 구성하는지 본격적으로 논의하기에 앞서 두 가지 중요한 유산에 고마움을 표하고 싶다. 그중 하나는 20세기 중반까지 거슬러 올라가는, 의식의 신경학적 기반을 발견하려 했던 초기의 시도들이다. 북미와 이탈리아에서 수행된 일련의 선도적인 연구에서 소수의 연구진은, 이제는 명실상부하게 의식 형성과 관련된 뇌 부위임이 확실히 입증된 뇌간을 정확하게 지목했고, 뇌간이 의식의 결정적인 공헌자임을 알아보았다. 새삼스럽게 놀랄 일도 아니지만, 지금 우리가 아는 바로는 와일더 펜필드, 허

---

3 W. Penfield, "Epileptic Automatisms and the Centrencephalic Integrating System", *Research Publications of the Association for Nervous and Mental Disease* 30, 1952, pp. 513~528; W. Penfield and H. H. Jasper, *Epilepsy and the Functional Anatomy of the Human Brain*, New York: Little, Brown, 1954; G. Moruzzi and H. W. Magoun, "Brain Stem Reticular Formation and Activation of the EEG", *Electroencephalography and Clinical Neurophysiology* 1, no. 4, 1949, pp. 455~473.

버트 재스퍼, 주세페 모루치, 호레이스 매균 등 선구적 연구자들이 제시한 설명은 불완전했고, 일부는 정확하지도 않았다. 하지만 올바른 표적을 직감하고, 그것을 정조준한 이들 과학자에게는 찬사와 감탄 외에 달리 무엇이 필요하겠는가.3 이것이야말로 우리 중 몇몇이 기여하고자 뜻을 모은 그 대업에 과감하게 첫 삽을 뜬 순간이었다.

이 유산의 또 다른 부분에는 국소 뇌 장애focal brain damage4로 인해 의식이 손상된 신경과 환자군을 대상으로 한 최근 연구도 포함된다. 프레드 플럼과 제롬 포스너가 해당 연구에 포문을 열었다.5 이 연구들은 오랜 시간 쌓인 선행 연구의 성과를 보완하면서, 인간의 마음을 의식적으로 만드는 데 어떤 뇌 구조가 관여하는지, 관여하지 않는지에 대한 설득력 있는 정보를 제공해 주었다.

우리는 바로 이런 풍토 속에서 의식에 관한 연구를 계속 축적할 수 있었다. 고마움을 표해야 할 또 다른 유산은 마음과 의식에 대한 개념을 정립하려는 유구한 전통이다. 그 역사로 말할 것 같으면 철학에 비견될 만큼 오래되었고 다양하다. 이 방대한 유산 가운데 나는 윌리엄 제임스의 저작들을 나의 사고의 닻으로 삼았다. 비록 이런 지지가 의식에 관한, 특히 느낌에 관한 그의 입장에 전적으로

---

4 [옮긴이] 뇌 기능 장애는 뇌졸중이나 뇌종양 등 특정 부위에 한정된 국소(초점) 장애와 저산소증이나 치매 등 뇌 전반에 널리 퍼진 미만성(완전) 장애(diffuse brain injury)로 구분된다.
5 관련 문헌을 참조하려면 다음 고전의 최신판을 추천한다. Jerome B. Posner, Clifford B. Saper, Nicholas D. Schiff, and Fred Plum, *Plum and Posner's Diagnosis of Stupor and Coma*, New York: Oxford University Press, 2007.

동의한다는 의미는 아니지만 말이다.6

이 책의 제목뿐 아니라 책의 첫머리가 말해 주듯, 의식 있는 마음에 접근할 때 내가 자아를 우선시하고 특권을 부여했다는 점을 분명히 밝힌다. 기본적인 마음 과정에 자아 과정이 추가될 때 의식 있는 마음이 생겨난다는 것이 나의 가설이다. 자아가 마음속에서 형성되지 않으면, 마음은 진정한 의미에서 의식적이지 않다. 꿈 없는 수면이나 마취 상태, 특정 뇌 질환처럼 자아의 흐름이 멈춰 버린 이들이 겪는 곤혹스러운 상황이 그렇다.

하지만 의식의 필수 불가결한 요소로 간주되는 자아 과정을 정의한다는 것은 말처럼 쉽지 않다. 이런 까닭에 윌리엄 제임스에게 이 서문은 크게 빚지고 있다. 제임스는 자아의 중요성에 관해 웅변조로 써 내려갔지만, 그 역시 많은 경우 자아의 존재가 너무 미묘해서 마음속 내용들이 흘러가는 대로 의식을 지배한다고 지적했다. 논의를 진척시키기 전에 먼저 문제에 깔린 모호함을 직시하고 그 귀추를 분명히 할 필요가 있다. 자아는 있는 것일까, 없는 것일까? 만약 자아가 있다면, 우리가 의식이 있을 때마다 항상 그 자아와 함께 존재할까, 그렇지 않을까?

답은 명명백백하다. 자아는 실제로 존재한다. 다만 그것은 하나의 과정이지 사물이 아니다. 또한 그 과정은 우리가 의식하는 상태라고 추정하는 모든 순간에 늘 함께 존재한다. 자아 과정은 두 가

---

6   William James, *The Principles of Psychology*, New York: Dover Press, 1890(한국어판은 윌리엄 제임스, 『심리학의 원리』 1·2권, 정양은 옮김, 아카넷, 2005).

지 관점에서 파악할 수 있다. 하나는 마음의 특정 작용, 행동 특성, 특정 인생사를 구성하는 동적 대상을 바라보는 관찰자의 관점이다. 또 다른 하나는 우리의 경험에 초점을 맞추고 그 경험을 고찰하게 해 주는 인식자knower로서의 자아 과정의 관점이다. 두 관점을 조합해 이 책 전반에 걸쳐 사용되는 자아의 이중 개념을 창안했다. 우리가 보게 될 것처럼, 두 개념은 자아의 진화적 발달의 두 단계에 해당하며, 인식자로서의 자아self-as-knower는 대상으로서의 자아self-as-object에서 기원한다. 일상생활에서 각각의 개념은 의식을 가진 마음의 활동 수준에 조응하고 있으며, 대상으로서의 자아는 인식자로서의 자아보다 범위가 좁다.

어느 관점에서 보든 이 과정은 범위와 강도 면에서 천차만별이고, 그 발현 양상도 상황에 따라 판이하다. 자아는 유기체의 존재에 대한 '어렴풋이 암시된 기미'a hint half hinted로서의 미미한 기록으로 작동할 수 있다.7 또한 그 마음의 소유자에 대한 인격과 정체성을 담아내는 현현顯現한 기록이 될 수도 있다. 이제 논의를 일목요연하게 정리해 보면, 바야흐로 여러분은 어떤 때는 자아를 알아챘다가, 또 어떤 때는 알아채지 못한다. 하지만 노상 자아를 느낀다.

제임스는 대상으로서의 자아, 곧 물질적인 나는 당사자가 자신의 것이라고 명할 수 있는 모든 것들의 총합이라고 가정했다. 여기에는 신체와 정신적 능력을 비롯해 옷가지들과 처자식들, 조상과

---

7 '어렴풋이 감돈 조짐'(hint half guessed)과 '어렴풋이 감지된 징조'(gift half understood)는 내가 『느낌의 발견』에서 이러한 모호함을 설명하기 위해 T. S. 엘리엇의 시에서 차용한 구절이다.

친구들, 평판과 업적, 토지와 말, 요트와 은행 계좌 등이 포함된다.[8] 정치적으로 올바르지 않은 몇 가지 점을 논외로 한다면, 나 역시 이에 동의한다. 하지만 제임스의 견해 중에서 내가 이 이상으로 공감하는 부분은 따로 있다. 바로 우리 마음속에는 신체와 정신, 과거와 현재, 그리고 그 밖의 온갖 것들이 저마다 자리를 차지하고 있는데, 마음은 어떻게 이 모든 영역들이 그 정신적 소유자에게 속한다는 것을 알아차릴 수 있을까에 대한 그의 설명이다. 제임스에 따르면, 우리가 이런 항목들 중 어떤 것이든 지각할 때마다 감정과 느낌이 수반되고, 이런 느낌들이 자아에 속한 것인지 아닌지를 가르는 기준이 된다. 내 입장에서 보자면, 그 느낌들은 일종의 표지markers로서 작용한다.[9] 이 표지들은 내가 신체 표지somatic makers라고 명시한 감정 기반 신호이다. 마음의 흐름 속에서 자아와 관련된 무언가가 떠오르면, 거기에 반응하듯 특정 표지가 생겨난다. 또한 이 표지는 하나의 이미지가 되어 마음의 흐름에 합류하며, 자신을 불러낸 그 이미지와 나란히 자리한다. 이런 느낌은 자아와 비자아를 구분한다. 한마디로 알고 있다는 느낌들이다. 곧 알게 되겠지만, 의식 있는 마음의 구성은 여러 단계에서 이런 느낌의 생성에 의존한다. 물질적인 나,

---

8 James, *Principles* 1, chap. 2(한국어판은 윌리엄 제임스, 『심리학의 원리』 1권, 제2장, 정양은 옮김, 아카넷, 2005).
9 A. Damasio, "The Somatic Marker Hypothesis and the Possible Function of the Prefrontal Cortex", *Philosophical Transactions of the Royal Society B: Biological Sciences* 351, no. 1346, 1996, pp. 1413~1340; A. Damasio, *Descartes' Error: Emotion, Reason, and the Human Brain*, New York: Putnam, 1994(한국어판은 안토니오 다마지오, 『데카르트의 오류: 감정, 이성 그리고 인간의 뇌』, 김린 옮김, 눈출판그룹, 2017).

곧 대상으로서의 자아에 대한 나의 실용적 정의는 이렇다. 자아란 살아 있는 신체의 표상을 중심으로 하나로 통합된 신경 과정의 동적 집합체이다. 동시에 자아는 통합된 정신 과정의 동적 집합체로 표현된다.

주체로서의 자아, 인식자로서의 자아, '나'$_I$로서의 자아는 더욱 포착하기 어려운 존재감을 지닌다. 이 자아는 객체로서의 '나'$_{me}$보다 정신적으로나 생물학적으로 훨씬 집합성이 낮고, 더 분산되어 있을 뿐 아니라 자주 의식의 흐름 속에 스며들어 버린다. 때로는 그 자취가 너무 미묘해서 있어도 거의 없는 것처럼 보이지만, 그럼에도 분명히 거기에 있다. 당연히 인식자로서의 나는 단순한 나에 비해 더 붙잡기 어렵다. 그렇다 하더라도 이 사실이 의식에 관한 중요성을 약화시키지는 않는다. 주체이자 인식자로서의 자아는 매우 실재적인 존재임은 말할 것도 없고, 생물학적 진화에서 하나의 변곡점이기도 하다. 주체이자 인식자로서의 자아는 신경 과정의 새로운 층$_{layer}$ 위에 쌓여 있으며, 또 다른 정신적 처리 과정의 층위를 생성하는, 말하자면 대상으로서의 자아 꼭대기에 우뚝 서 있다고 상상할 수 있다. 대상으로서의 자아와 인식자로서의 자아 사이에 이분법 같은 것은 없다. 오히려 연속성과 단계적 진행이 있을 뿐, 인식자로서의 자아는 대상으로서의 자아에 그 뿌리를 내리고 있다.

의식은 단순히 마음속 이미지에 불과한 것이 아니다. 의식은 적어도 그 내용을 만들어 내고 동기를 부여하는 유기체를 중심으로 조직된 마음의 내용에 관한 것이다. 하지만 독자나 저자를 막론하고 언제든 원할 때마다 경험할 수 있다는 점에서 의식은 살아서 활동하는 유기체의 영향을 받아 조직된 마음 그 이상의 의미를 지닌다. 의식은 또한 그렇게 살아 움직이는 유기체가 존재한다는 사실을 알 수 있는 마음이기도 하다. 물론 뇌가 경험한 것들을 이미지로 지도화하는 신경 패턴들을 제작한다는 사실은 의식을 갖는 과정의 중요한 일부이다. 유기체의 관점에서 이미지의 향방을 결정하는 것 역시 그 과정의 일부에 속한다. 하지만 이런 사실은 내 안에 이미지가 있고, 그것이 내 것이며, 요샛말로 행동으로 옮길 수 있는 것을 자동적·명시적으로 알고 있다는 것과는 다르다. 단지 조직화된 이미지들이 정신적 흐름 속에 존재하며 흐르는 것만으로도 마음이 출현하지만, 어떤 보완적 과정이 추가되지 않는 한 그 마음은 의식 없는 채 남아 있다. 의식 없는 그 마음에 부족한 것은 바로 자아이다. 뇌가 의식을 가지기 위해서는 주관성subjectivity이라는 새로운 속성을 획득해야만 한다. 여기에서 말하는 주관성이란 그 개념의 특성상 우리가 주관적으로 경험하는 이미지를 관통하는 느낌 속에 내포되어 있다. 이런 주관성의 철학적 중요성을 현대적으로 조명한 사례를 찾는다면, 존 서얼의 『의식의 불가사의』를 추천한다.[10]

    이런 생각에 기초하면, 의식 형성의 결정적 단계는 이미지를 만들고 마음의 토대를 구축하는 데 있지 않다. 그 진수는 이미지를 자신의 소유물로 만드는 것, 다시 말해 적법한 소유자로서 내부에서 이미지를 생성하고, 그것들을 명확하게 경계 지어진 단일 유기체의 것으로 받아들이는 데 있다. 진화적 관점은 물론 인생사의 시각

---

10 John Searle, *The Mystery of Consciousness*, New York: New York Review Books, 1990.

에서도 인식자는 단계적으로 등장했다. 원초적 느낌을 가진 원자아 protoself와 행동 중심의 핵심자아 core self, 그리고 마지막으로 사회적·영적 차원을 포괄하는 자서전적 자아 autobiographical self 순이다. 하지만 이들은 고정된 실체가 아닌 동적인 과정이며, 그 층위는 언제든 변동할 수 있고(단순하거나 복잡하거나 그 중간 정도), 상황에 따라 쉽게 조정될 수 있다. 마음이 의식을 갖기 위해서는 자아, 경험자, 주인공 등 어떤 이름으로 부르든 간에 인식자가 뇌 속에서 생성되어야 한다. 뇌가 마음에 인식자를 도입하는 순간, 주관성이 따라온다.

독자 여러분은 자아 개념을 이렇게까지 옹호할 필요가 있을까 하고 의혹의 눈초리를 보낼 수 있겠지만, 나는 이것이 전적으로 정당하다고 말하고 싶다. 지금 이 순간에도 의식을 규명하려는 목표를 세우고 혼신을 다하는 신경과학자들의 세계에서는 자아를 대하는 태도가 사뭇 다르다. 자아를 연구의 필수 의제로 삼는 진영부터 아직 그 주제를 다루기에는 시기상조라고 보류하는 진영까지(말 그대로) 십인십색의 태도를 보이니 말이다.[11] 양측 모두 유의미한 성과

---

11 의식 연구의 방법론적 흐름상 자아를 배제한 채 지각을 통해 의식에 접근하는 전략이 주류를 이뤘다. 프란시스 크릭과 크리스토프 코흐가 대표적이다. Francis Crick and Christof Koch, "A Framework for Consciousness", *Nature Neuroscience* 6, no. 2, 2003, pp. 119~126. 감정 연구 문헌 중 다음은 예외적으로 주목할 만하다. J. Panksepp, *Affective Neuroscience: The Foundation of Human and Animal Emotions*, New York: Oxford University Press, 1998. 로돌포 이나스 역시 자아의 중요성을 인정한다. 그의 다음 저서 참조. *I of the Vortex: From Neurons to Self*, Cambridge, Mass.: MIT Press, 2002(한국어판은 로돌포 R. 이나스, 『꿈꾸는 기계의 진화: 뇌과학으로 보는 철학 명제』, 김미선 옮김, 북센스, 2019). 제럴드 에델만이 자신의 저서에서 제시한 초점은 아니었지만, 의식에 관한 한 그의 생각은 자아 과정의 존재를 암시한다. Gerald Edelman, *The Remembered Present: A Biological Theory of Consciousness*, New York: Basic Books, 1989.

를 계속해서 내고 있는 만큼 어느 쪽의 접근 방식이 더 만족스러울지 섣불리 단언하기는 이르다. 다만 각각의 입장에서 내세우는 해석 차이는 분명 존재함을 인정할 필요가 있다.

흥미롭게도 이 논쟁은 윌리엄 제임스와 데이비드 흄의 대립을 연상시킨다. 이 둘의 차이점은 의식에 관한 논의에서 종종 간과되곤 한다. 구체적으로 들여다보면, 제임스는 자아라는 개념이 탄탄한 생물학적 기반 위에 세워져야 한다는 점을 명확히 하려 했다. 그가 의도한 바는 '자아'가 형이상학적 인식 주체agency와 혼동되지 않도록 하려는 데 있었다. 하지만 그는 인식 기능이 왕성하지 않고 미약할 때조차 자아에 대한 인식 기능이 완전히 사라지지 않는다고

---

12 해당 견해 차이의 핵심은 다음 책에서 논의된다. James, *Principles* 1, pp. 350~352(한국어판은 윌리엄 제임스, 『심리학의 원리』 1권, 정양은 옮김, 아카넷, 2005). 흄의 주장과 제임스의 반론은 다음과 같다. ▲ 흄: "나로 말할 것 같으면, 내가 **나 자신**이라 지칭하는 것을 가장 내밀하게 관찰할 때마다, 나는 항상 더위나 추위, 빛이나 어둠, 사랑이나 미움, 고통이나 쾌락 같은 특정한 지각과 조우한다. 어떠한 순간에도 나는 지각 없이는 **나 자신**을 포착할 수 없으며, 지각 이외의 어떤 것도 관찰할 수 없다. 나의 지각들이 일시적으로 사라졌을 때, 예컨대 숙면을 취할 때처럼 나는 나 자신에 대해 무감각해지며, 실제로 존재하지 않는다고 말할 수 있다. 모든 지각이 죽음으로 해체되고, 내 몸이 분해된 후에는 생각하거나 느끼거나 보거나 사랑하거나 미워할 수 없다. 그렇게 되면 나는 완전히 소멸할 것이고, 나를 완전한 비존재로 만드는 데 무엇이 더 필요한지 상상할 수 없다. 만약 누군가 진지하고 편견 없는 성찰을 통해 **자신**에 대해 다른 개념을 가지고 있다면, 더 이상의 논쟁은 무의미하다고 할 수밖에 없다. 내가 그 사람에게 허락할 수 있는 것은 그도 나처럼 옳을 수 있다는 것과 이런 특수한 측면에서 우리가 근본적으로 다르다는 것뿐이다. 그 사람은 아마도 **자신이라고** 부르는 어떤 단순하고 지속적인 실체를 지각할 수도 있겠으나, 나는 내 안에 그런 원리가 없다고 확신한다"(Hume, *Treatise on Human Nature* 1; 한국어판은 데이비드 흄, 『인간 본성에 관한 논고 1: 오성에 관하여』, 이준호 옮김, 서광사, 1994). ▲ 제임스: "흄은 이런 내성적 분석을 탁월하게 거쳤지만, 실체론적 철학자들처럼 자아를 극단으로 몰고 가서 아기를 목욕물과 함께 버리는 실수를 저지른다. 실체론자들이 자아를 단지 통일성, 즉 추상적이고 절대적인 통일성에 지나지 않는다고 하는 것처럼, 흄은 자아가 단지 다양성, 즉 추상적이고 절대적인 다양성에 한정한다고 말한다. 하지만 사실 자아는 우리가 이미 쉽게 구별할 수 있는 통일성과 다양성의 복합체이다. […] 흄은 자아의 구성 요소를 관통하는 이 유사성의 줄기를, 말하자면 이 동일성의 본질이 심지어 현상적 차원에서조차 존재한다는 사실을 부정한다."

봤다. 반면에 데이비드 흄은 자아라는 개념을 샅샅이 해부해 결국 남는 것이 없다고 여겼다. 그의 입장을 잘 보여 주는 구절이 있다. "나는 지금껏 어느 순간에도 지각 없이 나 자신을 포착한 적이 없었고, 내가 관찰할 수 있는 것은 언제나 지각뿐이다." 그리고 한발 더 나아가 이렇게 덧붙이고 있다. "나는 감히 인류 전체에 대해 단언하건대, 인간이란 서로 다른 지각 뭉치와 집합체에 불과하며, 이 지각은 상상을 초월할 만큼 빠른 속도로 서로를 뒤따라 나타나고, 끊임없이 흐르고 움직인다."

흄이 자아를 부정한 것을 언급하며, 제임스는 인상적인 반박으로 자신의 견해를 피력했다. 그는 자아의 존재를 긍정하면서 자아가 지닌 내적 통일성과 다양성이라는 역설적 결합을 강조했다. 거기에다가 자아의 다양한 구성 요소를 관통하는 '동일성의 핵심'에 세간의 이목을 집중시키려 했다.[12]

여기에서 논의된 근거들은 이후 철학자들과 신경과학자들에 의해 수정되고 확장되면서 자아의 다른 측면이 부각되었다.[13] 그

---

13 D. Dennet, *Consciousness Explained*, New York: Little, Brown, 1992; S. Gallagher, "Philosophical Conceptions of Self: Implications for Cognitive Science", *Trends in Cognitive Science* 4, no. 1, 2000, pp. 14~21; G. Strawson, "The Self", *Journal of Consciousness Studies* 4, nos. 5~6, 1997, pp. 405~428. 참고문헌 11에 인용된 문헌 외에 다음도 참조할 것. Damasio, *Feeling of What Happens*(한국어판은 다마지오, 『느낌의 발견』, 고현석 옮김, 아르테, 2023); P. S. Churchland, "Self-Representation in Nervous Systems", *Science* 296, no. 5566, 2002, pp. 308~310; J. LeDoux, *The Synaptic Self: How Our Brains Become Who We Are*, New York: Viking Press, 2002(한국어판은 조지프 르두, 『시냅스와 자아』, 강봉균 옮김, 동녘사이언스, 2005); Chris Frith, *Making Up the Mind: How the Brain Creates Our Mental World*, New York: Wiley-Blackwell, 2007(한국어판은 크리스 프리스, 『인문학에게 뇌과학을 말하다』, 장호연 옮김, 동녘사이언스, 2009); G. Northoff, A. Heinzel, M. de Greck, F. Bermpohl, H. Doborowolny, and J. Panksepp, "Self-referential Processing in Our Brain: A Meta-analysis of Imaging Studies

렇다 해도 의식을 가진 마음을 형성하는 데 있어 자아의 중요성은 전혀 줄어들지 않았다. 물질적인 나, 다시 말해 대상으로서의 자아와 인식자로서의 자아를 먼저 상정하지 않고서 어떻게 의식 있는 마음의 신경적 기반을 해명할 수 있을지 나로서는 의심스럽기 짝이 없다.

한편 현대로 접어들면서 마음의 철학과 심리학은 그 개념적 유산을 점차 확장해 왔다. 동시에 일반생물학, 진화생물학, 신경과학 등도 비약적으로 발전하면서 이런 신경학적 유산을 발판으로 뇌 연구를 위한 다양한 기술이 개발되고, 천문학적 양의 연구 성과가 축적되었다. 이 책에 수록된 증거와 가설, 추론 역시 이런 학문적 진보에 힘입은 바가 크다.

목격자로서의 자아

과거 수백만 년 동안 무수히 많은 유기체들이 활동적인 마음을 가졌지만, 그중에서도 마음을 목격할 수 있는 자아를 발달시킨 유기체만이 자신의 존재를 인정할 수 있었다. 또한 마음이 언어를 발달시켜 그 이야기를 전달할 수 있게 된 후에야 비로소 마음의 존재가 널리 알려졌다. 이 목격자로서의 자아는 우리 각자의 내면에서 일어나는, 이른바 정신적 사건이라고 지칭되는 현상들을 보여 주는

on the Self", *NeuroImage* 31, no. 1, 2006, pp. 440~457.

어떤 추가적인 기능이다. 우리는 이 추가적인 무언가가 어떻게 만들어지는지 이해할 필요가 있다.

목격자와 주인공이라는 개념은 단순한 문학적 비유가 아니다. 이 개념들이 마음속에서 자아가 어떤 역할을 하는지 이해하는 데 도움이 되길 바란다. 우선 이 비유들을 활용해 정신 과정을 해명하면, 맞닥뜨린 상황을 쉽게 파악하는 데 유리할 수 있다. 자아라는 주인공이 목격하지 못한 마음도 여전히 마음이긴 하다. 하지만 자아는 우리가 마음을 인식할 수 있는 유일한 자연적 방편이기 때문에, 우리는 자아의 존재와 능력, 그리고 한계에 전적으로 의존할 수밖에 없다. 이처럼 자아와 마음 사이의 구조적 의존성을 고려할 때, 자아와 동떨어진 마음 과정을 상상하기란 거의 불가능에 가깝다. 물론 진화적 관점에서는, 단순한 마음 과정이 자아 과정보다 더 이른 시기에 등장했다는 점은 확실해 보인다. 자아는 마음을 볼 수 있는 창을 열어 주지만, 그 시야는 흐릿하다. 우리 존재와 세계를 해석하는 자아의 능력은 지금도 계속 진화하고 있고, 문화적 차원뿐 아니라 생물학적 차원에서도 진화하고 있다. 예컨대 자아가 도달할 수 있는 상한선은 여전히 온갖 종류의 사회문화적 상호작용과 함께 마음과 뇌의 작동 원리에 대한 과학적 지식이 누적되면서 계속해서 수정되고 있다. 영화 관람이 시작된 지 꼬박 한 세기밖에 되지 않았지만, 분명 영화는 인간의 자아에 영향을 미쳤으며, 전자 매체를 통해 실시간으로 방송되는 세계화된 사회의 광경 역시 마찬가지였다. 디지털 혁명이 자아에 미친 영향은 이제 막 평가되기 시작했다.

요컨대 우리가 마음을 직접 들여다볼 수 있는 유일한 방법은 마음 자체의 일부인 자아 과정을 통해서이다. 하지만 상황이 이렇다 보니 신빙성 있는 근거가 있음에도 불구하고, 자아 과정은 마음속에서 벌어지고 있는 일들을 포괄적이고 믿을 만한 방식으로 설명할 수 없었다.

언뜻 보기에 자아를 우리 인식의 입구로 인정했음에도, 그 신뢰성을 의심하는 것이 역설적이고 모순처럼 비칠 수 있다. 하지만 이것이 엄연한 현실이다. 자아가 우리의 고통과 쾌락을 향해 직접 창을 열어 줄 때를 제외하고는, 자아가 내놓는 정보를 의심해 봐야 한다. 특히 그 정보가 자아 자체의 본성에 관한 것이라면 더욱 그렇다. 하지만 희소식도 있다. 자아 덕분에 우리는 이성적 사고와 과학적 관찰을 할 수 있게 되었고, 역으로 그 이성과 과학이 아무런 도움 없이 홀로 있는unaided 자아에서 비롯된 호도하는misleading 직관을 점차 바로잡아 가고 있다는 점이다.

호도하는 직관 극복하기

의식 없이는 문화와 문명이 발전하지 않았을 것이기에, 의식은 가히 생물학적 진화에서 가장 독보적인 진척이라 할 수 있다. 그런데 아이러니하게도 바로 이 의식의 본질 자체가 의식의 생물학을 규명하려는 이들에게 까다롭게 문제 제기를 한다. 우리가 지금 소유한 마음과 자아의 관점에서 의식을 바라보는 태도는, 비록 마음과 의식 연구의 역사적 맥락에서는 수긍할 만하지만, 자칫 문제를 일으킬 소지가 있는 왜곡된 해석을 낳을 수 있다. 전체적으로 보면, 마음은 자신이 속한 유기체의 나머지 부분들과는 분리된, 어떤 특별한 지위를 차지하고 있다. 게다가 마음은 실로 매우 복잡할 뿐 아니라, 실제로도 그렇듯이 마음을 만들어 내는 유기체의 생물학적 조직 및 기능과는 이질적인 것처럼 비춰진다. 실제로 우리는 우리 자신의 존재를 관찰할 때 두 가지 종류의 눈을 사용한다. 마음은 내향적인 눈으로 들여다보고, 생물학적 조직은 외향적인 눈으로 본다(더더욱 우리 시야를 확장시키기 위해 우리는 현미경을 동원한다). 이런 상황에서 마음이 비물질적인 것처럼 보일 수 있고, 마음이 만들어 내는 현상들이 전혀 다른 범주에 속하는 것처럼 보일 수 있다는 것은 지극히 자연스러운 일이다.

이렇게 마음을 비물질적 현상으로 취급한 나머지, 마음이 만들어 내는 현상들을 마음을 창조하고 유지하는 생물학과 동떨어진 현상으로 치부하게 되었다. 그 결과 다른 일반적인 뇌 현상과는 달리 마음은 물리법칙 바깥에 놓인 예외적인 존재로 차별을 당하고 있다. 가장 납득하기 어려운 극단적인 사례로는, 의식 있는 마음을 아직 해명되지 않은 물질의 속성과 결부시켜 의식을 양자역학적 현상으로 설명하려는 시도를 들 수 있다. 이런 발상의 저변에는 의식 있는 마음도 신비롭고, 양자물리학도 변함없이 신비로우니 어쩌면 이 두 가지 신비가 서로 연관되어 있을지도 모른다는 논리가 깔려 있다.[14]

---

14 로저 펜로즈와 스튜어트 해머로프의 연구가 해당 입장을 잘 보여 주고 있으며, 철학자 데이

생물학과 물리학에 관한 인류의 지식이 아직 미진한incomplete 이상, 이런 대안적인 설명들을 성급히 배척할 필요는 없다. 비록 신경생물학이 눈부신 성취를 거두었다 해도, 인간 뇌에 대한 우리의 이해는 아직 불완전하다. 그럼에도 현재로서는 신경생물학의 이론적 틀 안에서 마음과 의식을 간명하게 설명할 가능성은 여전히 남아 있다. 또한 신경생물학의 기술적·이론적 자원이 고갈되지 않는 한 그 가능성을 포기해서도 안 되고, 현시점에서 그럴 전망은 낮아 보인다.

직관적으로 우리는 마음의 변화무쌍하고 덧없는 활동business에는 물리적 확장이 결여되어 있다고 여긴다. 나는 이 직관이 오류라고 보는데, 그것은 아무런 외부의 도움 없이 홀로 작동하는 자아의 한계에서 비롯된 착각일 수 있다. 이런 직관은 코페르니쿠스 이전의 태양과 지구에 대한 견해나, 마음이 심장에 깃들어 있다고 믿었던 옛 통념처럼, 당시에는 너무나 당연해 보였지만 결국 거짓 정보로 판명된 여러 직관들만큼이나 신빙성이 떨어진다. 사물은 보이는 것과 매양 같지 않다. 육안으로는 바로 식별할 수 없지만, 백색광은

비드 찰머스 역시 이 견해를 옹호하고 있다. 다음 참조. Roser Penrose, *The Emperor's New Mind: Concerning Computers, Minds, and the Laws of Physics*, Oxford: Oxford University Press, 1989(한국어판은 로저 펜로즈, 『황제의 새 마음: 컴퓨터, 마음, 물리법칙에 관하여』 상·하, 박승수 옮김, 이화여자대학교출판문화원, 1996); Stuart Hameroff, "Quantum Computation in Brain Micro-tubules? The Penrose-Hameroff 'Orch OR' Model of Consciousness", *Philosophical Transactions of the Royal Society A: Mathematical, Physical and Engineering Sciences* 356, 1998, pp. 1869~1896; David Chalmers, *The Conscious Mind: In Search of a Fundamental Theory*, Oxford: Oxford University Press, 1996. 이 불가사의한 우연의 일치에 대한 논점은 다음 책에 설득력 있게 서술되어 있다. Patricia S. Churchland and Rick Grush, "Computation and the Brain", *The MIT Encyclopedia of Cognitive Science*, ed., R. Wilson, Cambridge, Mass.: MIT Press, 1998.

실제로는 무지개 색상의 합성물이다.[15]

통합적 관점

의식을 가진 마음을 연구하는 신경생물학의 진전은 여태까지 주로 세 가지 관점이 합쳐진 결과라고 할 수 있다. (1) 목격자 관점으로, 스스로 의식 있는 마음을 직접 관찰한다. 경험 자체가 철저히 개인적이고 사적이며, 오직 자신만의 고유한 것이다. (2) 행동의 관점으로, 마찬가지로 의식 있는 마음이 있다고 간주되는 타인의 명확한 행동을 관찰하는 것이다. 여기에서는 의식의 존재가 직접 보이지 않지만, 그 징후는 행동을 통해 드러난다. (3) 뇌의 관점으로, 의식이 있는 상태와 없는 상태에 있는 사람들을 비교해 특정 뇌 활동이 의식과 어떻게 연결되어 있는지 탐구한다. 이 세 가지 관점에서 얻은 증거들은(상호 간의 연관성이 부족한 탓에) 아무리 전략적으로 배열하더라도 내성적內省的 1인칭 관찰, 외부 행동, 뇌에서 일어

---

15 마음 상태의 차원이나 질량을 기존의 도구로는 측정할 수 없다는 주장은 이처럼 잘못된 직관을 부추긴다. 이는 부인할 수 없는 사실이지만, 해당 상황은 마음에서 벌어지는 사건들의 위치상 (뇌의 신비한 내부) 기존의 측정 방식으로는 접근이 어렵기 때문이다. 비록 이런 현실이 관찰자에게 좌절감을 줄 수 있으나, 그렇다고 해서 그것이 마음 상태의 물리적 속성의 존재 여부에 어떤 함의를 담고 있다고 볼 수는 없다. 마음 상태는 물리적으로 시작되어 끝까지 물리적 속성으로 남아 있다. **물질**과 **마음**이라는 전통적 개념은 지나치게 협소하다. 이를 입증할 책임은 마음 상태가 뇌 활동에 의해 구성된다고 주장하는 이들에게 달려 있다. 하지만 직관적인 마음-뇌 분리만을 이 문제를 논의하기 위한 유일한 플랫폼으로 삼는 것은 추가적 증거 확보에 도움이 되지 않을 것이다.

나는 사건이라는 세 가지 현상 사이를 매끄럽게 이어 주는 설명 방식으로는 여전히 불충분하다.

따라서 이제는 새롭게 네 번째 관점의 필요성이 대두되고 있다. 나는 의식 있는 마음의 역사를 굽어볼 것과 그것을 서술하는 방식 자체에 근본적 전환이 필요하다고 본다. 이전 연구에서 나는 생명 조절이 자아와 의식의 존재를 뒷받침하고 정당화할 수 있다는 생각을 피력한 바 있는데, 바로 이 점이 새로운 관점으로 나아가는 실마리가 되었다. 이를테면 진화적 과거 속에서 자아와 의식의 선례 찾기 같은 것이다.[16] 그렇기에 내가 제안하는 네 번째 관점은 진화생물학과 신경생물학적 사실에 기반하고 있다. 이 관점은 초기 생명체에서 오늘날의 유기체에 이르기까지 그 진화의 역사를 차근차근 추적해 들어갈 것을 요구한다. 또한 신경계의 단계적 변화를 주목하고, 신경계의 각 단계가 행동과 마음, 자아의 출현과 어떻게 연결되는지 살피도록 부추긴다. 더불어 내부 작업 가설에 따라 정신적 사건이 특정 종류의 뇌 사건과 동일하다고 가정한다. 물론 정신 활동은 그보다 앞선 뇌 사건에 의해 유발되지만, 결국 정신적 사

---

[16] 진화적 사고는 제럴드 에델만, 야크 판크셉, 로돌포 이나스 등 여러 연구자들의 의식 연구에서 핵심 요소로 작용하고 있다. Nicholas Humphrey, *seeing Red: A Study in Consciousness*, Cambridge, Mass.: Harvard University Press, 2006(한국어판은 니콜러스 험프리, 『빨강 보기: 의식의 기원』, 조세형 옮김, 이음, 2014)도 참조. 인간 정신의 이해에 진화론적 접근을 적용한 사례는 이 분야의 선구자 에드워드 O. 윌슨의 다음 저작 참조. Edward O. Wilson, *Consilience: The Unity of Knowledge*, New York: Knopf, 1998(한국어판은 에드워드 O. 윌슨, 『통섭: 지식의 대통합』, 최재천·장대익 옮김, 사이언스북스, 2005); Steven Pinker, *How the Mind Works*, New York: Norton, 1997(한국어판은 스티븐 핑커, 『마음은 어떻게 작동하는가: 과학이 발견한 인간 마음의 작동 원리와 진화심리학의 관점』, 김한영 옮김, 동녘사이언스, 2007).

건은 뇌 회로의 특정 상태와 일치한다. 다시 말해 일부 신경 패턴은 바로 동시에 정신적 이미지에 해당한다. 또 다른 특정 신경 패턴이 매우 풍성한 자아 과정의 주관성을 생성할 때, 그 이미지는 비로소 알려질 수 있다. 하지만 자아가 생성되지 않았다면, 이미지가 실제로 존재하더라도 유기체 안팎 어디에도 그 존재를 인식할 주체는 확실히 없다. 그렇다고 정신적 상태가 존재하기 위해 주관성이 꼭 필요하다는 뜻은 아니다. 주관성은 그 상태가 개인의 의식 속에 사적으로 알려지기 위해서만 필요한 조건이다.

요컨대 네 번째 관점은 우리에게 다음과 같은 과제를 던진다. 현재 알려진 사실들에 입각해 과거의 시각과 내면의 시각을 함께 통합하라는 것, 즉 의식을 가진 마음이 뇌를 통해 세상을 바라보는 방식을 포착하고, 그 관점을 실제로 구현하는 것이다. 분명히 이 관점은 가설적이고 추론적인 성격을 띤다. 비록 이런 상상의 세계를 뒷받침해 주는 증거들이 일부 존재하더라도, '마음-자아-신체-뇌 문제'의 본질상 당분간은 완벽한 설명 대신 이론적 근사치에 만족할 수밖에 없다.

마음의 사건을 특정 뇌 사건과 동일한 것으로 가정하려 할 때, 복잡한 문제를 지나치게 단순화하려는 유혹에 빠질 수 있다. 하지만 신경생물학적 현상 자체가 본질적으로 복잡하면 복잡했지 단순하지 않기 때문에, 이런 접근은 타당하지 않다. 이런 설명 방식의 간소화는 복잡함을 단순함으로 축소한다기보다 극도의 복잡성을 상대적으로 덜 복잡한 체계로 개편하는 작업에 가깝다. 비록 이 책에서는 단순한 유기체의 생물학을 자세히 다루지 않지만, 2장에서 논의할 내용은 세포의 생명 활동이 우리네 인간의 정교한 세계만큼이나 복잡한 세계 속에서 이루어진다는 점을 보여 준다. 더욱이 이 두 세계는 여러 면에서 놀라우리 만큼 닮은꼴이다. 짚신벌레와 같은 단세포생물의 세계와 그 행동을 보노라면 겉보기에는 경이로울 수 있지만, 실은 보이는 것보다 훨씬 인간에 가깝다.

또한 제기되고 있는 뇌-마음 동일설brain-mind equivalence을 두고서는, 마음이 형성되는 과정에서 문화의 역할을 경시하거나 개인적 노력을 폄하하는 함정에 빠질 위험이 도사리고 있다. 앞으로 훤히 드러나겠지만, 이는 정말이지 나의 입장formulation과는 거리가 멀다.

네 번째 관점에서 볼 때, 이제 나는 앞서 주장했던 논지를 진화생물학적 증거와 뇌과학의 관점을 통합해 다시 피력할 수 있게 되었다. 말하자면 수백만 년 동안 무수한 생명체들이 자신들의 뇌 속에서 활동하는 마음을 지녀 왔지만, 엄격한 의미에서 의식이 시작된 시점은 뇌가 목격자 역할을 할 수 있는 주체를 발달시킨 이후였다. 또한 마음이 실제로 존재한다는 사실이 보편적으로 알려지게 된 계기는 바로 그 뇌가 언어 능력을 발달시킨 이후의 일이었다. 목격자야말로 우리가 이른바 정신적이라고 일컫는, 즉 암묵적인 뇌 사건의 존재를 입증하는 결정적인 추가 요소이다. 이 추가적인 것들이란, 구체적으로 말하면 우리가 늘 품고 다니는 자아, 곧 객관적 나me와 주관적 나I를 가리킨다. 뇌가 이런 주체를 어떻게 만들어 내는지 이해하는 것이 의식 신경생물학의 핵심 과제이다.

얼개

이 책을 안내하는 얼개framework를 개략적으로 논의하기 전에 몇 가지 기본적인 사실을 소개하고자 한다. 유기체는 신경세포라는 특별한 세포 활동으로 마음을 만든다. 무엇보다 신경세포는 우리 몸의 다른 세포들과 대부분의 특성을 공유하지만, 그 활동 양상은 실로 독특하다. 신경세포는 주변 변화에 민감하고, 또한 쉽게 흥분한다(근육세포처럼 흥미로운 특성이다). 축삭軸索이라는 실처럼 길고 가느다란 형태의 돌기와 시냅스라는 축삭의 말단 부위 덕에 신경세포는 다른 세포, 예컨대 다른 신경세포와 근육세포 등에 신호를 보낼 수 있으며, 때로는 꽤 먼 거리까지도 신호를 전달할 수 있다. 신경세포는 주로 중추신경계(간략히 뇌)에 집중되어 있지만, 유기체의 몸 전체와 외부 세계로부터 신호를 받고, 다시 그 신호를 전달한다.

각 인간 뇌에는 수백억 개의 신경세포가 있으며, 이 신경세포들 사이의 시냅스 연결은 수천조에 이른다.[17] 신경세포들은 미세 회로들로 조직되어 있으며, 이 회로들의 조합이 점차 더 큰 회로들을 형성하게 되고, 이것들이 다시 신경망과 체계를 이룬다. 신경세포와 뇌의 조직에 관한 논의는 2장과 부록에서 확인할 수 있다.

소규모 신경 회로 활동이 대규모 신경망 전체에 걸쳐 조직되고

---

17 [옮긴이] 원문에는 '수십억(billions) 개의 신경세포와 수조(trillions) 개의 시냅스'라고 되어 있으나, 최신 신경과학 연구에 따르면 인간의 뇌에는 약 860억 개의 신경세포와 수천조(10^{15} 이상)의 시냅스가 존재하는 것으로 보고되고 있다. 따라서 원서의 초판 출판 이후 발표된 연구 결과를 반영하여 수치를 조정했다.

일시적인 패턴을 형성할 때 마음이 출현한다. 이런 패턴들은 뇌 외부에 있는 사물이나 사건들, 즉 몸 안의 현상이나 외부 세계에 존재하는 것들을 표상하지만, 일부 패턴은 뇌 자체의 다른 패턴을 처리하는 과정을 표상하기도 한다. 지도라는 용어는 이렇게 다양하게 표상된 패턴 일체에 적용되는데, 그중 일부는 조잡하거나 매우 정교할 뿐 아니라 어떤 것은 구체적이거나 추상적이기도 하다. 요약하자면 뇌는 주변 세계를 지도화하고 자신의 활동 역시 지도화한다. 이 지도들은 우리 마음속에서 이미지로 경험된다. 여기에서 말하는 이미지라는 용어는 단순히 시각만이 아니라 청각, 내장감각, 촉각 등 다양한 감각에서 비롯된 모든 형태의 이미지를 통칭한다.

자, 이제 본격적인 얼개 속으로 파고들어 보자. 뇌가 특정 현상들을 만들어 내는 방식을 설명하는 가설을 논의할 때, 이론이라는 용어는 그리 어울리지 않는다. 규모가 어느 정도 커지지 않는 한 대부분의 이론은 사실 가설에 머물기 마련이다. 하지만 이 책에서 제안하는 내용은 그 이상이다. 그 이유는 모름지기 내가 고찰하는 현상들 속에는 여러 양상들이 얼기설기 얽혀 있어서 이를 풀어내기 위해서는 한 가지 시각만으로는 부족하고, 다양한 가설을 기반으로 체계적으로 접근해야 하기 때문이다. 여기에서 다루는 내용은 하나의 가설로 깔끔하게 정리하기엔 너무 복잡하고, 그렇다고 해서 단일 메커니즘으로 설명할 만큼 단순하지도 않다. 그래서 나는 얼개라는 용어를 도입해서 이 작업에 박차를 가하기로 했다.

후속 장들에서 제시될 아이디어들은 그 거창한 명성에 걸맞은 학문적 엄격성을 확보하기 위해 몇 가지 목표들을 달성해야 한다. 먼저 우리는 뇌가 어떻게 마음을 의식적으로 만드는지 이해하고자 한다. 하지만 어떤 방식으로든 총체적 수준에서 뇌 기능을 설명하기에는 역부족임을 감안할 때, 이 얼개가 구체적으로 어느 수준까지 설명할지 명시할 필요가 있다. 바로 대규모 시스템 수준이 그 선이다. 즉 신경 회로로 구성된 거시적 뇌 영역들이 서로 상호작용하면서 하나의 시스템을 이루는 단계를 의미한다. 이 시스템은 필연적으로 거시적이지만, 그 토대가 되는 미시적 해부학과 해당 시스템을 이루는 신경세포의 일반적인 작동 원리 역시 일정 부분까지는 이미 규명되어 있다. 이 대규모 시스템 수준은 다양한 전통적 연구 기법은 물론이고, 최신 버전의 뇌병변 방법(국소적 뇌 손상을 입은 신경학적 환자들을 대상으로 한 구조적 뇌 영상과 인지 및 신경 심리 기능을 측정하기 위한 실험적 기법 등으로 조사), 기능적 신경영상(자기공명영상fMRI, 양전자 방출 단층촬영, 뇌자도腦磁圖, 다양한 전기생리학적 기법 등에 기반), 신경 외과적 치료 환경에서 신경세포의 활동을 직접 측정하는 신경생리학적 기록, 경두개 자기 자극술 등 다양한 현대적 연구 도구로도 탐구 가능하다.

 이 이론적 얼개 속에서는 행동, 마음, 뇌 사건이 상호 연결되어야 한다. 이런 두 번째 목표와 관련해서 이 얼개는 행동, 마음, 뇌를 밀접하게 정렬시킨다. 또한 해당 얼개가 진화생물학에 뿌리를 두고 있기 때문에, 의식을 자연선택을 통해 진화적 변화를 겪어 온 유기체들의 역사적 맥락 속에 위치시킨다. 나아가 각 개체의 뇌에서 신경 회로가 성숙해 가는 과정 역시 유기체의 활동과 학습 과정에서

일어나는 선택 압력의 영향을 받을 것이라 추정한다.[18]

이 얼개는 마음 형성에 관여하는 뇌 영역들이 뇌 전체 차원에서 어떻게 배치되는지를 보여 주고, 자아의 생성을 위해 어떤 뇌 영역들이 서로 협력하는지 해명하려 한다. 아울러 신경 회로의 수렴과 발산을 특징으로 하는 뇌 구조가 이미지의 고차원적 협응에서 어떤 역할을 하는지, 그리고 자아를 비롯한 기억, 상상력, 언어, 창의성 등 정신 기능의 다른 측면들에 어떻게 기여하는지도 제시한다.

이 얼개는 의식이라는 현상을 신경과학적 연구에 적합한 구성 요소로 세분화한다. 그 결과 마음 과정과 자아 과정이라는 두 가지 연구 가능한 영역이 도출되었다. 또한 이 얼개는 자아 과정을 여러 하위 유형으로 분해함으로써 두 가지 이점을 제공한다. 인간만큼 정교하지 않더라도 자아 과정을 소유할 수 있는 다른 생물종들의 의식을 가정하고 연구할 수 있다는 점, 그리고 인간의 고차원적 자아와 인간이 살아가는 사회문화적 공간 사이에 징검다리를 놓을 수 있다는 점이다.

또 다른 목표는 이 얼개를 통해 시스템 수준의 거시적인 뇌 사건이 어떻게 미시적인 신경 사건으로부터 형성되는지를 설명하는 것이다. 이 얼개는 특정 뇌 영역의 활동 상태가 곧 정신 상태와 동일하다는 가설을 전제로 한다. 다시 말해 신경세포들이 소규모 회로

---

18 개인의 뇌 발달에서의 선택압에 관한 기초 연구는 다음 참조. Jean-Piean-Pierre Changeux, *Neuronal Man: The Biology of Mind*, New York: Pantheon, 1985; Edelman, *Remembered Present.*

에서 특정 강도와 빈도로 발화하고, 이들 중 일부 회로가 동기화되어$_{synchronous}$ 활성화되며, 더 나아가 특정 신경망 사이의 연결 조건이 충족될 때, '느낌을 가진 마음'이 생겨난다는 것이다. 달리 말하면 신경망의 크기와 복잡성이 증가함에 따라 '인지'와 '느낌'이 미시 수준에서 거시 수준으로 위계 구조를 따라 확장된다는 설명이다. 이런 느낌을 가진 마음으로의 확장 모델은 운동생리학에서 그 유사 사례를 찾을 수 있다. 하나의 미시적인 근육세포의 수축은 무시할 수 있는 현상이지만, 많은 수의 근육세포가 동시에 수축하면 가시적인 움직임이 만들어진다.

주요 아이디어 선공개

I

이 책에서 제기되는 가장 핵심적인 아이디어는 신체가 의식 있는 마음의 모체라는 개념이다. 주지하다시피 신체 기능 중 가장 안정적인 요소들이 뇌에 지도의 형태로 표상되고, 마음에 이미지를 제공한다. 이를 근거로 다음과 같은 가설이 성립한다. 신체-지도화 구조에서 생성된 신체에 대한 특별한 형태의 정신적 이미지들이 원자아를 구성하고, 이는 장차 형성될 자아의 전조로 작동한다는 점이다. 주목할 점은 이런 신체 지도화와 이미지 제작에 관여하는 핵심 구조가 대뇌 피질층 아래 뇌간 상부에 위치한다는 사실이다. 이 부위는 다른 많은 종들과도 공유하는 뇌의 오래된 부분이다.

II

또 다른 핵심 아이디어는 뇌의 원자아 구조가 비단 신체에 관한 것만이 아니라는, 매번 간과되어 온 사실을 토대로 한다. 이런 구조들은 문자 그대로 절대로 분리될 수 없는 방식으로 신체에 달라붙어 있다. 구체적으로 이 구조들은 자체 신체 신호로 뇌를 끊임없이 강타하는 특정 신체 부위에 직접 연결되어 있으며, 뇌는 이 신호들에 다시 반응함으로써 일종의 공명 회로resonant loop가 만들어진다. 이 공명 회로는 영구히 작동하며, 오직 뇌 질환이나 사망에 의해서만 끊긴다. 즉 신체와 뇌는 일체화된다bond. 결과적으로 원자아 구조는 신체와 직접적이고 특권적인 관계를 맺는다. 그 구조들이 신체에 대해 생성하는 이미지들은 시각이나 청각 등 다른 뇌의 이미지들과 구별되는 상황에서 형성된다. 이런 사실에 비추어 볼 때, 신체는 원자아가 구축되는 초석으로, 반면에 원자아는 의식을 가진 마음이 활동하는 중심축으로 보는 것이 적절하다.

III

내 가설에서 원자아의 첫 번째이자 가장 근본적인 산물은 원초적 느낌이다. 이 원초적 느낌은 우리가 깨어 있는 동안 자동적으로, 그리고 끊임없이 발생한다. 또한 언어로 표현되지 않고, 어떤 꾸밈도 없이 그저 존재한다는 사실 자체와만 연결되어 살아 있는 자신의 몸을 직접 경험하게 해 준다. 이 원초적 느낌은 쾌락에서 고통에 이르기까지 다양한 층위로 신체의 현재 상태를 반영하는데, 이는 대뇌 피질층이 아닌 뇌간층에서 비롯된다. 모든 감정의 느낌은 원초적인

느낌에 관한 복잡한 음악적 변주이다.[19]

여기에서 개괄한 기능적 배열에서 고통과 쾌락은 신체적 사건에 해당한다. 이 사건은 마찬가지로 신체와 결코 분리될 수 없는 뇌 속에서 지도화된다. 따라서 원초적 느낌이란 신체와 뇌가 필연적으로 상호작용하면서 생겨나는 것이다. 이런 상호작용은 신경 회로의 특성, 그리고 어쩌면 신경세포만의 고유한 속성이 만들어 내는 독특한 형태의 이미지로 이해할 수 있다. 우리가 어떤 느낌이 실감 나는felt 이유를 느낌이 신체를 지도화하기 때문이라고 설명할 수 있지만, 그것만으로는 미흡하다. 내 가설에 따르면, 뇌간의 기전이 느낌이라고 불리는 이미지를 형성할 때는 신체와 독특한 관계를 맺고 있을 뿐 아니라 단순히 신체를 수동적으로slavish 지도화하는 데 그치

---

[19] 자아에 관한 나의 기존 논의들은 원초적 자아(primordial self)를 포함하지 않았다. 존재의 근원적인 느낌은 핵심자아의 일부였다. 하지만 이후 나는 다른 결론에 이르게 되었다. 핵심자아의 과정은 원자아의 뇌간 구성 요소가 먼저 독자적으로 기본적 느낌을 생성해야만 작동할 수 있다는 것이다. 이 느낌은 어떤 대상이 유기체와 상호작용하기 이전에 이미 존재하는 일종의 원초적 느낌이다. 야크 판크셉은 예전부터 이 과정에 대해 어느 정도 유사한 견해를 지지해 왔으며, 그 기원을 뇌간에서 찾는 점에서도 나와 일치한다. 판크셉의 『정서의 신경과학』(Affective Neuroscience)을 읽다 보면, 그의 견해는 몇 가지 점에서 내 견해와 차이를 보인다. 첫째, 그가 제안하는 단순한 느낌은 세계의 외부 사건과 필연적으로 연관성을 지니는 것으로 보인다. 그는 이를 "세계의 지각되고 있는 사건들 속에서 자기 자신을 능동적 주체로 경험하는 언표 불가능한 느낌"이라고 표현하고 있다. 반면에 내가 여기에서 제안하는 원초적 느낌/원형적 자아는 원자아의 자연 발생적 산물이다. 이론상 원형적 느낌은 원자아가 뇌 밖의 대상이나 사건들과 상호작용하는지 여부와 상관없이 발생한다. 이것은 오롯이 살아 있는 신체와만 관련되고, 그 외의 요소와는 무관하다. 판크셉의 설명은 핵심자아가 특정 대상과 연관된 인식의 느낌을 담고 있다는 면에서 필자의 핵심자아에 대한 설명과 더 가깝다. 이는 구성적 척도에서 상위 단계에 위치하는 것으로 보인다. 둘째, 판크셉은 이 원시적 의식을 주로 뇌간 구조(수도관주위 회색질, 소뇌, 상구)의 운동 활동과 연결시키는 반면, 나는 고립로핵과 부완핵 같은 감각 구조에 방점을 두고 있다. 그렇다고는 하나, 나 역시 원시적 의식이 수도관주위 회색질과 상구의 심층부와 밀접하게 관련되어 있음은 인정하고 있다.

지 않는다. 오히려 신체에서 전달되는 신호들이 복합적으로 결합되어 이전에는 없던 특별한 성질을 지닌, 바로 느낌이라는 복잡한 상태가 만들어진다. 심지어 느낌이 없는nonfeeling 이미지조차도, 이런 이미지가 느낌에 수반될accompanied 때는 느껴질 수 있다.

앞서 설명한 내용은 신체와 뇌 사이에 뚜렷한 경계가 있다는 개념에 맹점이 있음을 시사한다. 또한 누군가가 정상적인 정신 상태에는 반드시 어떤 형태로든 느낌이 따라야 하는 이유와 방법을 묻는다면, 이 논의가 그런 난해한 질문에 대한 실마리를 제시해 줄 수 있다.

IV

의식을 가진 마음은 대뇌 피질층이 아닌 뇌간층에서 형성되기 시작한다. 원초적 느낌은 뇌가 생성하는 첫 번째 이미지이자, 즉각적인 지각sentience의 발현이다. 이 느낌이 바로 더 복잡한 수준의 자아로 나아가기 위한 원자아의 토대가 된다. 이런 아이디어들은 일반적인 통념과는 상반되지만, 야크 판크셉(앞서 인용한)이나 로돌포 이나스도 비슷한 입장을 옹호했다. 하지만 우리가 흔히 알고 있는 의식적인 마음은 뇌간에서 발생하는 의식 있는 마음과는 전혀 동떨어진 사안이며, 이 점에 관해서는 대체로 이견이 없을 것이다. 대뇌 피질은 마음을 만드는 과정에서 대량의 이미지들을 제공하는바, 햄릿의 말을 빌리자면 가엾은 호레이쇼가 천상과 지상 어디에서도 꿈꿔 보지 못했을 경지를 훌쩍 뛰어넘는다.

의식 있는 마음은 자아가 마음에 떠오를 때, 즉 뇌가 마음이라는 혼합물에 자아 과정을 추가했을 때 시작된다. 처음에는 미미할 수 있지만, 점차 매우 왕성하게 확장된다. 자아는 원자아에 기반한 뚜렷한 단계를 거쳐 구축된다. 첫 단계는 원초적 느낌이 생성되는 과정으로, 말하자면 원자아로부터 저절로 솟아나는 존재에 대한 기본적 느낌이다. 다음은 핵심자아이다. 핵심자아는 행동에 관한 것으로, 정확히 말하자면 유기체와 대상 간의 관계와 관련되어 있다. 핵심자아는 어떤 대상이 원초적 느낌과 원자아를 변화시키는 과정에서 생겨나는데, 이 과정은 마치 일련의 이미지처럼 펼쳐진다. 마지막으로 자서전적 자아가 있다. 이 자아는 과거뿐 아니라 앞으로 예상되는 미래까지 포괄하는 개인의 일대기적 지식이라는 관점에서 정의된다. 한 개인의 전기傳記를 정의하는 다양한 이미지들이 모여 핵심자아 펄스pulse[20]를 생성하고, 이 펄스들이 합쳐져 자서전적 자아가 형성된다.

원초적 느낌을 기반으로 한 원자아와 핵심자아는 함께 '물질적인 나'를 이룬다. 자서전적 자아는 사회적 인격의 모든 측면을 함의하는 고차원적 단계로, '사회적인 나'와 '영적인 나'를 창조한다. 이런 자아의 모습을 자기 자신의 마음을 관찰하거나 타인의 행동에 미치는 영향을 통해 연구할 수 있다. 하지만 여기에서 그치지 않고, 우리 마음속의 핵심자아와 자서전적 자아는 인식자를 만들어 낸다.

---

20 [옮긴이] 'pulse'는 심장의 박동이나 전자기적 신호처럼 반복적이고 짧은 활동의 순간들을 의미하는데, 특정 신경학적 활동이나 인식의 순간적 발생을 나타낼 때 사용된다. 다마지오의 맥락에는 '핵심자아가 의식의 한 순간에만 툭툭 순간적으로 활성화되었다 사라지는 단속적 활동이나 순간적인 연결'이라는 의미가 담겨 있다.

달리 말해 이 두 자아는 우리 마음속에 서로 다른 유형의 주관성을 부여한다. 실용적 목적에 비추어 볼 때, 인간의 정상적인 의식은 이런 모든 층위의 자아가 작동하는 하나의 마음 과정이며, 그 속에서 일부 제한된 마음 내용들이 핵심자아 펄스와 연결된다.

V

의식은 뇌의 한 영역이나 부위, 혹은 중추에서 발생하지 않는다. 의식 있는 마음은 그 강도가 미약하든 강렬하든, 여러 뇌 부위가 긴밀하게 연결되어 원활하게 작동한 결과로 나타난다. 이 과정에서 핵심적인 기능을 담당하는 주요 뇌 구조로는 뇌간 상부의 특정 구역, 시상의 연합 신경핵들, 대뇌 피질 곳곳에 분포한 특정 영역이 있다.

의식이라는 최종 산물은 수많은 뇌 부위로부터 동시에 발생하는 것이지, 특별히 어느 한 부위에서 생겨나지 않는다. 마치 교향곡이 단 한 명의 연주자나 심지어 오케스트라의 특정 파트에서만 흘러나오지 않는 것과 흡사하다. 의식 공연의 최상위 수준에서 벌어지는 가장 오묘한 점은 공연이 시작되기 전에는 지휘자가 눈에 띄지 않다가, 연주가 진행되면서 어느새 지휘자가 등장한다는 것이다. 지금 모든 면에서 지휘자가 오케스트라를 이끌고 있는 것이 기정사실이지만, 지휘자라는 존재, 곧 자아를 창조해 낸 것은 바로 연주이지 그 반대가 아니다. 지휘자는 느낌과 내러티브적 뇌 장치에 의해 마구잡이로 얽혀 있지만, 그렇다고 이 사실이 지휘자를 덜 실재하는 존재로 만들지는 않는다. 우리 마음속에 지휘자가 있다는 사실은 부인할 수 없다. 설령 누군가 이것을 환상으로 치부한다 한들 득이 되는 것이 있을까?

의식 있는 마음은 협응을 통해 다양한 방식으로 나타난다. 미미한 핵심자아 단계에서는 연속적으로 떠오르는 이미지들이 아주 짧은 시간 간격으로 자연스럽게 모여들어 고요히 협응이 시작된다. 이때의 이미지들은 대상 그 자체의 이미지이기도 하고, 그 대상에 의해 변화된 원자아의 흔적 같은 이미지이기도 하다. 단순한 수준에서 핵심자아가 출현하는 데는 추가적인 뇌 구조가 필요하지 않다. 이런 협응은 지극히 자연스러운데, 때로는 유기체와 대상이 연주하는 단출한 이중주처럼, 때로는 실내악 앙상블처럼 함께 어울린다. 어느 쪽을 불문하고 지휘자 없이도 아주 잘 해낸다. 하지만 마음속에서 처리되는 내용들이 더 많아질 때는 협응을 위해 다른 장치가 필요해진다. 이때는 대뇌 피질 아래와 피질 안에 위치한 다양한 뇌 영역들이 실질적인 역할을 떠맡는다.

자신이 살아온 과거와 앞으로 살아갈 미래를 모두 아우르는 마음을 만들고, 타인의 삶까지 함께 고려하며 성찰할 수 있는 능력을 키우는 것은 가히 말러 수준$_{\text{Mahlerian proportions}}$의 교향곡 연주를 방불케 한다. 하지만 앞서 잠깐 은연중에 풍겼듯, 놀라운 점은 악보도 지휘자도 삶이 한창 전개되고 나서야 비로소 등장한다는 사실이다. 이 조정자들은 모든 해석을 담당하고 있는 신화적이고 현명한 호문쿨루스가 아니다. 그런데도 이런 코디네이터들은 비범한 매체적 우주 공간을 조직하고, 그 중심에 주인공을 두는 데 일조한다.

의식이라는 대교향악은 영원히 신체에 묶여 있는 뇌간의 활약을 기반으로, 대뇌 피질과 피질하 구조가 협력해 만들어 내는 하늘보다 광활한 이미지들을 모두 담아낸다. 또한 그렇게 모든 것들이 조화롭게 한데 어우러진 상태로 쉼 없이 행보를 이어 가다가, 마침내 의식은 수면, 마취, 뇌 기능 장애, 죽음에 의해서만 중단될 뿐이다.

교향곡이 한 명이나 소수의 연주자만으로 연주될 수 없듯, 뇌 의식 역시 어떤 단일 메커니즘은 물론 단일 기제, 단일 영역, 혹은 어떤 특징이나 기술만으로 설명될 수 없다. 뇌 의식을 설명하기 위해선 수많은 요소들이 필요하고, 각각의 역할은 모두 의미를 갖는다. 하지만 오로지 앙상블만이 우리가 해명하고자 하는 의식의 결과를 창조해 낸다.

VI

의식의 대표적인 성과로 생명을 효율적으로 관리하고, 안전하게 유지하는 능력을 꼽을 수 있다. 의식이 손상된 신경계 환자들은 기본적인 생명 기능이 정상적으로 작동하더라도, 스스로 자신의 삶을 꾸려 나가기는 어렵다. 그럼에도 생명을 관리하고 유지하는 메커니즘은 생물학적 진화에서 새롭다고 할 것이 못 되며, 꼭 의식에 의존해야만 하는 것도 아니다. 이런 메커니즘은 이미 단일세포에도 존재하며, 해당 유전체에 암호화되어 있다. 또한 태고의 신경 회로, 즉 마음도 없고, 의식도 없는 미세한 회로 안에 널리 복제되어 있고, 여전히 인간의 뇌 깊숙한 곳에 풍부하게 남아 있다. 우리는 생명 유지와 안전 관리가 생물학적 가치의 기본 전제임을 확인하게 될 것이다. 이 생물학적 가치는 뇌 구조의 진화에 영향을 미쳤고, 어떤 뇌든 뇌 활동의 거의 모든 단계에 영향력을 행사한다. 이런 생물학적 가치는 보상과 처벌에 관여하는 화학물질의 분비처럼 단순한 형태로 표현되기도 하고, 사회적 감정과 고도의 추론처럼 복잡한 형태로 드러나기도 한다. 즉 생물학적 가치는 마음을 가진, 매우 의식적인 뇌의 모든 활동을 자연스럽게 안내하고 온통 물들인다. 이처럼 생물학적 가치는 하나의 원칙으로서 군림하고 있다.

요컨대 의식 있는 마음은 생명 조절의 역사 속에서 출현한다. 생명 조절, 축약해서 항상성homeostasis으로도 알려진 이 역동적 과정을 통해 박테리아 세포나 아메바 같은 단세포생물은 뇌 없이도 적응적으로 행동한다. 이러한 과정은 기본적인 행동만을 관리하는 이런 단순한 뇌를 가진 개체들에서 시작되어 점차 뇌가 행동과 마음을 모두 만들어 내는 개체들(곤충과 어류가 그 예이다)로 발전해 왔다. 나는 뇌가 원초적 느낌을 생성하기 시작할 무렵, 바로 진화사의 상당히 초기일 수도 있는 그 순간부터 유기체가 초기 형태의 지각을 획득했다고 믿을 준비가 되어 있다. 그 이후로 조직화된 자아 과정이 발전해 마음에 가세하면서 더욱 정교한 의식 있는 마음이 형성되기 시작했다. 예컨대 파충류는 의식을 가진 마음이라는 패권을 거머쥐기 위해 처음으로 뛰어든 경쟁 후보자였다. 조류는 파충류 이상으로 더 치열하게 경쟁에 돌입했고, 포유류는 이 경쟁에서 상을 받은 것도 모자라 몇 가지를 덤으로 수상하고 있다.

자아를 만들어 내는 뇌를 가진 대부분의 종들은 핵심자아 단계에 머무른다. 인간은 핵심자아와 자서전적 자아 모두를 갖추고 있다. 예컨대 늑대, 우리의 유인원 사촌, 해양 포유류, 코끼리, 고양이, 그리고 영민함에 있어 가히 측정 불가한 반려견과 같은 다양한 포유류에서도 이런 두 가지 형태의 자아가 존재할 가능성이 크다.

VII

마음 과정의 행보는 미미한 수준의 자아에서 멈추지 않았다. 포유류, 특히 영장류가 진화하면서 마음은 점점 정교해졌고, 기억과 추론 능력이 크게 확장되었다. 자아 과정 역시 그 범위를 넓혀 갔는데, 기존의 핵심자아는 그대로 있으면서 점차 신경적·정신적 특성이 핵심자아와는 본질적으로 다른 자서전적 자아에 의해 둘러싸이게 되었다. 인간은 이제 마음의 일부를 사용해 다른 부분의 활동을 모니터링할 수 있게 되었다. 이렇게 복잡한 자아로 무장한 인간의 의식 있는 마음은 한층 더 강력한 기억력, 추론력, 언어 능력 등을 향상시켰다. 이를 토대로 문화적 도구를 고안하고, 사회와 문화 차원에서 새로운 방식으로 항상성을 개척해 나갔다. 항상성은 비약적인 도약을 발판 삼아 사회문화적 공간으로 팽창되었다. 법률 제도, 경제 및 정치 조직, 예술, 의학, 기술 등은 이 새로운 협응 장치의 예시들이다.

최근 수세기 동안 폭력이 극적으로 감소하고 관용이 증가한 것도 사회문화적 항상성 없이는 불가능했을 것이다. 마찬가지로 선진 사회와 정치 체제의 특징인 강압적 권력이 설득의 힘으로 점진적으로 대체된 것 역시, 비록 종종 실패도 따랐지만 사회문화적 항상성 없이는 불가능했을 것이다. 사회문화적 항상성에 대한 연구는 심리학과 신경과학에서 유용한 정보를 얻을 수 있지만, 그 현상의 본질적 공간은 문화 그 자체이다. 미국 대법원의 판결이나 미국 의회의

심의, 금융기관의 업무 등을 연구하는 사람들은 변화무쌍한 사회문화적 항상성을 간접적으로 연구하고 있다고 해도 과언이 아니다.

기본 항상성(비의식적으로 유도되는 것)과 사회문화적 항상성(성찰적이고 의식적인 마음에 의해 만들어지고 유도되는 것) 모두 생물학적 가치의 큐레이터 역할을 한다. 이 두 가지 형태의 항상성은 수십억 년의 진화를 거치며 분리되어 서로 다른 생태적 틈새에 놓여 있지만, 결국에는 생존이라는 같은 목표를 추구한다. 사회문화적 항상성의 경우 이 목표가 의도적인 복지 추구까지 확장된다. 말할 나위도 없이, 인간의 뇌가 생명을 관리하는 방식은 두 가지 항상성이 지속적으로 상호작용하며 이루어진다. 그중 기본 항상성은 모든 사람의 유전체에 각인된 견고한 생물학적 유산이라면, 사회문화적 항상성은 인간사의 우여곡절과 어리석은 선택들, 그리고 희망의 상당 부분을 떠안고 있는 다소 미숙한 과정이다. 또한 이 두 가지 항상성의 상호작용은 한 개인의 삶에만 국한되지 않는다. 이를 뒷받침하듯, 문화적 발전이 여러 세대를 거치며 유전체의 변화를 이끈다는 증거들이 날로 축적되고 있다.

VIII

단순한 생명체로부터 우리처럼 복잡하고 초_超복잡한 유기체로의 진화라는 관점에서 의식하는 마음을 바라보면, 마음이란 자연 현상의 하나로, 생물학적 표현 방식이 단계적으로 복잡해진 결과임을 깨닫게 된다.

인간의 의식과 그로부터 파생된 기능들(언어, 확장된 기억, 추론, 창의성, 문화라는 거대 구조물 전체)은 현대적일 뿐 아니라 고도로 의식적이며minded, 사회적 존재 안에서 가치 큐레이터 역할을 할 수 있다. 또한 이유 불문하고, 평생 의지처가 되는 의식적인 마음은 가장 기초적이고 무의식적인 가치 원칙을 조절하는 내밀한 곳까지 긴 탯줄로 이어져 있다고 상상할 수 있다.

의식의 역사를 전통적인 방식으로 설명하기엔 한계가 있다. 의식은 생물학적 가치를 더 효율적으로 관리하기 위해 생겨난 것이지, 의식이 생물학적 가치나 가치 평가 과정을 발명한 것은 아니다. 결국에는 인간의 마음에서 의식이 생물학적 가치를 드러냈고, 그것을 관리하는 새로운 방식과 수단을 개발할 수 있는 기폭제 역할을 해 왔다.

생명과 의식을 가진 마음

뇌가 어떻게 의식을 가진 마음을 구성해 내는가 하는 주제로 책 한 권 전체를 집필하는 것이 과연 바람직한 일일까? 마음과 자아의 바탕에서 작동하는 뇌를 이해하는 것이 인간 본성에 관한 지적 호기심을 충족시키는 것 외에 어떤 실용적인 함의가 있을지 자문해 볼 필요가 있다. 우리가 캐묻는 질문들이 일상생활에 어떤 차이를 가져올까? 크고 작은 많은 이유들로, 나는 그것이 우리의 일상생활에 확실히 영향을 미친다고 생각한다. 뇌 과학과 뇌에 관한 설명이 모든 이에게 예술이나 영적 신앙만큼의 충족감을 선사해 주지는 못할지라도, 분명 다른 보상들이 기다리고 있다.

생명의 역사에서 의식 있는 마음이 어떻게 등장했고, 특히 인류의 역사에서 어떻게 발전해 왔는지를 이해한다면, 어쩌면 우리는 의식적 마음이 제공하는 지식과 조언의 질을 이전보다 더 현명하게 판단할 수 있을 것이다. 그 지식은 신뢰할 만한가? 그 조언은 타당한가? 이렇듯 훈수를 두는 마음의 작동 원리를 이해함으로써 우리는 더 나은 통찰을 얻게 되는 것 아닐까?

의식 있는 마음 이면의 신경 메커니즘을 살펴보면, 우리 자아가 매번 옳지 않고 모든 결정을 통제하지 못한다는 사실이 자명해진다. 그렇다고 해서 우리의 의식적 숙고 능력이 허상이라는 주장을 수긍하기는 어렵다. 오히려 의식적이면서 동시에 비의식적인 마음의 과정을 규명할수록, 우리의 숙고 능력이 더욱 강화될 것이다. 자아는 숙고와 과학 탐험의 길을 터 준다. 이 두 가지 특별한 도구는 자아 혼자만으로는 피하기 어려운 오해의 소지를 바로잡을 수 있게 해 준다.

인간의 책임 소재를 따질 때, 일반적인 도덕적 관점뿐 아니라 정의와 그 적용의 문제에서도 진화하는 의식의 과학을 참고하게 될 시점이 머지않았다. 아마도 지금이 적기일지도 모른다. 성찰적 숙고와 과학적 도구를 방패 삼아, 인간은 의식하는 마음의 신경학적 구조를 이해하기 시작했다. 이로써 의식 있는 마음이 뭉쳐 빚어내는 궁극적 산물인 문화의 형성과 발전을 연구하는 데도 값진 새 지평이 열렸다. 앞으로 인류의 문화적 경향과 디지털 혁명 등이 가져올 기회와 도전을 논할 때, 우리의 유연한 뇌가 어떻게 의식을 창조하는지에 대한 정보가 주어진다면 크나큰 도움이 될 것이다. 단적인 예로, 디지털 혁명이 이끄는 인간 의식의 점진적 세계화는 막중한 선택의 기로에 서 있다. 지금의 사회문화적 항상성처럼 기본 항상성의 목표와 원칙을 견지할 것인지, 아니면 좋든 싫든 진화적 탯줄을 끊고 독자 노선을 걸을 것인지를 결정할 때, 의식 관련 이해가 중요한 단초가 될 수 있다.[21]

의식 있는 마음을 자연의 한 현상으로 이해하고, 뇌 속에 단단하게 뿌리내린 존재로 인정한다고 해서, 그것이 인간 존재에서 문화의 역할이 축소되거나 인간의 존엄성이 훼손된다는 것을 의미하진 않는다. 또한 의식의 신비와 불가사의에 종말을 고하는 것도 아니다. 문화는 여러 세대에 걸쳐 인간 뇌의 집단적 노력에서 탄생하고 진화하며, 그 과정에서 어떤 문화는 심지어 소멸되기도 한다. 이런 문화는 기존의 문화적 영향을 받은 뇌를 기반으로 발전하는데, 현대인의 마음 형성에 문화가 미치는 영향력은 실로 막강하다. 또한 인간의 마음을 살아 있는 세포나 조직의 경이로운 복잡성과 아름다움에 접목시킨다고 해도 그 존엄성은 손상되지 않는다. 오히려 인격을 생물학과 결부시키는 것은 인간 존재에 대한 경외와 존경을 끊임없이 불러일으키는 원천이 된다. 끝으로 마음을 자연 현상의 일부로 이해함으로써 한 가지 신비가 풀렸다손 치더라도, 어디까지나 그것은 조용히 자신의 차례를 기다리는 또 다른 신비들을 위해

---

21 신경생물학적 신경망과 사회적 네트워크 간 연관성을 연구하는 것은 가치 있는 탐구 분야이다. 다음 참조. Manuel Castells, *Communication Power*, New York: Oxford University Press, 2009.

서막을 올린 것에 지나지 않는다.

의식하는 마음이 어떻게 형성되는가 하는 과정을 생물학과 문화의 역사적 맥락에서 조망하는 것은 전통적 인문주의와 현대과학을 화해시킬 포문을 열어 준다. 그래서 신경과학이 뇌생리학과 유전학이라는 생소한 분야를 통해 인간 경험을 탐구하더라도, 인간의 존엄성이 보전되는 것은 물론 더욱 공고해진다.

F. 스콧 피츠제럴드는 "의식을 처음 발명한 자의 죄는 실로 크다"라는 의미심장한 말을 남겼다. 그가 그런 말을 한 이유를 눈치챌 수 있지만, 그의 비난은 고작 반쪽짜리 진실에 불과하다. 우리가 의식 있는 마음이 적나라하게 드러내는 자연의 불완전함에 낙담하는 순간에만 그 비난은 설 자리를 얻을 뿐이다. 나머지 반쪽의 진실은 상실과 슬픔을 기쁨과 축제로 승화시킨trade, 온갖 창조와 발견의 원동력이 되어 온 의식이라는 발명에 대한 찬사로 채워져야 한다. 의식의 출현은 삶을 보다 가치 있게 만드는 길을 개척했다. 또한 의식이 어떻게 생겨나는지 이해하면 할수록, 의식의 가치는 더더욱 고양될 수밖에 없다.[22]

그렇다면 뇌의 작동 원리를 아는 것이 우리가 삶을 살아가는 데 있어 정말로 중요할까? 나는 단연코 그렇다고 확신한다. 더 나아가 우리가 현재 누구인지 아는 것을 넘어서 앞으로 어떤 존재가 될 것인지에 조금이라도 관심을 둔다면 더더욱 그렇다.

---

22 스콧 피츠제럴드의 다음 책 참조. F. Scott Fitzgerald, *The Diamond as Big as the Ritz*, New York: Scribner's, 1922.

2장
생명 유지에서 생물학적 가치까지

의식의 비개연성

마크 트웨인은 소설과 현실의 가장 큰 차이점으로, 소설은 반드시 개연성을 담보해야 한다는 점을 지적한 바 있다. 현실은 때때로 믿기 힘들 만큼 개연성이 부족할 수 있지만, 소설은 그런 불합리를 용납하지 않는다. 따라서 이 책에서 다루는 마음과 의식 이야기 역시 소설의 요건을 충족시키지 못한다. 앞으로 전개될 내용은 우리의 직관에 정면으로 반反하며, 전통적인 인간의 서사를 전복한다. 또한 오랫동안 당연시되어 온 가정假定들과 적잖은 기대들을 거듭 저버리는 것이기도 하다. 그렇다고 해서 이런 특성이 이 책이 설명하는 바의 개연성을 떨어뜨리는 것은 아니다.

의식적 마음 아래 무의식적 마음 과정이 숨어 있다는 개념은 더 이상 참신하지 않다. 한 세기가 넘는 예전에 이 아이디어가 처음 제시될 당시만 해도 대중의 탄복을 자아냈지만, 오늘날엔 사정이 달라졌다. 비록 일반인들에게는 인지도가 낮지만 학계에서는 꽤 알려진 사실 중 하나는, 생명체는 마음을 갖기 훨씬 이전부터 효율적이고 적응적인 행동을 보여 왔는데, 그런 행동들은 모든 면에서 마음을 품은 의식을 가진 생명체에서 일어난 것과 닮았다는 것이다. 물론 이런 행동들은 마음이 야기한 것도 아니었고, 의식에서 비롯된 것은 더더욱 아니었다. 간단히 말해 의식적 과정과 비의식적 과정이 공존하는 것은 말할 것도 없거니와, 오히려 생명 유지와 관련된 비의식적 과정들이 그에 상응하는 의식적 대응물 없이도 독자적으로 기능할 수 있다.

마음과 의식의 관점에서 볼 때, 진화는 다양한 형태의 뇌를 발달시켰다. 행동은 보이지만, 마음이나 의식이 없는 것으로 추정되는 뇌가 있다. 바로 신경생물학자 에릭 캔델의 실험실에서 각광받았던 바다달팽이의 일종인 군소 Aplysia californica의 신경계가 그러하다. 반면 인간의 뇌처럼 행동, 마음, 의식까지 모든 현상을 만들어 내는 뇌도 있다. 또한 분명히 행동과 마음을 만들어 내지만, 여기에서 논하는 의미에서의 의식이 실제로 생성되는지는 불분명한 뇌도 있다. 곤충의 뇌가 바로 이 범주에 속한다.

하지만 마음도 그리고 의식도 없이 뇌가 제대로 된 행동을 할 수 있다는 사실 그 자체보다 더 중요한 것은 이 사실이 함축하는 의미이다. 뇌가 아예 없는 생명체, 심지어 단일세포조차도 지능적이고 목표 지향적인 행동을 보인다는 사실이 이미 입증되어 있다. 이 역시 과소평가된 사실이다.

마음도, 의식도 생성하지 않는 더 단순한 뇌를 이해하면, 확실히 인간의 뇌가 어떻게 의식 있는 마음을 만드는지에 대한 유용한 통찰을 얻을 수 있다. 하지만 이런 회고적 검토를 진행하다 보면, 결국 태곳적 뇌가 어떻게 출현했는지 설명하기 위해 과거로 더 멀리, 그것도 마음과 더불어 뇌도 전무한, 말 그대로 무의식적이고 무심하고 무-뇌적인 단순 생명체들의 세계까지 심층적으로 거슬러 올라가야 한다는 사실을 깨닫게 된다. 실제로 의식 있는 뇌가 왜, 어떻게 생겨났는지 그 근거를 찾으려면 생명의 기원에 한층 더 가까이 다가가야 한다. 그리고 그 자리에서 다시 한번, 가히 충격이란 말로도 부족한 상황에 직면하게 된다. 바로 뇌와 마음, 의식이 생명 유지에 기여한다는 기존의 통념이 완전히 뒤집히는 순간을 맞닥뜨린다.

자연적 의지

우리에게 다시 한번 우화가 필요한 시점이다. 옛날 옛적, 장구한 진화의 머나먼 길을 따라 생명이 태동했다. 38억 년 전쯤, 태어날 모든 미래 생물의 조상이 처음으로 자취를 드러냈을 때였다. 그로부터 약 20억 년이 지난 뒤, 성공적으로 번성한 개별 박테리아 군집들이 마치 지구를 점령한 듯 보이던 시절에 핵을 가진 단일세포가 출현했다. 박테리아 역시 단일 생명체였지만, 박테리아의 DNA는 핵 안에 모여 있지 않았다. 핵을 갖춘 단일세포는 한 걸음 도약한 셈이었다. 이런 생명 형태는 전문용어로 진핵세포라 부르는데, 원생동물이라는 커다란 생물군에 속한다. 생명의 아침으로 거슬러 올라가면, 이 세포들은 진정한 의미에서 최초의 독립적인 생명체 중 하나였다. 각각의 세포는 공생 관계 없이도 혼자서 생존할 수 있었다. 이런 단순한 단일 유기체들은 현재까지도 여전히 우리와 함께 살아가고 있다. 생동감 넘치는 아메바가 대표적이고, 멋쟁이 짚신벌레도 그렇다.23

단일세포는 몸통(세포 골격)을 가지고 있고, 그 내부에는 핵(세포의 DNA를 보관하는 지휘 본부)과 세포질(미토콘드리아 같은 세포 소기관의 통제하에 연료가 에너지로 변환되는 곳)이 들어 있다. 인간의 몸이 피부에 의해 경계 지어지듯, 세포 역시 세포막이라는 울타리로 내부 환경과 외부 환경을 구분한다.

여러모로 단일세포는 인간과 같은 단일 유기체가 앞으로 어떤 모습일지 미리 보여 주는 듯하다. 단일세포는 인류가 어떤 존재인

---

23 이 절에서 논의되는 개념들의 출처는 부분적으로 다음과 같다. Gerald M. Edelman, *Topobiology: An Introduction to Molecular Embryology*, New York: Basic Books, 1988; Christian De Duve, *Blueprint for a Cell: The Nature and Origin of Life*, Burlington, N. C.: Neil Patterson, 1991; Robert D. Barnes and Edward E. Ruppert, *Invertebrate Zoology*, New York: Saunders College Publishing, 1994; Eshel Ben-Jacob, Ofer Schochet, Adam Tenenbaum, Inon Cohen, Andras Czirók, and Tamas Vicsek, "Generic Modeling of Cooperative Growth Patterns in Bacterial Colonies", *Nature* 368, no. 6466, 1994, pp. 46~49; Christian De Duve, *Vital Dust: Life as a Cosmic Imperative*, New York: Basic Books, 1995; Ann B. Butler and William Hodos, *Comparative Vertebrate Neuroanatomy*, Hoboken, N. J.: Wiley Interscience, 2005; Andrew H. Knoll, *Life on a Young Planet*, Princeton, N. J.: Princeton University Press, 2003; Bert Holldobler and Edward O. Wilson, *The Superorganism*, New York: W. W. Norton, 2009; Jonathan Flint, Ralph J. Greenspan, and Kenneth Kendler, *How Genes Influence Behavior*, New York: Oxford University Press, 2010.

지 만화처럼 추상화해서 보여 주는 일종의 예고편 같은 존재이다. 세포 골격은 우리 모두에게 있는 신체의 뼈대와 비슷해서 몸을 떠받치는 틀과 같은 역할을 한다. 세포질은 모든 장기가 있는 인체 본연body proper의 내부와 같다. 핵은 뇌와, 세포막은 피부와 기능적 유사성을 보인다. 이런 세포 중 일부는 심지어 팔다리에 해당하는 섬모cilia를 이용해 움직임을 협응시켜 헤엄쳐 다닐 수 있다.

진핵세포의 각각의 구성 요소들은 더 단순한 개별 생물들, 즉 스스로 독립적 지위를 포기하고, 더 유용한 새로운 집단의 일부가 된 박테리아들이 서로 협력해서 하나로 뭉치면서 만들어졌다. 특정 종류의 박테리아는 미토콘드리아가 되었고, 스피로헤타spirochete 같은 다른 박테리아는 세포 골격과 섬모에 기여하면서 세포가 움직이고 이동하는 데 도움을 주었다.[24] 신기하게도 우리 몸을 이루는 다세포 유기체 역시 이와 비슷한 기본 전략을 따라 수십억 개의 세포가 모여 조직을 형성하고, 다양한 종류의 조직이 합쳐져 기관을 구성하며, 서로 다른 기관들이 연결되어 기관계로 통합된다. 조직의 구체적인 예로는 피부의 상피조직, 점막 내벽과 내분비선, 근육조직, 신경조직, 그리고 이들을 모두 제자리에 고정시켜 주는 결합조직이 있다. 기관의 예는 심장, 내장, 뇌처럼 명확하다. 심장, 혈액, 혈관으로 이루어진 집합체(순환계), 면역계, 신경계 등이 다양한 기관

---

[24] Lynn Margulis, *Symbiosis in Cell Evolution: Microbial Communities*, San Francisco: W. H. Freeman, 1993; L. Sagan, "On the Origin of Mitosing Cells", *Journal of Theoretical Biology* 14, 1967, pp. 225~274; J. Shapiro, "Bacteria as Multicellular Organisms", *Scientific American* 256, no. 6, 1998, pp. 84~89.

계에 속한다. 이런 협력적 배열로 인해 우리라는 유기체는 수조 개의 다양한 종류의 세포들로 구성된 고도로 분화된 통합체가 되었다. 물론 뇌의 가장 핵심적 구성 요소인 신경세포도 여기에 포함된다. 신경세포와 뇌에 대해서는 후속 논의에서 더 자세히 다룰 예정이다.

다세포생물(또는 후생동물) 세포와 단세포생물에서 발견되는 세포의 가장 큰 차이는 생존 전략의 양상이다. 단세포는 단독으로 모든 것을 헤쳐 나가야 하지만, 다세포생물의 세포들은 실로 다양하고 복잡한 사회 속에서 살아간다. 단세포생물의 세포가 자체적으로 완수해야 하는 대부분의 일들은, 다세포생물에서는 각각 특화된 세포 유형들에 나뉘어 분담된다. 이런 전반적인 배열 구조는 각 세포가 실제로 내부에서 담당하는 다양한 기능적 분화와 맞물려 있다. 다세포생물은 협력적으로 조직된 여러 단세포생물로 이루어져 있는데, 이들 단세포생물들은 본질적으로 더 작은 독립 생물들이 결합해서 발전한 결과이다. 다세포생물은 마치 하나의 경제 체계처럼 여러 분야를 아우르고, 각 분야의 세포들은 서로 협력한다. 이 이야기가 친숙하게 들리고 인간 사회를 연상시킨다면, 그건 우연이 아니다. 그도 그럴 것이 둘 사이는 놀랍도록 닮아 있다. 우리가 감탄을 자아내는 이유이다.

다세포생물 거버넌스는 고도의 분권화 구조를 보인다. 그뿐만 아니다. 내분비계나 뇌처럼 특화된 분석 및 의사 결정 능력을 갖춘 리더십 센터 역시 존재한다. 그럼에도 분화된 몇몇 세포를 제외하면, 인간을 비롯한 다세포생물의 모든 세포들은 단일세포가 가진 것과 동일한 기본적인 세포 소기관을 그대로 갖추고 있다. 여기에는 세포막, 세포 골격, 세포질, 핵 등이 포함된다(단 120여 일이라는 짧은 수명이 헤모글로빈 운반에 특화된 적혈구는 예외이다. 이 적혈구 세포에는 핵이 없다). 더욱이 이 모든 세포는 하나의 거대한 생명체와 마찬가지로 출생, 성장, 노화, 죽음이라는 비슷한 생애 주기를 거친다. 하나의 인간 유기체의 삶은 이렇게 수많은 세포들의 동시다발적이고 정교하게 조율된 생명 활동으로 이루어진다(사실 이것은 인체 점막에 서식하는 공생 박테리아를 떠올리면 과소평가된 측면이 있다. 이런 박테리아 없이 우리는 실제로 살아갈 수 없다. 박테리아 군집은 '미생물군'을 이루며, 그 수는 인간 유기체 전체 세포의 10배에 달하는 것으로 추정된다).

예나 지금이나 단순해 보이는 단일세포도 자신의 미세한 핵 속 유전자가 지시하는 대로 살아남으려는 결연한 의지를 품고 있는 것처럼 보인다. 이들의 생명 통제 방식$_{governance}$은 핵 속의 일부 유전자가 생존 의지를 멈추고 세포사를 허용할 때까지 끈질기게 살아남으려는 완강한 고집을 내포하고 있다.

하나의 외로운 세포에 '욕망'과 '의지'라는 개념이 적용될 수 있다고 상상하는 것은 나로서도 선뜻 받아들이기 어렵다. 의식 있는 인간의 마음에서 비롯된 것처럼 보이는 태도와 의도가, 그리고 인간 뇌의 거대한 작용 결과라고 직관적으로 여겨지는 그런 속성들이 어떻게 그토록 기초적인 단위에서 나타날 수 있을까? 하지만 그런 특성들은 어떤 이름으로 부르든 간에 분명 세포의 행동 속에 존재

하고 있다.25

의식적 지식도 없고, 인간 뇌가 가진 복잡다단한byzantine 숙고 장치을 이용할 수 없음에도 불구하고, 단 하나의 세포는 어떤 태도를 가지고 있는 것처럼 보인다. 마치 유전적으로 미리 정해진 허용치만큼 어떻게든 살아 내려는 의지 비슷한 것이 있는 듯하다. 이상하게 들릴 수 있겠지만, 이런 욕구와 그것을 실현하는 데 필요한 모든 것들은 생존 조건에 대한 명시적 지식이나 숙고에 앞선다. 세포는 이 두 가지 모두를 확실히 가지고 있지 않기 때문이다. 세포핵과 세포질은 상호작용하며 세포의 생존을 위한 정교한 계산을 수행한다. 이들은 생존 조건에서 순간순간 맞닥뜨리는 문제들을 처리하고, 세포를 생존 가능한 방식으로 상황에 맞게 적응시킨다. 또한 환경 조건에 따라 이들은 세포 내 분자들의 위치와 분포를 재배열하기도 하고, 미세소관 같은 세포 소기관의 형태를 기상천외할 정도로 변화시키기도 한다. 이 모든 과정은 정확성과 정밀함의 극치를 보여 주듯 진행된다. 세포핵과 세포질은 외부 조건이 가혹할 때나 우호적일 때나 모두 반응한다. 분명히 이런 적응적 조정을 담당

---

25 여태까지의 글에서 필자는 단순 유기체에서 관찰되는 행동 예측성과 선행적 반응 기제를 논의했다. 이런 태도들은 우리가 통상적으로 복잡한 인간 행동과 결부시키는 것들이다. 다음 참조. Antonio Damasio, *The Feeling of what happens: Body and Emotion in the Making of Consciousness*, New York: Harcourt Brace, 1999(한국어판은 안토니오 다마지오, 『느낌의 발견: 의식을 만들어 내는 몸과 정서』 고현석 옮김, 아르테, 2023); *Looking for Spinoza*, New York: Harcourt Brace, 2003(한국어판은 안토니오 다마지오, 『스피노자의 뇌: 기쁨, 슬픔, 느낌의 뇌과학』 임지원 옮김, 사이언스북스, 2007). 로돌포 이나스는 다음 책에서 유사한 견해를 피력하고 있다. Rodolfo Llinás, *I of the Vortex From Neurons to Self*, Cambridge, Mass.: MIT Press, 2002. 피치 역시 다음 책에서 동일한 주장을 펼친다. Tecumseh Fitch, "Nano-intentionality: A Defense of Intrinsic Intentionality", *Biology and Philosophy* 23, no. 2, 2007, pp. 157~177.

하는 세포 구성 요소들은 세포의 유전 정보에 의해 프로그래밍되고 그 지시를 받는다.

흔히 우리의 큰 뇌와 복잡한 의식이야말로 복잡한 생명 관리의 근간이 되는 태도와 지향, 전략의 진원지라고 착각하기 쉽다. 왜 안 그렇겠는가? 진화의 피라미드 맨 꼭대기에서 현상을 내려다보고, 그 과정의 계통을 굽어보는 것이 더 합리적이고 절약적인 방식인데 말이다. 하지만 실제로 의식을 가진 마음은 기본적인 생명 관리 노하우를 이를테면 알기 쉬운knowable 형태로 전환했을 뿐이다. 우리가 앞으로 목도할 것처럼, 진화에 대한 의식 있는 마음의 결정적 기여는 훨씬 상위 수준에서 이루어졌으며, 숙고적이고 시간 지연적인offline 의사 결정, 그리고 문화적 창조물과 관련되어 있다. 나는 이토록 높은 수준의 생명 관리의 중요성을 평가절하할 생각이 추호도 없다. 사실 이 책의 핵심 아이디어 중 하나는 바로 이것이다. 인간의 의식 있는 마음이 진화의 방향을 새로운 경로로 정확하게 이끌었다는 점이다. 그것은 우리에게 선택의 자율성을 부여했고, 예컨대 사회적 곤충들이 이룩한 찬란한 사회조직마저 뛰어넘어 더욱 유연한 사회문화적 조절을 가능케 했다는 점에서 그렇다. 하지만 내가 하려는 주장은 이와 조금 다르다. 오히려 나는 전통적인 의식에 관한 이야기의 순서를 뒤집어, 생명 유지에 관한 암묵지covert knowledge가 그러한 지식에 대한 의식적 경험에 앞선다고 주장한다. 더불어 암묵적 지식은 극도로 정교해서 도저히 원시적인 것으로 치부해서는 안 된다고 강조하고 있다. 암묵지가 지닌 복잡성은 그야말로 엄청나며, 겉으로 드러나는 양상만 보더라도 지능이 비상하다.

나는 의식을 저평가하려는 것이 아니다. 오히려 비의식적인 생명 관리의 위상을 높이고 있는 중이다. 이 암묵지야말로 의식 있는 마음의 태도와 의도를 위한 청사진이라는 것이다.

우리 몸을 이루는 모든 세포는 방금 설명한 것처럼 일종의 비의식적 태도를 내재하고 있다. 그렇다면 인간의 의식적인 생존 욕구와 생명력에 대한 의지 역시 우리 몸을 이루는 수많은 세포 안에 깃든 미분화된inchoate 의지들이 하나로 뭉쳐 시작된 것은 아닐까? 마치 결박에서 해방을 외치는 생명의 단체 합창처럼 말이다.

거대한 집단적 의지들이 하나의 목소리로 표출된다는 개념은 비단 시적詩的 상상만이 아니다. 이는 단 하나의 목소리가 의식 있는 뇌에서 자아의 형태로 실재하는, 이른바 인간이라는 유기체의 현실과 직결되어 있다. 하지만 뇌도 없고, 마음도 없는 개별 세포들과 그 집단적 의지들이 어떻게 뇌에서 비롯된 의식을 가진 마음의 자아로 바뀔 수 있을까? 이를 위해서는 획기적이고 판도를 바꿀 만한 배우를 이 이야기에 출연시킬 필요가 있다. 바로 신경세포 혹은 뉴런이다.

신경세포는 들여다볼수록 독특한 세포이다. 신체의 다른 세포들은 말할 것도 없거니와, 뇌세포의 또 다른 일종인 신경교세포glial cell와도 본질적으로 구별된다. 그렇다면 신경세포를 남다르게 만드는 것은 무엇일까? 필시 신경세포 역시 핵, 세포질, 세포막으로 구성된 세포체를 갖고 있지 않을까? 신체의 일반 세포들처럼 내부적으로 분자를 재배치하고 환경에 적응하지 않을까? 여부가 있겠는가? 실제로 위에 나열된 모든 것이 사실이다. 신경세포는 철두철미하게 신체 세포인 동시에 특별한 존재이다.

신경세포가 특별한 이유를 설명하려면, 기능과 전략적 차이를 고려해야 한다. 기능적 차이는 신경세포가 전기·화학 신호를 만들어 다른 세포의 상태를 변화시킬 수 있는 능력과 연관되어 있다. 전기 신호는 딱히 신경세포의 전매특허가 아니다. 예컨대 짚신벌레와 같은 단세포생물도 전기 신호를 생산해 자체 행동 제어에 활용한다. 하지만 신경세포의 특수성은 자신의 신호로 다른 신경세포와 내분비 세포(화학물질 분비), 근섬유 세포 등 다른 세포에 영향을 미친다는 점에 있다. 다른 세포의 상태를 변화시키는 이 능력이 모든 행동을 유발하고 조절하는 원천이며, 궁극적으로는 마음을 형성하는 데에도 기여한다. 신경세포가 이런 재주를 부릴 수 있는 이유는 축삭이라는 섬유 모양의 부분을 따라 전류를 생산하고 전달하기 때문이다. 이 신호는 경우에 따라 눈으로 확인할 수 있을 만큼 먼 거리로 전달된다. 예컨대 운동피질에서 뇌간으로 혹은 척수에서 팔다리 끝까지 신경세포의 축삭을 따라 수 센티미터씩 이동한다. 전류가 신경세포의 말단인 시냅스에 도달하면 전달물질이라는 화학물질이 방출되고, 이어 연쇄적으로 다음 세포에 작용한다. 이때 후속 세포가 근섬유라면 움직임이 뒤따라온다.[26]

---

26 신경세포의 일반적인 생리학에 관한 개관은 다음 참조. Eric R. Kandel, James H. Schwartz, and Thomas M. Jessel, *Principles of Neural Science*, 4th ed., New York: McGraw-Hill, 2000(한국어판은 에릭 R. 캔델·제임스 H. 슈워츠 공저, 『신경과학의 원리(제4판)』, 김종만 외 공역, HN사이언스, 2011).

신경세포가 왜 이렇게 하는지에 대해서는 의문의 여지가 없다. 신체의 다른 일반 세포들과 마찬가지로 신경세포도 세포막의 안쪽과 바깥쪽의 나트륨이나 칼륨과 같은 이온의 농도 차이로 전하를 띤다. 하지만 신경세포의 특이점은 세포 안팎의 큰 전하 차이, 다시 말해 분극polarization 상태를 유용하게 활용한다는 것이다. 이 전하 차가 세포의 특정 부분에서 급격히 감소하면, 그 지점에서 세포막이 국소적으로 탈분극depolarization되고, 이 탈분극은 마치 파동wave처럼 축삭을 따라 전파된다. 이 파동이 다름 아닌 전기적 자극impulse이다. 신경세포가 탈분극할 때, 우리는 신경세포가 '켜져 있다' 혹은 '발화한다'고 표현한다. 요약하면 신경세포는 다른 세포들과 유사한 특성을 갖지만, 다른 세포들에 신호를 전달해 다른 세포의 활동을 바꿀 수 있는 독특한 능력을 보유하고 있다.

위에서 논의된 기능적 차이는 중요한 전략적 차이를 낳는다. 신경세포는 신체의 다른 모든 세포를 위해 존재한다. 무신경계 생물들의 생존이 입증하듯, 신경세포는 기초적 생명 유지에 필수적 요소는 아니다. 하지만 복잡한 다세포 생명체에서 신경세포는 몸 전체가 스스로를 관리하도록 돕는다. 이것이 바로 신경세포의 존재 이유이자, 그것이 구성하는 뇌의 존재 이유이기도 하다. 기발한 창조성에서 고귀한 영성의 경지에 이르기까지, 우리가 감탄하는 뇌의 모든 탁월한 재주는 자신이 머무는 신체 내에서 생명을 관리하려는 뇌의 전폭적인 헌신에서 비롯된 것으로 보인다.

보잘것없는 작은 뇌조차도 신경절로 배열된 신경세포 연결망으로 이루어져 있는데, 그 안에서 신경세포는 여전히 다른 신체 세포들을 조력하는 역할을 한다. 이들은 신체의 일반 세포로부터 신호를 받아 화학물질의 방출을 촉진하거나(내분비 세포에서 분비되는 호르몬이 다른 신체 세포에 도달해 기능을 변화시키는 것처럼), 움직임을 유발함으로써(신경세포가 근섬유를 자극해 수축시키는 것처럼) 이런 지원 기능을 수행한다. 하지만 복잡한 생물의 정교한 뇌에서는 신경세포망이 결국 자신이 속하는 신체 일부 구조를 시뮬레이션하기에 이른다. 신경세포는 모름지기 신체 상태를 정밀하게 표상하며, 말 그대로 자신이 관장하는 신체를 지도처럼 그려 내고, 일종의 가상의 신체 대리인이라 할 수 있는 신경적 복제품$_{double}$을 형성한다. 주목할 점은 이런 신경 표상이 평생 동안 자신이 본뜬 신체와 연결되어 있다는 것이다. 앞으로 살펴보겠지만, 신경세포는 신체를 모방하고, 신체와 연결된 상태를 유지함으로써 관리 기능의 효율성을 극대화한다.

요컨대 신경세포는 철저히 몸에 관한 것이다. 그리고 이 '관계성'$_{aboutness}$, 즉 집요한 신체 지향성이야말로 신경세포, 신경 회로, 뇌를 정의하는 특징이다. 나는 이런 관계성이 우리 몸 안의 세포에 담긴 암묵적 생명 의지가 마음을 가진 의식적 의지로 전환될 수 있었던 이유라고 확신한다. 이런 암묵적 세포 의지는 뇌 회로를 통해 모방되기에 이르렀다. 흥미롭게도 신경세포와 뇌가 신체에 관한 것이라는 사실은 외부 세계가 뇌와 마음에 어떻게 지도화되는지를 암시한다. 2부에서도 논의하겠지만, 뇌가 신체 외부의 세계를 지도화할 때는 신체의 중재를 통해서 그렇게 한다. 신체가 환경과 상호작용할 때, 눈, 귀, 피부 등 신체 감각기관에 변화가 생긴다. 뇌는 이런 변화를 지도화하고, 신체 외부의 세계는 뇌 안에서 간접적 표상을 얻게 된다.

신경세포의 독특성과 영광에 대한 찬사를 잠시 접고, 신경세포를 좀 더 있는 그대로 바라보기 위해 신경세포의 기원에 관해 한마디 덧붙이고자 한다. 진화적으로 신경세포는 아마도 형태를 바꿔 가며 이동하고, 환경을 감지하고, 음식을 섭취하는 등 생명 활동을 하던 중 몸에서 섬유 모양의 돌출부를 만들어 내던 진핵세포에서 유래했을 것이다. 아메바의 위족僞足은 이 과정의 골자를 보여 준다. 미세소관의 내부 재배열로 즉석에서 만들어진 섬유 모양의 돌기들은 세포가 임무를 마치면 해체된다. 하지만 이런 일시적 확장이 어느 순간 영구화되면, 신경세포를 특별하게 만드는 축삭돌기와 수상돌기가 된다. 이로써 신호를 송수신하는 데 이상적인 케이블 작업망과 안테나들의 안정적인 집합체가 탄생하게 되었다.[27]

이것이 왜 중요할까? 신경세포의 활동 결과 매우 특별하고 정교한 행동과 마음이 만들어지긴 했지만, 신경세포는 여전히 다른 신체 세포들과 밀접한 친족 관계를 유지해 왔기 때문이다. 신경세포의 기원을 외면한 채 애초에 다른 것으로만 안이하게 바라보는 것은 뇌의 계보와 작동을 감안할 때 정당화될 수 없다. 다른 한편으로는 뇌를 신체와 불필요하게 분리시키는 위험도 초래할 수 있다. 느낌 상태가 뇌에서 어떻게 출현하는지에 대한 혼란은 상당 부분 뇌의 깊은 신체 관계성을 간과했기 때문일 수 있다.

---

27 De Duve, *Vital Dust*.

신경세포와 다른 신체 세포의 차이점도 분명히 해 두자. 우리가 아는 한 신경세포는 증식하지 않는다. 즉 세포분열을 하지 않는다. 또한 재생하지 않거나 적어도 유의미한 수준에서는 재생이 일어나지 않는다. 우리 눈의 수정체 세포와 심근세포가 예외이기는 하지만, 실질적으로 거의 모든 신체 세포는 재생력을 갖고 있다. 하지만 이런 세포들이 분열한다는 것은 항상 좋은 생각만은 아니다. 수정체 세포가 분열하면, 그 과정에서 수정체의 투명성이 손상될 수 있다. 심근경색으로 심장의 일부분이 멈추고, 심실의 미세 조정이 불균형해질 때를 떠올리면 된다. 심장세포가 분열한다면(마치 집을 신중하게 개조하듯이 한 번에 아주 작은 부분씩만 분열하더라도), 심장의 펌프 기능은 심각하게 손상될 것이다. 뇌는 어떨까? 신경 회로가 어떻게 기억을 유지하는지는 아직 속속들이 규명되지 않았지만, 신경세포가 분열하면 아마도 복잡한 회로에서 발화하는 신경세포의 특정 패턴이 바뀔 가능성이 크다. 이로 인해 학습을 통해 평생 동안 저장된 경험의 기록에 구멍이 생길 수 있다. 같은 이유로, 신경세포의 분열은 당초 유전체에 의해 회로에 부호화되어 생명 활동의 조정 방식을 알려 주는, 정교한 노하우 역시 방해할 것이다. 신경세포의 분열은 종 특유의 생명 조절의 종말을 가져오고, 어쩌면 행동적·정신적 개성 발달은 고사하고 나아가 정체성과 인격 형성도 난항을 겪을 수 있다. 이토록 불길한 시나리오의 내막은 뇌졸중이나 알츠하이머병으로 야기된 특정 신경 회로의 손상 결과에서 여실히 드러난다.

체내 대부분의 세포분열은 다양한 기관의 구조와 유기체 전체의 형태를 해치지 않도록 엄격하게 통제된다. 몸에는 반드시 엄수해야 할 신체 설계도Bauplan가 있기 때문이다. 그래서 전 생애에 걸쳐 일어나는 세포 교체는 대대적인 리모델링이 아니라 끊임없는 복원에 가깝다고 할 수 있다. 신체라는 우리네 집에서 벽을 허물거나 부엌을 새로 짓거나 새 객실을 늘리는 일은 없다. 복원은 그야말로 섬세하고 세심하게 추진된다. 우리네 삶의 상당한 기간 동안 세포 교체가 실로 완벽하게 이루어져서 외모조차 거의 변함이 없다. 하지만 노화가 유기체의 외형이나 체내 시스템 기능에 미치는 영향을 생각해 보면, 그 대체substitution라는 것이 점점 불완전해짐을 깨닫게 된다. 이제는 모든 것이 예전처럼 완벽히 복원되지 않는다. 얼굴 피부는 늙고, 근육은 처지고, 중력의 영향에 속수무책인 데다, 장기 기능까지 떨어질 수 있다. 이때가 바로 시술에 뛰어난 베벌리힐스Beverly Hills 성형외과 의사와 개인 맞춤형 의료 서비스concierge를 찾게 되는 시점이다.

계속 살아남다

살아 있는 세포가 계속 살아남기 위해서는 무엇이 필요할까? 한마디로, 세포는 집안을 잘 건사하고 대외 관계를 원만하게 유지할 필요가 있다. 다시 말해 생활 속에서 생기는 수많은 문제들을 잘 해결해야 한다는 뜻이다. 생명이란 단일세포든 수조 개의 세포를 가진 거대 생명체든, 적절한 영양소를 에너지로 전환하는 것이 필수이다. 이를 위해서는 다음과 같은 몇 가지 문제 해결 능력이 요구된다. 예컨대 에너지원을 체내에 들여와 보편적인 에너지 통화인 ATP로 변환하고, 그 과정에서 생기는 노폐물을 제거하는 것이다. 나아가 이렇게 만든 에너지를 활용해 다시 필요한 물질을 찾아내고 흡수하는 등 동일한 생명의 일과를 반복할 수 있도록 신체가 요구하는 모든 과정을 완수하는 것이다. 영양분을 조달하고, 섭취하고, 소화하는 이런 에너지 전환 과정은 작은 세포 단위의 규모에서는 크나큰 이슈이다.

생명 관리 기전mechanics이 중요한 이유는 그것이 어렵기 때문이다. 생명은 불완전한 상태이기에, 체내에서 수많은 조건이 동시에 충족될 때에만 유지될 수 있다. 예컨대 인간과 같은 유기체에서 산소와 이산화탄소의 농도는 극히 좁은 범위 내에서만 변동이 허용된다. 다양한 화학물질의 산성도(pH) 역시 세포 사이를 이동할 때, 비슷하게 좁은 범위 내에서 엄격하게 제한된다. 같은 원칙이 체온 조절에도 적용되는데, 우리는 열이 나거나 혹은 날씨가 너무 덥거나 춥다고 불평할 때, 이런 온도 변화를 예민하게 알아차린다. 체내를 순환하는 기본 영양소인 당분, 지방, 단백질의 농도에도 마찬가지이다. 이런 다양한 변화 지표들이 적정 범위에서 이탈하면 우리는 불쾌감을 느끼고, 아무런 조치 없이 오랫동안 방치하면 심각한 동요를 겪게 된다. 이런 정신 상태와 행동 반응은 생명 조절의 철칙이 깨지고 있다는 신호이자, 비의식적 처리의 지층netherland에서 마음과 의식을 가진 생명에 보내는 경고이다. 또한 더 이상 자동적이고 비의식적인 기제만으로는 대처 불가능한 상황에 대해 합리적인 해결책을 촉구하는 간청이기도 하다.

이런 매개변수들을 측정하고 수치화해 보면, 정상적인 변동 폭이 매우 작다는 것을 발견하게 된다. 달리 말해 생명은 신체의 역동적인 내부에서, 말 그대로 수십 가지 구성 요소들의 매개변수 범위 구간collection을 어떤 대가를 치르더라도 유지해야 한다. 앞서 언급한 에너지원 조달, 에너지 산물의 통합 및 변환 등 관리 작업은 생명과 호환되는 마법의 범위 내에서 신체 내부(내적 환경)의 화학적 매개변수를 유지하는 것을 목표로 한다. 이 마법의 범위는 항상성을 유지하는homeostatic 것으로 알려져 있고, 이런 균형 잡힌 상태에 도달하는 과정을 항상성이라고 한다. 20세기에 이 간명한 용어를 제안한 사람은 다름 아닌 생리학자 월터 캐넌이다. 그가 19세기 프랑스 생물학자 클로드 베르나르가 창안한 내부 환경milieu intérieur, internal milieu[28]이라는 보다 함축적인 용어를 확장한 것이다. 이 표현은 눈에 보이지 않지만 부단히 진행되는 생명의 은밀한 투쟁인 화학적 수프를 가리킨다. 생명 조절의 본질(항상성 과정)이 알려진 것은 100년 전부터였다. 이후 일반생물학과 의학 전반에서 이 용어는 일상적으로 활용되고 있지만, 유감스럽게도 신경생물학과 심리학 분야에서는 그 심층적인 의미를 아직 충분히 인식하지 못하고 있다.[29]

---

28 [옮긴이] 프랑스어로 '내부 환경'을 의미하며, 프랑스어 발음은 [miljø ɛteʀjœʀ, 밀리외 앵테리외르]에 가깝다. 영어로는 'internal milieu'로 번역되어 사용된다.

29 Claude Bernard, *An Introduction to the Study of Experimental Medicine*, trans., Henry Copley Greene, 1865, New York: Macmillan, 1927; Walter Cannon, *The Wisdom of the Body*, New York: W. W. Norton, 1932(한국어판은 월터 B. 캐넌, 『인체의 지혜』, 정해영 옮김, 동명사, 2009).

항상성의 기원

전체 유기체에서 항상성이 어떻게 처음 도입되었을까? 단일세포들은 어떻게 생명 활동을 조절하는 설계를 얻게 되었을까? 이런 질문에 접근하려면, 결코 쉽지 않은 역설계reverse engineering30라는 문제적 형식에 의존할 수밖에 없다. 과학사를 되짚어 보면, 생명의 여명기로 거슬러 올라가 유기체 출현의 발단을 다루는 분자·유전적 관점보다는 완성된 유기체의 관점에 연구 초점이 맞춰져 왔기에 이런 접근은 어려울 수밖에 없다.

항상성이 의식도, 마음도, 뇌도 없는 유기체 차원에서 아무도 모르게 시작되었다는 사실은 생명의 역사에서 항상성을 유지하려는 의도가 어디에 어떻게 심어졌을까 하는 의문을 자아낸다. 이를 해결하기 위해 우리는 단일세포에서 유전자로, 더 나아가 DNA·RNA를 거쳐 그보다 더 단순한 분자 수준으로 시선을 돌리게 된다. 항상성을 달성하려는 의도는 이런 단순한 수준에서 생겼을 수도 있고, 분자의 상호작용을 관장하는 기본 물리적 과정과 연관되었을 수 있다. 예컨대 두 분자가 서로 끌어당기거나 밀어내는 힘 혹은 건설적이거나 파괴적으로 상호작용하는 힘 같은 것들 말이다. 분자들은 서로 반발하거나 끌어당기고, 폭발적으로 결합하거나 결합 자체

---

30 [옮긴이] 역설계 또는 역공학은 유기체를 구성하는 분자와 유전자를 연구하고, 내부 안정성을 유지하기 위한 그들 간의 상호작용 방식을 분석하는 과정이다. 이 접근법은 살아 있는 유기체 내에서 항상성을 유지하는 데 필요한 기본 구성 요소와 과정을 역추적하고 이해하려는 시도로, 그 복잡성과 미지의 영역 때문에 어려움이 있다고 저자는 설명하고 있다.

를 거부하기도 한다.

유기체에 관한 한 항상성 능력을 부여한 주체는 자연선택으로 인한 유전자 네트워크가 틀림없다. 그렇다면 유전자 네트워크는 어떤 종류의 지식을 가지고 있었기에(그리고 지금도 가지고 있기에) 자신들이 만들어 낸 유기체에게 그토록 현명한 지침을 전달할 수 있었던 것일까? 우리가 조직과 세포 수준을 넘어 유전자 수준까지 내려가 보면, 가치의 기원인 '원형'primitive을 과연 어디에서 발견할 수 있을까? 그 해답은 아마도 유전 정보의 특정 배열 속에 있을 것이다. 유전자 네트워크 수준에서 가치의 원형은 결국 '항상성 유지에 능숙한' 유기체를 만들어 내는 정교한 유전자 발현의 배열에서 비롯된다.

하지만 더 근본적인 해답은 이보다도 더 단순한 수준에서 찾아야 한다. 현재 우리가 누리고 있는 인간 뇌가 만들어지기까지 자연선택 과정이 어떻게 개입했는지는 뜨거운 감자이며, 이를 두고 갑론을박이 치열하다. 자연선택은 유전자 수준에서 작동했을까, 아니면 유기체의 개체 수준이나 개체들의 집단 차원에서 작동해 온 것일까? 그것도 아니면 이 모든 수준에서 동시다발적으로 일어난 것일까? 유전자 관점에서 보면, 유전자가 여러 세대에 걸쳐 생존하기 위해서는 유전자 네트워크는 자신을 실어 나를 일종의 운반체vehicles 역할을 하는 일시적이면서도 효과적인 유기체를 만들어야 했다. 또한 유기체가 이런 역할을 성공적으로 수행하려면, 유전자들이 그 조립 과정에서 반드시 핵심적인 지침을 제공해야 했을 것이다.

이런 지시 사항 중 상당 부분이 효율적인 생명 조절 기기들을 구축하는 데 투입되었을 것이다. 이렇게 새로 조립된 장치들은 보상을 분배하고, 처벌을 부과하며, 유기체가 직면할 상황을 예측하는 일을 담당했다. 쉽게 말하면 유전자의 명령이 우리 같은 복잡한 유기체에서 넓은 의미에서의 감정이라는 형태로 실행되는 시스템의 근간이 된 셈이다. 이 시스템의 초기 형태는 뇌도, 마음도, 의식도 없는 유기체, 곧 전술한 단일세포에서 처음 나타났다. 하지만 이런 조절 시스템은 뇌와 마음, 의식을 모두 갖춘 유기체에서 절정에 달했다.[31]

그런데 생존을 보장하는 데 항상성만으로 충분할까? 그럴 리가 없다. 항상성 불균형이 시작된 후 이를 바로잡으려는 시도는 비효율적이고 위험천만하기 때문이다. 이런 사후 복구 문제를 해결하기 위해 진화는 유기체가 불균형을 예측하고 해결책을 모색할 수 있도록 동기를 부여하는 장치를 도입한 것이다.

세포, 다세포생물, 공학 기계

세포와 다세포생물은 공학 기계와 많은 공통점이 있다. 특정 목표를 달성하기 위해 활동한다는 것과 이를 위해 여러 보조 절차가 필요하다는 것이다. 각각의 절차는 하위 작업을 담당하는 해부학

---

31 항상성의 기원에 대한 해답은 더욱 단순한 수준에서 찾아야 한다. RNA나 DNA 같은 배열이 자연 발생적으로 조립되는 과정의 배후에는 특정 분자의 행동이 있다. 여기에서 우리는 생명의 기원 자체에 대한 물음에 직면하고 있는 셈이다. 어느 정도 확신을 가지고 말할 수 있는 것은 일부 분자의 구조가 자연 발생적인 '자아' 보존으로 이어지고, 그것이 현시점에서는 항상성의 첫걸음에 가장 가까우리라는 것이다.

적 구조나 부품들에 의해 실행된다. 이런 유사점들은 상당히 의미가 있으며, 생명체와 기계를 설명하는 양방향 메타포의 근거가 되고 있다. 우리는 심장을 펌프로, 혈액순환을 배관으로, 팔다리의 움직임을 지렛대 등으로 표현한다. 마찬가지로 복잡한 기계 안에서 없어서는 안 될 작동 부위를 가리켜 그 기계의 '심장'이라고 부르고, 기계의 제어 장치를 '두뇌'라고 한다. 작동이 예측 불가한 기계는 '괴팍한' 것으로 표현된다. 이런 식의 사고는 대체로 매우 유용하지만, 뇌는 디지털 컴퓨터이고 마음은 그 안에서 실행되는 소프트웨어와 같다는, 별로 도움이 되지 않는 오해의 원인이 되기도 한다. 하지만 이런 은유가 내포한 진짜 문제는 생명체와 공학 기계의 물질적 구성 요소가 근본적으로 서로 다른 위상을 지니고 있다는 사실을 묵과했다는 데 있다. 현대 항공공학의 최고봉으로 평가받는 보잉 777을 크기에 개의치 않고 생명체와 비교해 보면 여러 유사점을 쉽게 찾을 수 있다. 예컨대 조종실 컴퓨터는 명령 센터 역할을, 순방향 정보 채널은 그 컴퓨터로의 정보 전달을, 역방향 피드백 채널은 말단 부위의 상태 조절을, 엔진은 연료를 공급받아 에너지를 변환하는 일종의 대사 과정을 담당하는 식이다. 그럼에도 결정적인 차이는 끝내 사라지지 않는다. 어떤 생명체든 본래부터 전신에 적용되는 항상성 조절 장치와 규칙을 갖추고 있을 뿐 아니라 이 장치가 오작동하면 유기체의 몸은 죽는다. 더 중요한 것은 생명체의 몸을 이루는 모든 구성 요소(즉 모든 세포)는 그 자체로 하나의 생명체라는 점이다. 자체 항상성 규칙과 기제를 갖추고 있고, 역시 고장이 나면 동일한 위험에 노출된다. 반면, 보잉 777의 구조는 금속 합금

동체부터 수 킬로미터에 달하는 배선과 유압 배관의 구성 재료까지 그 어느 것과도 가히 견줄 수 없을 만큼 경이롭다. 그런데도 보잉 777의 고수준 '항상성'은 컴퓨터에 내장된 지능형 지휘소bank와 두 조종사가 함께 항공기 운항을 위해 공유하는 것이다. 이런 항상성은 항공기 전체의 일체형 구조를 보존하는 데 목적이 있을 뿐 크고 작은 물리적 부품 하나하나를 보존하려는 것은 아니다.

생물학적 가치

내가 보기에 어느 시점에서든 모든 생명체가 갖춰야 할 가장 필수적인 요소는 건강한 삶을 가능하게 하는, 바로 균형 잡힌 체내 화학 작용의 범위이다. 이 원리는 아메바와 인간까지 모든 생물에게 똑같이 적용된다. 나머지 모든 것은 여기에서 파생되는 만큼, 그 균형이 얼마나 중요한지는 누차 강조해도 모자라지 않는다.

생물학적 가치 개념은 뇌와 마음에 관한 현대 담론 어디에서나 찾아볼 수 있다. 우리 모두는 가치라는 말의 의미에 대해 각자 나름의 잣대를 가지고 있다. 그렇다면 생물학적 가치는 무엇일까? 몇 가지 다른 질문을 고려해 보자. 왜 우리는 주변의 거의 모든 것, 가령 음식, 집, 금, 보석, 그림, 주식, 서비스, 심지어 다른 사람들에게조차 가치를 부여할까? 왜 모두가 이런 것들에 대해 손익을 따지느라 그렇게 많은 시간을 소비할까? 왜 물건에는 가격표가 붙어 있을까? 왜 이토록 집요하게 가치를 평가하려는 것일까? 그리고 대체 가치를 매기는 척도는 무엇일까? 피상적으로 이 질문들은 뇌와 마음, 의식에 관한 대화의 흐름에서 뜬금없어 보일 수 있다. 하지만 사실은 정반대이다. 우리가 앞으로 보게 될 것처럼, 가치 개념은 뇌의 진화와 발달, 실제 현재 진행형인 뇌 활동을 이해하는 데 구심점이다.

위에서 제기된 질문 중 왜 물건에 가격표가 붙는지에 대한 것은 비교적 손쉽게 답할 수 있다. 필수품이거나, 수요는 많은데 상대적으로 희귀해서 구하기 어려운 물건은 가격이 비싸다. 그런데 왜 가격이 필요할까? 모든 사람이 필요한 만큼 충분히 가질 정도로 모든 것이 넉넉하지 않기 때문이다. 가격 책정은 공급량과 수요량 사이의 실제 불일치를 조절하는 방법이다. 가격은 상품에 대한 접근을 제한하고 일종의 질서를 만든다. 그런데 왜 모든 것이 모든 사람에게 충분하지 않을까? 생각해 볼 수 있는 이유 중 하나는 필요의 불균등한 분배와 관련이 있다. 어떤 항목은 매우 필요하지만, 어떤 항목은 덜 필요하고, 어떤 항목은 아예 필요하지 않다. 필요라는 개념을 도입해야만 비로소 우리는 생물학적 가치의 핵심을 이해할 수 있다. 즉 생명을 유지하기 위해 고군분투하는 살아 있는 개체의 문제와 그 과정에서 발생하는 절실한 필요의 본질을 말이다. 하지만 우리가 가치를 부여하는 이유나 값을 책정할 때의 기준을 선택하려면, 생명 유지라는 문제와 이를 위해 필요한 제반 요구 사항을 먼저 인정해야 한다. 인간의 경우 생명 유지란 더 광범위한 문제의 일부에 불과하지만, 우선 생존에 초점을 맞춰 보자.

지금까지 신경과학은 이 일련의 질문들을 다소 흥미로운 지름길로 해결해 왔다. 즉 보상이나 처벌의 상태와 직간접적으로 연결된 몇 가지 화학물질을 밝혀내고, 이를 확장해 가치라는 개념과 연관지어 온 것이다. 많은 독자들에게도 익숙할 법한 대표적인 분자들로 도파민, 노르에피네프린, 세로토닌, 코르티솔, 옥시토신, 바소프레신 등이 있다. 신경과학은 또한 이런 물질을 생산하고, 뇌와 신체의 다른 부위로 전달하는 수많은 뇌핵 역시 찾아냈다(뇌핵은 뇌간, 시상하부, 기저전뇌 등 대뇌 피질 아래에 위치한 신경세포의 집합체이다. 이를 세포 내 DNA의 주요 저장고 역할을 하는 단순 소포체인 진핵세포 내부의 핵과 혼동해서는 안 된다).[32]

'가치' 물질의 복잡한 신경 기전은 수많은 열정적인 신경과학 연구자들이 규명하고자 애쓰는 핵심 연구 주제이다. 무엇이 특정 뇌핵으로 하여금 그러한 물질을 분비하게 하는 것일까? 그 물질들은 뇌와 신체의 어느 부분에서 정확히 방출되는 것일까? 그 방출은 어떤 효과를 일으키는 것일까? 하지만 핵심 질문으로 돌아가면, 이처럼 매혹적인 새로운 사실들에 대한 논의는 어딘가 미진해서 다음과 같은 근본적인 의문 앞에서 멈칫하게 된다. 가치 체계의 원동력은 어디에 있을까, 가치의 생물학적 원시 형태는 무엇일까, 다시 말해 이토

---

32 가치 개념을 둘러싼 신경과학에 대해서는 다음 참조. Read Montague, *Why Choose This Book?: How We Make Decisions*, London: Penguin, 2006. 의사 결정에 관한 최근의 문헌은 가치 개념에 주목한다. Paul W. Glimcher et al. eds., *Neuroeconomics: Decision Making and the Brain*, London: Academic Press, 2009. 특히 다음과 같은 글들이 있다. Peter Dayan and Ben Seymour, "Values and Actions in Aversion"; Damasio, "Neuroscience and the Emergence of Neuroeconomics"; Wolfram Schultz, "Midbrain Dopamine Neurons: A Retina of the Reward System?"; Bernard W. Balleine, Nathaniel D. Daw, and John P. O'Doherty, "Multiple Forms of Value Learning and the Function of Dopamine"; Brian Knutson, Mauricio R. Delgado, and Paul E. M. Phillips, "Representation of Subjective Value in the Striatum"; Kenji Doya and Minoru Kimura, "The Basal Ganglia and Encoding of Value".

록 복잡다단한 기전을 작동시키는 추진력의 소재는 어디일까? 애초에 이 체계는 어떤 이유로 발생했고, 왜 현재와 같은 방식으로 구조화되었을까?

대중적으로 잘 알려진 물질들과 그것들의 시원始原이 된 뇌핵은 가치 체계에서 중요한 부분임이 분명하지만, 제기된 질문들에 대한 답은 아니다. 나는 가치가 필요와 불가분의 관계에 놓여 있고, 필요는 생명과 직결되어 있다고 본다. 우리가 일상적인 사회적·문화적 활동에서 설정하는 가치 평가는 항상성과 직간접적으로 연결되어 있다. 이런 관련성은 인간의 뇌 회로가 왜 이해득실을 예측하고 감지하는지, 나아가 이익을 극대화하고 손실을 최소화하려는 방향으로 과도할 만큼 몰두하는지를 설명해 준다. 달리 말하면, 이는 인간이 가치 부여에 집착하는 이유를 푸는 하나의 열쇠인 셈이다.

가치는 직간접적으로 생존과 관련이 있다. 특히 인간의 경우 가치는 복지라는 형태로 생존의 질과도 관련이 있다. 생존 개념, 그리고 그 연장선상에 있는 생물학적 가치 개념은 분자부터 유전자, 전체 유기체에 이르기까지 다양한 생물학적 실체에 적용될 수 있다. 나는 먼저 유기체 전체의 관점을 고찰할 것이다.

유기체 전체의 생물학적 가치

거칠게 말해서 유기체 전체 차원에서 최고의 가치는 건강하게 생존해 번식 가능한 나이에 도달하는 것이다. 자연선택은 정확히 이 목적을 위해 항상성 기제를 완성했다. 따라서 살아 있는 유기체의 조직이 최적의 항상성 범위 안에서 유지되는 생리적 상태야말로 생물학적 가치와 가치 평가의 거점이라 할 수 있다. 이런 설명은 다세포 생물은 물론 생명 유지 '조직'이 단 하나의 세포에 국한된 유기체에도 동일하게 적용된다.

이상적인 항상성 범위는 절대적인 것이 아니며, 유기체가 처한 환경에 따라 달라진다. 항상성 범위의 양극단에 가까워질수록 생체조직의 생존 가능성은 낮아지고, 질병과 사망의 위험은 높아진다. 반면 항상성 범위 내의 특정 구간에서는 생체조직이 원활히 기능하며, 고효율 저비용이라는 경제적 이점을 갖게 된다. 비록 짧은 시간이라 하더라도 극한의 상황을 버틸 수 있다는 것은 불리한 환경에서도 생존할 수 있다는 의미이기에 큰 장점이 아닐 수 없다. 그럼에도 유기체에게는 정상 범위에 가까운 생명 상태에서 활동하는 것이 더 낫다. 이런 점에서 볼 때, 유기체 가치의 원형은 생리학적 매개변수의 설정값에 새겨져 있다고 결론지어도 무방하다. 생물학적 가치는 신체 상태의 생존 유효성life-effectiveness에 비례해서 오르락내리락 움직이는 일종의 척도라고 할 수 있다. 어떤 의미에서 생물학적 가치는 생리적 효율성의 대체물인 셈이다.

내 가설에 따르면, 우리가 일상에서 마주하는 대상과 과정들에 부여된 가치는 자연선택된 유기체 가치의 원형을 참조함으로써 생겨난다. 인간이 대상과 활동에 부여하는 모든 가치는 아무리 간접적이거나 멀리 떨어져 있더라도 다음 두 조건과 어떤 방식으로든 연결된다. 첫째, 현재 맥락에 적합한 항상성 범위 내에서 생체조직을 전반적으로 유지하는 것, 둘째, 현재 맥락에서 행복과 직결된 항상성 범위의 특정 구간 내에서 그 과정들이 작동할 수 있도록 하는 조절 작용이 바로 그것이다.

결과적으로 유기체 전체에서 가치의 원형이란 생존이 가능한 항상성 범위 내에서 유지되는 생체조직의 생리적 상태이다. 뇌 속의 화학적 매개변수를 연속적으로 표상하면, 비의식적 뇌 기제는 항상성 범위에서의 이탈을 감지하고 측정해 내부 필요의 정도를 파악하는 센서 역할을 한다. 이어서 항상성 범위에서의 이탈 정보는 또 다른 뇌 기제에 전달되어 행동 수정 명령을 지시하거나, 반응의 긴급도에 따라 그 수정에 대한 유인$_{incentive}$ 또는 억제$_{disincentive}$를 촉진하게 된다. 이 일련의 진행 과정이 기록되는 단순한 형태 자체가 미래 상황을 예측하는 근거가 된다.

지도 형태로 내적 상태를 표상할 수 있고, 마음과 의식이 발현될 가능성이 있는 뇌에서는, 항상성 범위와 관련된 매개변수들이 의식적 처리 수준에서 고통과 쾌락이라는 경험으로 표현된다. 이후 언어 능력을 갖춘 뇌에서는 이런 경험들이 구체적 언어로 치환되어 기쁨, 행복, 불편함, 고통 등과 같은 이름으로 불리게 된다.

만약 표준 사전에서 가치라고 하는 단어를 찾아보면, 보통 다음과 같은 정의들이 나온다. "상대적 가치(금전적, 물질적 또는 기타의), 장점, 중요성, 교환 수단, 다른 것과 교환할 수 있는 어떤 것의 양, 어떤 사물을 바람직하고 유용하게 만드는 성질, 효용, 비용, 가격." 이런 설명에서 알 수 있듯, 생물학적 가치는 이 모든 의미의 근간에 해당한다.

인간의 초기 선조들의 성공담

유기체라는 운반체들organism-vehicles이 그토록 찬란하게 성공을 거둘 수 있었던 비결은 무엇이었을까? 우리 인류와 같은 복잡한 생명체로 도약하는 데 쐐기를 박은 사건은 과연 무엇이었을까? 식물에는 없지만 인간과 일부 동물에게만 있는 이동성movement이야말로 인류 출현의 숨은 공신 중 하나이다. 식물은 굴성屈性을 통해 태양이나 그림자를 향하거나 피할 수 있다. 또한 파리지옥 같은 일부 식충식물은 방심한 곤충을 잡기도 한다. 하지만 어떤 식물도 스스로 뿌리를 뽑아 더 나은 환경을 찾아 떠날 수는 없다. 그건 오직 정원사가 대신 해 주는 것 외에 달리 방법이 없다. 식물의 비극이라 한들 식물 자신은 모르겠지만, 세포벽이 단단하게 감싼 식물세포는 신경세포가 될 정도로 변형될 수 없다. 따라서 식물은 신경세포가 없고, 신경세포가 없는 이상 결코 마음도 가질 수 없다.

뇌 없이도 독립적으로 살아가는 유기체 역시 또 다른 중요한 요소를 갖추고 있다. 바로 자기 몸 안팎에서 일어나는 생리적 상태 변화를 스스로 감지하는 능력이다. 심지어 박테리아조차도 수많은 물질과 햇빛에 반응한다. 페트리 접시 안에서 박테리아는 독성물질이 떨어지면 서로 뭉쳐 위협에서 벗어나려 한다. 진핵세포 역시 촉각과 진동에 반응하는 감각을 가지고 있다. 이처럼 내부나 외부에서 감지된 변화는 유기체가 한 장소에서 다른 장소로 움직이게 만든다. 하지만 어떤 상황에서든 효과적으로 대응하기 위해 단세포의 뇌는 대응 방침을 세워야 한다. 이 방침은 특정 조건이 충족되었을 때 '움직임을 결정'하는 극도로 간소화된 규칙들로 이루어져 있다.

요컨대 단순한 유기체가 유전자를 다음 세대로 성공적으로 전달하기 위해 반드시 갖춰야 할 최소한의 기능은 세 가지였다. 즉 유기체 내부와 외부 환경을 감지하는 능력, 그에 따른 대응 전략, 그리고 움직임이다. 뇌는 이 감지, 결정, 움직임이라는 활동을 개선하고, 더 효과적이고 정교하게 수행하도록 진화해 온 장치이다.

오늘날 우리가 걷고 말할 때 사용하는 근육인 횡문근striated muscle의 발달 덕에 움직임은 더욱 정교해졌다. 3장에서 더 자세히 살펴보겠지만, 유기체 내부를 감지하는 능력, 곧 오늘날 우리가 내부감각interoception이라고 명명한 기능은 수많은 매개변수(가령 pH, 체온, 무수한 화학물질의 존재, 평활근smooth muscle 섬유의 긴장도 등)를 감지할 정도로 확장되었다. 외부 환경을 감지하는 데에는 후각, 미각, 촉각, 진동, 청각, 시각 등이 포함되는데, 이런 감각들의 집합을 우리는 외부감각exteroception이라 이름한다.

움직임과 감지가 최대한의 강점을 발휘하려면, 대응 전략 역시 그 조건들을 은연중에 종합적으로 아우르는 일종의 사업 계획과 비슷해야 한다. 이것이 바로 모든 복잡성 수준의 생명체에서 발견되는 항상성 설계의 핵심이다. 말하자면 유기체가 목표를 달성하기 위해 준수해야 하는 운용 지침서인 셈이다. 이런 지침의 본질은 무척 단순하다. 한마디로 순리에 맡기라는 것이다.

진화의 웅장한 광경들을 살펴보면 실로 경이로운 업적들이 차고 넘친다. 예컨대 눈의 발달을 생각해 보자. 우리와 닮은 눈뿐 아니라 전혀 다른 방식으로 제 역할을 하는 다양한 종류의 눈들도 있다. 이에 견줄 만한 성취는 반향 정위echolocation의 진화에서도 엿볼 수 있다. 이를 통해 박쥐와 가면올빼미는 칠흑 같은 어둠 속에서도 혁신적인 삼차원 음향 위치 결정 기술을 활용해 사냥을 할 수 있다. 유기체를 항상성 상태로 이끄는 대응 전략의 진화 역시 이들 못지않게 놀라운 혁신이라 할 만하다.

대응 전략이 생겨난 근거와 이유는 오로지 항상성이라는 목표를 달성하기 위해서였다. 하지만 앞서 운을 뗀 바와 같이, 명확한 목표가 있더라도 대응 전략을 효과적으로 실행하기 위해서는 무언가가 더 필요하다. 어떤 조치가 신속하고 정확하게 이루어지려면, 특정 상황에서 어떤 반응이 다른 반응보다 더 우선시될 수 있도록 하는 인센티브가 있어야 한다. 왜일까? 때때로 생체조직의 상태가 긴박하고 단호한 교정이 필요할 정도로 심각할 수 있으며, 그럴 때는 말 그대로 숨 돌릴 틈도 없이 즉각적인 대응 기제를 발동시켜야 하기 때문이다. 이와 더불어 조직의 기능 향상에 도움이 되는 특정 자극에 대해서도 신속하게 선택하고 실행할 필요가 있기 때문이다. 바로 여기에서 우리의 시선이 집중되는 대목은 인간적 관점에서 보상과 처벌이라 부르는 동기 부여 시스템을 배후에서 조종하는 묘책machination이 무엇인가 하는 점이다. 이런 작동에는 의식 없는 마음은 불문하고 의식 있는 마음조차 필요하지 않다는 점을 유의하자. 유기체 내부나 외부에 '보상자'나 '처벌자'로 처신하는 공식적인 '주체'는 따로 존재하지 않는다. 하지만 '보상'과 '처벌'은 대응 전략 체계의 설계에 따라 시행된다. 이런 작업 전체를 통틀어 보더라도 이 체계에도 유전자 네트워크만큼이나 맹목적이고 '주체가 없는' 일이 벌어지고 있다. 마음과 자아가 없더라도 자발적이고 암묵적인 '의도'와 '목적'은 충분히 있을 수 있다. 설계의 기본 '의도'는 구조와 상태를 유지하는 것이지만, 이런 복수의 의도들로부터 생존이라는 더 큰 '목적'을 도출할 수 있다.

내가 말하고자 하는 바는 인센티브 메커니즘이 성공적인 행동 지침을 달성하는 데 반드시 필요하다는 점이다. 이는 세포의 사업 계획을 성공리에 경제적으로 실행하는 것과 매한가지이다. 또한 나는 인센티브 메커니즘과 지침이 의식적인 결정이나 숙고에서 비롯된 것이 아니라는 점을 강조하고 싶다. 아직 명시적인 지식도, 숙고하는 자아도 없었다.

인센티브 메커니즘의 지침은 인간처럼 마음과 의식 모두를 갖춘 유기체에게 점차 더 많이 알려졌다. 의식을 가진 마음은 생명 조절의 진화 메커니즘으로서 오랫동안 존재해 온 것을 단순히 드러낼 뿐이다. 하지만 의식 있는 마음이 이러한 메커니즘을 만든 것은 아니다. 실제 이야기는 우리의 직관을 뒤집어 놓는다. 실제 역사적 발생 순서는 이와 정반대이다.

인센티브 개발

인센티브는 어떻게 발달했을까? 인센티브는 매우 단순한 유기체에서 시작되었지만, 뇌를 가진 유기체에서는 어느 정도 수정이 필요한지 측정할 수 있게 되면서 훨씬 더 향상되었다. 이런 측정이 가능하려면 뇌는 (1) 생체조직의 현재 상태, (2) 항상성 목표에 해당하는 이상적인 상태, (3) 이 두 상태 간의 간단한 비교를 표상할 수 있어야 했다. 이를 위해 현재 상태가 목표에서 얼마나 벗어났는지 재는 나름의 내부 척도가 개발되었고, 이 차이를 보다 수월하게 줄이기 위해 특정 반응을 촉진하는 화학물질이 동원되었다. 지금도 우리는 이런 척도로 우리 몸의 상태를 감지하고 있다. 물론 대부분은 무의식적으로 이루어지지만, 그 측정 결과는 상당히 의식적으로 나타난다. 덕분에 우리는 배가 고프거나, 몹시 배고프거나, 전혀 배고프지 않다고 느낀다.

우리가 통증이나 쾌감 혹은 처벌이나 보상으로서 지각하는 것은 실제로는 유기체 내 생체조직의 통합된 상태에 조응하는 것이다. 이런 상태들은 생명 유지라는 자연스러운 업무 과정에서 부단히 일어나고 있다. 생체조직의 매개변수가 항상성 범위를 벗어나 생존에 불리한 쪽으로 크게 이탈하면, 뇌는 그 상태를 지도화하고 우리는 이를 고통이나 처벌이라 부르는 특성으로 경험한다. 반면 조직이 항상성 범위의 최적점에서 작동하면, 뇌의 지도화를 통해 우리는 이를 쾌락이나 보상이라 명명한 특성으로 경험한다.

이런 생체조직의 상태를 조율해 주는 대리인$_{agent}$이 다름 아닌 호르몬과 신경조절물질이다. 이들은 세포가 하나뿐인 단순 유기체에서도 이미 존재했다. 이 물질들이 어떻게 작동하는지는 이미 상세히 밝혀져 있는데, 예컨대 뇌가 있는 유기체에서 특정 조직이 영양분 결핍으로 건강을 위협받게 되면, 뇌는 그 변화를 감지하고 얼마나 시급하게 수정해야 할지 판단해 그 필요와 긴급성을 타진한다. 이 과정은 의식 없이 일어나지만, 마음과 의식을 가진 뇌에서는 이 정보가 의식의 표면에 떠오를 수 있다. 이 경우 해당 개체는 불편함에서 고통에 이르는 다양한 부정적 느낌을 경험한다. 이런 과정이 의식되었든 아니든, 곧이어 화학적·신경학적 반응이 연쇄적으로 일어나고, 이때 수정을 빠르게 돕는 인센티브 물질들이 여기에 관여한다. 하지만 의식 있는 뇌에서는 이 물질의 작용이 비단 생리적 불균형을 바로잡는 데 그치지 않는다. 그 과정은 또한 통증 같은 부정적 경험을 줄이고 쾌락/보상 같은 경험을 동반한다. 후자는 조직이 다시 생명 유지에 유리한 상태로 돌아올 때 나타난다. 결국 유인물질이 단순히 작동하기만 해도 유기체는 쾌적한 상태와 연동된 기능적 균형을 이룰 수 있다.

유기체가 '이익'$_{goods}$이나 '위협'의 도래 가능성을 감지할 수 있게 된 것도 뇌 구조의 중요한 변화였다. 뇌는 실제로 유익하거나 위협적인 자극 자체를 감지하는 것을 넘어 그것들이 다가올지를 미리 예측하기 위해 단서를 활용하기 시작했다. 뇌는 이익의 도래를 도파민이나 옥시토신 같은 물질의 분비로, 위협의 도래는 코르티솔 분비 호르몬이나 프로락틴으로 감지할 수 있었다. 이런 물질들의 방출은 유기체가 해당 자극에 맞춰 필요한 행동을 최적화하는 데 도움을 준다. 또한 뇌는 이런 물질을 이용해 단서(예측 오류)를 알리고 그에 따라 행동하는데, 신경세포의 발화와 해당 물질의 방출 정도(가령 도파민)로 예상되는 상황과 예상치 못한 상황이 다가오는지를 구별한다. 나아가 뇌는 자극의 패턴을 이용해 다음에 무슨 일이 일어날지도 예측할 수 있게 되었다. 예컨대 자극이 반복되거나 교체되는 패턴을 통해 다음에 어떤 일이 일어날지 짐작할 수 있다. 두 개의 자극이 서로 가까운 시간대에 발생하면, 곧 세 번째 자극이 이어질 가능성을 시사한다.

이런 모든 기전은 어떤 결실을 맺었을까? 첫째, 상황의 긴급도에 따라 차등적으로 반응할 수 있게 되었다. 둘째, 예측에 의해 최적화된 반응을 실현할 수 있게 되었다.

유기체 내부의 생체조직이 손상되지 않고 온전히 유지되도록 보호하기 위해 항상성 설계와 그에 딸린 유인책, 그리고 예측 장치가 도입되었다. 흥미롭게도 비슷한 기전이 유전자 전달에 유리한 번식 행동에도 적용된다. 성적 매력, 성적 욕망, 짝짓기 의식이 그 예에 해당한다. 표면적으로야 생명 유지 행동과 생식 행동이 서로 다른 목적을 가진 것처럼 보이지만, 더 깊은 차원에서는 목표가 같으니 이런 행동들이 비슷한 전략을 공유한다고 해서 이상할 것은 없다.

진화가 진행되면서 항상성을 유지하기 위한 프로그램도 점점 복잡해졌다. 어떤 조건에서 작동할지, 어떤 결과를 유도할지 결정하는 방식이 훨씬 정교해진 것이다. 그 결과로 더 복잡한 프로그램들이 오늘날 우리가 충동, 동기, 감정이라고 부르는 것들로 발전했다(5장 참조).

결론적으로 항상성은 복잡한 뇌가 제공하는 충동과 동기의 도움 없이는 제대로 가동되기 어렵다. 여기에 기대와 예측이 더해지면 환경을 탐색하는 과정에서 그 진가가 드러난다. 인류는 끝없는 호기심, 날카로운 관찰력, 미래의 필요에 대비하는 정교한 경계 시스템을 갖춘, 명실상부 가장 진화된 동기 체계를 지닌 존재이다. 이 모든 요소는 결국 우리를 보다 안전한 길로 이끌기 위한 장치들이다.

항상성, 가치, 의식의 연결 고리

우리가 재화나 행동을 가치 있다고 평가하는 기준을 살펴보면, 그것은 유기체 내부의 항상성 범위 유지에 직간접적으로 기여하는지 여부에 달려 있다. 그뿐만 아니라 이 항상성 범위 안에도 다양한 구역이 존재한다. 어떤 지점은 생명을 최적으로 조절하는 상태와 연결되고, 다른 지점은 그보다 효율성이 떨어진다. 또 어떤 지점은 질병이나 사망에 가까운 위험 지대에 해당한다. 따라서 생명 유지에 최적인 상태를 이끄는 재화나 행동이 가장 가치 있게 여겨지는 것은 당연한 일이다.[33]

---

[33] 항상성 조절의 복잡성에 대한 명징한 그림을 보려면 다음 참조. Alan G. Watts and Casey M. Donovan, "Sweet Talk in the Brain: Glucosensing, Neural Networks, and Hypoglycemic Counterregulation", *Frontiers in Neuroendocrinology* 31, 2010, pp. 32~43.

우리는 이미 의료 기관에서 혈액검사를 받지 않아도 항상성 범위 내 최적의 상태를 스스로 진단할 수 있다. 이런 판단에 특별한 전문지식이 필요하지 않은 이유는 단지 의식이라는 기본적 과정만으로도 충분하기 때문이다. 최적의 범위에 있을 때는 의식적인 마음에 기분 좋은 느낌으로, 반대로 위험 범위에 있을 때는 별로 달갑지 않거나 심지어 고통스러운 느낌으로 의식에 표현된다.

이보다 더 직관적인transparent 감지 시스템을 상상할 수 있을까? 개별 유기체가 최상의 상태로 작동할 때, 즉 몸이 조화롭고 효율적일 때, 우리는 본능적인 만족감과 쾌감을 느낀다. 우리가 경험하는 '행복'이라고 부르는 토대가 바로 이런 상태이다.

반면 불규칙하고 비효율적이고 부조화스러운 생명 상태는 질병과 생체 시스템의 이상을 알리는 전조가 된다. 이 역시 부정적 느낌의 원천이 된다. 톨스토이가 촌철살인의 한마디로 일갈했듯, 부정적인 느낌은 긍정적인 것보다 그 스펙트럼이 훨씬 넓다. 무한한 고통과 번뇌는 말할 것도 없고, 혐오, 두려움, 분노, 슬픔, 수치심, 죄책감, 경멸 등 다양한 형태로 펼쳐진다.

앞으로 확인하게 될 것처럼, 우리네 인간 감정의 느낌은 감정에 의해 변용된 신체 상태가 의식적으로 읽히는 것으로 정의한다. 그렇기 때문에 느낌은 우리가 생명을 어떻게 관리하고 있는지 알려 주는 바로미터, 곧 척도 역할을 할 수 있다. 당연한 말이지만, 느낌이라는 것이 인류에게 알려진 이래 그것은 줄곧 사회와 문화, 온갖 활동과 인공물에 자취를 남겨 왔다. 하지만 의식의 태동과 의식적인 느낌이 등장하기 훨씬 이전, 아니 사실상 엄밀하게 마음이라는 것이 생겨나기 전에도 화학적 매개변수는 이를 표상할 수 있는 뇌가 없는 단순한 생명체의 행동에 영향을 끼치고 있었다. 이런 설계는 매우 이치에 맞다. 마음이 없는 유기체는 생명 유지에 필요한 행동을 이끌기 위해 화학적 매개변수에 의지할 수밖에 없었다. 이런 '맹목적인' 지시는 상당히 복잡한 행동까지 이끌어 낸다. 군집 내 다양한 종류의 박테리아의 성장 역시 이런 매개변수에 의해 지시되고, 심지어 사회적 용어로 묘사될 수도 있다. 예컨대 박테리아들은 집단 내에서 '정족수 감지'$_{quorum\ sensing}$34라는 메커니즘을 일상적으로 실행하며, 영역과 자원을 지키기 위해 말 그대로 사투를 벌인다. 우리 몸속 목구멍이나 장내에서도 이른바 부동산 권리를 차지하기 위해 치열한 다툼이 벌어진다. 그런데 아주 단순한 신경계가 등장하자마자 사회적 행동은 더욱 뚜렷해졌다. 과학적으로 매력적인 종류의 벌레를 고상하게 부르는 용어인 선충$_{nematodes}$을 떠올려 보자. 이들의 사회적 행동은 얼마나 정교한가!

그다지 자랑할 만한 수치는 아니더라도, 특히 예쁜꼬마선충 C. elegans 같은 종의 뇌에는 단 302개의 신경세포만이 줄줄이 신경절로 묶여 있다. 그럼에도 이들도 여타 생명체와 다름 없이 살아남기 위해 스스로 먹이를 찾아야 한다. 먹이의 양과 환경에 도사린 위협 요소에 따라 선충은 덜 혹은 더 집단적으로 행동하게 된다. 먹이가 넉넉하고 환경이 평온할 때면 선충은 혼자 먹이를 찾지만, 먹이가 부

---

34 [옮긴이] 쿼럼 센싱 또는 쿼럼 시그널링(quorum signaling, QS)이라고도 한다. 박테리아의 세포 간 의사소통 체계로, 세포 밀도가 특정 임계치에 도달했을 때 활성화되어 세포 밀도 관련 정보를 공유하는 유전자 발현을 조정하는 과정을 의미한다.

족해지거나 위험 신호(가령 특정 냄새)를 감지하면 무리를 지어 행동한다. 물론 선충은 자신이 하는 행동의 의미나 이유를 알지 못한다. 대신 이처럼 행동하는 까닭은 그들의 뇌가 극도로 단순함에도 불구하고, 의식이나 마음 없이도 환경의 신호를 받아들이고, 그에 따라 적절한 행동을 유도하는 구조를 갖추고 있기 때문이다.

자, 이제 예쁜꼬마선충의 상황을 추상적으로 묘사하고, 선충이라는 사실을 숨긴 채 조건과 행동만을 개략적으로 설명했다고 치자. 그리고 덧붙여 사회학자의 시선으로 그 상황에 대해 논평을 요청했다고 하자. 분명 개체 간 협력의 흔적과 이타적 관심사까지 발견하지 않았을까? 이런 모습은 초기 인류와 같은 복잡한 생물의 이야기쯤으로 오해받을 수 있다. 코넬리아 바그만의 연구 결과를 처음 읽었을 때, 나는 노동조합의 결속과 수적 안정감이 떠올랐다. 하지만 예쁜꼬마선충은 어디까지나 선충일 뿐이다.[35]

이상적인 항상성 상태가 생명체의 가장 귀중한 자산이라는 점이 시사하는 또 다른 의미는 의식이 왜 그토록 중요한지에 관한 것이다. 의식의 본질적 이점은 의식 현상이 어떤 수준에서든 관계없이 점점 더 복잡해지는 환경에서 생명 조절을 개선한다는 것이다.[36]

---

35 C. Bargmann, "Olfaction—From the Nose to the Brain", *Nature* 384, no. 6609, 1996, pp. 512~513; C. Bargmann, "Neuroscience: Comraderie and Nostalgia in Nematodes", *Current Biology* 15, 2005, R832~833. 바루크 블럼버그가 '정족수 감지' 개념에 대해 알려 준 것에 감사를 표한다.
36 단순한 유기체에서 자동화된 마음과 의식이 없는 상태의 생명 조절은 영양분이 넉넉하고 온도

새로운 틈새 환경에 적응하고 살아남을 수 있었던 데에는 마음을 만들어 낼 만큼 복잡해진 뇌의 역할이 컸다. 2부에서는 신경 지도와 이미지 형성에 기반한 뇌 발달에 대해 논의할 것이다. 마음이 출현하면서 아직 본격적인 의식을 갖추지 못했더라도 자동화된 생명 조절이 한층 더 최적화되었다. 이미지를 생성하는 뇌는 유기체 안팎의 상황을 더욱 세밀하게 파악할 수 있었고, 그 결과 마음이 없는 뇌에 비해 더욱 정교하고 효과적으로 반응을 이끌어 낼 수 있었다. 하지만 비인간종의 마음이 의식 있는 마음으로 발전하자 자동화된 조절은 강력한 자기편ally을 얻게 되었다. 이로써 악전고투하는 유기체를 대변하는, 이른바 초기 자아라는 중심축에 생존의 진통을 집중시킬 수 있는 매개체가 생긴 셈이다. 물론 인간의 경우 의식이 기억 및 이성과 함께 공진화共進化함으로써 실시간을 넘어 계획하고 숙고할 수 있는 비실시간 사고 능력까지 가능해졌다. 이로 인해 의식이라는 우군은 한층 더 막강해졌다.

놀랍게도 자아 중심의 생명 조절 방식은 모든 의식 있는 생명체가 진화의 과거로부터 물려받은 자동화된 생명 조절의 기전과 항

변화나 포식자의 존재 같은 위험 요소가 적은 환경에서의 생존을 보장하는 충분조건이 된다. 하지만 이런 단순한 유기체는 적응된 환경 내에 머물러야 하고, 그 환경을 벗어나면 멸종 위기에 처할 수 있다. 현재 존재하는 대부분의 종은 자신들의 생태적 틈새에서 매우 잘 살아가며 오직 자동화된 생명 조절에 의존해 생존한다.
생태적 틈새를 벗어나는 일은 새로운 영역을 유랑하고 침입하는 유기체에게 온갖 가능성을 열어 준다. 하지만 침입에는 잠재적인 비용이 따른다. 자원이 부족한 상황에서 생존하려면 침입자에게 새로운 행동 선택지를 제공하는 정교한 장치를 갖춰야 한다. 이런 장치는 침입자가 필요한 것을 찾아 다른 곳으로 이동하도록 '권고'하고, 그렇게 할 수 있는 대안적이고 안전한 수단을 제시해야 한다. 또한 이런 새로운 장치는 침입자가 포식자 같은 잠재적 위험을 예측하고 회피할 수 있는 방법까지 제공해야 한다.

상 공존한다. 이런 현상은 전적으로 인간에게도 들어맞는다. 우리 자신의 협응 활동은 대부분 무의식중에 일어나는데, 사실 그게 오히려 다행스러운 일이다. 만약 우리가 내분비계나 면역계를 의식적으로 관리해야 한다면, 그 안에서 일어나는 수많은 혼란과 변동에 제때 대응할 수 없을 것이다. 설령 가능하다고 한들 기껏해야 현대식 제트기를 수동으로 조종하는 것과 다를 바 없다. 실속失速을 막기 위한 갖은 돌발 상황과 조작법을 완벽하게 숙달해야 하니 이조차도 결코 만만치 않다. 최악의 경우는 사회보장 신탁기금을 주식시장에 투자하는 것과 흡사하다. 우리는 심지어 숨 쉬는 것처럼 쉬운 일조차 절대 통제하고 싶지 않을 것이다. 숨을 참고 영국해협을 수영해 건너기로 결심할 수도 있지만, 그 과정에서 생명의 위험을 감수해야 할지 모른다. 운 좋게도 우리의 자동화된 항상성 장치는 결코 그런 무모한 행동을 용납하지 않는다.

의식은 적응력을 향상시켜 지구상 어디에서든, 하늘과 우주 공간, 해저, 사막, 산 등 거의 모든 상상 가능한 환경에서 생명과 생존 문제에 대한 기발한 해결책을 고안할 수 있게 해 주었다. 우리는 수많은 틈새 환경에 적응하도록 진화해 왔고, 앞으로도 훨씬 더 다양한 틈새 환경에 적응하는 법을 배울 수 있다. 우리는 날개나 아가미를 가지고 태어나지는 않았지만, 날개 달린 기계를 만들고, 성층권으로 로켓을 쏘아 올리며, 바다를 항해하고, 해저 수만 리를 여행할 수 있는 기계를 발명했다. 이제 우리는 원하는 곳 어디에서든 살아갈 수 있는 물질적 조건을 발명했다. 아메바는 물론 벌레, 물고기, 개구리, 새, 다람쥐, 고양이, 개, 심지어 우리의 똘똘한 사촌인 침팬지조차도 불가능한 일이다.

　인간의 뇌가 의식 있는 인간의 마음을 만들기 시작했을 때, 게임의 판도는 완전히 달라졌다. 유기체의 생존에만 매달리던 단순한 조절에서 벗어나 정체성과 인격을 갖춘, 바로 마음에 기반한 더욱 숙고된 조절로 전환된 것이다. 이제는 단순한 생존을 넘어서 특정 수준의 행복을 적극적으로 추구하게 되었다. 이런 변화는 생물학적 연속성 위에서 이루어졌지만, 우리가 아는 한 이는 실로 어마어마한 도약이 아닐 수 없다. 결국 핵을 가진 단세포생물은 마음이 없고 의식하지도 못하지만, 생명 의지를 지니고 있을 뿐 아니라 특정 유전자가 허용하는 범위 안에서 적절하게 생명을 관리한다. 뇌는 의식 있는 마음은 둘째치고, 마음조차 만들지 못했을 때도 생명 관리의 가능성을 넓혔다. 그런 까닭에 뇌 역시 번영할 수 있었다. 여기에 마음과 의식이 가세하면서 조절의 가능성은 더욱 확대되었고, 단일 유기체 내부를 넘어 많은 유기체들 사이에서 벌어지는 다각도의 사회적 관리로 이어졌다. 의식 덕분에 인간은 경제적 교류, 종교적 신념, 사회적 관습과 윤리 원칙, 법률, 예술, 과학, 기술 등 일련의 문화적 도구를 바탕으로 생명 조절이라는 되풀이되는 모티프$_{leitmotif}$를 펼칠 수 있게 되었다. 그럼에도 진핵세포의 생존 의도와 인간 의식에 내재된 생존 의도는 본질적으로 하나이다.

　문화와 문명이 인류를 위해 구축한 불완전하지만 경이로운 구조물 뒤켠에서 우리가 직면하는 가장 근본적인 논쟁거리는 여전히 생명 유지이다. 마찬가지로 인류 문화와 문명에서 이루어진 대부분의 성취 동기가 바로 이 생명 유지라는 이슈와 이 이슈에 맞서는 인간의 행동을 관리해야 할 필요에서 비롯되었다는 점 역시 중요하다. 생명 조절은 생물학 전반, 특히 인류를 둘러싼 수많은 현상들을 설명하는 온상이 된다. 예컨대 뇌의 존재, 고통·쾌락·감정·느낌 등의 존재, 사회적 행동, 종교, 경제와 시장, 금융기관, 도덕적 행동, 법과 정의, 정치, 예술, 기술, 과학 등 간단히 적어 보더라도 이 정도나 된다.

생명과 그에 필수적인 조건들, 즉 거스를 수 없는 생존 명령과 하나의 세포든 수조 개의 세포든 생존을 유지하기 위한 복잡한 관리 과정은 진화가 만든 가장 정교한 관리 장치인 뇌의 출현과 진화를 이끈 근본 원인이었다. 동시에 이는 더욱 정교한 신체 내부와 더욱 복잡한 환경 속에서 살아가면서 점점 더 정교해진 뇌가 발달하게 되는, 일련의 모든 결과들의 근본 원인이기도 했다.

뇌가 신체 내부의 생명을 관리하기 위해 존재한다는 관점을 필터로 삼아 뇌 기능의 면면을 살펴보면, 심리학의 전통적인 범주들(감정, 지각, 기억, 언어, 지능, 그리고 의식)이 예전보다 자연스럽고 훨씬 덜 신비롭게 보일 것이다. 오히려 그 속에서 투명한 합리성과 필연성, 그리고 마음을 사로잡는 논리가 부상할 것이다. 해야 할 일을 마땅히 고려한다면, 우리가 어떻게 다를 수 있겠는가? 이런 뇌의 기능들이 되묻는 듯하다.

제2부

마음이
존재할 수 있는
뇌 속에는
무엇이 있을까?

3장
지도 제작과 이미지 형성

지도와 이미지

인간 뇌가 담당하는 생명 유지 기능은 더할 나위 없이 중요하다. 하지만 그렇다고 해서 이 기능만을 뇌의 가장 두드러진 특징으로 보기에는 무리가 따른다. 우리가 알다시피, 신경계나 완전한 뇌가 없어도 생명은 유지될 수 있다. 작디작은 단세포생물조차도 생명 유지라는 집안일을 능숙하게 해낸다.

　오히려 인간 뇌의 독특한 점 중 하나는 진기명기한 지도 창작 능력이다. 이 지도 제작은 생명을 정교하게 관리하는 데 필수적이며, 지도 만들기와 생명 관리는 떼려야 뗄 수 없는 관계이다. 뇌가 지도를 그릴 때, 뇌는 스스로에게 정보를 제공하고 있는 셈이다. 지도에 담긴 정보는 의식하지 않아도 운동 행동을 효율적으로 이끄는 데 쓰일 수 있다. 생존이란 모름지기 적합한 행동 여부에 달려 있다는 점을 감안한다면, 지도 제작은 매우 바람직한 결과를 낳는다. 하지만 뇌는 지도를 만드는 동시에 우리 마음의 주요 통화라 할 수 있는 이미지도 함께 창조한다. 궁극적으로 의식은 우리가 지도를 이미지로 경험하고, 그 이미지를 조작하고, 이를 바탕으로 추론할 수 있게 한다.

우리가 사람이나 기계, 장소 등 대상과 상호작용할 때, 뇌에서는 외부 자극이 내부로 전달되면서 지도가 그려진다. 따라서 상호작용이라는 개념은 아무리 강조해도 지나치지 않다. 위에서 언뜻 비쳤듯, 지도 제작은 더 나은 행동을 위해 꼭 필요한 과정이며, 그 시작점 자체가 행동의 맥락 안에서 일어나는 경우가 많다는 사실을 상기시켜 준다. 이렇듯 행동과 지도, 움직임과 마음은 끊임없이 서로 맞물려 순환하는 관계에 있는바, 이는 로돌포 이나스가 마음의 기원을 뇌의 조직적인 운동 제어에서 찾았을 때 암시적으로 포착했던 아이디어와도 일치한다.[1]

또한 지도는 우리 뇌의 기억 저장소 안에서 대상을 회상할 때에도 그려진다. 꿈이 그 증거이듯, 지도 제작은 우리가 잠들어 있는 동안에도 결코 멈추지 않는다. 인간의 뇌는 바깥에 존재하는 어떤 대상이든, 외부에서 일어나는 어떤 행동이든, 그것들이 시간과 공간 속에서 맺는 모든 상호 관계를 지도 형태로 담아낸다. 그리고 그

---

[1] Rodolfo Llinás, *I of the Vortex: From Nature to Self*, Cambridge, Mass.: MIT Press, 2002(한국어판은 로돌포 R. 이나스, 『꿈꾸는 기계의 진화: 뇌과학으로 보는 철학 명제』, 김미선 옮김, 북센스, 2019).

관계는 단지 대상과 행동 사이의 연결만이 아니라 우리 몸과 뇌, 그리고 마음의 유일한 주인인 유기체라는 모선母船과의 관계 속에서도 함께 지도화된다. 인간의 뇌는 타고난 지도 제작자인데, 이런 지도 제작은 뇌가 자리 잡고 있는 신체의 지도로부터 연원한다.

인간의 뇌는 무궁무진한 모방 능력을 지녔다. 뇌 바깥에 있는 것이라면 무엇이든, 피부에서 내장까지 인체 본연은 말할 것도 없고 주변 세상, 남녀, 아이, 고양이와 개, 장소, 덥고 추운 날씨, 부드럽고 거친 질감, 크고 작은 소리, 달콤한 꿀과 짭짤한 생선까지, 그 어떤 것을 막론하고 뇌의 신경망 안에서 모방된다. 말하자면 뇌는 자신 이외의nonbrain 대상과 사건들의 구조적 특징을 표상할 수 있는 능력을 갖추고 있다. 여기에는 가령 팔다리나 일부 발성기관 등 우리 유기체 내부의 구성 요소들이 수행하는 행동도 포함된다. 지도화가 정확히 어떻게 이루어지는지를 살펴보면, 말처럼 쉬운 일이 아님을 수긍할 수 있다. 지도화는 단순한 복제도, 뇌 외부에서 내부로의 수동적 전이도 아니다. 우리 뇌는 감각이 엮어 내는 이 조립 과정에서 인간의 발달 초기부터 형성된 내부의 능동적 처리 기제를 활용한다. 뇌가 백지 상태라는 생각은 설득력을 잃은 지 오래이다.[2] 앞서 논의했듯, 이런 감각 통합 과정은 주로 움직임이 있을 때 일어난다.

여기에서 잠시 용어 사용에 관해 짧게나마 설명하고자 한다.

---

2 뇌가 백지가 아닌 이유에 대한 명쾌한 설명은 다음 참조. Steven Pinker, *The Blank Slate: The Modern Denial of Human Nature*, New York: Viking, 2002(한국어판은 스티븐 핑커, 『빈 서판: 인간은 본성을 타고 나는가』 김한영 옮김, 사이언스북스, 2017).

과거 나는 이미지라는 용어를 오로지 정신적 패턴 혹은 정신적 이미지와 동의어로 사용했다. 반면 신경 패턴이나 지도라는 용어는 마음과 구별되는 뇌 안의 활동 패턴을 지칭하는 용어로 엄선해서 사용했다. 내 의도는 비록 마음이 뇌 조직의 활동에 내재한다고 보더라도, 그 마음은 지극히 사적인 경험으로 이루어져 있기 때문에, 그리고 그 사적인 경험이 바로 우리가 설명하고자 하는 현상이기 때문에, 마음에 대해서는 별도의 설명이 필요하다는 점을 강조하는 것이었다. 또한 신경 사건을 적절한 어휘로 설명하려는 시도는 그러한 사건들이 마음 과정에서 어떤 역할을 하는지를 이해하려는 노력의 일환이기도 했다. 내가 이렇게 설명 수준을 따로 구분한다고 해서 한쪽은 정신적이고 다른 한쪽은 생물학적인, 두 개의 별개 실체가 존재한다고 제안하려는 것은 결코 아니다. 나는 데카르트처럼 실체 이원론자substance dualist가 아니다. 그는 신체는 물리적 연장extension을 가지지만, 정신은 그렇지 않다고 규정하면서 마치 이 둘이 전혀 다른 실체로 이루어진 것처럼 설파했고, 우리로 하여금 그렇게 믿게 하려 했다. 나는 단지 이중측면론aspect3의 입장에서 사물들things이 경험적으로 어떻게 드러나는지 논의하고자 할 따름이다. 물론 이원론의 반대편에 선 일원론의 기수인 내 친구 스피노자 역시 그랬다.

그렇다면 동일하다고 믿는 두 가지를 굳이 별개의 용어로 지칭

---

3 [옮긴이] 일원론에서 파생된 개념으로, 하나의 현상이 두 가지 측면으로 나타날 수 있다는 의미를 담고 있으며, 마음-몸 문제에 대한 하나의 해법으로 제안되었다. 하나의 실체가 존재하되, 이를 경험하거나 관찰하는 방식에 따라 정신적 측면과 물리적 측면이라는 서로 다른 두 모습으로 드러난다고 본다.

하며 나 자신이나 독자에게 혼란을 가중시킬 필요가 있을까? 이 책 전반에 걸쳐 나는 이미지, 지도, 신경 패턴이라는 용어를 거의 같은 의미로 사용한다. 때로는 마음과 뇌 사이의 경계를 의도적으로 모호하게 했다는 뜻이다. 다른 한편으로는 분명 둘 사이의 구분이 유효함에도 불구하고, 그 구분이 오히려 우리가 이해하고자 하는 본질적 관점을 가릴 수 있는 역효과가 있다는 점을 강조하기 위해서이기도 하다.

표면 아래로 파고들기

뇌를 손에 들고서 대뇌 피질의 표면을 바라본다고 상상해 보자. 이제 날카로운 칼로 표면과 평행하게 두께 2~3밀리미터 정도로 얇게 잘라 내어 뇌 조각을 추출한다고 해 보자. 그런 다음 신경세포를 적당한 화학물질로 고정해 염색하고, 준비한 시료를 얇은 유리 슬라이드 위에 올려놓고 현미경으로 들여다보면, 각 대뇌 피질 층에서는 바둑판과 같은 이차원적 격자 구조가 얇고 규칙적인 층을 이루고 있음을 확인할 수 있다. 이 격자무늬의 핵심 구성 요소는 수평으로 배열된 신경세포들이다. 마치 맨해튼의 설계도를 연상시키지만, 브로드웨이는 빠진 것으로 치자. 대뇌 피질의 격자에는 그런 큰 사선이 없는 까닭이다. 이런 배열은 사실 신빙성이 높다. 대상과 행동을 지형적으로 명확하게 표상하는 데 이상적임을 금방 알 수 있다.

대뇌 피질의 일부를 관찰해 보면, 뇌가 가장 상세한 지도를 그려 낼 수 있는 곳이 이곳 대뇌 피질인 이유를 어렵지 않게 납득할 수 있다. 물론 해상도는 더 낮지만, 뇌의 다른 영역들도 나름의 지도를 만들 수 있다. 피질의 한 층, 아마도 네 번째 층이 지도의 가장 세밀한 부분을 상당 정도 담당할 것으로 보인다. 대뇌 피질의 일부를 곰곰이 생각하다 보면, 왜 뇌 지도라는 개념이 억지스러운 은유가 아닌지도 분명해진다. 이런 격자무늬 위에는 다양한 패턴이 그려질 수 있다. 눈을 살짝 가늘게 뜨고 상상의 나래를 펼치다 보면, 포르투갈 항해사 헨리 왕자가 선장들의 항해를 계획하며 골몰했을 양피지 지도 같은 모습이 떠오를 수도 있다. 물론 둘 사이에는 큰 차이점이 있다. 그중 하나는 뇌 지도에 그려지는 선들은 연필이나 깃털 펜이 아니라 일부 신경세포들의 순간적인 활성화와 나머지 다른 신경세포들의 비활성화가 만들어 내는 결과라는 점이다. 특정 공간 분포에서 특정 신경세포들이 '켜질' 때 직선이나 곡선, 두껍거나 얇은 형태의 선이 '그려지는데', '꺼진' 신경세포들이 만들어 내는 배경과는 확연히 구별되는 패턴이 형성된다. 또 다른 큰 차이점은 지도 제작을 주도하는 수평층이 그 위아래의 다른 층들 사이에 쌓여 있다는 점이다. 이 수평층의 각 기본 단위는 열$_{column}$이라 불리는 수직 배열의 일부이기도 하다. 각 열은 수백 개의 신경세포로 구성되어 있고, 각 층의 주요 구성 요소 역시 수직으로 배열된 열의 일부이다. 열들은 대뇌 피질에 입력 신호를 제공할 뿐 아니라(이 입력 신호는 뇌의 다른 부위나 눈과 같은 말초 감각 수용기, 그리고 신체에서 나온다), 동시에 정보원으로서 출력 신호를 재전송하고, 각 위치에서 국소적으로 처리되는 신호들을 다차원적으로 통합하고 조절하는 기능을 수행한다.

　뇌에서 시각 지도가 어떻게 작동하는지를 설명하는 현대적 비유로는 전광판을 들 수 있다. 전광판의 이미지는 광원 요소(전구나 LED)가 켜지고 꺼지며 만들어지는 패턴이다. 점등과 소등의 분포만 바꿔도 전자 지도에 표시되는 내용이 신속하게 변경될 수 있으니 이 비유는 더할 나위 없이 안성맞춤이다. 각각의 활동 분포는 시간에 따라 다른 패턴을 구성한다. 동일한 시각 피질 영역 내에서도 활동의 분포가 달라지면 십자 모양, 사각형, 얼굴 등 서로 다른 형상이 연속적으로나 혹은 겹쳐서 묘사될 수 있다. 이런 지도들은 전광석화처럼 빠른 속도로 그려지고, 다시 그려지고, 겹쳐 그려질 수 있다.

　같은 종류의 '그리기'가 망막이라는 뇌의 정밀한 전초기지에서도 일어난다. 망막 역시 지도를 새길 준비가 된 정방형 격자 구조를 가지고 있다. 광자라고 알려진 빛 입자가 원이나 십자형 같은 특정 패턴에 맞춰 망막을 때리면, 활성화된 신경세포들이 순간적인 신경 지도를 작성한다. 원래의 망막 지도를 기반으로 한 추가 지도들은 신경계의 후속 단계에서 연속적으로 작성될 것이다. 이 과정은 망막 지도상의 각 지점에서 발생한 신경 활동이 일련의 경로를 따라 연쇄적으로 전달되면서 그 지점들 사이의 기하학적 위치 관계가 4 일차 시각 피질까지 보존되기 때문에 가능하다. 이를 망막위상 retinotopy이라고 한다.

　대뇌 피질이 상세한 지도 제작에 능숙하다면, 피질 아래의 몇

4　[옮긴이] 시각 정보의 공간적 일관성.

몇 구조들 역시 조악하나마 대략적인 지도를 만들 수 있다. 슬상체 geniculate bodies, 소구colliculi, 고립로핵nucleus tractus solitarius, 부완핵parabrachial nucleus 등이 여기에 해당된다. 슬상체는 시각과 청각을 각각 처리하는 전용 영역인데, 이들 역시 층상 구조를 갖추고 있어 지형 정보를 표상하기에 적합하다. 그중에서도 상구superior colliculus는 중추적인 시각 지도 제공자로서, 심지어 그 지도를 청각 및 신체 기반의 지도와 연계하는 능력까지 겸비하고 있다. 하구inferior colliculus는 청각 정보 처리에 특화된 영역이다. 상구에서 벌어지는 이런 활동은 훗날 대뇌 피질에서 꽃피울 마음과 자아 과정의 전조일 수 있다. 고립로핵과 부완핵은 중추신경계에 전신全身 지도를 가장 먼저 제공하는 구조들로, 이 지도상의 활동은 후술할 원초적인 느낌으로 이어진다.

지도화는 단지 시각 패턴에 그치는 것이 아니라 뇌가 생성하는 모든 종류의 감각 패턴에도 적용된다. 예컨대 소리의 지도화는 귀의 망막에 해당하는 달팽이관에서 시작된다. 달팽이관은 좌우 하나씩 내이內耳 속에 있으며, 고막과 그 아래의 소리뼈a small collections of bones가 진동하면서 생기는 기계적 자극을 받아들인다. 이때 망막 신경세포에 상응하는 것은 유모有毛세포이다. 유모세포 위의 돌기에는 털뭉치(섬모다발)가 소리 에너지에 반응해 움직이며, 달팽이관 신경절에 있는 신경세포의 축삭돌기 말단에서 전기 신호를 유발한다. 이렇게 생성된 신경 신호는 와우신경핵cochlear nucleus → 상올리브핵superior olivary nucleus → 외측섬유띠핵nucleus of the lateral lemniscus → 하구 →

내측슬상체핵medial geniculate nucleus을 거쳐 일차 청각 피질로 전달된다. 이 여섯 번째의 일차 청각 피질은 계층 구조라는 점에서 일차 시각 피질과 유사하다. 또한 대뇌 피질 자체 내에서 또 하나의 연쇄적 신호 전달이 시작되는 곳이기도 하다.

최초의 청각 지도는 마치 최초의 시각 지도가 망막에서 이루어지는 것처럼 바로 달팽이관에서 그려진다. 그렇다면 소리 지도는 어떻게 창작되는 것일까? 달팽이관은 전체적으로 원추형의 나선 경사로 구조를 하고 있다. 그 이름의 라틴어 어원이 암시하듯, 실제 달팽이 껍데기를 닮았다. 뉴욕의 구겐하임 미술관을 방문한 적이 있다면, 달팽이관에서 어떤 일이 벌어지는지 쉽게 유추해 볼 수 있을 것이다. 건물 안쪽에 있는 원형 경사로가 위로 갈수록 점점 좁아지는 형국에, 전체적으로 첨탑 같은 원뿔 구조를 떠올리면 된다. 우리가 그 경사로를 따라 걷는다면, 원뿔의 수직축을 빙 둘러 도는 셈인데, 달팽이관의 구조도 이와 흡사하다. 이 나선형 경사로 내부에는 각각의 소리 주파수에 반응하는 능력에 따라 유모세포가 정교한 순서로 배열되어 있다. 가장 높은 주파수에 반응하는 유모세포는 달팽이관의 바닥에 위치하고, 경사로를 따라 올라갈수록 유모세포들은 내림차순으로 점점 더 낮은 주파수에 반응하도록 배열되어 있다. 그리고 달팽이관의 끝에 이르면, 가장 낮은 주파수에 반응하는 유모세포를 만나게 된다. 이렇게 보면, 높은 여성 소프라노의 음성에서 시작해 깊은 남성 베이스로 이어지는 음계가 달팽이관 안에서 공간적으로 펼쳐지는 셈이다. 그 결과 주파수 순서대로 정렬된 가능한 음들의 공간적 지도, 소위 음위tonotopic 지도가 제작된다. 놀랍게도 이 소리 지도의 버전은 청각 피질로 가는 길목에 있는 청각 경로를 따라 이어지는 다섯 개의 중계소마다 반복된다. 그리고 마침내 청각 피질에 이르면 이 지도는 한 층에 펼쳐진 형태로 정렬된다. 청각 경로를 따라 신경세포들이 차례로 활성화되고, 귀로 들어온 소리 저마다의 풍부한 하위 구성 요소들이 청각 피질의 각기 다른 지점에 공간적으로 분포될 때, 우리는 비로소 오케스트라의 연주나 가수의 목소리 같은 복합적인 소리를 들을 수 있게 된다.

이런 지도화 방식은 팔다리의 움직임, 화상으로 인한 피부 손상, 혹은 손에 쥔 자동차 키 모양과 표면의 매끄러운 촉감을 느낄 때처럼 신체 구조와 관련된 다양한 패턴에도 폭넓게 적용된다.

뇌에 지도화된 패턴과 그 패턴을 유발한 실제 대상 사이에는 매우 밀접한 연관성이 있음이 다양한 연구를 통해 입증되었다. 예컨대 원숭이의 시각 피질에서는 시각 자극(가령 원이나 십자형)의 구조와 그 자극이 불러일으키는 신경 활동 패턴 사이에 강한 상관관계가 있다는 사실이 확인된다. 이런 관계를 처음으로 증명한 것이 바로 로저 투텔이 원숭이의 뇌 조직을 이용해 진행한 실험이었다. 하지만 아무리 정교한 실험이라 해도 우리는 원숭이가 실제로 본 시각 경험, 즉 원숭이 자신의 눈에 비친 이미지를 '관찰'할 수는 없다. 시각적이든 청각적이든, 아니면 그 밖의 어떤 종류의 이미지이든, 그 이미지를 직접 이용할 수 있는 주체는 오직 그 이미지가 생겨나는 마음의 소유자뿐이다. 이런 이미지들은 본질적으로 사적인 것이기 때문에 제삼자가 직접 들여다볼 수는 없다. 제삼자가 할 수 있는 것은 다만 그 마음속 이미지를 추측하는 것뿐이다.

인간 뇌의 신경영상 연구 역시 이런 상관관계를 규명하고 있다. 우리를 포함한 여러 연구진이 다변량 패턴 분석을 활용해 인간의 감각피질에서 특정 활동 패턴이 특정 종류의 대상과 체계적으로 대응하고 있음을 입증했다.[5]

지도와 마음

뇌가 쉼 없이 역동적으로 지도를 그리며 낳은 놀라운 산물, 그것이 바로 마음이다. 이렇게 뇌가 그려 낸 다양한 패턴들은 의식적 생명체인 우리가 시각, 청각, 촉각, 후각, 미각, 고통, 쾌락 등으로 인식하는 모든 것들, 즉 이미지로 구성된다. 우리 마음속 이미지란 뇌가 순간순간 그려 내는 지도이고, 그 대상은 우리 몸 안팎에 존재하는 모든 것들이다. 그것이 구체적이든 추상적이든, 지금 실제로 존재하든, 아니면 과거의 기억 속에 저장된 것이든 상관없다. 내가 지금 여러분께 이런 생각을 전하기 위해 사용하고 있는 단어들은 비록 간

---

[5] R. B. H. Tootell, E. Switkes, M. S. Silverman et al., "Functional Anatomy of Macaque Striate Cortex. II. Retinotopic Organization", *Journal of Neuroscience* 8, 1983, pp. 1531~1568; K. Meyer, J. T. Kaplan, R. Essex, C. Webber, H. Damasio and A. Damasio, "Predicting Visual Stimuli on the Basis of Activity in Auditory Cortices", *Nature Neuroscience* 13, 2010, pp. 667~668; G. Rees and J. D. Haynes, "Decoding Mental States from Brain Activity in Humans", *Nature Reviews Neuroscience* 7, July 7, 2006, pp. 523~534. 또한 신경 지도에 대한 심층적인 논의와 지도 선택에 가치 개념이 적용되는 중요한 논거는 다음 참조. Gerald Edelman, *Neural Darwinism: The Theory of Neuronal Group Selection*, New York: Basic Books, 1987; David Hubel and Torsten Wiesel, *Brain and Visual Perception*, New York: Oxford University Press, 2004.

단하고 개괄적일지라도 글로 쓰여지기 전에 먼저 청각적·시각적·체감각적 음소와 형태소의 이미지로 형성된 후 그것이 생각의 문서화된 버전으로 종이에 적힌 것이다. 마찬가지로 여러분이 눈으로 읽고 있는 이 단어들 역시 먼저 언어 이미지(글로 쓰여진 언어의 시각적 이미지)로 뇌에 입력된 뒤 다시 또 다른 비언어적 이미지를 불러일으킨다. 이 비언어적 이미지들은 단어가 의미하는 개념을 마음속에 표상하는 데 도움을 줄 뿐 아니라 매 순간 우리의 정신 상태를 배경처럼 채우는 역할도 한다. 그리고 주로 신체 상태의 일면을 반영하는 느낌 역시 이미지의 한 형태라고 할 수 있다. 어떤 감각 양식이든, 우리가 지각한다는 것은 뇌의 지도 제작 기술이 빚어낸 결과물인 셈이다.

이미지는 개체의 물리적 속성은 물론 그것들의 공간적·시간적 관계와 움직임까지도 표상한다. 어떤 이미지들은 아마도 뇌가 지도를 제작하는 자기 자신을 다시 지도화함으로써 생성된 것으로 보이지만, 실상은 상당히 추상적인 성격을 띤다. 이런 이미지들은 대상이 시간과 공간 속에서 드러내는 모습이나 속도와 궤적 같은 공간적 관계, 움직임의 패턴 등을 묘사한다. 이 가운데 일부 이미지는 음악을 작곡하거나 수학적으로 기술記述할 때 활용되기도 한다. 마음의 과정이란 이처럼 이미지들의 연속적인 흐름이다. 그중 일부는 뇌 밖에서 실제로 벌어지고 있는 일에 대응하는 반면, 또 다른 일부는 기억을 떠올리는 과정에서 재구성된다. 마음은 실제 이미지와 회상 이미지가 시시각각 서로 다른 비율로 섞여 끊임없이 변화하는 유동적이고 미묘한 조합으로 이루어진다. 또한 마음속 이미지들은 특히 외부 세계나 신체에서 실제로 일어나는 사건과 관련될 때, 서로 논리적으로 연결되는 경향이 있다. 그런 사건들 자체가 물리학과 생물학의 법칙하에 움직이기 때문에 마음의 이미지들도 자연스럽게 논리적 연관성을 띠게 되는 것이다. 물론 예외적인 상황도 있다. 우리가 공상에 잠길 때는 이미지들이 논리적이지 않은 방식으로 전개될 수 있고, 현기증을 경험할 때도 마찬가지이다. 실제로 방이 빙글빙글 돌거나 테이블이 덮쳐 오는 일은 없지만, 우리의 이미지는 그렇게 말한다. 환각제를 복용한 경우에도 비슷한 일이 벌어진다. 이런 특수한 상황을 제외하면, 이미지의 흐름은 대부분 시간의 흐름을 따른다. 빠르거나 느리게, 규칙적이거나 불규칙하게, 때로는 한 방향이 아닌 여러 방향으로 동시에 흘러가기도 한다. 어떤 경우에는 이 여러 흐름이 병렬적으로 진행되기도 하고, 또 어떤 경우에는 서로 교차하며 겹치기도 한다. 의식 있는 마음이 가장 또렷한 순간에는 이미지의 흐름이 간결해져서 우리는 오히려 주변의 세부 사항을 거의 눈치채지 못하기도 한다.

하지만 우리 마음속 이미지들은 뇌 바깥 현실의 인과적 구조가 부여하는 논리적 제약뿐 아니라 마음속 흐름에서 개인의 가치에 따라 상대적 가중치를 얻게 된다. 여기에서 주목할 점은 앞서 언급한 논리가 자연선택을 거친 뇌 회로를 통해 발달 초기부터 출현이 예약된 논리적 배열이라는 사실이다. 그렇다면 이런 가치는 어디에서 기인하는 것일까? 우리의 생명 조절을 방향 짓는 본연의 기질disposition⁶과 경험을 통해 차곡차곡 쌓아 온 모든 이미지는 바로 과거부터 형성된 가치 성향disposition에 따라 평가되고 그 속에서 만들어진다. 다시 말해 마음은 단순히 이미지들이 자생적으로 줄지어 들어오는 것만이 아니라, 마치 영화처럼 우리의 광범위한 생물학적 가치 체계가 조장한 선택적 편집이 가세한다. 마음의 흐름은 선착순이 아니다. 시간이 지남에 따라 가치가 부여된 선택지들이 논리적 틀 안에 하나둘 끼워 맞춰지는 과정에 관한 것이다.7

마지막으로 중요한 점은 마음이 비의식적일 수도 있고, 의식적일 수도 있다는 사실이다. 이미지는 우리가 의식하지 못하는 상태에서조차 지각적으로든 회상적 방식으로든 계속 형성된다. 많은 이미지들은 결코 의식의 혜택을 받지 못하고 있으며, 의식적 마음에서는 직접 들리지 않고 보이지 않는다. 그럼에도 이런 이미지들은 허다하게 우리의 사고와 행동에 영향을 미칠 수 있다. 추론이나 창의적 사고와 관련된 다양한 정신 활동은 우리의 의식이 다른 대상에 주의를 기울이고 있을 때에도 저절로 진행될 수 있다. 비의식적 마음의 이슈에 대해서는 4장에서 다시 논의할 예정이다.

요컨대 이미지는 대상과 신체가 물리적으로 상호작용하는 동

---

6   [옮긴이] 본문에서 반복적으로 등장하는 disposition이라는 용어는 일상적인 용례상의 미묘한 차이와 뇌의 정보 처리 층위, 그리고 해당 문맥을 고려해 '기질'과 '성향'으로 구분해서 번역했다. 보다 깊은 뇌 구조인 피질하 영역과 밀접하게 연관된 본능적이고 원초적인 특성에는 '기질'을, 때때로 피질하를 포함하면서도 상위 신경망과 관련된 경험적이고 학습된 특성에는 '성향'을 선택했다.
7   가치의 방점 찍기를 가능하게 하는 것은 감정적 표지, 신체 표지일 수 있다. A. Damasio, "The Somatic Marker Hypothesis and the Possible Functions of the Prefrontal Cortex", *Philosophical Transactions of the Royal Society B: Biological Sciences* 351, 1996, pp. 1413~1420.

안 신체와 뇌에서 일어나는 변화를 기반으로 한다. 신체 곳곳에 위치한 센서들이 내보내는 신호가 유기체와 대상의 상호작용을 지도화하는 신경 패턴을 구성한다. 이 신경 패턴은 일반적으로 특정 신체 부위에서 전달되는 신호가 유입될 때, 뇌의 다양한 감각 및 운동 영역에서 일시적으로 형성된다. 이런 패턴은 서로 상호작용하는 신경 회로들이 선택적으로 활성화되면서 순간적으로 조립된다. 이때의 신경 회로들은 뇌 속에 이미 존재하는 건축용 블록으로 간주할 수 있다.

뇌의 지도화는 생명 과정을 유지하고 조절하는 데 특화된 시스템의 기능적 특징이다. 뇌의 지도화 능력은 바로 이런 관리라는 목적을 수행한다. 기본적인 수준에서 이런 지도화는 어떤 대상의 존재를 감지하거나 그 대상이 공간상 어디에 위치해 있는지, 혹은 어떤 궤적을 따라 움직이는지를 파악할 수 있게 해 준다. 이런 능력은 위험 요소를 피하거나 기회를 포착하는 데 유용할 수 있다. 또한 우리의 마음이 다양한 감각 지도를 활용해 뇌 바깥 세계를 여러 각도에서 파악할 때, 그 세계의 대상과 사건들에 보다 정확하게 반응할 수 있게 된다. 더 나아가 일단 지도가 기억에 저장되고, 상상력을 통해 회상에서 다시 불러올 수 있게 되면, 우리는 내일을 계획하고 더 나은 대응책을 강구할 수 있다.

마음의 신경학

뇌의 어느 부분이 마음을 만들어 내는 데 관여하고, 또 어떤 부분이 그렇지 않은지 구분할 수 있을까? 까다로운 질문이지만 충분히 제기할 만하다. 뇌 병변에 대한 연구가 150년 넘게 진척되면서 우리는 이 질문에 관해 초보적이나마 어림잡을 만큼의 근거를 확보했다. 특정 뇌 부위가 주요 뇌 기능에 크게 기여하긴 해도 마음의 가장 기초적인 형성에는 직접 관여하지 않는다. 반면 어떤 영역들은 마음의 바탕을 이루는 데 필수적으로 작동한다. 또 다른 일부 영역들은 이미지의 생성과 재생, 이미지의 편집과 연속성 부여 등 이미지의 흐름을 관리하는 역할을 하면서 마음의 형성을 보조한다.

일례로 척수 전체가 마음의 기본적인 토대에 꼭 필요한 것은 아니다. 척수가 완전히 손상되면, 심각한 운동장애와 신체감각의 본질적인 상실, 심지어 감정과 느낌이 무뎌지는 현상까지 일부 초래할 수 있다. 하지만 척수와 나란히 주행하는 미주신경vagus nerve이 온전하다면(대부분의 경우 그렇다), 뇌와 몸 사이의 신호 교환이 그대로 유지되어 자율신경계 조절이 가능하고, 기본적인 감정과 느낌의 처리도 지속된다. 더불어 신체감각에 의존하는 의식 활동 역시 어느 정도 보존된다. 척수 손상으로 마음 형성이 완전히 차단되지 않는다는 사실은 환자들 저마다의 안타까운 사례를 통해 널리 확인되고 있다. 척수 손상의 정도와 상관없이 말이다. 크리스토퍼 리브는 심각한 척수 손상에도 정신은 멀쩡했고, 의식도 온전했다. 내가 기억하기로, 외견상 그의 미묘한 감정 표현 능력만이 약간 저하되

없을 뿐이었다. 나는 팔다리와 몸통에서 오는 체감각 자극에 대한 정신적 표상은, 아마도 척수와 미주신경 양쪽 모두에서 쏟아지는 신호가 뇌간 상부핵 수준에서 결합되어 비로소 완전한 형태를 갖춘다고 추정한다. 척수 자체는 마음의 초보적인 형성과 관련해서는 조연에 머무는 것 같다(마음이 형성되는 과정에서 척수의 위치가 갖는 의미를 다시 생각해 보면, 척수가 있으면 도움이 되지만, 없다고 해서 개인의 전반적 기능에 치명적인 문제가 생기지는 않는다. 척수가 절단된 환자들은 통증을 느끼지 못하지만 '통증 관련' 반사를 보인다. 이것은 조직 손상에 대한 지도화가 척수층에서는 여전히 계속되고 있지만, 그 신호가 단지 뇌간과 대뇌 피질까지 전달되지 않는다는 의미이다).

    동일한 면제 조항이 소뇌에도 적용되는데, 특히 성인의 경우에 그렇다. 소뇌는 운동 조정과 감정 조절의 중추 역할을 하며, 기술 학습과 회상, 그리고 기술 발달의 인지적 측면에도 개입한다. 하지만 기본적인 마음 만들기는 적어도 우리가 알고 있는 한에서는 소뇌의 소관이 아니다. 해마에 대해서도 같은 말을 할 수 있다. 해마는 새로운 사실을 학습하고, 정상적인 회상 과정에도 꾸준히 관여하지만, 해마가 손상되어도 마음의 기본 구조에는 문제가 없다. 또한 소뇌와 해마 모두 이미지와 움직임의 편집, 그리고 연속적인 흐름을 조정하는 데 보조적인 역할을 한다. 이와 더불어 운동 제어에 특화된 여러 대뇌 피질 영역들 역시 마음의 연속성을 조합하는 데 일정 부분 기여하는 것으로 보인다. 물론 이런 기능들은 마음 전체의 작동을 위해 매우 중요하지만, 기본적인 이미지 생성에 꼭 필요한 요소는 아니다. 해마와 그 인접 대뇌 피질이 마음 형성에 미치는 영향이

미미하다는 사실은 특히 신빙성 높은 증거들에 의해 뒷받침되고 있다. 저산소성 손상, 단순 포진성 뇌염herpes simplex encephalitis, 외과적 절제 등으로 양측 해마와 전측두anterior temporal 피질이 모두 파괴된 환자들의 행동과 자기 보고를 통해 이를 확인할 수 있다. 이런 환자들은 새로운 사실을 학습하는 능력과 과거를 회상하는 능력이 거의 상실된 상태이지만, 환자들의 마음은 풍부하기 그지없다. 그뿐만 아니다. 이들은 시각, 청각, 촉각 영역에서도 대체로 정상적인 지각 능력을 유지하며, 일반적(독특하지 않은) 수준에서의 지식은 무리 없이 회상해 낼 수 있다. 이들의 의식 역시 기본적인 기능 면에서는 보통 양호한 편이다.

대뇌 피질로 시선을 돌리면 풍경은 사뭇 달라진다. 대뇌 피질의 여러 영역이 우리가 마음으로 간주하고 다루는, 바로 그 이미지들을 만드는 데 관여한다는 사실은 더 이상 논란의 여지가 없다. 또한 이미지를 직접 생성하지 않는 피질 부위들조차도 그 이미지를 기억하거나 추론하고, 의사 결정을 내리거나 행동으로 옮기는 과정에서 적극적으로 관여하는 경향을 보인다. 시각, 청각, 체감각, 미각, 후각 등 초기 감각피질은 마치 대뇌 피질이라는 바다에 흩어진 섬들처럼 자리 잡고 있는데, 이들 각각이 틀림없이 이미지를 만들어 낸다. 이런 감각피질의 섬들은 작업 시 두 종류의 시상핵의 지원을 받는다. 하나는 외부 세계로부터의 신호를 받아들이는 중계핵이고, 다른 하나는 대뇌 피질의 넓은 영역과 양방향으로 신호를 주고받는 연합핵이다.

이런 주장에 힘을 실어 주는 연구 결과들이 이미 많이 확보되어 있다. 각각의 감각피질이라는 섬에 병변이 생기면, 해당 특정 영역의 지도화 기능이 대폭 제한된다는 사실이 다수의 임상 연구를 통해 검증되었다. 예컨대 초기 시각 피질에 양측 손상을 입은 환자는 '피질성 맹인'이 된다. 이런 경우 환자는 지각뿐 아니라 회상에서도 더 이상 상세한 시각적 이미지를 형성할 수 없다. 이들 중 일부 환자에게는 잔여 시각 능력, 이른바 맹시가 남기도 한다. 다시 말해 비의식적 단서로 일부 시각적 안내를 받아 몇 가지 행동이 가능하다. 이와 비슷한 상황이 다른 감각피질에 막대한 손상을 입은 경우에도 적용된다. 대뇌 피질의 나머지 부분, 즉 섬들을 둘러싼 '바다'는 이미지 자체를 만들어 내는 데 핵심적이지는 않지만, 이미지의 구성과 처리 과정에는 분명히 관여한다. 보다 구체적으로 말하자면 초기 감각피질에서 생성된 이미지를 기록하고, 회상을 조작하는 과정에 개입한다는 것이다. 해당 내용은 6장에서 더 자세히 다룰 예정이다.[8]

하지만 전통적인 관점이나 일반적인 통념과 달리, 나는 마음이 오직 대뇌 피질에서만 형성된다고 가정하지 않는다. 마음의 첫 징후는 뇌간에서 시작된다. 마음의 작동이 뇌간층에서 시작된다는

---

8   관련된 신경심리학 문헌에 대한 총설은 다음 참조. H. Damasio and A. Damasio, *Lesion Analysis in Neuropsychology*, New York: Oxford University Press, 1989; Kenneth M. Heilman and Edward Valenstein, eds., *Clinical Neuropsychology*, 4th ed., Oxford: Oxford University Press, 2003; H. Damasio and A. R. Damasio, "The Neural Basis for Memory, Language and Behavioral Guidance: Advances with the Lesion Method in Humans", *Seminars in the Neurosciences* 2, 1990, pp. 277~296; A. Damasio, D. Tranel, and M. Rizzo, "Disorders of Complex Visual Processing", *Principles of Behavioral and Cognitive Neurology*, ed. M. M. Mesulam, New York: Oxford University Press, 2000.

이 아이디어는 너무 파격적이어서 아직 세간의 주목조차 받지 못하고 있는 실정이다. 이 착상을 적극적으로 옹호한 연구자 중에는 야크 판크셉이 특히 눈에 띈다. 초기 느낌이 뇌간에서 시작된다는 그의 아이디어는 나의 견해와 일맥상통한다.9 뇌간에 있는 고립로핵과 부완핵 두 핵은 우리가 살아가면서 느끼는 고통과 쾌락으로 표현되는 마음의 기본적인 양상을 만든다. 이들이 제작하는 지도는 대체로 공간적인 세부 사항이 거의 없는 단순한 구조일 수 있지만, 그 자체만으로도 느낌을 유발할 수 있다. 이런 느낌은 십중팔구 인체 본연에서 직접 올라오는 신호를 기반으로 한 마음의 가장 원초적인 구성 요소일 가능성이 크다. 무엇보다 흥미로운 점은 이 느낌이 자아의 원시적이고도 필수적인 부분이라는 사실이다. 이것이야 말로 마음이 처음으로, 그리고 가장 확실하게 내 유기체는 살아 있다는 운revelation을 띄우는 순간이다. 이런 느낌은 일종의 이미지로도 볼 수 있지만, 신체와의 밀접한 관계 때문에 그것만의 독특한 위상을 갖는다(4장 참조).

느낌은 저절로 느껴지는 이미지이다. 그리고 우리가 '느낌'이라고 부르는 특정 이미지를 동반하기 때문에 그 밖의 모든 이미지 역시 '느껴진다'고 말할 수 있다.

이처럼 중요한 뇌간핵은 비단 가상의 신체 지도를 만드는 데 그치지 않는다. 실제로 실감 나는 신체 상태를 만든다. 고통과 쾌락

9　마음, 심지어 의식조차도 뇌간에서 기원한다고 주장하는 연구자 중에는 비욘 메르커도 빼놓을 수 없다. Bjorn Merker, "Consciousness Without a Cerebral Cortex", *Behavioral and Brain Sciences* 30, 2007, pp. 63~81.

이 어떤 것이라고 실감할 수 있다면, 우선 감사해야 할 것은 바로 이런 뇌간핵 구조들과 더불어 쉴 새 없이 신체로 되돌아가게 하는, 바로 수도관주위 회색질핵periaqueductal gray nuclei 같은 운동 구조이다.

지도(이미지)의 유형	원천이 되는 대상
I. 유기체의 내부 구조 및 상태 (내부감각 지도)	평활근의 수축/이완 정도 등 신체조직의 기능적 상태, 내부 환경의 다양한 매개변수
II. 유기체의 다른 측면에 대한 지도 (고유감각 지도)	관절, 횡문근, 일부 내장기관 등 신체 특정 부위에 대한 이미지
III. 유기체의 외부 세계에 대한 지도 (외부감각 지도)	망막, 달팽이관, 피부기계수용체mechanoreceptor 등 감각 수용기를 자극하는 외부의 모든 대상과 사건

그림 3.1 지도(이미지)의 유형과 지도의 원천이 되는 대상들. 이런 지도들이 경험되는 순간, 지도는 곧 이미지가 된다. 정상적인 마음은 위에서 설명한 세 가지 유형의 이미지들을 모두 내포한다. 유기체의 내부 상태를 나타내는 이미지는 **원초적 느낌**을 구성한다. 유기체의 다른 측면을 나타내는 이미지는 내부 상태에 대한 이미지와 결합해 특정 **신체 느낌**을 생성한다. 감정의 느낌이란 특정 대상에 의해 촉발되고 지향되는 복합적인 신체 느낌의 변형이다. 외부 세계에 대한 이미지는 일반적으로 제II유형과 제III유형의 다양한 이미지들이 **수반된다**.

마음의 시작

마음의 기원을 밝히기 위해서는 적어도 세 가지 출처에서 증거를 찾아야 제대로 논의할 수 있다. 첫 번째는 섬피질이 손상된 환자에게서, 두 번째는 대뇌 피질 없이 태어난 신생아의 사례에서, 마지막으로는 뇌간의 전반적인 기능, 특히 상구의 기능에서 관련 근거를 확인할 수 있다.

섬피질 손상 후에도 경험하는 통감과 쾌감

감정에 관한 장(5장)에서 섬피질이 다양한 느낌을 처리하는 데 명백하게 관여한다는 것을 확인하게 될 것이다. 감정 후에 따라오는 느낌부터 쾌락이나 고통을 나타내는 신체적 느낌까지, 우리가 경험하는 느낌은 실로 광범위한 범주에 걸쳐 있다. 하지만 안타깝게도 섬피질과 느낌의 연관성을 지지하는 여러 증거를 살피면, 모든 느낌이 오직 대뇌 피질 수준에서만 생기는 것처럼 보인다. 그래서 섬피질은 초기 시각이나 청각 피질과 피상적으로 동일한 역할을 하는 것으로 간주되곤 한다. 그런데 시각과 청각 피질이 망가져도 시각과 청각 기능 자체가 완전히 사라지지 않는 것처럼, 좌우 대뇌 반구의 섬피질이 앞에서 뒤까지 완전히 손상되어도 느낌 자체가 완전히 없어지지는 않는다. 실제로 단순 포진성 뇌염으로 양쪽 섬피질이 손상된 환자들도 고통과 쾌락의 느낌은 여전히 남아 있다. 나와 공동 연구자인 한나 다마지오 및 다니엘 트라넬은 이런 환자군이 다양한 자극에 대해 쾌/불쾌 반응을 일관되게 표현하고, 계속해서 감정을 느끼며, 이를 명확하게 보고할 수 있다는 사실을 여러 번 관찰했다. 이들은 극심한 온도 변화에 불쾌감을 호소하고, 지루한 작업에 불만을 토로하는가 하면, 자신의 요구가 거부당할 때는 짜증을 낸다. 이런 반응은 감정적 느낌을 바탕으로 한 사회적 반응성까지도 여전히 건재함을 보여 준다. 심지어 일종의 헤르페스 증후군herpetic syndrome으로 인해 측두엽 전방이 일부 손상되어 자서전적 기억이 심하게 훼손된 탓에, 환자들은 사랑하는 사람들과 친구들을 알아보지 못하는 지경에서도 지인들에게 애착을 보였다. 더 나아가 실험 자극을 통해 이들 환자의 느낌이 어떻게 변하는지 유도하고, 그 변화를 객관적으로 검증하는 것도 가능하다.[10]

양쪽 섬피질이 모두 사라진 상황에서 고통과 쾌락의 느낌이 앞서 언급한 두 뇌간핵(고립로핵과 부완핵)에서 비롯된다는 가설은 일리가 있다. 이 두 핵은 신체 내부에서 오는 신호를 수용하기에 적합한 구조를 갖추고 있기 때문으로 풀이된다. 정상인의 경우 뇌간핵에서 받은 신호가 시상의 전담 핵을 거쳐 섬피질로 전달된다(4장 참조). 간단히 말해 뇌간의 핵들이 느낌의 가장 기초적인 형태를 만든다면, 섬피질은 이 느낌을 보다 세분화해서 전달하고, 무엇보다도 그 느낌을 다른 인지적 요소들과 연결해 주는 역할을 한다.[11]

10 Antonio R. Damasio, Paul J. Eslinger, Hanna Damasio, Gary W. Van Hoesen, and Steven Cornell, "Multimodal Amnesic Syndrome Following Bilateral Temporal and Basal Forebrain Damage", *Archives of Neurology* 42, no. 3, 1985, pp. 252~259; Justin S. Feinstein, David Rudrauf, Sahib S. Khlasa, Martin D. Cassell, Joel Bruss, Thomas J. Grabowski, and Daniel Tranel, "Bilateral Limbic System Destruction in Man", *Journal of Clinical and Experimental Neuropsychology*, September 17, 2009, pp. 1~19.
11 섬피질이 없더라도 다른 체감각피질(일차, 이차 체감각피질)이나 전대상피질이 느낌의 원천이 되거나 섬피질의 역할을 대신할 수 있다는 반론도 가능하다. 전대상피질 부위도 자기공명영상을 이용한 감정-느낌 연구에서 강하게 활성화되고 있기 때문이다. 하지만 이런 주장에는 몇 가지 문제가 있다. 먼저 전대상피질은 본질적으로 운동 구조이기에 감정 반응을 감지하기보다는 오히려 감정 반응을 일으키는 데 더 깊이 관여한다. 둘째, 내장기관에서 오는 정보는 먼저 섬피질에 전달된 뒤 SI와 SII에 분배된다. 섬피질이 광범위하게 손상되면 이런 과정이 제대로 이

이런 가설을 뒷받침하는 정황 증거는 매우 설득력이 있다. 고립로핵과 부완핵은 신체의 내부 환경 상태를 묘사하는 신호를 전부 수신한다. 그 어떤 신호도 이들을 비껴갈 수 없다. 이 두 핵은 척수와 삼차신경핵trigeminal nucleus에서 유입되는 신호는 물론, 혈액뇌장벽blood-brain barrier이 없어 신경세포가 혈류를 타고 이동하는 물질에 직접 반응할 수 있는 맨아래구역area postrema 같은 '노출된' 구조에서 오는 신호까지 함께 받아들인다. 이렇게 모인 신호들은 내부 환경과 내장 상태에 대한 종합적인 이미지를 만들어 내고, 이 이미지들이 바로 우리 느낌의 핵심 기제가 된다. 더불어 이 핵들은 서로 밀접하게 연결되어 있을 뿐 아니라 그 주변의 수도관주위 회색질과도 긴밀하게 소통한다.

수도관주위 회색질은 여러 작은 부분으로 구성된 복합적인 신경핵 집합체로, 방어와 공격, 통증 대처 등 다양한 감정 반응이 시작되는 곳이다. 웃음과 울음, 혐오나 두려움의 표출, 심지어 공포 상황에서 얼어붙거나 도망치는 반응까지 모두 수도관주위 회색질에서 기인한다. 이런 핵들 사이의 상호 연결은 복잡한 표상을 생성하기에 아주 적합하다. 이 영역들의 기본 배선 구조는 이미지를 만들어

루어지지 않는다. 셋째, 정상적인 개인의 신체나 감정적 느낌의 자기공명영상 연구를 보면, 섬피질에서 체계적이고 풍부한 활성화가 드러나지만, SI와 SII의 활성화는 드물게 나타난다. 이런 결과는 SI와 SII가 내부 지각(내장기관과 내부 환경의 지도화)보다 외부 지각과 고유감각(촉감, 압력, 골격 운동의 지도화)에 더 특화되어 있다는 사실과 부합한다. 실제로 내장기관에서 기원한 고통은 SI에 잘 지도화되지 않는 경향이 있다. 다음 참조. M. C. Bushnell, G. H. Duncan, R. K. Hofbauer, B. Ha, J. I. Chen, and B. Carrier, "Pain Perception: Is There a Role for Primary Somatosensory Cortex?", *Proceedings of the National Academy of Sciences* 96, 1999, pp. 7705~7709.

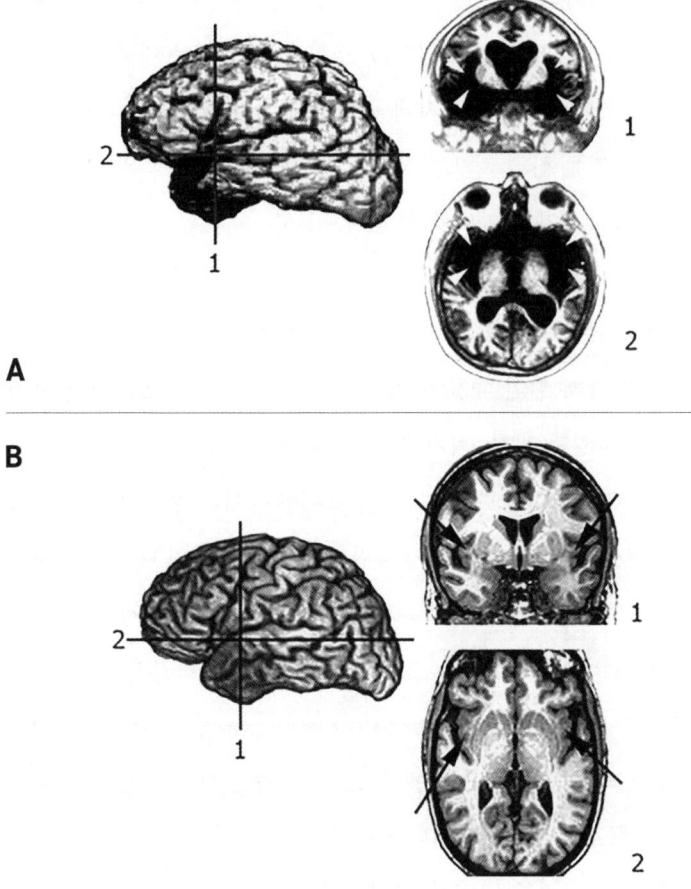

그림 3.2 A 패널은 좌우 양쪽 반구의 섬피질이 완전히 파괴된 환자의 자기공명영상을 보여 준다. 왼쪽에는 환자의 뇌를 삼차원으로 재구성한 이미지가 보인다. 오른쪽에는 왼쪽의 삼차원 이미지에 표시된 수직 및 수평 방향의 검은 선을 따라 절단된 뇌의 두 단면도(1과 2로 표시됨)가 제시되어 있다. 검은색으로 표시된 영역은 질병에 의해 파괴된 뇌조직에 해당하고, 흰색 화살표는 섬피질이 있어야 할 위치를 가리킨다. B 패널은 정상 뇌를 삼차원으로 보여 주며, 같은 높이에서 찍은 두 개의 단면도를 보여 준다. 검은 화살표는 정상 섬피질을 가리킨다.

내기에 최적화되어 있고, 이들 핵이 만들어 내는 이 이미지의 정체가 바로 우리가 말하는 느낌이다. 또한 이런 느낌은 마음이 형성되는 초기 단계이자 생명 유지에 필요 불가결한 요소이기 때문에, 이를 실현시키는 신경 기제는 생물학적으로도(진화론적 의미에서) 매우 합리적인 설계라 아니할 수 없다.[12]

대뇌 피질이 손상된 아이들의 아리송한 상황

여러 가지 원인 때문에 어떤 아이들은 뇌간 구조는 멀쩡하지만, 대뇌 피질과 시상, 기저핵 등 종뇌 구조 telencephalic structures가 거의 없는 채로 태어날 수 있다. 이런 불행한 상황은 주로 임신부의 자궁 내에서 태아에게 발생한 심각한 뇌졸중이 원인일 때가 다반사이다. 이로 인해 대뇌 피질의 일부 혹은 대부분이 손상되거나 몸에 재흡수된 나머지 두개강 skull cavity이 뇌척수액으로 채워지게 된다. 이 상태를 무뇌수두증 hydranencephaly이라 부르는데, 발달장애인 무뇌증 anencephaly과는 구별된다. 일반적으로 무뇌증은 대뇌 피질뿐 아니라 다른 뇌 구조까지 망가뜨린다.[13] 반면 무뇌수두증 아이들은 수십 년, 때로는 청소년기를 넘어서까지도 생존할 수 있다. 가끔은 '식물인간'으로 오해받아 대개 전문 시설에 맡겨진다.

하지만 이 아이들은 결코 식물인간 상태가 아니다. 오히려 깨

---

12 J. Parvizi and A. R. Damasio, "Consciousness and the Brainstem", *Cognition* 79, 2001, pp. 135~160.
13 Alan D. Shewmon, Gregory L. Holmes, and Paul A. Byrne, "Consciousness in Congenitally Decorticate Children: Developmental Vegetative State as a Self-fulfilling Prophecy", *Developmental Medicine and Child Neurology* 41, 1999, pp. 364~374.

어 있고 활동을 한다. 비록 제한적이지만, 결코 무시할 수 없는 수준으로 보호자와 소통하고 세상과 상호작용할 수 있다. 이들은 전형적인 식물인간 상태나 무운동 함구증akinetic mutism 환자들과는 전혀 다르며, 분명히 마음을 갖고 있다. 이들의 불운은 대뇌 피질 없이도 여전히 형성될 수 있는 다양한 마음의 형태를 탐구할 수 있는 보기 드문 기회의 창을 열어 준다.

이런 희귀 질환을 가진 아이들은 어떤 모습일까? 아이들은 척추 근긴장도 저하와 팔다리 경직으로 움직임은 무척 제한적이지만, 머리와 눈을 자유롭게 움직이고 얼굴에 감정을 내비칠 수 있다. 보통의 아이라면 반길 법한 장난감과 특정 소리에 반응하며 웃을 수 있고, 간지럼을 태우면 깔깔대며 일상적인 기쁨을 표현할 수도 있다. 고통스러운 자극에는 인상을 찡그리거나 움츠리고, 원하는 대상이나 상황을 쫓아 몸을 움직일 수 있다. 예컨대 아이는 햇살이 드는 바닥 한쪽으로 기어가 햇빛을 쬐며 그 온기에서 편안해할 것이 분명하다. 그럴 때 아이는 기쁜 표정을 짓는데, 이는 주어진 자극에 적절하게 반응한 뒤 나타날 것으로 예상되는 그런 종류의 감정이 고스란히 외적으로 표출된 것이다.

이런 아이들은 반응에 일관성이 없다고들 하지만, 고개나 눈길을 돌려 말을 걸거나 접촉하는 사람에게 선호를 드러낸다. 모르는 사람에게는 쉽게 겁을 먹지만, 익숙한 양육자나 보호자 곁에서는 마냥 행복해 보인다. 호불호가 뚜렷하고, 특히 음악에서 그러한 경향성이 도드라진다. 아이들은 특정 음악을 다른 음악보다 더 좋아하고, 색다른 악기 소리와 사람의 목소리에도 각각 다르게 반응할 수 있다. 또한 특정 템포와 작곡 스타일에도 반응할 수 있다. 아이들의 얼굴은 그들의 감정 상태를 적나라하게 반영한다. 간단히 말해 이 아이들은 만지거나 간지럼을 태울 때, 좋아하는 음악이 연주될 때, 혹은 좋아하는 장난감을 눈앞에 보여 줄 때 가장 신나 한다. 이 아이들이 얼마나 잘 듣고 보는지 우리는 알 길이 없지만, 틀림없이 듣고 보고 있다는 사실만큼은 부정할 수 없다. 이들의 청각은 시각보다 월등한 것으로 추정된다.

모름지기 이들의 시청각 정보 처리는 전적으로 피질 아래에서 이루어지며, 십중팔구 손상되지 않은 소구가 그 주역으로 지목된다. 아이들이 느끼는 것이 무엇이든 피질하의 온전한 고립로핵과 부완핵에서 처리되는데, 그 이유는 섬피질이나 일차, 이차 체감각피질처럼 이런 감각 처리에 도움을 주는 구조가 이 아이들에게는 없기 때문이다. 아이들이 표현하는 감정은 수도관주위 회색질핵에서 촉발되어야 하고, 감정이 얼굴 표정으로 표현될 때는 뇌신경핵 cranial nerve에서 실행되어야 한다(이들 핵 역시 손상되지 않는다). 생명 유지 기능은 뇌간 위에 위치한 온전한 시상하부가 내분비계와 미주신경망의 도움을 받아 지탱한다. 실제로 무뇌수두증 여아는 사춘기에 월경이 시작되기도 한다.

이런 아이들이 일정 수준의 마음의 작동을 보여 준다는 데는 별다른 이견이 없다. 마찬가지로 기쁨의 표현이 몇 초, 때로는 몇 분 동안 지속되고, 그 원인이 되는 자극과 일치한다면, 그것을 감정 상태라고 일컫는 데 주저할 이유가 없다. 나로서는 비록 아이들이 그럴싸한 말로 기쁨을 표출하지 못한다 해도 그들이 드러내는 기쁨은 실제로 느껴지는 기쁨이라고 믿고 싶다. 그렇다면 이 아이들은 이미 의식으로 향하는 첫 번째 디딤돌, 즉 유기체의 통합된 표상(원자아)과 결부된 느낌을 경험하고 있는 셈이다. 이 느낌은 상호작용하는 대상에 따라 종종 달라질 수 있으며, 그 자체로 하나의 기본적인 경험을 구성하고 있음을 시사한다.

이런 아이들이 극히 제한적이나마 의식 있는 마음을 가질 가능성은 한 재치 있는 발견을 통해 뒷받침된다. 이 아이들이 소발작을 겪을 때, 보호자는 곧바로 낌새를 쉽게 감지할 수 있다. 더욱이 발작이 끝났음을 알아차리고 "아이가 다시 돌아왔어요"라고 보고한다. 발작은 평소 아이가 보이던 최소한의 의식마저 잠시 멈추게 만드는 듯하다.

무뇌수두증 환자는 그야말로 문제적 존재이다. 그 존재 자체가 인간의 뇌간 구조와 대뇌 피질의 한계를 다시금 직시하게 해 주기 때문이다. 이 질환은 지각, 느낌, 감정이 오직 피질에서만 만들어진다는 주장을 일축하게 한다. 실제로 그런 일은 있을 수 없다. 물론 이런 사례에서 지각, 느낌, 감정의 폭은 어느 정도 정해져 있고, 무엇보다도 오직 대뇌 피질만이 제공하는 드넓은 마음의 세계는 이들에게 닫혀 있다. 하지만 오랜 기간 뇌 손상이 인간의 마음과 행동에 미치는 영향을 연구해 온 나의 경험에 비춰볼 때, 이 아이들은 식물인간 상태의 환자들과는 별다른 공통점이 없다고 할 수 있다. 식물인간 상태는 외부 세계와의 상호작용이 거의 없는 상태로, 주로 뇌간 부위의 손상에서 비롯된다. 반면 무뇌수두증 환자들의 경우 바로 그 뇌간 부위만큼은 온전히 보존되어 있다는 점이 다르다. 어쨌든 운동장애를 제외하면 무뇌수두증 아이들과 신생아 사이에는 일정 정도 유사점이 있다. 신생아의 경우 분명 마음이 작동하고는 있겠지만, 핵심자아는 갓 형성되기 시작하는 단계에 불과하다. 이 점은 무뇌수두증이 생후 몇 달이 지나서야 처음 진단되는 사례가 많다는 점과도 부합한다. 이 시기에 부모는 아이의 발달 지연을 인지하게 되고, 뇌 영상 검사를 통해 대뇌 피질의 중대한 결함을 확인하게 된다. 두 상황 간의 막연한 유사성 너머에 어떤 요인이 얽혀 있는지 이해하기는 그리 어렵지 않다. 정상적인 신생아의 대뇌 피질은 수초화myelinated가 완전히 이루어지지 않아 앞으로도 지속적인 발달이 필요하다. 이들의 뇌간이 이미 기능적으로 성숙한 것과 대조적으로, 대뇌 피질은 아직 부분적인 기능만을 수행하는 발달 초기에 머물러 있는 것이다.

상구에 대한 개요

상구는 중뇌피개中腦被蓋, tectum의 일부로서 수도관주위 회색질과 아주 밀접하게 연결되어 있다. 또한 간접적으로는 고립로핵, 부완핵과도 이어져 있다. 상구가 시각 관련 행동에 깊이 관여한다는 증거는 차고 넘친다. 하지만 마음과 자아 형성의 과정에서 상구가 어떤 역할을 하는지에 대해서는 좀처럼 연구되는 일이 드물었다. 다만 예외적으로 버나드 스트렐러, 야크 판크셉, 비욘 메르커 등 몇몇 연구자들이 이런 가능성을 염두에 두고 선구적으로 탐구해 왔을 뿐이다.14 상구의 해부학적 층상 구조는 그 자체로도 매우 흥미로운데다, 기능적 함의 또한 심도 있는 고찰을 요한다. 상구는 일곱 개의 층으로 구성되어 있는데, 첫 번째부터 세 번째 층까지는 '표층', 네 번째부터 일곱 번째 층까지는 '심층'으로 분류된다. 표층에 들어오고 나가는 모든 연결은 시각과 관련되어 있다. 특히 주요 표층인 두 번째 층은 망막과 일차 시각 피질로부터 신호를 받는다. 이 표층은 반대쪽 시야의 망막 지도를 그대로 반영한다.15

상구의 심층은 시각 세계의 지도뿐 아니라 청각 및 체감각 정보의 지형적 지도까지 품고 있다. 이 중 체감각 정보는 시상하부 외에 척수에서도 몰려든다. 이렇게 시각, 청각, 체감각 정보를 각각 담고 있는 세 가지 지도가 공간적으로 일치한다. 다시 말해 이 세 가지 지도가 한 공간에 층층이 겹쳐져 있어 시각 지도의 특정 지점에서 얻은 정보는 청각과 신체 상태와 관련된 지도에서도 정확히 같은

---

14 Bernard M. Strehler, "Where Is the Self? A Neuroanatomical Theory of Consciousness", *Synapse* 7, 1991, pp. 44~91; J. Panksepp, *Affective Neuroscience: The Foundation of Human and Animal Emotions*, New York: Oxford University Press, 1998. 또한 다음 참조. Merker, "Consciousness without a Cerebral Cortex", *Behavioral and Brain Science*.

15 망막의 지도화된 배열은 보존되는데, 좌측 소구의 활동은 우측 시야와 연결되고 그 반대의 경우도 마찬가지이다. 상구의 표층에 있는 신경세포는 정지된 자극보다 움직이는 자극에, 빠르게 움직이는 자극보다 천천히 움직이는 자극에 반응하는 것을 선호한다. 또한 특정 방향으로 시야를 가로질러 움직이는 자극을 선호한다. 상구가 제공하는 시각은 움직이는 목표물의 감지와 추적을 용이하게 한다. 표층과 달리 소구의 심층부는 시각, 청각, 체감각, 움직임과 관련된 다양한 구조와 연결된다. 시각 입력은 반대편 망막으로부터 직접 이러한 층으로 도달한다. 청각 입력은 하구에서 전달된다. 체감각 입력은 척수, 삼차신경핵, 미주신경핵, 맨아래구역, 시상하부에서 유입된다. 근육계와 관련된 다양한 체감각 정보인 고유감각 정보는 척수에서 소뇌를 경유해 상구에 도달한다. 전정 정보는 실정핵(室頂核, fastigial nucleus)을 통한 투사를 통해 전달된다.

위치에 해당한다.¹⁶ 이처럼 시각, 청각, 신체 상태의 다양한 감각 정보가 겹겹이 쌓여 있는 구조는 뇌 전체를 통틀어 상구 외에는 없다. 이런 감각 통합 구조는 결과적으로 운동계로 신속하게 정보를 전달할 수 있다는 점에서 큰 의미가 있다(인접한 수도관주위 회색질과 대뇌 피질을 경유해서).

얼마 전 테라스에서 귀여운 도마뱀 한 마리가 낮게 윙윙거리며 날아다니는 눈치 없는 파리 한 마리를 잡으려고 정신없이 뛰어다니고 있었다. 도마뱀은 파리를 완벽하게 뒤쫓았다가, 마침내 정확한 타이밍에 쏜살같이 혀를 내밀어 파리를 낚아챘다. 이때 상구의 신경세포들은 파리의 순간적인 위치를 추적하고, 도마뱀의 근육 움직임을 조절해 먹잇감이 사정권 안으로 들어오자마자 혀를 내밀게끔 했다. 도마뱀은 이런 시각 운동 반응 덕분에 환경 변화에 놀라우리만치 완벽하게 적응한다. 그렇다면 이번에는 도마뱀의 상구에서 빠르고 순차적으로 발화하는 신경세포들을 상상해 보라. 그리고 잠깐 멈춰서 궁금증을 풀어 보자. 도마뱀은 무엇을 보았을까? 확실한 건

---

16 상구와 하구의 대비는 시사하는 바가 크다. 하구 역시 층상 구조를 가지고 있지만, 그 역할은 전적으로 청각 처리에 집중되어 있다. 하구는 청각 신호가 대뇌 피질로 전달되는 과정에서 반드시 거쳐야 하는 핵심 경유지이다. 반면 상구는 표층에서는 시각 정보를, 심층에서는 운동 조정과 관련된 정보를 처리하는 복합적인 기능을 수행한다. 다음 참조. Paul J. May, "The Mammalian Superior Colliculus: Laminar Structure and Connections", *Progress in Brain Research* 151, 2006, pp. 321~378; Barry E. Stein, "Development of the Superior Colliculus", *Annual Review of Neuroscience* 7, 1984, pp. 95~125; Eliana M. Klier, Hongying Wang, and Douglas J. Crawford, "The Superior Colliculus Encodes Gaze Commands in Retinal Coordinates", *Nature Neuroscience* 4, no. 6, 2001, pp. 627~632; Michael F. Huerta and John K. Harting, "Connectional Organization of the Superior Colliculus", *Trends in Neurosciences*, August 1984, pp. 286~289.

없지만, 아마도 도마뱀의 시야에는 흐릿하게 움직이는 검은 점이 갈지자로 이리저리 오가는 모습이 포착됐을 것이다. 도마뱀은 벌어지고 있는 일을 얼마나 알고 있었을까? 인간의 앎이라는 기준에서 본다면, 아마 거의 아무것도 모를 것이다. 고생해서 얻은 점심거리를 먹으면서 무엇을 느꼈을까? 아마도 도마뱀의 뇌간은 자신의 목적 지향적 행동이 성공적으로 끝났고, 항상성 상태가 개선됐다는 결과만을 기록했을 것이다. 귀여운 포식자가 가졌을 느낌의 기층은 분명 존재했겠지만, 도마뱀은 자신이 방금 보여 준 절묘한 기술에 대해 성찰할 수는 없었을 것이다. 초록이로 산다는 건 결코 쉬운 일이 아니다.17

이렇듯 상구의 강력한 신호 통합은 분명하고 즉각적인 목적을 충족한다. 바로 안구, 팔다리, 혀의 움직임을 조절하는 데 꼭 필요한 정보를 모으는 것이다. 이 목표는 상구에서 시작된 움직임이 효과적으로 실행되도록 뇌간, 척수, 시상, 대뇌 피질 등 다양한 뇌 영역을 촘촘하게 연결하는 풍부한 신경 회로를 통해 달성된다. 하지만 상구의 역할은 단순히 움직임만 제어하는 데 그치지 않는다. 이런 유용한 배열은 '내면적인', 곧 정신적인 결과까지 유발할 수 있다. 필시 상구의 통합되고 정렬된in-register 지도들은 역시 이미지를 생성할 가능성이 농후하다. 비록 양적인 면에서야 대뇌 피질이 만드는 이미지에 한참 못 미치지만, 그럼에도 이미지임에는 틀림없다. 마

---

17 [옮긴이] 「세서미 스트리트」(Sesame Street)와 「머펫 쇼」(The Muppet Show)의 유명한 초록색 개구리 커밋(Kermit)이 한 유명한 농담에서 유래되었다. 커밋의 소심하고 종종 당하는 성격을 반영해 자신의 정체성을 받아들이고 살아가는 것의 어려움을 토로한 표현이다.

음의 기원 일부가 어쩌면 여기 상구에서 시작될 수 있다. 자아의 출현 역시 이곳 상구에서 발견될 수 있을 것이다.[18]

그렇다면 인간의 상구는 어떨까? 인간의 경우 상구가 선택적으로 망가지는 일 자체가 워낙 희귀해서 신경학 문헌에도 양측 상구가 모두 손상된 사례는 단 한 건만 보고되어 있을 정도이다. 다행히도 신경과 전문의이자 신경과학자인 데릭 데니-브라운이 해당 연구를 주도했다.[19] 이 사례에서 상구 손상은 외상으로 초래된 것이었다. 환자는 몇 달간 심각한 의식 저하 상태로 생존했는데, 그 모습은 거의 무운동 함구증에 가까웠다. 이런 상태는 정신 활동 자체가 크게 손상되었음을 시사한다. 하지만 내가 직접 상구에 손상을 입은 환자를 만났을 때는, 단지 일시적인 의식 장애만 관찰되었을 뿐이었다.

시각 피질을 상실한 뒤에도 상구만으로 본다는 것은, 아마도 시야 한쪽에서 어떤 정체불명의 대상 X가 움직이고 있음을 감지하는 정도일 수 있다. 예컨대 그 대상이 내 쪽으로 다가오거나 멀어지는 정도는 알아차릴 수 있지만, 그 정체가 무엇인지 설명할 수 없고, 심지어 그 경험 자체를 뚜렷하게 의식하지 못할 수도 있다. 여기에서 논하는 것은 세계에 대한 막연한 정보를 수집하는, 아주 흐릿하

---

18 Bernard M. Strehler, "Where Is the Self? A Neuroanatomical Theory of Consciousness", *Synapse* 7, 1991, pp. 44~91; Merker, "Consciousness without a Cerebral Cortex", *Behavioral and Brain Science*.

19 D. Denny Brown, "The Midbrain and Motor Integration", *Proceedings of the Royal Society of Medicine* 55, 1962, pp. 527~538.

고 불완전한 마음이다. 이처럼 시각 피질이 없으면 이미지는 희미하고 대략적인 정보에 머물 수밖에 없다. 하지만 앞서 설명한 무뇌수두증 환자들처럼 태어날 때부터 시각 피질이 없는 경우라면, 상구와 하구 모두 마음 과정에 훨씬 더 실질적으로 기여할 수 있다.

게다가 상구를 마음 형성에 기여하는 뇌 구조의 반열로 격상시켜 줄 수 있는 증거가 하나 더 남아 있다. 상구는 감마 대역에서 전기적 진동을 일으키는데, 이런 현상은 신경세포의 동기화된 활성화와 관련되어 있다. 이런 동기화는 신경생리학자 울프 싱어에 의해 일관된 지각의 상관물이자 심지어 의식의 상관물일 가능성까지 제안된 바 있다. 지금까지의 연구 결과를 토대로 대뇌 피질을 제외한다면, 상구는 감마 대역에서 진동을 보이는 유일한 뇌 부위이다.[20]

---

20 Michael Brecht, Wolf Singer, and Andreas K. Engel, "Patterns of Synchronization in the Superior Colliculus of Anesthetized Cats", *Journal of Neuroscience* 19, no. 9, 1999, pp. 3567~3579; Michael Brecht, Rainer Goebel, Wolf Singer, and Andreas K. Engel, "Synchronization of Visual Responses in the Superior Colliculus of Awake Cats", *NeuroReport* 12, no. 1, 2001, pp. 43~47; Michael Brecht, Wolf Singer, and Andreas K. Engel, "Correlation Analysis of Corticotectal Interactions in the Cat Visual System", *Journal of Neurophysiology* 79, 1998, pp. 2394~2407.

마음 만들기에 한 걸음 더 가까워지고 있는가?

지금까지의 논의를 종합해 보면, 마음의 형성은 지극히 선별적인 활동 과정이라는 그림이 그려진다. 중추신경계 전체가 이 과정에 일률적으로 참여하는 것이 아니라 어떤 영역은 전혀 관여하지 않고, 어떤 영역은 보조적 역할에 머무르는가 하면, 또 다른 영역들은 주역으로 활약한다. 그중에서도 깊이 관여하는 부위들은 각기 다른 방식으로 마음의 구성에 기여한다. 예컨대 일부 영역은 상세한 이미지를, 다른 일부는 느낌처럼 단순하지만 기초적인 이미지를 제공한다. 이렇게 마음 형성에 관여하는 모든 뇌 영역은 고도로 분화된 상호 연결 패턴을 갖추고 있으며, 이는 곧 신호 통합 과정이 극도로 정교하다는 사실을 뒷받침한다.

마음 형성에 주력하는 영역과 그렇지 않은 영역을 비교하는 것만으로는, 신경세포가 어떤 종류의 신호를 생성하는지, 신경세포의 발화율과 강도 혹은 신경세포 집단 간의 연합 패턴 등은 어떠한지 같은 구체적인 정보를 규명할 수는 없다. 그럼에도 이런 비교는 마음이 형성되는 과정에서 신경세포가 필요로 하는 배선도의 특정 측면을 암시한다. 예컨대 대뇌 피질에서 마음 형성에 관여하는 부위는 말초 감각 수용기에서 오는 입력의 진입구를 중심으로 상호 연결되어 모여 있다. 피질하에서 마음 형성에 관여하는 부위들 역시 강하게 상호 연결된 핵들이 모여 있는데, 이들 또한 다른 '주변부'인 인체 자체에서 오는 입력을 중심으로 조직되어 있다.

나아가 대뇌 피질과 피질하핵 모두에 적용되는 공통된 요구 조건도 있다. 이를테면 광범위한 상호 연결이 그것이다. 이를 통해 마음을 형성하는 영역들 간의 재귀성recursiveness이 광범위하게 확산되고, 신호 간에 복잡한 교차 작용이 일어날 수 있다. 대뇌 피질에 한해서 이런 특성은 피질-시상 교차cortico thalamic interlocking에 의해 증폭된다(재입력과 재귀성이라는 용어는 신호가 단순히 하나의 사슬을 따라 앞으로만 일방향으로 전달되는 대신, 해당 사슬이 시작되는 신경세포 집단으로 되돌아가는 순환 과정looping을 뜻한다). 또한 대뇌 피질의 마음 형성 영역은 피질 아래의 뇌간과 시상하부의 다양한 핵으로부터 수많은 신호를 입력받으며, 신경조절물질(가령 카테콜아민)과 신경전달물질(가령 글루타메이트)을 통해 대뇌 피질 활동을 조절한다.

마지막으로 여러 감각 자극들이 말초 감각 수용기에 동시에 도달할 때, 그 자극의 요소들이 뇌에서 처리되는 동안에도 계속 연결되기 위해서는 신호 전달의 타이밍이 정확히 맞아야 한다. 마음 상태가 형성되려면, 신경세포들의 미세 회로가 아주 특수한 방식으로 작동해야 한다. 예컨대 어떤 특성을 표시하는 미세 회로에서는 신경세포들의 발화율이 증가한다. 또한 여러 감각 특성의 조합을 함께 나타내기 위해 협력하는 신경세포 집단은 발화율을 서로 동기화synchronization해야 한다. 이런 현상은 울프 싱어와 그의 동료들(더불어 에크혼)이 원숭이를 대상으로 한 연구에서 처음으로 입증되었는데, 시각 피질의 개별 영역이 동일한 대상을 처리할 때 40Hz 범위에서 동기화된 활성화를 보인다는 사실이 발견되었다.[21] 이런 동기화는

21 W. Singer, "Formation of Cortical Cell Assemblies", *Symposium on Quaiitative Biology* 55,

아마도 신경세포 활동의 진동을 통해 이루어질 것이다. 뇌가 지각 이미지를 형성할 때, 관련 영역의 신경세포들은 고주파 감마 대역에서 동기화된 진동을 보인다. 개별 영역이 시간에 따라 '결합'되는 비밀 뒤에는 이런 현상이 숨어 있을지도 모른다. 나는 이런 종류의 메커니즘을 수렴-발산 지대convergence-divergence zone(6장)와 자아 형성(8~10장)을 논의하기 위해 소환할 것이다.[22] 뇌는 다양한 위치에서 풍부한 지도를 제작할 뿐 아니라 이 지도들을 서로 연결해 통합된 조합체로 만들어야 한다. 시간성이 바로 그 연결의 열쇠일 수 있다.

요컨대 독립된 실체로서의 지도라는 개념은 편의상helpful 추상화에 지나지 않는다. 이런 추상화는 여러 영역을 관통하는 어마어마한 신경세포 간 상호 연결과 그것이 양산하는 엄청난 신호 복잡성을 감춘다. 우리가 경험하는 마음 상태는 단순히 특정 뇌 영역에서의 활동이 아니라 여러 영역에 걸쳐 일어나는 대규모 재귀적 신호 전달의 결과물이다. 그럼에도 6장에서 논의하듯, 가령 개별 얼굴이나 특정 음성 등 명시적 내용은 지도 조립에 특화된 뇌 영역 클러스터에서 조립되기 마련이다. 마음 형성 뒤에는 일정한 해부학적 특이성이 존재하며, 소용돌이치는 광역적인 신경 복잡성 속에서도 어느 정도의 미세한 기능적 분화가 존재한다.

마음의 신경학적 기반을 이해하기 위해 심혈을 쏟는 와중에도

1990, pp. 939~952; Lina's, *I of the Vortex*.

22 L. Melloni, C. Molina, M. Peña, D. Torres, W. Singer, and E. Rodríguez, "Synchronization of Neural Activity Across Cortical Areas Correlates with Conscious Perception", *Journal of Neuroscience* 27, no. 11, 2007, pp. 2858~2865.

지금까지의 논의가 긍정적 함의를 지니는지, 아니면 오히려 부정적인 전망을 내포하는지 물을 수 있다. 이에 대해 두 가지 상반된 관점이 있을 수 있다. 하나는 그토록 거대하고 시끌벅적한 생물학적 혼돈 속에서 명확하고 체계적인 패턴을 추출하기란 너무 어렵다며 다소 낙담하는 회의적 시각이다. 반면 다른 하나는 이런 복잡성을 전적으로 수용하되, 마음 상태처럼 풍부하고 유연하고 적응적인 현상이 나타나기 위해서는 뇌의 상태가 겉보기에는 혼란스러워 보일지라도 그것이 불가피하다는 대안적 시각이다. 나는 후자를 지지한다. 하나의 피질 영역의 독립적 지도만으로 바흐의 <피아노 파르티타>를 듣거나 베네치아의 대운하를 감상할 수 있다는 것은 얼토당토않다. 당연히 이를 즐기고 큰 그림에서 그 의미를 발견하는 것은 말할 것도 없다. 뇌에 관한 한 현상의 요지를 전달할 때만 적은 것이 더 나을 뿐, 그 외에는 항상 다다익선이다.

4장
마음속의 신체

마음의 주제

의식이 마음과 뇌 연구의 중심 의제로 대두되기 전까지는 이와 밀접한 관련이 있는 이른바 심신 문제가 학계의 논쟁을 장악했었다. 심신 문제는 데카르트와 스피노자에서 출발해 현재까지 철학자와 과학자들의 사유를 관통해 온 하나의 지적 계보를 이룬다. 3장에서 상술한 기능적 배열 구조를 떠올려 보면, 이 문제에 대한 내 입장이 보다 선명해질 것이다. 뇌의 지도 제작 능력이야말로 심신 문제를 풀어 가는 데 핵심적인 단서를 제공한다고 본다. 요컨대 인간처럼 복잡한 뇌는 저절로 인체 본연의 구조에 대한 명시적인 지도를 상당히 상세하게 그린다. 또한 우리 뇌는 신체의 각 구성 요소가 자연스럽게 취하는 기능적 상태들까지도 어김없이 지도화한다. 잘 알려져 있듯, 뇌의 지도는 정신적 이미지의 토대가 된다. 따라서 지도를 제작하는 뇌는 신체를 말 그대로 마음 과정의 내용으로 끌어들일 수 있는 능력을 갖게 된다.

하지만 이 신체에서 뇌body-to-brain로의 지도화에는 우리가 흔히 놓치기 쉬운 독특한 측면이 서려 있다. 지도화의 대상이 신체라 하더라도 신체는 지도화의 실체인 뇌와의 접촉을 결코 놓치지 않는다. 정상적인 상황에서는 신체와 뇌가 생사生死를 함께한다. 마찬가지로 지도화된 신체 이미지는 그 이미지가 유래한 바로 그 신체에 영구적으로 영향을 미치는 고유한 방식을 취한다. 이런 상황이 특이한 것은 신체 외부의 대상과 사건들을 지도화한 이미지에서는 이런 일이 일어나지 않는다는 점이다. 그 이미지들은 결코 실제 대상과 사건들에 직접적인 영향력을 행사할 수 없다. 이 사실을 인정하지 않는 한 어떤 의식 이론도 실패할 운명에 처할 것이 뻔하다.

신체-뇌 연결에 감춰진 논리는 이미 설명한 바 있다. 생명 유지는 신체 관리에 달려 있더라도 뇌가 존재함으로써, 다시 말해 신경 회로가 신체 관리를 보조함으로써 그 관리는 한층 더 정밀하고 효율적으로 이루어진다. 앞서 논의했듯, 신경세포는 생명에 관한 것이고, 신체의 다른 세포에서 행해지는 생명 관리와도 관련되는데, 이런 관계성에는 양방향 신호 전달이 필요하다. 신경세포가 화학적 메시지나 근육을 자극하는 방식으로 다른 신체 세포를 조절하지만, 신경세포가 제 임무를 완수하기 위해서는 신경세포가 자극해야 하는 바로 그 신체로부터 영감을 받아야 한다. 단순한 뇌에서는 신체가 피질하핵에 직접 신호를 보내 자극한다. 이 핵들은 '성향적 노하우'dispositional know-how로 가득 차 있다. 이는 상세한 지도의 표상이 불필요한 종류의 지식이다. 반면 복잡한 뇌에서는 대뇌 피질이 신체와 신체의 기능을 아주 또렷하게 지도화해서 뇌의 소유자들이, 예컨대 자신의 손발의 형태나 공간 속에서의 위치, 팔꿈치의 통증, 그리고 배가 아프다는 사실 등을 '이미지화'할 수 있게 한다. 신체를 마음속으로 불러들이는 것은 뇌의 본질적 관계성을 가장 완벽하게 구현한 것으로, 철학자 프란츠 브렌타노의 용어로 표현하면 신체에 대한 의도적 태도라 할 수 있다.[23] 브렌타노는 의도성을 정신 현상의 특징으로 규정하고, 물리적 현상은 의도적 태도와 관계성이 결여되어 있다고 믿었다. 하지만 이는 사실이 아니다. 2장에서 살펴본 바와 같이, 단일세포 역시 유사한 맥락에서 의도성과 관계성을 갖는 것으로 예상된다. 다시 말해 뇌 전체든 단일세포든 의도적으로 행동하지는 않지만, 그들의 신상身上은 마치 그럴 의도가 있어 보인다. 이런 현상은 정신 세계와 물리적 세계 사이의 직관적인 간극을 부정할 또 하나의 근거가 된다.[24]

신체에 대한vis-à-vis[25] 뇌의 관계성은 두 가지 현격한 결과를 낳

---

23 Franz Brentano, *Psychology from an Empirical Standpoint*, trans. Antos C. Rancurello, D. B. Terrel, and Linda L. McAllister, London: Routledge, 1995, pp. 88~89.
24 대니얼 데닛은 다음 책에서 줄곧 같은 논의를 펼치고 있다. Daniel Dennett, *The Intentional Stance*, Cambridge, Mass.: MIT Press, 1987. 최근에는 테쿰세 피치 역시 다음 책에서 동일한 주장을 펼치고 있다. Tecumseh Fitch, "Nano-intentionality: A Defense of Intrinsic Intentionality", *Biology and Philosophy* 23, no. 2, 2007, pp. 157~177.
25 [옮긴이] 프랑스어 'vis-à-vis'는 '얼굴을 맞대고' 또는 '직접 대면하여'라는 의미로 쓰인다. 프랑스어 발음은 [vi za vi, 비자비]에 가깝다.

는다. 이들 역시 심신 문제와 의식의 난제를 풀기 위해 없어서는 안 된다. 첫째, 신체에 대한 광범위하고 철저한 지도화가 이루어진다. 이 지도화에는 근골격계, 내부 장기, 내부 환경 등 우리가 흔히 인체 본연으로 여기는 부분은 물론이고, 신체의 전략적 요충지라 할 만한 특정 부위의 특별한 감각기관들, 예컨대 후각과 미각 점막, 피부의 촉각 수용체, 귀, 눈 등까지 포함된다. 이런 감각기관들은 심장과 위장만큼이나 신체에 속하지만, 특권적 지위를 점유한다고 할 수 있다. 그것들은 마치 프레임에 박힌 보석처럼 세팅되어 있다. 모든 감각기관에는 '오래된 육체'(보석 보강용 테두리)로 이루어진 부분과 민감하고 특수한 '신경 탐지기'(보석 자체)로 이루어진 부분이 함께 존재한다. 오래된 육체의 대표적인 예로는 외이, 외이도, 이소골ossicles, 고막이 위치한 중이 등이 있고, 눈 주위의 피부와 근육, 망막, 그리고 수정체와 동공 같은 안구의 여러 부분도 포함된다. 민감한 신경 탐지기의 예로는 내이의 달팽이관에 있는 정교한 유모세포와 소리 지도화 기능을 담당하는 구조, 그리고 광학 이미지가 투사되는 안구 뒤쪽의 망막 등이 있다. 오래된 육체와 신경 탐지기가 결합해 신체의 경계를 이룬다. 외부 세계에서 쏟아지는 신호들이 뇌로 들어가기 위해서는 이 경계를 넘어서야 한다. 이 경계를 거치지 않고는 그 어떤 신호도 손쉽게 뇌에 직접 들어갈 수 없다.

이런 흥미로운 배열 구조 덕분에 신체 바깥 세계에 대한 표상은 오직 신체 자체, 곧 신체 표면을 통해서만 뇌로 진입할 수 있다. 신체와 주변 환경은 상호작용하고, 그 결과 신체 내부에서 일어나는 변화들이 뇌에 지도화된다. 마음이 뇌를 매개로 외부 세계를 학습한다는 사실이 자명한 것처럼, 뇌가 오로지 신체를 매개로 정보를 획득할 수 있다는 점 역시 그에 못지않게 분명하다.

신체에 대한 뇌의 관계성이 가져오는 두 번째 특별한 결과 역시 주목할 만하다. 뇌는 신체를 통합된 방식으로 지도화함으로써 자아의 근간이 될 요소를 만들어 내는 데 성공한다. 우리는 신체 지도화가 의식의 문제를 해명하는 열쇠라는 것을 목도하게 될 것이다.

마지막으로 앞서 논의한 사실들이 그리 대단하지 않게 보일지라도, 신체와 뇌의 긴밀한 관계는 우리 생명의 중심에 자리하며, 저절로 떠오르는 신체 내부의 느낌과 감정, 그리고 감정적 느낌을 이해하는 데 필수적이다.

신체 지도화

뇌는 어떻게 신체 지도화를 감행할 수 있을까? 그저 뇌가 인체 본연과 그 부분들을 외부의 다른 대상과 똑같이 다루는 것일 뿐이라고 말할 수도 있겠지만, 이 설명만으로는 미흡하다. 뇌에게 있어 인체 자체는 단순한 대상이 아니라 지도화의 중심이자, 최우선 관심사라는 것이 그 이유이다(내가 신체라고 할 때는 가급적 '인체 본연', 즉 뇌를 제외한 신체를 의미한다. 물론 뇌도 신체의 일부이지만, 뇌는 그 자체로 특별한 지위를 갖는다. 왜냐하면 뇌는 신체의 모든 부위에 신호를 보낼 뿐 아니라 신체의 모든 부위로부터 신호를 받는 대상이기도 하기 때문이다).

윌리엄 제임스는 신체가 마음에 얼마나 지대한 영향을 미치는지 어렴풋이 짐작했지만, 이를 실현하는 메커니즘이 얼마나 복잡한지는 미처 예견하지 못했다.[26] 신체는 화학 신호와 신경 신호 양쪽 모두를 동원해 뇌와 소통하는데, 그 과정에서 오가는 정보의 폭과 깊이는 제임스가 상정한 것을 훨씬 상회한다. 그래서 나는 신체와 뇌의 소통만 언급해서는 전체 그림이 깨진다고 확신한다. 신체에서 뇌로 전달되는 신호 중 일부는 비교적 단순하게 지도화되기도 하지만(예컨대 팔다리의 공간적 위치에 대한 지도화), 대부분의 신호는 먼저 척수와 특히 뇌간의 피질하핵에서 처리된다. 이 핵들을 단순히 신체 신호가 대뇌 피질로 가는 중간 경유지쯤으로 여겨서는 안 된다. 다음 절에서 살펴보겠지만, 이 중간 단계에서 무언가가 추가된다. 이런 사실은 무엇보다도 느낌을 만들어 내는 신체 내부 신호와 관련해서 중요하다. 게다가 신체의 물리적 구조와 여러 기능적 특징들은 발달 초기부터 뇌 회로에 부호화되어 지속적인 활동 패턴을

---

[26] William James, *The Principles of Psychology*, New York: Dover Press, 1890(한국어판은 윌리엄 제임스, 『심리학의 원리』 1·2권, 정양은 옮김, 아카넷, 2005). 제임스가 신체와 마음의 관계를 강조한 접근법은 최근까지 신경과학에서는 크게 주목받지 못한 것에 비해, 철학에서는 신체성이 중요한 주제로 꾸준히 연구되어 왔다. 대표적으로 메를로-퐁티의 다음 참조. Maurice Merleau-Ponty, *Phenomenology of Perception*, London: Routledge, 1962(한국어판은 메를로-퐁티, 『지각의 현상학』, 류의근 옮김, 문학과지성사, 2002). 현대 철학에서는 마크 존슨이 이 분야의 선두 주자로 이름이 알려져 있다. 조지 레이코프와의 유명한 공저인 다음 작품 참고. Geroge Lakoff and Mark Johnson, *Metaphors We Live By*, Chicago: University of Chicago Press, 1980(한국어판은 조지 레이코프·M 존슨, 『삶으로의 은유』, 노양진·나익주 옮김, 박이정, 2017). 그 이후 출간된 두 편의 단독 저서는 이 주제에 대한 결정판이다. Mark Johnson, *The Body in the Mind: The Bodily Basis of Meaning, Imagination, and Reason*, Chicago: University of Chicago Press, 1987; Mark Johnson, *The Meaning of the Body: Aesthetics of Human Understanding*, Chicago: University of Chicago Press, 2007(한국어판은 마크 존슨, 『몸의 의미: 인간 이해의 미학』, 김동환·최영호 옮김, 동문선, 2012).

생성한다. 달리 말하면 신체의 어떤 버전은 뇌의 활동 속에서 끊임없이 재창조된다. 신체의 다양성은 뇌 안에서도 모방되는데, 이것이 바로 뇌가 신체와 맺는 관계의 한 특징이다. 끝으로 뇌는 신체의 현재 상태를 어느 정도 정확하게 지도화할 뿐 아니라 신체 상태를 변화시키고, 가장 극적으로는 아직 일어나지 않은 신체 상태까지도 시뮬레이션할 수 있다.

　　신경과학에 문외한인 사람들은 신체가 하나의 단일체, 즉 뇌와 신경이라는 활선live wires으로 연결된, 마치 하나의 살덩어리처럼 작동한다고 가정하기 쉽다. 하지만 실제는 전혀 다르다. 신체는 수많은 별개의 구획으로 나뉘어 있다. 그중에서도 확실히 가장 많은 주목을 받고 있는 내장기관을 빼놓고는 설명할 수 없다. 내장기관을 두리뭉실하게 훑어봐도 심장, 폐, 소화관, 간과 췌장, 입, 혀, 목구멍 등 익숙한 목록들이 쉽사리 떠오른다. 여기에 내분비샘들(뇌하수체, 갑상선, 부신)과 난소, 고환도 거론할 수 있다. 하지만 해당 목록에는 온몸을 감싸고 있는 기관인 피부처럼, 그 중요성에 비해 상대적으로 덜 인식된 기관들도 들어가야 한다. 골수와 혈액, 림프라는 두 가지 역동적인 활약상show도 여기에 포함된다. 이 모든 구획은 신체의 정상적인 가동에 반드시 필요하다.

　　새삼스러울 것도 없지만, 초기 인간의 마음은 지금의 인류에 비해 덜 통합되고 덜 정교했을 것이다. 그렇기에 그리스의 시인인 호메로스의 언어에서 짐작할 수 있듯, 고대인들은 우리 몸의 분절되고 단편적인 실재를 훨씬 더 직접적으로 지각했을 것이다. 『일리아스』에 등장하는 인물들은 전신(소마soma)보다는 팔다리 같은 개별 신체 부위를 더 자주 언급한다. 혈액, 호흡, 내장 기능은 아직 '마음'mind이나 '영혼'soul으로 불리기 전 프시케psyche라는 단어로 지칭되었다. 신체를 추동하는 생기animation는 아마도 충동과 감정으로 뒤섞인 것이었을 텐데, 그것은 그리스어로 튀모스thumos와 프렌phren[27]에 가까운 개념이다.[28]

신체-뇌 사이의 소통은 양방향이다. 신체에서 뇌로 향하는 흐름이 있는가 하면, 그 반대 방향의 흐름도 존재한다. 하지만 이 두 가지 소통 방식은 전혀 대칭적이지 않다. 신체에서 뇌로 전달되는 신경 신호와 화학 신호는 뇌가 신체에 관한 멀티미디어 다큐멘터리를 제작하고 유지할 수 있게 해 준다. 동시에 이 신호들은 신체 구조와 상태의 중대한 변화를 뇌에 알려 준다. 내부 환경, 즉 모든 신체 세포가 살아가는 공간이자 혈액이라는 액체에 각종 화학물질이 녹아 있는 환경 역시 신경이 아닌 화학물질을 통해 뇌에 신호를 보낸다. 이 신호는 특정 메시지를 수신하도록 설계된 뇌의 특정 부위에 직접 작용한다. 따라서 뇌에 전달되는 정보의 범위는 실로 광범위하다. 예컨대 평활근(동맥, 위장, 기관지 등의 벽을 형성하는 근육)의 수축과 이완 상태, 신체의 특정 부위에 국한된 산소와 이산화탄

---

[27] [옮긴이] 그리스어 thumos는 종종 열정, 용기, 분노 같은 강렬한 감정 상태를, phren은 주로 이성 혹은 지성과 관련된 정신적 측면을 지시하는 데 사용되었다.

[28] Julian Jaynes, *The Origin of Consciousness in the Breakdown of the Bicameral Mind*, New York: Houghton Mifflin, 1976(한국어판은 줄리언 제인스, 『의식의 기원』, 김득룡·박주용 옮김, 연암서가, 2017).

소의 양, 다양한 부위에서의 체온과 pH의 변화, 유독성 화학물질의 국소적 분포 등이 모두 여기에 포함된다. 이처럼 뇌는 과거의 신체 상태를 기록할 뿐 아니라 그 상태의 변화도 통보받을 수 있다. 후자는 생명을 위협하는 변수가 발생했을 때 뇌가 교정 반응을 일으키는 데 필수적이다. 반면 뇌에서 신체로brain-to-body 향하는 신경 신호와 화학 신호는 신체의 변화를 지시하는 명령으로 구성된다. 신체는 뇌에 "이것이 바로 현재의 내 모습이니, 지금 나를 이렇게 바라봐야 해요"라고 전한다. 그러면 뇌는 신체에 이렇게 응답한다. "균형을 유지하려면 이렇게 반응해야 해요." 또 필요한 경우에는 "이제 감정 상태를 이렇게 만드세요"라고 지시할 수도 있다.

하지만 신체는 내장기관과 내부 환경만으로 이루어져 있지 않다. 근육 역시 빼놓을 수 없는 구조적 요소로, 평활근과 횡문근이라는 두 가지 유형으로 나뉜다. 횡문근은 현미경으로 관찰하면 특유의 '띠'(가로줄무늬)를 발견할 수 있지만, 평활근은 이런 무늬가 안 보인다. 평활근은 진화적으로 오래되었으며, 주로 내장기관에 한정되어 분포한다. 우리의 소화관과 기관지는 평활근 덕분에 수축과 이완을 반복한다. 동맥의 벽 역시 상당 부분 평활근으로 이루어져 있어서 이 근육이 동맥 주위를 꽉 조이면 혈압이 상승한다. 이에 반해 횡문근은 골격에 부착되어 있어 신체의 외적 움직임을 일으킨다. 다만 예외적으로 심장은 횡문근 섬유로 이루어져 있음에도, 그 수축은 신체를 움직이는 것이 아니라 혈액을 뿜어내는 데 사용된다. 심장의 상태를 알리는 신호는 움직임과 관련된 뇌 부위가 아니라 내장 전담 뇌 부위로 전송된다.

골격근이 관절로 연결된 두 뼈에 붙어 있을 때, 근섬유가 수축하면서 움직임이 만들어진다. 우리가 물건을 집어 올리거나 걷거나 말하거나 숨 쉬거나 먹는 모든 행위는 골격근의 수축과 이완에 의존한다. 이런 수축이 일어날 때마다 신체의 형태는 달라진다. 깨어 있는 동안 전혀 움직이지 않는 순간은 거의 없다. 실제로 신체의 구조는 공간 속에서 끊임없이 변화하고, 뇌에 표상된 신체 지도 역시 그에 따라 변한다.

정밀하게 움직임을 제어하려면, 몸은 골격근의 수축 상태에 대한 정보를 즉각적으로 뇌에 전달해야 한다. 이를 위해서는 내장기관과 내부 환경에서 유입되는 신호 경로보다 진화적으로 더 발달한 효율적인 신경 경로가 필요하다. 해당 경로는 근육 상태를 감지하는 전용 뇌 영역에 도달한다.

전술한 바와 같이, 뇌 역시 신체에 메시지를 전달한다. 사실 뇌에 지속적으로 지도화되는 신체 상태의 많은 부분은 애초에 뇌가 신체에 보낸 신호에서 비롯된다. 신체에서 뇌로의 소통과 마찬가지로, 뇌 역시 신경 경로와 화학 경로라는 양쪽 채널을 통해 신체에 말을 건다. 신경 채널은 신경을 사용함은 물론이고, 이 신경세포의 정보는 곧바로 근육 수축과 행동 실행으로 이어진다. 화학 채널에는 코르티솔, 테스토스테론, 에스트로겐 같은 호르몬이 포함된다. 이들 호르몬이 분비되면 내부 환경과 내장기관의 활동이 달라진다.

신체와 뇌는 쉼 없이 상호작용의 춤을 추고 있다. 뇌에서 일어나는 생각은 신체에서 비롯된 감정 상태를 유발할 수 있고, 반대로 신체의 변화는 뇌의 풍경을 바꾸어 사고의 저변을 변화시킬 수 있다. 특정한 정신 상태에 대응하는 뇌 상태는 다시금 특정한 신체 상태를 유발한다. 그에 따라 신체 상태는 뇌에 지도화되어 지속적인 정신 상태에 통합된다. 신체-뇌 체계에서 뇌 쪽의 아주 작은 변화가 신체 상태에 큰 영향을 줄 수 있다(어떤 호르몬이든 분비되는 것을 생각해 보자). 마찬가지로 신체 쪽의 사소한 변화(치아 충전물이 부러진 것을 생각해 보자)도 뇌에 지도화되어 급성 통증으로 지각되는 순간, 마음에 막대한 영향을 미칠 수 있다.

신체에서 뇌로

19세기 중엽부터 20세기 초까지 유럽을 호령했던 생리학 학파는 신체에서 뇌로 전달되는 신호 체계의 윤곽을 정확하게 포착했다. 하지만 당시에 그들은 이 포괄적인 도식이 심신 문제 해결에 어떤 영향을 미칠지까지는 미처 내다보지 못했다. 짐작대로 신경해부학과 신경생리학의 세부 사항들이 실험적으로 밝혀진 것은 불과 최근 몇 년 사이의 일이다.[29]

---

29 이 역사적 맥락에서 에른스트 하인리히 베버와 찰스 스콧 셰링턴은 중추적 인물로 꼽힌다. 다음 참조. Weber, *Handwörterbuch des Physiologie mit Rücksicht auf physiologische Pathologie*, ed. R. Wagner, Braunschwieg, Germany: Biewig und Sohn, 1846; Sherrington, *Textbook of Physiology*, ed. E. A. Schäfer, Edinburgh: Pentland, 1900. 아쉽게도 셰링턴은 자신의 저명한 저서를 개정하면서 독일어 '일반 신체 느낌'(Gemeingefühl)이라는 개념을 폐기하고,

신체 내부 상태는 전용 신경 채널을 통해 특정 뇌 부위에 전달된다. 특수한 유형의 신경섬유(Aδ 30 및 C 섬유)는 신체 구석구석에서 오는 신호를 중추신경계의 선택된 영역(가령 척수 후각posterior horn의 제I층 부분)과 척수 전 길이에 걸친 해당 구역, 삼차 신경의 꼬리 부분pars caudalis of the trigeminal nerve으로 전달한다. 척수 부위는 머리를 제외한 가슴, 배, 팔다리 등 신체의 내부 환경과 내장기관에서 오는 신호를 처리한다. 삼차신경핵은 얼굴과 얼굴 피부, 두피, 통증을 유발하는 주요 뇌막인 경막dura mater에서 오는 신호를 담당한다. 이렇게 신호가 중추신경계로 들어오면, 이를 처리하고 상위 뇌 영역으로 전달하는 과정 역시 특정 뇌 영역이 전담한다.

적어도 확실히 말할 수 있는 것은 이런 신경 메시지가 혈액 속의 화학적 정보와 함께 뇌에 신체 내부의 상당 부분, 특히 피부 표층 아래에 위치한 내장기관의 화학적 상태를 전달한다는 점이다.

앞서 설명한 내부감각의 복잡한 지도화를 보완하는 것은, 움직임에 관여하는 골격근의 상태를 뇌로 전달하는 신체에서 뇌로의 채

초기에 강조했던 '물질적 나'라는 개념 역시 더 이상 강조하지 않았다. 다음 참조. C. S. Sherrington, *The Integrative Action of the Nervous System*, Cambridge: Cambridge University Press, 1948. 크래그는 이 상황에 대한 역사적 고찰을 정확하게 다음 논문에 제시한다. A. D. Craig, "How Do You Feel? Interoception: The Sense of the Physiological Condition of the Body", *Nature Reviews Neuroscience* 3, 2002, pp. 655~666.

30 [옮긴이] 신경섬유는 직경, 수초화 여부, 전도 속도에 따라 A, B, C 세 가지로 분류된다. A 섬유는 A-α, A-β, A-γ, A-δ 등으로 세분되며, 각각 고유의 기능을 수행한다. A-α 섬유는 주로 골격근의 운동 제어에 관여하고, A-β 섬유는 촉각과 압각을 전달한다. A-γ 섬유는 근긴장도 조절에 중대한 역할을 하며, A-δ 섬유는 빠르고 날카로운 통증을 전달한다. 반면 C 섬유는 직경이 작고 수초화가 되어 있지 않아 전도 속도가 느리며, 주로 둔감한 통증, 온도, 가려움 같은 지속적인 감각을 담당한다. B 섬유는 중간 직경의 수초화된 섬유로, 자율신경계의 기능 조절에 중요하다.

널이다. 이는 외부감각의 일부에 해당한다. 골격근에서 유입되는 메시지는 Aα 및 Aγ 섬유 등 다양하고 속도가 빠른 신경섬유를 이용하며, 중추신경계의 여러 경유지를 거쳐 뇌의 상위 수준까지 도달한다. 이 모든 신호들이 종합되어 뇌 속에, 더 나아가 마음속에 신체의 다차원적인 이미지가 형성된다는 것이다.[31]

뇌관은 흔히 신체에서 뇌로, 혹은 뇌에서 신체로 신호를 전달하는 단순 통로쯤으로 치부될 수 있지만, 실상은 그렇지 않다. 고립로핵과 부완핵 같은 구조들은 신체에서 뇌로 신호를 전달하더라도, 단지 수동적으로 옮기는 데 그치지 않는다. 이들 핵은 대뇌 피질의 위상적 조직의 전조라 할 만큼 조직화되어 있을 뿐 아니라 신체 신

---

31 신체와 뇌의 상호 연결 기반에 대한 포괄적인 고찰은 체계적으로 정리된 다음 총설을 참고할 수 있다. Clifford Saper, "The Central Autonomic Nervous System: Conscious Visceral Perception and Autonomic Pattern Generation", *Annual Review of Neuroscience* 25, 2002, pp. 433~469. 또한 다음 참조. Stephen W. Porges, "The Polyvagal Perspective", *Biological Psychology* 74, 2007, pp. 116~143. 이러한 양방향 과정을 관장하는 뇌간과 시상하부핵의 구조에 대한 정보는 다음 논문들에서 얻을 수 있었다. Caroline Gauriau and Jean-François Bernard, "Pain Pathways and Parabrachial Circuits in the Rat", *Experimental Physiology* 87, no. 2, 2001, pp. 251~258; M. Giola, R. Luigi, Maria Grazia Pretruccioli, and Rossella Bianchi, "The Cytoarchitecture of the Adult Human Parabrachial Nucleus: A Nissl and Golgi Study", *Archives of Histology and Cytology* 63, no. 5, 2001, pp. 411~424; Michael M. Behbahani, "Functional Characteristics of the Midbrain Periaqueductal Gray", *Progress in Neurobiology* 46, 1995, pp. 575~605; Thomas M. Hyde and Richard R. Miselis, "Subnuclear Organization of the Human Caudal Nucleus of the Solitary Tract", *Brain Research Bulletin* 29, 1992, pp. 95~109; Deborah A. McRitchie and Istvan Törk, "The Internal Organization of the Human Solitary Nucleus", *Brain Research Bulletin* 31, 1992, pp. 171~193; Christine H. Block and Melinda L. Estes, "The Cytoarchitectural Organization of the Human Parabrachial Nuclear Complex", *Brain Research Bulletin* 24, 1989, pp. 617~626; L. Bourgeais, L. Monconduit, L. Villanueva, and J. F. Bernard, "Parabrachial Internal Lateral Neurons Convey Nociceptive Messages from the Deep Laminas of the Dorsal Horn to the Intralaminar Thalamus", *Journal of Neuroscience* 21, 2001, pp. 2159~2165.

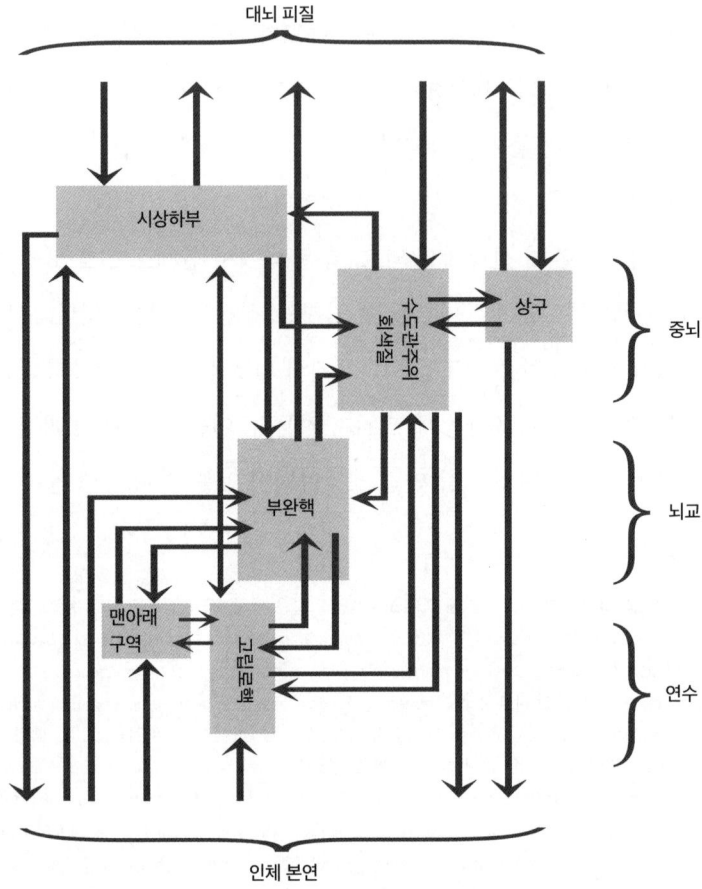

그림 4.1 생명 조절(항상성)에 관여하는 주요 뇌간핵들의 구조를 도식화하고 있다. 세 개의 뇌간층(중뇌midbrain, 뇌교pons, 연수medulla)이 내림차순으로 나열되어 있고, 시상하부(해부학적으로는 간뇌diencephalon의 일부이지만 기능적으로는 뇌간의 일부)도 포함되어 있다. 인체 본연과 대뇌 피질 사이의 신호 전달은 세로 방향 화살표로 표시되어 있다. 이 도식에서는 기본적인 상호 연결과 항상성에 직접 관여하는 주요 핵만을 표시하고 있다. 따라서 기존의 망상핵reticular nuclei과 모노아민성monoaminergic 및 콜린성cholinergic 핵들은 생략되어 있다.

166 자아가 마음에 오다

호에 반응해 대사 과정을 조절하고 체내 조직의 완전성을 지킨다. 더욱이 상호 화살표로 표시된 이들의 풍부한 재귀적 상호작용은 생명 조절 과정에서 새로운 신호 패턴이 생성될 수 있음을 시사한다. 수도관주위 회색질은 신체를 대상으로 하는 복잡한 화학 반응과 운동 반응(가령 통증 반응과 감정 반응)을 만들어 내는 기관으로, 부완핵 및 고립로핵과도 재귀적으로 연결되어 있다. 특히 고립로핵은 신체와 뇌를 잇는 공명 회로에서 핵심 연결 고리이다.

이처럼 생명 조절 과정에서 이들 핵이 이루는 신경망이 복합적인 신경 상태를 유발한다고 가정하더라도 무리가 없다. 이런 상태의 정신적 측면은 느낌이라는 개념으로 설명된다.

양은 표상하고 질은 구성하고

앞서 논의된 신체에서 뇌로의 신호 전달은 단순히 특정 물질의 농도나 평활근의 수축 정도처럼 하나의 변수만을 표상하는 데 그치지 않는다. 신체에서 뇌로 이어지는 신호 경로는 분명히 양적인 지표를 전달하지만(가령 이산화탄소나 산소의 농도, 혈당 수치 등), 이와 더불어 전달 결과에는 질적인 측면 역시 함께 전해진다. 신체 상태는 쾌락이나 고통, 혹은 이완이나 긴장처럼 다양한 감각적 변화로 느껴질 수 있다. 활력이 넘치는지 무기력한지, 몸이 가뿐한지 무거운지, 모든 흐름이 원활한지 아니면 어딘가 막혀 있는지, 의욕이 충천한지 낙담했는지 등 다양한 느낌을 경험할 수 있다. 그렇다면 이런 질적인 배경 효과는 어떻게 이루어질까? 우선 뇌간 구조와 섬피질에 도착하는 여러 양적 신호들을 배열해서 몸 안에서 벌어지는 사건들의 다양한 풍경을 지도화하는compose 것부터 시작한다.

내가 염두에 둔 것을 이해하기 쉽도록 독자 여러분께 이런 상상을 해 보시길 권한다. 몸의 다양한 부분(내분비계, 심장, 순환계, 호흡기계, 장, 피부, 근육계 등)에서 일어나는 변화를 떠올리며 하나하나 목록화해서 항목별로 나열해 보는 것이다. 이때 여러분이 경험하게 될 그 느낌은 바로 이 모든 변화가 몸속의 풍경 속에서 일어나는 방식 그대로 통합적으로 지각된다는 점을 상기해 보자. 실제로 각 신체 변화 요소에 강도값을 매기며 한 가지 느낌 상태를 조립해 보는 연습을 해 보자. 상상하는 매 순간마다 여러분은 독특한 질적 경험을 얻을 것이다. 하지만 이 외에도 감각의 질을 구성하는 다른 방식도 존재한다. 우선 앞서 논의했듯, 몸에서 들어오는 신호의 상당수는 중추신경계 내 특정 핵에서 추가 가공을 거친다. 이 신호들은 단순히 전달만을 위한 중계소를 지나는 것이 아니라, 중간 단계에서 복잡한 처리를 거친다. 예컨대 수도관주위 회색질핵에 자리한 감정 기전은 부완핵 단계에서 신체 신호 처리에 직간접적으로 영향을 미칠 가능성이 크다. 정확히 어떤 요소가 가세하는지 신경학적 용어로 명확히 규정되진 않았지만, 우리가 느낌을 경험할 때 이 추가적 처리 과정이 질적 특성을 양산하는 데 일조한다고 추정된다. 그리고 몸에서 뇌로 이어지는 신호를 받아들이는 뇌 영역은 다시금 몸의 현재 상태를 바꾸는 방식으로 반응한다. 나는 이런 반응의 일환으로 신체와 뇌 상태가 양방향으로 공명하는 회로가 가동된다고 본다. 뇌가 지도화한 몸 상태와 실제 몸 상태는 거의 분리되지 않는다. 경계는 모호하고 결국 가상적으로 하나로 융합된다. 나의 육체 flesh 속에서 어떤 일이 벌어지고 있다는 감각은 이런 배열 구조에서 생겨난다. 뇌간(부완핵 내부)에 지도화된 상처가 통증으로 지각되면, 그 즉시 여러 반응이 몸으로 확산된다. 이 반응들은 부완핵에서 시작되어 인근 수도관주위 회색질핵에서 실행되면서 감정 반응을 유발함과 동시에 통증 신호 처리 방식도 뒤바꾼다. 이 변화는 즉시 몸 상태를 수정하고, 이어서 뇌가 다음에 생성할 몸 상태의 지도까지 바꿔 놓는다. 게다가 신체감각 정보를 처리하는 영역이 반응하면, 다른 지각계의 작동 방식이 달라져서 지속적인 신체 지각은 물론이고, 그 신호가 발생한 외부 환경에 대한 지각도 함께 바뀐다. 상처를 입었을 때를 떠올려 보면, 몸 상태가 바뀌면서 동시에 진행되던 인지 처리 역시 달라진다. 상처로 인한 통증을 경험하는 한 어떤 활동도 계속 즐기기는 어렵다. 이런 인지 변화는 아마도 뇌간과 기저전뇌의 신경 조절 핵에서 분비되는 물질에 의해 매개될 것이다. 전반적으로 이 모든 과정은 질적으로 구별되는 지도 제작으로 이어지고, 고통과 쾌락의 경험 기층에 기여한다.

원초적 느낌

우리의 신체 상태에 대한 지각 지도가 어떻게 신체 느낌이 되는지, 즉 지각적 지도가 어떻게 느껴지고 경험되는가 하는 문제는 의식하는 마음을 이해하는 데 핵심적일 뿐 아니라, 그 이해 자체에 있어서 없어서는 안 될 요소이다. 느낌의 기원에 대해 제대로 알지 못한다든지, 살아 있는 몸의 상태를 저절로 드러내는 원초적 느낌의 존재를 인정하지 않고서는 주관성을 온전히 설명할 수 없다. 내가 보기에 원초적 느낌은 오직 살아 있는 생명체로서의 몸에서 비롯되며, 생명 조절 기전과 어떤 대상과의 상호작용이 일어나기 전에 이미 생성되어 있다. 이 원초적 느낌은 생명 조절 기전의 일부이자 필수 요소인 상부 뇌간핵들의 작용으로 만들어진다. 그뿐만이 아니다. 다른 모든 느낌의 원형이기도 하다. 이 주제에 관해서는 3부에서 다시 자세히 논할 것이다.

신체 상태 지도화와 시뮬레이션

우리 몸의 대부분이 지속적으로 뇌에서 지도화되고, 가변적이지만 상당량의 관련 정보가 의식 있는 마음에 들어온다는 것은 이미 입증된 사실이다. 우리가 의식적으로 무슨 일이 일어나고 있는지 알지 못하더라도, 뇌가 인체 본연의 생리적 상태를 적절하게 조율하려면 뇌는 우리 몸의 여러 부위에서 일어나는 다양한 생리적 매개변수에 대한 정보를 받아야 한다. 이 정보는 때때로 최신 상태로 업데이트되고 일관성을 유지해야 최적의 조절이 가능하다.

하지만 신체와 뇌를 연결하는 네트워크는 이뿐만이 아니다. 1990년경 나는 감정이 활개를 칠 때 같은 특정 상황에서, 뇌가 매우 빠른 속도로 신체 상태를 표상하는 지도를 그린다는 가설을 제안했다. 이 지도는 해당 감정으로 인해 실제 신체에 변화가 일어났을 법한 상태와 유사한 형태를 띠는데, 때로는 신체에서 감정적 변화가 일어나기 전에 혹은 아예 그런 변화 없이도 제작될 수 있다. 다시 말해 뇌는 체감각 영역 내에서 특정 신체 상태를 마치 실제로 일어나는 것처럼 시뮬레이션할 수 있다. 그리고 우리가 신체 상태를 지각하는 방식은 바로 이런 체감각 영역의 신체 지도에 기반하고 있기 때문에, 비록 실제로 신체 변화가 없더라도 우리는 해당 신체 상태가 실제로 일어나고 있는 것처럼 느낀다.[32]

내가 '가상의 신체 회로'as-if body loop 가설을 처음 제시했을 당시만 해도 뒷받침할 만한 근거라고는 정황적인 증거뿐이었다. 뇌가 스스로 생성할 신체 상태를 미리 인지한다는 발상은 지극히 타당해 보였다. 이런 종류의 '사전 시뮬레이션'의 장점은 원심성 복사efference copy 연구에서 뚜렷이 확인된다. 원심성 복사란 특정 움직임을 실행하기 직전에 운동 중추가 시각 처리 영역에 해당 동작의 공간적 결과를 사전에 알리는 메커니즘이다. 예컨대 시야의 가장자리에 있는 대상을 응시하기 위해 눈이 움직이려는 순간, 뇌의 시각 중추는 임박한 움직임에 대해 사전 경고를 받고, 흐릿함 없이 새로운 대상으로 순조롭게 시선을 옮길 준비를 한다. 이처럼 시각 영역은 움직임의 결과를 사전에 예측할 수 있다.[33] 실제로 신체 상태를 생성하지

---

32 A. Damasio, *Descartes' Error*, New York: Putnam, 1994(한국어판은 안토니오 다마지오, 『데카르트의 오류: 감정, 이성, 그리고 인간의 뇌』 김린 옮김, 눈출판그룹, 2017).
33 M. E. Goldberg and C. J. Bruce, "Primate Frontal Eye Fields. III. Maintenance of a Spatially

않고 시뮬레이션할 수 있다면, 처리 시간이 단축되고 에너지 소모도 줄일 수 있다. 가상의 신체 회로 가설이 제대로 실행되기 위해서는 특정 감정을 촉발하는 뇌 구조가 그 감정에 상응하는 신체 상태를 지도화하는 영역과 연결될 수 있어야 한다. 예컨대 편도체amygdala(공포를 유발하는 부위)와 복내측 전전두 피질ventromedial prefrontal cortex(공감을 일으키는 부위)은 섬피질, 일차 체감각피질, 이차 체감각피질, 체감각 연합피질 등 신체 상태를 지속적으로 처리하는 여러 부위들과 반드시 연결되어야 한다. 이런 연결이 존재하기에 현실과 다름없는 가상의 신체 회로 메커니즘이 실현될 수 있다.

최근 몇 년 사이, 이 가설은 자코모 리졸라티 연구진의 획기적인 실험으로 강력한 지지를 받았다. 원숭이의 뇌에 전극을 삽입해 진행된 이 실험에서 원숭이는 연구자의 다양한 동작을 지켜봤다. 연구자가 손을 움직이자 원숭이의 손 동작과 관련된 뇌 영역의 신경세포들이 활성화되었는데, 이는 '마치' 원숭이가 직접 동작하는 것처럼 보였다. 하지만 실제로 원숭이는 움직일 수 없는 상태였다. 저자들은 이런 방식으로 반응한 신경세포들을 거울 신경세포라고 명명했다.34

Accurate Saccade Signal", *Journal of Neurophysiology* 64, 1990, pp. 489~508; M. E. Goldberg and R. H. Wurtz, "Extraretinal Influences on the Visual Control of Eye Movement", *Motor Control: Concepts and Issues*, ed. D. R. Humphrey and H.-J. Freund, Chichester, U.K.: Wiley, 1991, pp. 163~179.

34 G. Rizzolatti and L. Craighero, "The Mirror-Neuron System", *Annual Review of Neuroscience* 27, 2004, pp. 169~192; V. Gallese, "The Shared Manifold Hypothesis", *Journal of Consciousness Studies* 8, 2001, pp. 33~50.

이른바 거울 신경세포는 사실상 최종적인 가상의 신체 기제라 할 수 있다. 이 신경세포들이 속한 신경망은 개념적으로 내가 가정한 가상의 신체 회로 시스템이 추구하는 바를 실현해 내고 있다. 이들은 유기체 내에서 실제로 발생하지 않는 신체 상태를 뇌의 신체 지도상에서 모방한다. 거울 신경세포에 의해 시뮬레이션된 신체 상태가 해당 개체 자신의 신체 상태가 아니라는 점은 이 기능적 유사성의 맥$_{power}$을 더욱 확실하게 짚어 준다. 복잡한 뇌가 타인의 신체 상태를 시뮬레이션할 수 있다면, 자기 자신의 신체 상태도 시뮬레이션할 수 있다는 추론이 가능하다. 유기체 내에서 이미 일어난 상태라면 시뮬레이션하기가 상대적으로 용이할 것이다. 왜냐하면 현재 시뮬레이션을 담당하는 바로 그 체감각 구조가 과거에 이미 정확히 지도화한 적이 있기 때문이다. 타인의 신체 상태에 적용되는 가상의 시스템은 뇌가 속한 유기체에 먼저 적용된 가상의 시스템이 선행되지 않았다면 발전할 수 없었을 것이다.

이런 과정에 관여하는 뇌 구조의 특성은 가상의 신체 회로와 거울 신경세포 사이에 존재하는 기능적 유사성을 한층 부각시킨다. 가상의 신체 회로에 대해 나는 전운동피질(공감 관련)과 편도체(공포 관련) 등 감정을 폭발하는 영역의 신경세포들이 신체 상태를 지도화하는 부위를 활성화해 결과적으로 신체적 행동을 유발한다고 가정했다. 인간의 경우 이런 뇌 영역에는 롤란도덮개$_{Rolandic}$와 두정덮개$_{parietal\ opercula}$의 체감각-운동 복합체는 물론이거니와 섬피질도 포함된다. 이들 영역은 모두 체감각-운동 기능을 겸하고 있다. 즉 신체 상태에 대한 지도를 유지하는 감각 기능과 행동에 관여하는 운동 기능을 함께 수행하는 것이다. 대체로 이런 해석은 원숭이를 대상으로 한 신경생리학 실험 결과와 일치한다. 또한 뇌자도[35]와 기능적 신경영상functional neuroimaging[36]을 이용한 인간 대상 연구도 이를 뒷받침한다. 신경학적 병변을 기반으로 한 우리의 자체 연구 역시 이와 일맥상통한다.[37]

거울 신경세포의 존재에 관한 선행 연구들은 타인의 행동을 이해하는 과정에서 우리 자신을 상대방과 유사한 신체 상태로 이끄는 이 세포들의 역할에 방점을 두었다. 타인의 행동을 관찰할 때, 그들의 신체를 감지하는 뇌는 마치 자신이 직접 행동하는 것과 비슷한 신체 상태를 취한다. 이는 단순한 수동적 감각 패턴이 아닌, 행동할 준비가 되었지만 아직 실행되지 않은 운동 구조의 사전 활성화에 의한 것이다. 경우에 따라 이런 사전 활성화가 실제 운동 활성화로 발전하기도 한다.

이렇게 복잡한 생리학적 체계가 어떻게 진화했는지는 여전히 미지수이다. 내 추측으로는, 현재의 복잡한 체계는 뇌가 자신의 신체 상태를 시뮬레이션하던 초창기 가상의 신체 회로 시스템에서 진

---

35 R. Hari, N. Forss, S. Avikainen, E. Kirveskari, S. Salenius, and G. Rizzolatti, "Activation of Human Primary Motor Cortex During Action Observation: A Neuromagnetic Study", *Proceedings of the National Academy of Science* 95, 1998, pp. 15061~15065.
36 Tania Singer, Ben Seymour, John O'Doherty, Holger Kaube, Raymond J. Dolan, and Chris D. Frith, "Empathy for Pain Involves the Affective but Not Sensory Components for Pain", *Science* 303, 2004, pp. 1157~1162.
37 R. Adolphs, H. Damasio, D. Tranel, G. Cooper, and A. Damasio, "A Role for Somatosensory Cortices in the Visual Recognition of Emotion as Revealed by Three-Dimensional Lesion Mapping", *Journal of Neuroscience* 20, 2000, pp. 2683~2690.

화한 것이다. 이 기제는 명실공히 즉각적인 이점을 제공했을 것이다. 예컨대 특정 신체 상태에 대한 신체 지도를 에너지 효율을 높이면서도 신속하게 활성화함으로써 다시금 기존 지식이나 인지 전략과 효과적으로 연결할 수 있었기 때문이다. 결국 이 가상 시스템은 타인의 정신 상태를 표현하는 신체 상태를 인지함으로써 얻는 사회적 이점을 이유로 타인에게도 적용되어 확산되었을 것이다. 한마디로, 나는 각 유기체 내 가상의 신체 회로 기제라고 하는 것을 거울 신경회로 기능의 전 단계precursor로 간주한다.

3부에서 살펴보겠지만, 특정 생명체의 신체가 뇌에서 표상될 수 있다는 사실은 자아 형성에 필수적이다. 하지만 뇌의 신체 표상은 또 다른 중요한 함의를 지닌다. 우리는 자신의 신체 상태를 묘사할 수 있기에 타인의 유사한 신체 상태를 보다 손쉽게 시뮬레이션할 수 있다. 결과적으로 우리 자신의 신체 상태와 그 의미 사이의 연결 고리는 타인의 신체 상태를 모의하는 과정에도 전이되며, 그 시점에 우리는 그 시뮬레이션된 상태에 유사한 의미를 부여하게 된다. 공감이라는 단어가 포괄하는 다양한 현상들은 바로 이 구조에 크게 의존하고 있다.

아이디어의 진원지

기억에 남는 이례적인 몇 해 전의 한 일화를 계기로, 나는 위에서 언급한 가능성을 처음으로 엿볼 수 있었다. 연구실에서 일하던 어느 여름 오후, 의자에서 일어나 사무실 안을 걷고 있던 중에 문득 동료 B가 떠올랐다. B 선생님을 떠올릴 특별한 이유라곤 딱히 없었다. 최근에 본 적도 없었고, 특별히 대화할 필요가 있었던 것도 아니었다. 물론 그에 관한 글을 읽은 적도 없었고, 만날 계획도 전혀 없었다. 그런데도 그는 나의 마음 한가운데에 똬리를 틀고, 나의 관심을 온통 사로잡았다. 다른 이들을 생각하는 일은 흔하지만, 이번 경우는 얘기가 달랐다. 그의 존재가 너무도 뜻밖이었기에 나 스스로 그에 대한 해명이 필요했던 터였다. 왜 하필 지금 B 선생님을 떠올린 것일까?

거의 동시에 머릿속을 빠르게 스쳐 지나간 일련의 이미지들이 내가 알아차리지 못한 무언가를 알려 주었다. 나의 움직임을 다시 재생해 보니, 잠시 동안 내가 동료 B 특유의 방식으로 움직였다는 사실을 깨달았다. 이제야 내가 왜 그를 떠올릴 수밖에 없었는지 그 이유를 알게 되자 그의 걸음걸이가 나의 마음속에 선명하게 그려졌다. 하지만 중요한 점은 내가 떠올린 시각 이미지는 나의 근육과 뼈가 동료 B의 특이한 움직임 패턴을 채택하는 이미지에 의해 촉발되었다는, 아니 더 정확히는 형성되었다는 것이다. 간단히 말해 나는 딱 B 선생님과 같은 걸음걸이를 하고 있었다. 내 마음속으로 움직이는 골격을 표상했고(엄밀히 말하면 나는 체감각 이미지를 생성했다), 마침내 그 특정 근골격 이미지에 부합하는 시각적 대응물을 떠올렸는데, 그것이 바로 동료 B의 모습이었던 셈이다.

이 침입자의 정체가 드러나면서, 나는 인간의 뇌에 관한 흥미진진한 사실을 부수적으로 더 깨달았다. 바로 순전히 우연으로 타인의 독특한 움직임을 포착할 수 있다는 점이었다(아니면 그 움직임에 거의 버금가는 것이라고나 할까. 나중에 되짚어 보니, 얼마 전 B선생님이 내 사무실 창가를 지나가고 있는 모습을 목격한 적이 있었다. 나는 그에게 일절 주의를 기울이지 않았을 뿐더러 거의 무의식적으로 그를 처리했다). 나는 표상된 움직임을 그에 상응하는 시각 이미지로 변환할 수 있었고, 해당 묘사에 맞는 인물이나 인물의 신원을 기억 속에서 되살릴 수 있었다. 이 모든 것은 신체의 실제 움직임과 그 움직임의 근골격 및 시각적 표상, 그리고 이 표상들과 연관된 기억 사이의 밀접한 상호 연결 고리를 증명한다.

추가적인 관찰과 더 깊은 성찰을 거치면서 이 일화는 한층 풍부해졌다. 그 덕분에 나는 타인과의 연결이 단순히 시각적 이미지나 언어, 논리적 추론만으로 이루어지는 것이 아니라 우리 살 속 깊은 곳에 자리한 어떤 감각, 즉 타인의 움직임을 묘사할 수 있는 행동을 통해서도 가능하다는 사실을 인식하기에 이르렀다. 우리는 (1) 실제 움직임, (2) 움직임의 체감각적 표상, (3) 움직임의 시각적 표상, (4) 기억 사이에서 4방향적 번역이 가능하다. 이 일화는 신체 시뮬레이션의 개념을 발전시키고 이를 가상 신체 회로에 적용하는 데 기여했다.

물론 훌륭한 배우들은 알게 모르게 이런 장치들을 무작위로 사용한다. 일부 대배우들이 개성 있는 특정 인물들을 자신의 작품에 녹여 내는 방식은 이처럼 시각적·청각적으로 타인을 표상한 뒤 자신의 몸에 그 인물들이 살아 숨 쉬게 하는 데서 비롯된다. 이것이 바로 배역을 소화하는 것이며, 이 전이 과정에 예상 밖의 기발한 디테

일이 장식될 때, 우리는 연기의 진수를 목격하게 된다.

신체-마음-뇌

이상의 분석과 고찰을 바탕으로 내린 결론은 다소 생소하고 뜻밖이지만, 한편으로는 상당히 해방감을 준다.

사람은 누구나 늘 자신의 몸을 염두에 두되, 매 순간 잠재적으로 활용할 수 있는 느낌의 배경 속에 둘러싸여 있다. 다만 이 느낌은 평소에는 잘 드러나지 않다가, 상대적으로 균형 잡힌 상태에서 크게 벗어나 쾌감이나 불쾌감의 범위로 돌입했을 때에야 비로소 부상한다. 마음이 신체성을 보유하는 까닭은 유기체의 통합성을 위협하고 생명을 위태롭게 할 수 있는 상황에서 적응적으로 행동하는 데 유리하기 때문이다. 이런 특수한 기능은 뇌에 기반한 가장 원초적인 생명 관리 방식에 기반하고 있다. 이것은 단순히 신체-뇌로의 신호에서 시작해 생명 유지를 위해 자동화된 조절 반응을 일으키는 기초적인 촉발 과정까지 거슬러 올라간다. 하지만 이토록 미미한 시작에서 일궈 낸 성취를 마주하면, 우리는 그저 압도당할 따름이다. 가장 정교한 신체 지도는 의식 있는 마음속 자아 과정과 더불어 유기체 바깥 세계에 대한 표상이라는 양쪽 모두를 뒷받침한다. 우리의 내면세계는 우리가 내부 상황뿐 아니라 주변 상황까지 인지할 수 있는 능력을 열어 주었다.

살아 있는 신체는 모든 것의 중심축이며, 생명 조절은 필요이

자 동기이다. 뇌의 지도화는 단순한 생명 조절 기제가 마음을 담은 조절 기제로, 그리고 궁극적으로는 의식 있는 마음이 깃든 조절 기제로 발전하는 기폭제이다.

5장
감정과 느낌

감정과 느낌의 자리매김

인간 행동을 이해하려는 탐문의 도정에서 감정을 배제하려 했던 숱한 시도들은 모두 허사로 돌아갔다. 우리의 행동과 마음, 의식적인 것과 그렇지 않은 것, 그리고 이 모든 것을 창조해 내는 뇌는 우리가 감정(그리고 그 이름 이면에 가려진 수많은 현상들)을 제대로 인정해 주는 한편, 그에 걸맞는 자리를 내주지 않는 한 좀처럼 자신의 비밀을 드러내지 않는다.

    감정이라는 주제를 논의하다 보면 결국 생명과 가치의 문제로 귀결된다. 그렇기에 보상과 처벌, 충동과 동기는 말할 것도 없고, 필연적으로 느낌이라는 개념까지 아울러 다루어야 한다. 감정을 논하려면 생명 조절을 위해 뇌가 동원하는 다양한 장치들을 살펴봐야 한다. 이 장치들은 뇌가 생기기 전부터 존재했던 원리와 목표에서 영감을 받았으며, 대체로 자동적이고 다소 맹목적으로 작동해 왔다. 그러다 의식을 가진 마음에 이르러 느낌이라는 형태로 인식되기 시작한다. 감정은 가치 원칙의 충실한 집행자이자 수행원이며, 지금까지 알려진 생물학적 가치가 낳은 가장 지성적인 산물이다. 반면 감정의 후손인 감정적 느낌은 감정이 가벼이 취급당하지 않도록 요람에서 무덤까지 우리네 전 생애를 물들이며, 인류의 삶을 지배한다.

이 책의 3부에서 자아 형성을 위한 신경 메커니즘을 논의할 때, 감정과 느낌의 현상을 자주 언급하게 될 것이다. 이들 기전이 자아를 구축하는 데 긴요하게 사용되기 때문이다. 이 장은 감정과 느낌 전반을 자세히 다루기보다는 관련된 핵심 기제들을 간략히 소개하는 데 초점을 둔다.

감정과 느낌 정의하기

감정에 관한 논의에 본격적으로 들어가면, 우리는 두 가지 주요 문제에 봉착하게 된다. 첫 번째는 감정이라는 이름 아래 묶인 현상들이 너무 이질적이라는 점이다. 2장에서 살펴보았듯, 가치의 원칙은 보상과 처벌뿐 아니라 충동과 동기를 통해서도 작동한다. 이 모든 장치들은 감정군感情群의 일부로, 감정이라는 큰 틀 안에 포함된다. 우리가 감정 그 자체(가령 공포, 분노, 슬픔, 혐오감)에 대해 이야기할 때, 사실상 그 감정들을 구성하는 다양한 장치들 역시 빠짐없이 함께 거론할 수밖에 없다. 이들 각각은 감정의 필수 구성 요소이면서 동시에 독립적으로 생명 조절에 관여하기 때문이다. 감정 자체는 단지 생명 유지라는 통합된 체계를 빛내 주는 왕관의 보석에 지나지 않는다.

두 번째로 중요하게 대두되는 문제는 감정과 느낌을 구별하는 일이다. 감정과 느낌은 서로 단단히 연결된 하나의 순환 과정의 일부이긴 하나 분명히 서로 구분된다. 감정과 느낌의 본질이 확연히 다르다는 사실을 인정하는 한 이 구별되는 과정들을 지칭하기 위해 어떤 단어를 선택하든 상관없다. 물론 애당초 감정과 느낌이라는 단어 자체에 어떤 문제가 있는 것도 아니고, 영어를 비롯해 이에 상응하는 번역어가 존재하는 여러 언어권에서도 이 용어들은 해당 개념을 충실히 살려 사용되고 있다. 그러니 이제 이 두 열쇠 말들을 현재의 신경생물학의 관점에서 정의하는 것부터 시작해 보자.

감정은 진화가 설계한 복잡하면서도 대체로 자동화된 행동 프로그램이다. 이런 행동은 특정 관념과 인지 방식을 포함한 인지 프로그램에 의해 보완되지만, 감정의 세계는 주로 얼굴 표정과 자세에서부터 내장기관과 내부 환경의 변화에 이르기까지 우리 몸에서 일어나는 행동들로 구성된다.

이에 반해 감정의 느낌은 우리가 감정을 경험할 때, 몸과 마음에서 일어나는 현상들에 대한 복합적인 지각이다. 신체 측면에서 보면 느낌은 행동 그 자체라기보다 그 행동에 대한 이미지이다. 즉 감정의 느낌은 뇌 안에 형성된 지각의 지도로서 수행되는 인식 활동의 세계이다. 하지만 여기에는 한 가지 전제 조건이 따른다. 감정의 느낌이라고 부를 수 있는 지각에는 앞서 논의한 원초적 느낌에 해당하는 특별한 요소가 포함되어야 한다. 이런 느낌들은 내부감각에 특별한 지위를 부여하는, 신체와 뇌 사이의 고유한 연결 구조에 기반한다. 물론 감정의 느낌으로 표상되는 신체의 다른 측면들도 존재하지만, 이 과정에서 지배적인 역할을 하는 것은 내부감각이며, 우리가 흔히 느낌적인 측면이라 부르는 지각의 본질을 책임진다.

이제 감정과 느낌을 구분하는 일반적인 기준이 비교적 명확해졌다. 감정이 생각과 특정 사고방식을 동반한 행동적 표현이라면, 감정의 느낌은 감정이 일어나는 동안 우리 몸에서 벌어지는 변화를 지각하고, 동시에 마음의 상태를 인식하는 과정이다. 행동은 할 수 있지만 마음이라는 과정을 갖추지 않은 단순한 생물체에서도 감정은 생생하게, 그리고 활발하게 작동할 수 있다. 그렇다 하더라도 감정의 느낌 상태가 반드시 뒤따라오는 것은 아니다.

감정은 뇌에서 처리된 이미지들이 편도체나 전두엽 피질의 특정 영역처럼 감정을 촉발하는 영역을 활성화시킬 때 개시된다. 이런 촉발 부위 중 하나라도 활성화되면, 특정 결과가 이어진다. 예컨대 내분비샘과 피질하핵에서 화학물질이 분비되어 뇌와 신체 양쪽에 전달되고(가령 공포의 경우 코르티솔), 특정 행동이 나타나며(가령 도피나 경직, 또다시 공포라면 위장 수축 등), 특정 표현이 드러난다(가령 공포에 질린 얼굴과 자세). 중요한 것은 적어도 인간에게서는 특정 생각과 계획도 떠오른다는 점이다. 예컨대 슬픔 같은 부정적 감정은 부정적인 사실에 대한 생각을 불러오고, 긍정적 감정은 그 반대의 사고를 촉진한다. 또한 우리 마음속에 그려진 행동 계획 역시 감정의 전반적인 신호와 일치한다. 감정이 전개되는 동안에는 감정에 걸맞은 사고 방식이 즉각 발동한다. 예컨대 슬픔은 사고를 느리게 하고, 슬픔의 원인이 된 상황에 연연하게 할 수 있으며, 기쁨은 사고를 가속화하고 관련 없는 일에는 관심이 덜 가게 한다. 이런 모든 반응이 모여 하나의 '감정 상태'를 형성한다. 이 감정 상태는 짧은 시간 동안 빠르게 일어났다가 점차 잦아들며, 새로운 감정 유발 자극이 마음에 들어와 또 다른 감정의 연쇄 반응을 일으킬 때까지 계속된다.

감정의 느낌은 감정 직후에 바로 따라오는 후속 단계로, 감정 과정이 이루어 내는 정당하고 필연적인 최종 성취물이다. 여기에는 행동과 생각, 그리고 생각이 빠르게 혹은 느리게 흐르는지, 하나의 이미지에 고착되는지 아니면 재빨리 다른 이미지로 넘어가는지 등이 모두 포함된다.

신경학적 관점에서 볼 때, 감정-느낌의 순환은 뇌에서 출발한다. 잠재적으로 감정을 유발할 수 있는 자극을 지각하고 평가한 뒤 감정이 촉발되는 순간부터 이 순환이 시작된다. 이후 이 과정은 뇌의 다른 부위와 인체 본연의 각 부위로 퍼져 나가며 감정 상태를 이룬다. 마지막 단계에서는 이 순환의 느낌 부분을 위해 뇌로 되돌아오는데, 이때는 처음 감정이 시작된 뇌 영역과는 다른 영역들이 관여한다.

감정 프로그램은 진화의 역사를 거치며 함께 발전해 온 생명 조절 기제의 구성 요소를 총망라한다. 여기에는 상황을 감지하고 탐지하는 기능, 내적 욕구의 강도를 측정하는 기능, 보상과 처벌을 통한 유인 과정, 예측 기제 등이 포함된다. 충동과 동기는 감정의 더 단순한 구성 요소이다. 이것이 바로 개인의 행복이나 슬픔이 당사자의 충동과 동기 상태를 변화시켜 욕구와 욕망의 조합을 즉각 바꾸는 이유이다.

감정 유발과 실행

감정은 어떻게 촉발될까? 사실 그 과정은 지극히 단순하다. 감정은 지금 실제로 일어나고 있거나 과거에 일어난 일을 지금 회상하면서 떠오르는 대상이나 사건의 이미지에서 비롯된다. 현재 우리가 처한 상황 역시 감정 기제에 영향을 미친다. 우리는 실제 삶의 한 장면을 살아가면서 음악 공연이나 친구의 존재에 반응할 수도 있고, 혹은 전날 분개했던 대화를 혼자 곱씹고 있을 수도 있다. '지금 이 순간'에 직접 체험되는 것이든, 기억 속에서 재구성된 것이든, 아니면 상상력을 동원해 새롭게 창조된 것이든, 그 기원이 어떻든 이미지들은 감정의 연쇄적 사건을 촉발하는 도화선이 된다. 이렇게 처리된 이미지에서 나온 신호들은 뇌의 여러 부위로 전달된다. 이 중 일부는 언어에, 일부는 운동에, 또 다른 일부는 추론을 담당하는 작업에 관여한다. 관련된 부위가 어디든 활성화가 일어나면 각양각색의 반응이 이어진다. 예컨대 어떤 대상을 떠올릴 때, 그에 맞는 단어가 생각나거나 그 대상에 대한 결론을 내리게 해 주는 다른 이미지들이 빠르게 연상되는 것이 그러한 예이다. 그런데 특히 중요한 것은 특정 대상을 표상하는 이미지에서 나온 신호들이 감정적 연쇄 반응을 촉발할 수 있는 뇌 영역에도 도달한다는 점이다. 예컨대 공포 상황에서는 편도체가, 연민을 자아내는 상황에서는 복내측 전전두 피질이 대표적이다. 이런 신호들은 모든 부위에 전달되긴 하지만, 그중에서도 특정 신호의 조합이 충분히 강하고 맥락이 맞아떨어질 때, 특정 부위만이 선택적으로 활성화되는 경향이 있다. 다시 말해 같은 신호를 받은 여러 부위 중 특정 부위만 활성화되고, 나머지는 그렇지 않은 식이다. 특정 자극이 특정 뇌 영역을 작동시키는 방식은 마치 자물쇠를 여는 데 꼭 맞는 열쇠를 사용하는 것과 같다고나 할까. 그럼에도 이 비유만으로는 감정 기제가 지닌 역동성과 유연성을 온전히 담아내지 못한다. 공포를 유발하는 자극의 경우가 바로 그렇다. 공포 자극은 흔히 편도체를 활성화시켜 공포의 연쇄 반응을 여과 없이 촉발한다. 동일한 자극의 묶음이 다른 부위들을 활성화시킬 가능성은 그리 높지 않지만, 가끔 어떤 자극은 모호해서 둘 이상의 뇌 부위를 동시에 활성화시키고, 그로 인해 복합적인 감정 상태가 만들어지기도 한다. 바로 그때 혼합된 감정에서 비롯된 '혼합된' 느낌, 즉 우리에게 익숙한 달콤쌉쌀한 순간이 찾아온다.

    면역계가 외부 침입자에 대응하는 전략이 여러 면에서 이와 유사하다. 림프구라 불리는 백혈구는 자신의 세포 표면에 침입자 항원만큼이나 방대한 항체 레퍼토리antibody repertoire를 보유하고 있다. 외부 항원이 혈류에 들어와 림프구와 접촉하면, 결국 그 형태에 가장 잘 맞는 항체와 결합하게 된다. 마치 열쇠가 자물쇠에 맞물리듯

항원이 항체와 결합하는 순간, 특정 반응이 촉발된다. 림프구는 해당 항체를 대량 생산해 침입한 항원을 파괴하도록 돕는다. 나는 이런 면역 반응을 연상시키는 한편, 감정 장치와 생명 유지 기제 간의 형식적 유사함을 부각시키고자 '감정적으로 유효한competent 자극'이라는 용어를 제안한 바 있다.

'열쇠가 자물쇠에 맞는 순간' 이후에 벌어지는 일은 말 그대로 혼돈을 조성한다고밖에는 달리 표현할 길이 없다. 뇌에서부터 인체 본연의 거의 모든 부위에 이르기까지 기존의 생명 상태가 유기체의 여러 층위에서 한순간에 흔들린 탓이다. 예컨대 공포의 경우 이런 교란은 다음과 같은 방식으로 진행된다.

편도체의 핵들이 시상하부와 뇌간에 명령을 보내 여러 반응을 동시에 일으킨다. 심장 박동과 혈압, 호흡 패턴, 장 수축 상태가 달라진다. 피부의 혈관은 수축하고, 코르티솔이 혈액 속으로 분비되면서 추가적인 에너지 소비에 대비해 신체의 대사 양상도 바뀐다. 안면 근육이 움직이면 공포 특유의 표정을 짓게 된다. 공포를 불러일으키는 이미지가 어떤 맥락에서 등장하느냐에 따라 유기체는 제자리에 얼어붙거나 위험에서 도망칠 수 있다. 얼어붙거나 도망치는 이 두 가지 특정 반응은 뇌간의 수도관주위 회색질의 별도 영역에서 정교하게 제어되는데, 각각의 반응에는 고유한 움직임과 생리적 변화가 뒤따른다. 얼어붙는 선택지는 몸이 자동으로 굳어지고, 호흡은 얕아지며, 심장 박동이 느려진다. 이런 변화는 공격자의 시선을 피하려 할 때 유리하다. 반면 도망치는 선택지는 자동으로 심장 박동이 빨라지고, 다리로 가는 혈류가 늘어난다. 도주하려면 다리 근육에 충분한 영양이 공급되어야 하기 때문이다. 게다가 뇌가 도망치는 반응을 택하면, 수도관주위 회색질이 통증 처리 경로를 자동으로 약화시킨다. 어떤 연유에서일까? 도주 중에 다치더라도 극심한 통증 때문에 움직이지 못하게 될 위험을 최소화하기 위해서이다.

이런 반응 메커니즘은 너무도 정교해서 소뇌라는 또 다른 구조물까지 합세해서 공포 표현 수위를 조절하려 애쓸 정도이다. 그래서 해군 특수부대SEAL나 해병대원으로 훈련받은 사람들은 온실 속 화초처럼 자란 이들과는 전혀 다른 방식으로 공포에 대처한다.

마지막으로 대뇌 피질에서 이루어지는 이미지 처리 역시 현재 진행 중인 감정에 영향을 받는다. 예컨대 주의력과 작업 기억 같은 인지 자원들이 그에 걸맞게 조절된다. 특정 주제에 관한 사고는 감정 상태에 따라 떠올리기 어려워지는데, 예컨대 총을 든 괴한에게서 도망칠 때 섹스나 음식에 대해 생각하기란 도통 쉽지 않다.

불과 수백 밀리초 만에 감정의 연쇄 작용은 여러 내장기관의 상태, 내부 환경, 얼굴과 자세를 이루는 횡문근, 우리의 사고 속도와 사고 주제들까지 한꺼번에 바꿔 버린다. 이런 변화가 분명 교란이라는 데에는 누구도 쉽게 이견을 제기하기 어려울 것이다. 감정이 강렬할수록 철학자 마사 누스바움이 사용한 격동upheaval이라는 용어가 더 어울려 보인다.[38] 이 모든 노력에는 복잡한 협응과 상당한

---

[38] Martha C. Nussbaum, *Upheavals of Thought: The Intelligence of Emotions*, Cambridge: Cambridge University Press, 2001(한국어판은 마사 누스바움, 『감정의 격동』 조형준 옮김, 새물결, 2015).

에너지 소모가 따르기 때문에 감정적으로 지치는 것은 어찌 보면 당연하다. 이토록 막대한 대가를 치르는 각고의 노력은 대체로 유용한 목적을 갖지만, 꼭 그런 것만은 아니다. 공포는 간혹 왜곡된 문화가 만들어 낸 허위 경보에 불과할 수 있다. 이런 경우 공포는 생명을 구하기는커녕 스트레스의 원인이 되어서 시간이 지남에 따라 정신적으로나 육체적으로 생명에 해를 끼친다. 이런 격동은 결국 부정적인 결과를 초래할 수밖에 없다.39

신체 내에서 일어나는 감정 변화의 전체 양상 중 일부는 어떤 형태로든 4장에서 간략히 설명한 메커니즘을 통해 뇌로 전달된다.

윌리엄 제임스의 별난 사례

느낌의 생리학으로 넘어가기 전에, 윌리엄 제임스를 소환해 감정과 느낌의 현상에 대한 그의 견해가 제임스 자신과 이후 감정 연구에 어떤 상황을 초래했는지 살펴보는 것이 좋겠다.

제임스의 다음 인용문은 이 문제를 일목요연하게 짚어 낸다.

우리가 감정을 생각하는 자연스러운 방식은, 어떤 사실을 정신적으

---

39 R. M. Sapolsky, *Why Zebras Don't Get Ulcers: An Updated Guide to Stress, Stress-related Diseases, and Coping*, New York: W. H. Freeman, 1998(한국어판은 로버트 새폴스키, 『스트레스: 당신을 병들게 하는 스트레스의 모든 것』, 이재담·이지윤 옮김, 사이언스북스, 2008); David Servan-Schreiber, *The Instinct to Heal: Curing Stress, Anxiety, and Depression Without Drugs and Without Talk Therapy*, Emmaus, Pa.: Rodale, 2004.

로 지각하면 그것이 감정이라는 정신적 정동affection을 유발하고, 이 후자의 정신 상태가 다시 신체적 표현을 일으킨다고 보는 것이다. 그런데 내가 주장하는 바는 흥분을 유발하는 자극적 사실을 지각 PERCEPTION한 직후 곧바로 신체적 변화가 일어나며, 그 변화들을 우리가 느끼는 것 자체가 바로IS 감정이라는 것이다.40

이 인용문은 1884년 제임스의 원문을 그대로 옮긴 것으로, 지각과 바로가 대문자로 강조되어 있다.

제임스가 제시한 이 관점의 중요성은 아무리 강조해도 지나치지 않다. 제임스는 기존의 전통적인 사건 순서를 완전히 뒤집어 원인이 되는 자극과 감정 경험 사이에 신체를 끼워 넣었다. 더 이상 감정이라 불리는 '정신적 정동'이 '신체 반응을 일으키는' 것이 아니라 오히려 자극에 대한 지각이 특정 신체 변화를 일으킨다는 것이다. 이런 관점은 당시로서는 상당히 파격적인 제안이었지만, 현대 연구들은 역시 그의 주장을 전적으로 지지하고 있다. 그럼에도 제임스의 인용문에는 중대한 허점이 보인다. 제임스는 태연자약하게 '우리가 느끼는 그 신체 변화'에 대해 분명히 언급해 놓고서는 그 느낌이 바로 '감정 그 자체'라고 단정해 버림으로써 문제를 혼란스럽게 만들었다. 이는 감정과 느낌을 혼동하는 것과 다름없다. 제임스는 감정을 신체 변화를 일으키는 정신적 정동으로 보는 기존의 관점은 거부했지만, 결국 신체 변화에 대한 느낌으로서의 정신적 정동이

40 William James, "What Is an Emotion?", *Mind* 9, 1884, pp. 188~205.

라는 형태로 감정을 받아들인 셈이다. 문제는 이런 감정 개념이 내가 앞서 제시한 것과는 완전히 다른 배열이라는 점이다. 이것이 아쉬운 표현상의 문제인지, 아니면 제임스가 실제 생각했던 것인지는 불분명하다. 어쨌든 감정을 행동 프로그램으로 보는 내 입장은 제임스가 자신의 글에서 밝힌 견해와는 일치하지 않는다. 그의 느낌 개념 역시 내가 말하는 것과는 동떨어져 있다. 하지만 느낌의 메커니즘에 대한 그의 생각은 내가 제시한 느낌의 신체 순환 메커니즘과 매우 유사하다(제임스는 가상의 메커니즘을 상정하지 않았지만, 문헌의 각주를 미루어 짐작해 보면, 그런 메커니즘의 필요성은 충분히 이해하고 있었던 것으로 보인다).

20세기 내내 제임스의 감정 이론에 쏟아졌던 대부분의 비판은 따지고 보면 바로 이 단락에 드러난 그의 표현 방식이 화근이었다. 찰스 셰링턴과 월터 캐넌 같은 당대 최고의 생리학자들은 제임스의 말을 곧이곧대로 차용한 나머지 자신들의 실험 결과가 제임스가 제안한 메커니즘과 양립할 수 없다고 결론지었다. 비록 셰링턴과 캐넌의 해석이 틀렸다고 해도, 그들의 오해를 두고 전적으로 그들만을 탓할 수는 없다.[41]

한편 제임스의 감정 이론에는 타당한 비판도 충분히 제기될 수 있다. 예컨대 제임스는 자극에 대한 평가 과정을 완전히 배제한 채 감정의 인지적 측면을 단순히 자극과 신체 활동을 지각하는 것에

---

41 W. B. Cannon, "The James-Lange Theory of Emotions: A Critical Examination and an Alternative Theory", *American Journal of Psychology* 39, 1927, pp. 106~124.

만 국한시켰다. 제임스에 따르면 흥분을 유발하는 사실(이것은 나의 감정적으로 유효한 자극과 동일하다)을 지각하면, 이와 직결된 신체적 변화가 바로 뒤따른다. 알다시피 오늘날 우리는 실제로 이처럼 빠른 지각에서 곧바로 감정이 유발되는 경우도 있지만, 대부분의 경우 자극은 중간에 평가라는 단계를 거친다. 자극은 뇌를 통과하면서 선별되고 방향이 조정되고, 최종적으로 감정을 유발하는 특정 뇌 영역에 전달된다. 이 평가 단계는 실로 짧고 비의식적으로 일어나기도 하지만, 그 존재 자체는 부정할 수 없다. 이런 점에서 제임스의 견해는 마치 자극이 늘 민감한 가동 버튼을 건드려 폭발을 일으키는 것처럼 희화화되고 말았다. 더 중요한 것은 어떤 감정 상태에서 발생하는 인지가 제임스가 생각한 것처럼 단지 동일한 자극과 신체 변화의 이미지로만 한정되지 않는다는 점이다. 인간에게서는 이미 확인했듯, 감정 프로그램은 신체 변화와 더불어 특정한 인지적 변화 역시 불러온다. 이런 변화를 감정의 후기late 구성 요소로 간주할 수도 있고, 혹은 곧 다가올 감정의 느낌에 대해 미리 예견하고 비교적 일정하게 나타나는 인지적 구성 요소로 이해할 수도 있다. 하지만 이런 해석상의 논란이 존재하더라도 제임스의 탁월한 공헌은 조금도 퇴색되지 않는다.

감정의 느낌

먼저, 실용적 정의를 내리고 시작하자. 감정의 느낌이란 다음 두 가지 요소로 이루어진 복합적 지각이다. (1) 실제 혹은 시뮬레이션된 감정 상태에서 나타나는 특정 신체 상태와 (2) 인지 자원의 변화와 특정한 정신적 대본의 적용이 바로 그것이다. 이런 지각들은 우리 마음속에서 그 원인이 되는 대상과 긴밀하게 연결되어 있다.

감정의 느낌이 주로 감정 상태에서 드러나는 자신의 신체 상태를 지각하는 것이라는 점이 명확해지면, 모든 감정의 느낌에는 그 순간의 원초적 느낌을 주제로 한 일종의 변주가 담겨 있다고 할 수 있다. 여기에서 말하는 원초적 느낌이란 매 순간 그 구성 양상이 달라지기도 하고, 내부감각과 관련되거나 그렇지 않을 수 있는 다양한 신체 변화들이 함께 결합된 상태를 의미한다. 더불어 이런 느낌의 기층과 관련된 신경학적 기반을 찾고자 한다면 뇌의 이미지 형성 영역, 특히 상부 뇌간과 대뇌 피질의 체감각 관련 부위라는 두 구역을 염두에 두어야 한다는 점 역시 분명해진다.

대뇌 피질층에서 느낌을 주로 담당하는 영역은 섬피질이다. 섬피질은 전두엽과 두정엽 양쪽의 덮개 아래 깊숙이 자리 잡고 있어 상대적으로 눈에 띄지 않는 구조이다. 이름에서 알 수 있듯, 확실히 섬처럼 생겼으며, 여러 개의 이랑$_{gyri}$으로 나누어져 있다. 섬피질의 앞쪽 부분은 진화적 유산으로 미각과 후각을 관장한다. 또한 혼란을 다소 가중시키는 일이긴 하지만, 느낌을 비롯한 일부 감정 유발에도 사용되는 플랫폼이기도 하다. 특히 섬피질은 혐오감이라는 중요한 감정을 촉발하는 지점이다. 혐오감은 가장 원초적인 감정 중 하나인데, 원래 독성이 있을 수 있는 음식물이 체내에 들어오는 것을 막기 위한 자동 반응에서 비롯되었다. 인간은 상한 음식을 보거나 그에 동반된 악취와 역겨운 맛을 느낄 때뿐 아니라 대상이나 행위의 순수성이 훼손되어 '오염'된 다양한 상황에서도 혐오감을 느낀다. 주목할 만한 점은 도덕적으로 용납할 수 없는 행위를 인식할 때도 인간은 혐오감을 느낀다는 점이다. 결국 인간의 혐오 프로그램 중 많은 부분, 특히 전형적인 혐오의 얼굴 표정은 사회적 감정인 경멸로 흡수되었다. 경멸은 흔히 도덕적 혐오감을 은유적으로 표현할 때 사용된다.

섬피질의 뒤쪽 부분은 현대의 신피질로 구성되어 있으며, 중간 부분은 계통 발생적으로 중간 단계에 속한다. 섬피질은 예로부터 내장 기능과 관련이 깊다고 알려져 왔듯이 내장을 표상하고 그 조절에 관여한다. 섬피질은 일차 및 이차 체감각피질(SI, SII)과 함께 신체의 지도를 제작하는 공동 작업자이다. 실제로 내장과 내부 환경을 기준으로 볼 때, 섬피질은 일차 시각 피질이나 청각 피질에 필적하는 위상을 갖는다.

1980년대 후반, 나는 체감각피질이 느낌에 일정한 역할을 할 것이라는 가설을 제시하면서 느낌을 생성하는 유력한 뇌 부위로 섬피질을 지목했다. 당시 나로서는 편도체처럼 행동 유발에만 초점을 맞춘 뇌 영역에 느낌의 기원을 두려는 가망 없는 발상에서 벗어나고 싶었다. 그 시절만 해도 감정에 대해 논의하는 것만으로도 동정 어린 시선이나 조롱을 감수해야 했고, 느낌에 별개의 기층이 존재한다고 제안하면 당혹스러운 반응이 돌아오곤 했다.[42] 하지만

---

42 Antonio Damasio, *Descartes' Error*(한국어판은 다마지오, 『데카르트의 오류』).

2000년대 이후 우리는 실제로 섬피질의 활성화가 감정과 연관된 느낌은 말할 것도 없고, 쾌락이나 고통의 다양한 정도에 이르기까지 상상 가능한 거의 모든 종류의 느낌과 밀접하게 연결되어 있다는 사실을 알게 되었다. 예컨대 좋아하거나 싫어하는 음악 듣기, 아끼는 사진이나 소재, 혹은 혐오감을 자아내는 사진 보기, 와인 마시기, 성행위, 약물 과다 복용, 약물 중단에 따른 금단 증상 등 다양한 자극에서 느낌이 유발된다.43 섬피질이 느낌의 중요한 기층이라는 아이디어는 분명히 옳았다.

하지만 느낌의 상관물을 살펴보면 섬피질만이 전부는 아니다. 우리가 느낌을 경험할 때, 전대상피질 anterior cingulate cortex 역시 섬피질과 병행해 활성화되는 경향이 강하다. 섬피질과 전대상피질은 상호 연결을 통해 긴밀하게 맞물려 결합되어 있다. 섬피질은 감각 처리에 더 치우쳐 있긴 하지만, 감각과 움직임을 모두 아우르는 이중 플레이를 한다. 반면 전대상피질은 전적으로 운동 기능을 담당하는 구조이다.44

물론 가장 중요한 것은 (앞서 3장과 4장에서 논의했듯이) 여러 피질하 영역 역시 느낌 상태의 형성에 일정 부분 기여한다는 사실이다. 고립로핵과 부완핵 같은 영역들은 신체 내부로부터의 신호를

---

43 A. Damasio, T. Grabowski, A. Bechara, H. Damasio, Laura L. B. Ponto, J. Parvizi, and Richard D. Hichwa, "Subcortical and Cortical Brain Activity During the Feeling of Self-generated Emotions", *Nature Neuroscience* 3, 2000, pp. 1049~1056.

44 A. Damasio, "Fundamental Feelings", *Nature* 413, 2001, p. 781; A. Damasio, *Looking for Spinoza*, New York: Harcourt Brace, 2003(한국어판은 안토니오 다마지오, 『스피노자의 뇌: 기쁨, 슬픔, 느낌의 뇌과학』 임지원 옮김, 사이언스북스, 2007).

시상의 전용 영역으로 전달하고, 다시 이 시상 영역에서 섬피질로 신호를 넘긴다는 이유로, 처음에는 신체 내부 신호의 중계소로 여겨져 왔다. 하지만 앞서 언급했듯, 이 핵들의 특수한 지위를 고려할 때, 느낌은 이미 이런 피질하 핵들의 활성화에서부터 시작된다고 볼 수 있다. 이들 핵은 내장과 내부 환경에서 오는 정보를 가장 먼저 받아들이고, 신체 내부 전반의 신호를 통합할 수 있는 최초의 영역이다. 척수에서 간뇌로 올라가는 상향 경로에서 이들 구조는 흉부와 복부의 내장기관은 물론 팔다리와 머리의 내장적 측면visceral aspects까지 포함해 신체 전체의 내부 지형에 대한 신호를 제일 먼저 통합하고 조절한다.

이전에 살펴본 여러 증거를 종합해 보면, 느낌이 피질하에서 생긴다는 견해는 충분히 설득력이 있다. 실제로 섬피질이 완전히 손상되었음에도 뇌간 구조가 온전하다면, 광범위한 느낌 상태가 가능하다. 또한 섬피질과 다른 체감각피질은 없지만 뇌간 구조가 온전한 무뇌수두증 아이들은 느낌 상태를 암시하는 행동을 보인다.

느낌의 생성에서 이와 못지않게 중요한 것은, 내가 마음과 자아의 얼개를 설명하기 위해 제안한 생리학적 배열이다. 즉 신체 지도를 만들어 내고 이를 바탕으로 느낌을 뒷받침하는 뇌의 여러 영역이 지도를 그려 내는 바로 그 신호의 원천과 공명 회로를 이룬다는 점이다. 신체 지도화를 담당하는 상부 뇌간의 기전은 자신이 제작하는 지도의 원천과 직접 상호작용하면서 신체와 뇌 사이의 긴밀한 결합을 형성하고, 둘을 거의 하나로 융합시킨다. 감정의 느낌은 유기체 내부에서 유례를 찾기 힘든 생리학적 체계로부터 태동한다.

이 단락을 마무리하면서 느낌 상태의 중요한 구성 요소 가운데 하나를 다시 한번 떠올려 보려 한다. 그것은 바로 현재의 감정 상태가 이끌어 내는 온갖 생각들이다. 앞서 언급했듯, 이런 생각 중 일부는 감정 프로그램의 한 부분으로서 감정이 전개되는 동안 인지적 맥락이 감정과 조화를 이루도록 한다. 하지만 나머지 생각들은 감정 프로그램의 전형적인 구성 요소라기보다는 전개되는 감정에 뒤따라 나타나는 후기적 인지 반응에 가깝다. 이런 반응들이 불러일으키는 이미지들은 처음 감정을 일으킨 대상에 대한 표상, 감정 프로그램의 인지적 요소, 신체 상태에 대한 지각적 판독과 더불어 느낌을 구성하는 지각의 일부로 통합된다.

우리는 어떻게 감정을 느낄까?

본질적으로 감정은 세 가지 방식으로 우리의 느낌을 만들어 낸다. 그중 첫 번째이자 가장 확실한 방법은 감정이 우리 몸을 변용시키는 것이다. 어떤 감정이든 신체 변형을 충실하고 신속하게 실행하는데, 감정은 곧 행동 프로그램이고, 그 결과로 몸의 상태가 달라지는 것이기 때문이다.

이제 뇌는 끊임없이 변하는 신체 상태에서 전달되는 신호를 적절한 지도화 영역에서 계속 감지하고, 활용하며, 필요에 따라 조정한다. 이렇게 해서 느낌의 기층을 지속적으로 생성한다. 감정이 진행되는 동안에는 특정 변화들이 연이어 일어나고, 감정의 느낌 지도는 뇌간과 섬피질에서 이미 제작되고 있던 신체 지도 위에 새로운 변용을 겹쳐 기록하는 방식으로 형성된다. 이런 지도들은 결과적으로 여러 부위에 걸쳐 복합적이고 다채로운 이미지의 기층을 이룬다.45

느낌 상태가 감정 그 자체와 연결되기 위해서는 감정을 유발한 원인이 무엇인지, 그 원인이 되는 대상이 언제 등장했는지, 그로 인해 감정 반응이 언제 시작됐는지에 대한 정보가 뇌에서 정확히 파악되어야 한다. 이 점은 시각, 청각, 후각에서 작동하는 방식과는 확연히 다르다. 그런 감각들은 바깥세상에 초점을 맞추기 때문에 해당 감각의 지도를 생성하는 영역들은 마치 백지에서 시작하듯 무한한 패턴을 새롭게 만들어 낼 수 있다. 하지만 신체 감각을 담당하는 영역은 그렇지 않다. 이들 영역은 구조적으로 신체 내부를 향해 있고, 몸에서 끊임없이 보내오는 비슷한 신호에 붙들려 있는 상태이다. 이처럼 신체 중심으로 작동하는 뇌는 실제로 신체와 그 신호의 포로나 다름없다.

이런 이유로, 느낌이 생성되는 첫 번째 방식은 내가 신체 회로라고 부르는 경로를 필요로 한다. 하지만 이 외에도 적어도 두 가지

---

45 A. D. Craig, "How Do You Feel — Now? The Anterior Insula and Human Awareness", *Nature Reviews Neuroscience* 10, 2009, pp. 59~70도 참조. 크레이그는 섬피질이 신체적·감정적 느낌 상태의 기층을 제공할 뿐 아니라 이런 상태에 대한 자각 자체도 섬피질에서 기원한다고 주장한다. 하지만 그의 가설과 정면으로 충돌하는 증거도 있다. 내가 3장과 4장에서 제시했듯, 섬피질이 손상되어도 느낌과 의식이 또렷하게 남아 있는 경우가 있고, 심지어 피질이 없는 어린이에게서도 느낌이 존재할 가능성이 크다.

방식이 더 존재한다. 그중 하나는 4장에서 소개한 가상의 신체 회로에 의존하는 방식이다. 이름이 암시하듯, 이 메커니즘은 일종의 손재주를 부리는 속임수이다. 전형적인 감정의 연쇄 반응을 시작하는 뇌 영역이 섬피질 같은 신체 지도화 영역에 실제로 몸이 감정 상태에 들어선 것처럼 반응하라고 지시할 수 있다. 다시 말해 감정 촉발 영역이 섬피질에 '가상의' 감정 상태 X를 묘사하는 신호를 이미 받고 있는 것처럼 발화 패턴을 취하라고 명령을 내리는 식이다. 이런 우회로 메커니즘의 장점은 명명백백하다. 완전한 감정 상태를 유도하려면 시간이 오래 걸리고, 귀중한 에너지 역시 대량으로 소모된다. 이런 사정이 아니라면 굳이 지름길을 택할 이유가 있을까? 분명히 바로 이런 시간적·에너지적 경제성 때문에 이 메커니즘은 뇌 속에 정착되었을 것이다. 또 다른 측면에서 보면 뇌는 똑똑하면서도 극도로 게으르다. 할 수만 있다면 더 적게 일하려 하고, 뇌는 언제든 그렇게 하려 든다. 마치 미니멀리즘의 원칙을 신조처럼 따르는 것과 같다고나 할까.

　그런데 가상 메커니즘에는 한 가지 함정이 있다. 다른 모든 시뮬레이션과 마찬가지로 실재에는 완전히 못 미친다는 점이다. 나는 가상의 느낌 상태가 누구에게나 흔하고 우리의 감정성emotionality에 따른 비용을 아껴준다는 점만큼은 확실하다고 본다. 하지만 동시에 그것은 어디까지나 신체-회로적 느낌body-looped feeling의 약화된 버전에 불과하다고 추측한다. 가상의 패턴은 신체-회로적 느낌 상태처럼 실감날 수 없다. 가상의 패턴은 단순한 모방일 뿐 실재가 아니기 때문이고, 이처럼 약화된 가상의 패턴은 정상적인 신체 회로 방식에 비해 신체 패턴을 제대로 반영하지 못하기 때문이다.

느낌 상태가 생성되는 또 다른 방식은 신체에서 뇌로 전달되는 신호 자체를 변경하는 것이다. 천연 진통제의 작용이나 혹은 신체의 신호 전달을 방해하는 약물(진통제, 마취제 등)의 투여로, 뇌는 그 순간의 실제 신체 상태와 다른 왜곡된 모습을 전달받는다. 우리가 익히 알고 있듯 공포 상황에서 뇌가 경직 대신 도주 반응을 택하면, 뇌간은 통증 전달 회로의 일부를 차단시켜 버린다. 마치 전화선 플러그를 뽑아 버리는 것과 같다. 이런 반응을 통제하는 수도관주위회색질은 천연 아편 유사물질 분비를 지시해 진통제를 복용했을 때와 정확히 같은 효과를 낸다. 즉 통증 신호를 없애 버리는 것이다.

엄밀히 말하면 우리는 여기에서 신체에 대한 일종의 환각을 다루고 있다. 왜냐하면 뇌가 자신의 지도에 등록한 정보와 의식 있는 마음이 느끼는 신체 감각이 실제로 지각하는 현실과 일치하지 않기 때문이다. 신체 신호의 전송이나 지도화를 바꿀 수 있는 물질을 섭취할 때마다 우리는 이 메커니즘을 자유자재로 활용하는 셈이다. 알코올이 그렇고, 진통제와 마취제도 마찬가지이다. 그 밖에 온갖 남용 물질들도 예외가 아니다. 명백한 사실은 사람들이 이런 물질에 끌리는 이유가 단순한 호기심 때문만은 아니라는 점이다. 그것은 통증 신호가 차단되고, 쾌감 신호가 유도될 때 느껴지는 그 행복감을 놓치고 싶지 않은 강렬한 욕망 탓이다.

감정과 느낌의 시간성

최근 연구에서 동료 데이비드 루드라우프는 뇌자도를 이용해 인간 뇌에서 감정과 느낌이 시간에 따라 어떻게 전개되는지 조사했다.[46] 뇌자도는 뇌 활동의 공간 해상도 면에서는 자기공명영상만큼 정밀하지 않지만, 뇌의 넓은 영역에서 특정 과정에 소요되는 시간을 추정하는 데에는 탁월한 기술력을 자랑한다. 우리가 이 방법을 선택한 것도 바로 이런 시간적 특성 때문이다.

루드라우프의 실험에서는 유쾌하거나 불쾌한 시각 자극에 대한 감정 및 느낌 반응과 관련된 뇌 활성의 시간 경과를 추적했다. 시각 피질에서 자극이 처음 처리되는 순간부터 실험 참가자가 느낌을 자각하고 이를 보고하는 순간까지 약 500밀리초, 곧 약 0.5초가 걸렸다. 이 시간을 길다고 해야 할까, 짧다고 해야 할까? 관점에 따라 다르겠지만, '뇌의 시간'에서 보면 신경세포가 약 5밀리초 만에 발화할 수 있다는 점에서 엄청나게 긴 시간이다. 반면 '의식하는 마음의 시간'에서 보면 그리 길지 않다. 500밀리초라는 시간은 우리가 지각 패턴을 의식하는 데 필요한 약 200밀리초, 그리고 개념을 처리하는 데 걸리는 700~800밀리초 사이에 위치하기 때문이다. 더 나아

---

[46] D. Rudrauf, J. P. Lachaux, A. Damasio, S. Baillet, L. Hugueville, J. Martinerie, H. Damasio, and B. Renault, "Enter Feelings: Somatosensory Responses Following Early Stages of Visual Induction of Emotion", *International Journal of Psychophysiology* 72, no. 1, 2009, pp. 13~23; D. Rudrauf, O. David, J. P. Lachaux, C. Kovach, J. Martinerie, B. Renault, and A. Damasio, "Rapid Interactions Between the Ventral Visual Stream and Emotion-Related Structures Rely on a Two-Pathway Architecture", *Journal of Neuroscience* 28, no. 11, 2008, pp. 2793~2803.

가 500밀리초를 초과하는 시점부터 느낌은 수 초 혹은 수 분간 지속될 수 있다. 이런 경과는 반복적인 일종의 반향 작용을 통해 유지되는 것으로 보이며, 특히 강렬한 느낌일수록 이런 경향이 두드러진다.

감정의 다양성

인간이 가진 저마다의 감정을 일일이 열거하거나 분류하려는 시도는 별다른 의미가 없다. 감정을 구분하는 전통적 기준들 역시 완벽하지 않다. 어떤 목록이든 특정 감정을 누락시키거나 반대로 어떤 감정은 과도하게 포함한다는 지적에서 자유롭지 못하기 때문이다. 대략적인 기준으로 보자면 감정이라는 용어는 식별 가능한 대상이나 사건, 즉 감정적으로 유효한 자극에 의해 촉발되는 비교적 복잡한 행동 프로그램(단순 반사 반응 같은 것을 여러 개 포함하고 있는 것)에 한정해서 쓰는 것이 적절하다. 소위 보편적으로 인정되는 감정들(공포, 분노, 슬픔, 기쁨, 혐오, 놀람)은 이 기준을 충족한다고 볼 수 있다. 여하튼 이런 감정들은 문화권을 초월해 생겨났으며, 그 행동 프로그램에 따라 드러나는 얼굴 표정이 워낙 특징적이라 누구나 쉽게 알아볼 수 있다. 어떤 문화에서는 이런 감정을 가리키는 고유한 명칭이 없는데, 그렇더라도 감정 자체가 없는 것은 아니다. 또한 이런 감정들이 인간뿐 아니라 동물에게서도 보편적으로 발견된다는 인식이 일찍부터 퍼졌는데, 여기에는 찰스 다윈의 공로가 지대했다.

감정 표현 방식의 보편성은 감정 행동 프로그램이 얼마나 선천적이고 자동화되어 있는지를 잘 보여 준다. 물론 감정이 표출될 때마다 구성 동작의 강도나 지속 시간은 미세하게 조절될 수 있어서 표현이 조금씩 달라질 수는 있다. 그럼에도 기본적인 프로그램의 작동 방식은 모든 신체 수준에서 표준화되어 있다. 예컨대 외부 동작뿐 아니라 심장·폐·장·피부 등 내장기관의 반응이나 내분비 변화에서도 마찬가지이다. 같은 감정이 표출될 때마다 약간의 차이는 있을 수 있지만, 그 차이가 당사자나 주변 사람이 알아보지 못할 정도로 크게 달라지지는 않는다. 마치 거슈윈의 <서머타임>이라는 곡이 연주자에 따라, 혹은 같은 연주자라 해도 연주 시점에 따라 어떻게 달라지는지 정도라고나 할까? 전체적인 행동의 윤곽이 유지되어 하나의 감정은 여전히 완벽하게 식별된다.

감정이 학습을 통해 획득되는 것이 아니라 자동화되어 있으며, 예측 가능한 안정적인 행동 프로그램이라는 사실은 감정의 기원이 자연선택과 그에 따른 유전적 설계에서 비롯되었다는 점을 방증한다. 이런 유전적 지침은 진화 과정에서 잘 보존되어 뇌가 신뢰할 만한 특정 방식으로 조립되도록 이끌었다. 그 결과 특정 신경 회로가 감정적으로 유효한 자극을 처리하고, 감정 촉발 뇌 부위가 완벽한 감정 반응을 만들어 내게 되었다. 감정과 그 기저에 깔린 현상들은 생명 유지와 이후 개인의 성장에 지극히 필수적이기 때문에 발달 초기부터 안정적으로 발현된다.

감정이 학습되지 않고, 자동화되어 있으며, 유전체에 의해 설정된다는 사실은 늘 유전적 결정론의 망령을 불러들인다. 그렇다면 개인적인 감정에는 그 사람만의 특성이나 교육적 요인이 전혀 없는 것일까? 그럴 리가 있겠는가. 정상적인 뇌를 가진 사람들 사이에서는 감정의 기본 메커니즘이 상당히 유사한 것이 확실하다. 이런 공통된 메커니즘 덕분에, 인류는 서로 다른 문화권에서도 고통과 쾌락에 대한 기본적인 선호를 공유할 수 있고, 이는 분명 긍정적인 일이 아닐 수 없다. 하지만 메커니즘이 비슷하다고 해서 어떤 자극이 감정적으로 유효한 상황으로 받아들여지는 것은 사람마다 다를 수밖에 없다. 여러분은 두려워하지만 나는 전혀 두렵지 않을 수도 있고, 그 반대의 경우도 있다. 여러분이 사랑하는 것을 내가 사랑하지 않을 수도 있고, 그 반대도 마찬가지이다. 물론 우리 모두가 두려워하고 사랑하는 것들도 부지기수이다. 다시 말해 감정 반응은 그것을 유발하는 자극에 따라 상당히 개별화되어 있다. 이런 점에서 우리는 꽤나 비슷하지만, 완전히 똑같지는 않다. 이 개별성에는 또 다른 측면도 있다. 우리는 성장 과정에서 겪은 문화적 영향이나 개인적인 교육을 바탕으로 감정 표현을 어느 정도 조절할 수 있게 된다. 주지하다시피 누구나 웃음이나 울음 같은 감정을 공개적으로 표현하는 방식이 문화권마다 다르고, 심지어 같은 문화 안에서도 사회 계층에 따라 다르게 나타난다. 감정 표현은 서로 닮았지만, 똑같지는 않다. 그것은 조절될 수 있고, 뚜렷한 개인차를 드러내기도 하며, 때로는 소속된 특정 사회집단을 은연중에 비출 수도 있다.

    감정 표현이 의도적으로 조절될 수 있다는 점에는 논란의 여지가 없다. 하지만 감정의 조절 수위는 겉으로 드러나는 부분에 국한될 수밖에 없다. 감정에는 다른 많은 반응이 포함되어 있고, 그중 상당수는 타인의 눈에 보이지 않는 내적 반응이기 때문에, 우리가 아무리 의지력을 발휘해 감정을 억제하려고 해도 대부분의 감정 프로그램은 여전히 실행된다. 더 중요한 것은 우리가 아무리 애써서 외적인 감정 표현을 억제하려 해도 감정 변화의 어울림concert을 자각한 뒤 생기는 감정의 느낌은 그대로 발생한다는 점이다. 감정과 느낌은 각각 매우 다른 생리적 메커니즘을 좇아 두 얼굴을 가진다. 비극적인 소식을 듣고도 입술을 굳게 다무는 금욕주의자를 만났을 때, 그가 고뇌나 두려움을 느끼지 않는다고 속단하지 마시라. 포르투갈의 옛 속담에 이런 지혜가 고스란히 담겨 있다. "얼굴만 보는 자는 결코 마음을 볼 수 없다."47

감정의 상한선과 하한선

보편적인 감정 외에도 우리가 자주 볼 수 있는 두 가지 주요 감정군을 특별히 꼽아 볼 필요가 있다. 몇 년 전 나는 이 중 하나에 주목해 '배경 감정'이라는 이름을 붙였다. 예컨대 열정과 낙담 같은 감정은 삶의 다양한 실제 상황에서 생길 수 있지만, 질병과 피로 같은 내적 상태에서도 얼마든지 촉발될 수 있다. 배경 감정의 유효한 자극은 다른 감정들보다 훨씬 더 은밀하게 작용하는데, 우리는 정작 그 존

---

47 포르투갈식 원래의 표현은 Quem vê caras não vê corações이다. [옮긴이] 발음은 [kẽj ve ˈkaɾes nõj ve koɾeˈsõjs] 켕 베 카라스 노웅 베 코라송스]에 가깝다.

재를 자각하지 못한 채 감정을 유발할 수 있다. 이미 지나간 상황을 반추하거나 아직 일어나지 않은 가능성에 불과한 상황만 생각해도 배경 감정이 촉발될 수 있다. 이로 인해 생겨나는 배경 느낌은 원초적 느낌에서 한 단계 도약한 것으로 볼 수 있다. 배경 감정은 기분과 가까운 친족이지만, 더 짧은 시간 동안 지속되고, 자극도 더 선명하게 식별된다는 점에서 차이가 있다.

또 다른 주요 감정군은 사회적 감정이다. 사실 감정 중에서 사회적이지 않은 것을 찾기 어렵다는 점에서 이 명명이 다소 어색하게 들릴 수도 있다. 하지만 특정 감정들이 분명한 사회적 맥락 속에서만 발생한다는 점을 고려하면 이 용어 사용은 충분히 타당하다. 이 용어가 정당하다는 사실은 연민, 당혹감, 수치심, 죄책감, 경멸, 질투, 부러움, 자부심, 감탄처럼 대표적인 사회적 감정들을 보면 쉽게 짐작할 수 있다. 이 감정들은 실제로 사회적 상황에서 촉발되고, 사회집단의 생활에서 중대한 역할을 한다. 사회적 감정의 생리적 작동 방식은 다른 감정들의 그것과 다르지 않다. 둘 다 감정적으로 유효한 자극이 필요하고, 특정한 뇌 부위의 활성화에 의존한다. 또한 신체와 연결된 정교한 행동 프로그램에 의해 구성되고, 느낌의 형태로 주체에게 인식된다. 하지만 이 사회적 감정에는 주목할 만한 차이점이 있다. 대부분의 사회적 감정은 진화적으로 최근에 등장한 것으로 추정되는데, 그중 일부는 인간에게만 나타나는 인간 특유의 것일 수도 있다. 감탄뿐 아니라, 타인의 육체적 고통이 아닌 정신적·사회적 고통에 초점을 맞춘 다양한 연민이 그런 사례이다. 물론 영장류, 특히 대형 유인원을 포함한 많은 종에서도 일부 사회적 감정의 초기 형태를 관찰할 수 있다. 신체적 고통에 대한 연민이나 당혹감, 부러움, 자부심 등은 그 전조로 간주될 수 있다. 꼬리감는원숭이Capuchin monkey는 불공정하다고 인식되는 상황에 반응하는 것처럼 보인다. 실제로 사회적 감정에는 다양한 도덕 원칙이 담겨 있고, 이를 토대로 자연스러운 윤리 체계가 형성된다.[48]

감탄과 연민에 대한 단상

우리가 감탄하는 행위와 대상들은 한 문화의 품격을 규정한다. 마찬가지로 그런 훌륭한 일을 해낸 이들에게 우리가 보이는 반응 역시 그 문화의 수준을 말해 준다. 만약 적절한 보상이 주어지지 않는다면, 존경할 만한 행동이 모방될 여지가 줄어든다. 연민 역시 동일 선상에서 이해할 수 있다. 일상에는 온갖 종류의 곤경이 넘쳐나지 않는가? 어려움에 처한 이들에게 우리가 연민 어린 태도를 보이지 않는다면, 건강한 사회에 대한 전망은 어두워진다. 연민이 모범이 되기 위해서는 그 역시 어떤 방식으로든 반드시 그에 상응하는 보상이 뒤따라야 한다.

그렇다면 감탄이나 연민 같은 감정을 느낄 때, 우리 뇌에서는 어떤 일이 벌어질까? 공포, 행복, 슬픔 등 기본 감정에서 확인된 뇌

---

48 Antonio Damasio, "Neuroscience and Ethics: Intersections", *American Journal of Bioethics* 7, no. 1, 2007, pp. 3~7.

의 처리 과정이 이런 사회적 감정과 느낌에서도 어느 정도 비슷하게 작동할까, 아니면 전혀 다를까? 사회적 감정은 자라온 환경에 크게 좌우되고, 교육적 요인과 밀접하게 얽혀 있기 때문에 자칫 뇌 표면에 얇게 덧씌워진 인지적 외피veneer처럼 보일 수 있다. 하지만 감탄이나 연민은 관찰자의 자아가 명확히 개입한다는 점에서 이 감정과 느낌을 처리하는 뇌의 과정이 자아와 관련된 뇌 구조에 어떻게 관여하는지 혹은 관여하지 않는지 살펴보는 것이 중요하다.

이 질문에 대한 해답을 찾기 위해, 나는 한나 다마지오와 더불어 신경과학과 교육의 접목에 깊은 관심을 갖고 이 문제에 매료된 메리 헬렌 이모디노-양과 함께 관련 연구에 천착했다. 우리는 기능적 자기공명영상을 이용해 일반인을 대상으로 실제로 감탄이나 연민의 느낌을 어떻게 유발하는지 규명하는 실험을 설계했다. 이 실험에서는 이야기 속에 등장하는 특정 행동을 통해 감탄이나 연민의 반응을 유도하는 데 초점을 맞췄다. 우리의 주된 관심사는 실험 참가자가 다른 사람에게서 감탄이나 연민의 감정을 관찰하고 인식하는 것이 아니라 그런 감정을 직접 경험하게 하는 데 있었다. 처음부터 우리는 감탄과 연민 각각 두 가지씩, 총 네 가지의 서로 다른 실험 조건이 필요하다는 것을 직시했다. 감탄 조건은 미덕 있는 행위(가령 위대한 관대함을 보여 주는 행위)에 대한 감탄이거나 혹은 기량적인 행위(가령 걸출한 운동선수나 탁월한 연주가의 기량)에 대한 감탄으로 나누었다. 반면 연민 조건에는 신체적 고통(불운한 교통사고 피해자에게 느끼는 감정)에 대한 연민과 정신적·사회적 곤경(화재로 집을 잃거나 원인 불명의 질병으로 사랑하는 사람을 잃은 이에게 느끼는 감정)에 대한 연민이 포함되었다.

이 실험에서 확인된 조건 간의 대비는 상당히 뚜렷했다. 메리 헬렌이 실제 이야기들을 창의적으로 수집하고, 자기공명영상 실험에 자발적으로 참여한 실험 참가자들에게 그 이야기를 효과적으로 제시하는 방법을 고안하면서 이런 차이는 더욱 두드러졌다.49

우리가 검증한 가설은 세 가지였다. 첫 번째 가설은 감탄과 연민을 느낄 때 관여하는 뇌 부위에 관한 것이었다. 실험 결과는 명확했다. 감탄과 연민을 느낄 때 활성화되는 뇌 영역은 이른바 평범하다고 여겨지는 기본 감정들이 활성화되는 영역들과 대체로 중복되었다. 예상대로 뇌간 상부 영역도 관여했고, 어떤 조건에서든지 섬피질과 전대상피질이 강하게 활성화되었다.

이 결과는 사회적 감정이 기본 감정만큼 생명 조절 기제를 작동시키지 않는다는 기존의 주장을 정면으로 반박했다. 뇌의 관여 정도는 매우 컸으며, 이런 감정 경험이 신체 깊숙이 각인된다는 사실과 일치했다. 조너선 하이트 역시 각종 사회적 감정 처리 과정에 관한 행동 연구에서 사회적 감정이 어떻게 신체 개입을 통해 표출되는지 아주 극명하게 보여 주고 있다.50

---

49 M. H. Immordino-Yang, A. McColl, H. Damasio, and A. Damasio, "Neural Correlates of Admiration and Compassion", *Proceedings of the National Academy of Sciences* 106, no. 19, 2009, pp. 8021~8026.

50 J. Haidt, "The Emotional Dog and Its Rational Tail: A Social Intuitionist Approach to Moral Judgment", *Psychological Review* 108, 2001, pp. 814~834; Christopher Oveis, Adam B. Cohen, June Gruber, Michelle N. Shiota, Jonathan Haidt, and Dacher Keltner, "Resting Respiratory Sinus Arrhythmia Is Associated with Tonic Positive Emotionality", *Emotion* 9, no. 2, April 2009, pp. 265~270.

두 번째로 검증한 가설은 자아와 의식에 관한 것으로, 이 책의 핵심 주제이기도 하다. 실험 참가자들이 이런 감정을 느끼는 동안 자아 형성에 중책을 맡을 것으로 추정되는 후내측피질posteromedial cortices(PMCs)이 활성화된다는 사실을 발견했다. 이 결과는 참가자들이 제시된 이야기 자극에 반응할 때, 상황을 온전히 관찰하고 평가하는 역할을 했다는 점을 뒷받침한다. 즉 연민의 경우에는 이야기 속 주인공의 곤경에 깊이 공감하는 반응을, 감탄의 경우에는 주인공의 선행을 장차 잠재적으로 모방하고자 하는 태도를 요구했기 때문이다.

의외의 발견도 있었다. 기량에 대한 감탄과 신체적 고통에 대한 연민 조건에서 가장 활성화된 후내측피질 영역이 미덕 있는 행위에 대한 감탄과 정신적 고통에 대한 연민 조건에서 활성화된 영역과 명확히 구분되었다. 이 차이는 너무 선명해서 두 감정 쌍과 연결된 후내측피질의 활성 패턴이 퍼즐 조각이 딱 맞춰지듯 정확히 들어맞을 정도였다.

기량과 신체적 고통이라는 한 쌍의 조건은 외적이고 행위 중심적인 측면에서 신체적 개입이라는 공통점을 가진다. 반면 심리적 고통과 미덕 있는 행위라는 다른 쌍의 조건은 정신 상태라는 특성을 공유하고 있다. 후내측피질의 반응은 뇌가 각 조건에 내재된 공통된 특성, 즉 전자의 경우 신체성과 행동성, 후자의 경우에는 정신적 과정을 구분해 인식하고 반응했음을 보여 준다. 이는 감탄과 연민이라는 감정 간의 평이한 대비보다는 그 이면의 특성에 훨씬 더 민감하게 반응했음을 시사한다.

이토록 가상한beautiful 결과를 두고 할 수 있는 유력한 해석은 각 실험 참가자의 뇌에서 후내측피질의 두 부분이 자기 신체와 맺고 있는 서로 다른 관계에서 비롯된다는 것이다.

그중 한 영역은 근골격계와 직접 연결되어 신체적 행위를 반영하는 반면, 다른 영역은 신체 내부 깊숙한 곳, 즉 내부 환경 및 내장기관을 관장한다. 꼼꼼히 읽은 독자라면 어느 쪽이 어떤 부분과 관련이 있는지 눈치챘을 것이다. 신체적 특징(기량, 신체적 고통)은 근골격계와 관련된 뇌 부위와 연결되며, 정신적 특징(정신적 고통, 미덕)은 내부 환경 및 내장기관과 연결된다.

마지막으로 주목할 만한 가설과 그에 따른 결과가 하나 더 남아 있다. 신체적 고통에 대한 연민은 진화적으로 훨씬 오래된 뇌 반응이며, 여러 비인간종에서도 분명하게 관찰된다. 그래서 우리는 신체적 고통에 대한 연민의 감정이 정신적 고통에 관한 연민보다 뇌에서 더 빠르게 처리될 것이라 예상했다. 왜냐하면 정신적 고통에 대한 연민이 비교적 곧바로 드러나지 않는 난관을 해결해야 하기에 더 복잡한 인지 과정을 필요로 하고, 폭넓은 이해와 지식을 동반할 가능성이 크다.

연구 결과는 이 가설을 확증해 주었다. 신체적 고통에 대한 연민은 정신적 고통에 대한 연민보다 섬피질에서 더 빠른 반응을 유발했다. 신체적 고통에 대한 이 반응은 빠르게 일어나기만 한 것이 아니라 빠르게 사라지기도 했다. 반면 정신적 고통에 대한 반응은 형성되는 데 시간이 더 오래 걸렸지만, 사라지는 데에도 더 오래 걸렸다.

비록 해당 연구가 예비적 성격을 띠고 있지만, 우리는 뇌가 감탄과 연민을 어떻게 처리하는지 초기 단계의 식견을 얻을 수 있었다. 예측했던 대로 감정 처리의 뿌리는 뇌와 신체 깊숙이 자리 잡고 있었다. 또한 이런 처리 과정은 개인의 경험에 크게 영향을 받았다는 것도 예상대로였다. 감정이라는 것이 마땅히 그래야 하듯, 이 역시 당연지사이다.

6장
기억의 구조적 설계

어디선가, 어떻게든

"언제쯤이면 기차가 떠나는 모습을 보면서 총성을 떠올리지 않을 수 있을까요?" 스콧 피츠제럴드의 소설 『밤은 부드러워라』에서 주인공 딕 다이버가 파리의 어느 아침나절에 친구 에이브 노스를 배웅하며 일행에게 이렇게 묻고 있다. 다이버와 일행은 방금 전 뜻밖의 광경을 목격했다. 절망에 빠진 한 젊은 여인이 손가방에서 작은 진줏빛 리볼버를 꺼내 들고, 기차가 경적을 울리며 생 라자르 역을 빠져나가는 순간, 연인을 향해 방아쇠를 당겼다.

다이버의 질문은 우리 뇌가 지닌 놀라운 능력을 일깨우는 의미심장한 말이다. 복합적인 정보를 학습한 뒤 원하든 원하지 않든 때로는 전혀 의식하지 못한 채로 그것을 다양한 방식으로, 그리고 꽤 높은 정확도로 재현해 내는 능력 말이다. 앞으로 다이버와 일행이 기차역에 들어설 때마다 그날 아침에 들었던 총성만큼은 아니더라도, 머릿속에서 금세 알아챌 수 있을 법한 가상의 총성을 듣게 될 것이다. 이런 현상은 그날 경험한 청각적 이미지가 의도치 않게 저절로 되살아나는 것이다. 또한 사건과 연루된 복합적인 기억은 그 사건의 여러 요소 중 어느 하나만으로도 표상을 거쳐 불려 나올 수 있다. 그래서 실제로 기차가 역을 떠나는 장면을 볼 때뿐 아니라 누군가 출발하는 기차 이야기를 가볍게 꺼내기만 해도 총성이 울릴 수 있다. 거기에다 누군가 에이브 노스(일행이 역에 있었던 것은 그를 위해서였으니까)나 생 라자르 역(사건 발생 현장) 이야기를 꺼내는 것만으로도 그날의 총성이 들려올 수 있다. 이런 현상은 전쟁을 겪은 사람들에게도 예외가 아니다. 그들은 원치 않는 불편한 회상으로 전장에서의 전투 소리와 장면을 언제까지나 다시 경험한다. 외상 후 스트레스 장애PTSD는 평소라면 월등했을 뇌의 이런 능력이 빚어낸 달갑지 않은 부작용이다.

이 이야기에서 엿볼 수 있듯, 일반적으로 감정적으로 강렬하고 우리의 가치 체계를 뒤흔드는 사건일수록 더욱 선명하게 기억된다. 어떤 장면에 특별한 의미가 담겨 있고, 당시의 감정이 충분히 배어 있었다면, 뇌는 시각, 청각, 촉각, 감각적 느낌, 후각 등 감각 정보를 하나의 멀티미디어 경험으로 학습하게 된다. 또한 특정한 단서가 주어진다면, 이렇게 저장된 감각들이 되살아난다. 시간이 지나면 기억은 옅어질 수 있다. 시간이 흐르고 상상력이 가미되면 원래의 소재는 조금씩 윤색되고 편집되기도 하며, 소설이나 시나리오처럼 새롭게 각색되기도 한다. 그렇게 단계적으로, 처음에는 영화의 한 장면처럼 비언어적 이미지로 저장되었던 기억이 점차 파편화된 언어적 서술로 변해 가기도 하고, 시청각적 요소 못지않게 이야기 속 대사로도 남을 수 있다.

이제 회상이라는 경이로움을 참작하면서 이 과정을 실현하기 위해 뇌가 어떤 자원을 필요로 하는지 생각해 보자. 다양한 감각 영역에서 형성되는 지각적 이미지를 넘어서 뇌는 각각의 감각 패턴을 어디선가, 어떻게든 저장할 수 있는 구조를 갖추고 있어야 한다. 또한 나중에 그것들을 어디선가, 어떻게든 다시 불러올 수 있는 경로 역시 마련되어 있어야 한다. 그래야 우리가 기억을 재현할 수 있다. 이 모든 일이 실제로 일어난 뒤 여기에 자아라는 선물까지 더해지면, 우리는 자신이 지금 무언가를 회상하고 있음을 자각한다.

우리가 주변의 복잡한 세계를 조율할 수 있는 능력은 이처럼 학습하고 회상하는 뇌의 역량에 달려 있다. 사람과 장소를 알아볼 수 있는 것도 그 외형적 특징을 기록해 두었다가 적절한 시점에 그 일부를 다시 꺼내 쓸 수 있기 때문이다. 앞으로 일어날 수 있는 사건을 상상하는 능력 역시 학습과 기억에 의존하는데, 이 능력은 우리가 추론하고 미래를 탐색하는 데 꼭 필요한 토대가 된다. 더 나아가 문제 해결을 위한 새로운 해법을 고안해 내는 기반이 되기도 한다. 이런 온갖 일들이 어떻게 일어나는지 이해하려면 뇌 속에서 어떻게의 비밀을 밝혀내고, 어디서 일어나는지를 찾아야 한다. 이것이 바로 현대 신경과학이 봉착한 난제 중 하나이다.

학습과 회상이라는 문제에 접근하는 방식은 우리가 연구 대상으로 삼는 뇌의 작동 수준에 따라 달라진다. 신경세포와 소규모 신경 회로 수준에서 뇌가 학습을 위해 무엇을 필요로 하는지에 대해 우리는 점점 더 깊이 이해하고 있다. 실용적 관점에서 보면 우리는 시냅스가 어떻게 학습하는지를 알고 있고, 심지어 미세 회로 수준에서조차 학습에 관여하는 일부 분자와 유전자 발현 메커니즘을 파악하고 있다.[51] 또한 뇌의 특정 부위가 정보의 유형에 따라 서로 다른 학습 기능을 수행한다는 사실도 밝혀졌다. 예컨대 한쪽에서는 얼굴이나 장소, 단어와 같은 대상을, 다른 쪽에서는 움직임과 관련된 정보를 주로 처리하는 것처럼 말이다.[52] 하지만 뇌가 어디선가, 어떻게든 작동하는 메커니즘이 완전히 규명되기까지는 여전히 풀리지 않은 의문이 남아 있다. 본 6장에서는 바로 이 문제를 보다 명확히 설명하기 위해 뇌의 작동 구조를 개괄적으로 살펴보고자 한다.

---

[51] Eric R. Kandel, James H. Schwartz, and Thomas M. Jessel, *Principles of Neural Science*, 4th ed., New York: McGraw-Hill, 2000(한국어판은 에릭 R. 캔델·제임스 H. 슈워츠 공저, 『신경과학의 원리(제4판)』, 김종만 외 옮김, HN사이언스, 2011); E. Kandel, *In Search of Memory: The Emergence of a New Science of Mind*, New York: W. W. Norton, 2006(한국어판은 에릭 R. 캔델, 『기억을 찾아서: 뇌과학의 살아있는 역사 에릭 캔델 자서전』, 전대호 옮김, 알에이치코리아, 2014).

[52] A. R. Damasio, H. Damasio, D. Tranel, and J. P. Brandt, "Neural Regionalization of Knowledge Access: Preliminary Evidence", *Symposia on Quantitative Biology* 55, 1990, pp. 1039~1047; A. Damasio, D. Tranel, and H. Damasio, "Face Agnosia and the Neural Substrates of Memory", *Annual Review of Neuroscience* 13, 1990, pp. 89~109.

기억 저장의 본질

뇌는 대상의 생김새, 소리, 행동 방식 등을 기록해 두었다가 나중에 이를 회상할 수 있도록 보관한다. 사건에 대해서도 마찬가지이다. 흔히 감각 탐지기가 분석해 놓은 대상의 특성이 뇌에 충실히 지도화된다는 점에서 뇌는 필름 같은 수동적 기록 매체로 간주되기도 한다. 눈이 수동적으로 액면 그대로를 보여 주는 카메라라면, 뇌는 수동적이면서 백지 상태의 셀룰로이드 영화 필름이라는 식이다. 하지만 이런 가정은 순전히 허구이다.

유기체(신체와 뇌)는 대상과 상호작용하고, 뇌는 이 상호작용에 반응한다. 뇌는 어떤 실체의 구조를 있는 그대로 기록하는 것이 아니라 실제로는 유기체와 그 실체 사이의 상호작용에서 비롯된 수많은 결과들을 기록한다. 우리가 어떤 대상과 마주쳤을 때 기억에 남는 것은 망막에 맺힌 시각적 모습만이 아니다. 여기에는 다음과 같은 요소들 역시 추가로 요구된다. 첫째, 대상을 바라보는 동안 생기는 감각 운동 패턴(눈과 목의 움직임, 필요하다면 온몸의 움직임까지), 둘째, 대상을 만지고 조작할 때 발생하는 감각 운동 패턴(필요한 경우), 셋째, 그 대상을 경험하면서 이전의 관련 기억이 호출될 때 나타나는 감각 운동 패턴, 넷째, 대상과 관련된 감정과 느낌을 촉발시키는 감각 운동 패턴 등이다.

우리가 흔히 어떤 대상에 관한 기억이라고 함은 특정 시간 동안 유기체와 대상이 상호작용할 때 일어나는 감각적·운동적 활동에 대한 복합적인 기억을 말한다. 감각-운동 활동의 범위와 그 보존 정도는 대상의 가치와 상황에 따라 달라진다. 특정 대상에 대한 우리의 기억은 이전에 경험한 비슷한 대상이나 상황에 대한 과거 지식에 의해 크게 좌우된다. 사실 따지고 보면 우리네 기억은 당사자의 과거 이력과 신념에 의해 왜곡된다. 완벽하게 판박이인 faithful 기억은 신화에 불과할 뿐, 설령 존재한다 해도 별다른 의미를 두지 않는 대상에나 적용될 뿐이다. 뇌가 '어떤 대상에 대한 기억'을 고립된 형태로 따로 저장한다는 개념은 근거가 희박한 것 같다. 뇌가 저장하는 것은 대상과의 상호작용 과정에서 일어난 일들의 기억이며, 여기에는 단지 개인의 과거 경험만이 아니라 대체로 우리 생물종의 진화적 역사와 문화적 맥락까지 포괄된다.

우리는 수동적으로 정보를 받아들이지 않는다. 우리가 적극적으로 개입하며 지각한다는 사실이야말로 기억에서 나타나는 '프루스트 효과' Proustian effect의 비밀이다. 이 때문에 우리가 흔히 어떤 대상을 떠올릴 때, 그 대상만이 아니라 그와 얽힌 전체 맥락을 함께 회상하게 된다. 더욱이 지각이 본질적으로 개입적이라는 특성은 의식이 어떻게 발생하는지 이해하는 데에도 중요한 실마리를 던져 준다.

기질이 먼저, 지도는 나중에

뇌 지도의 알짜는 이를테면 모양, 움직임, 색상, 소리 등 표상되는 대상과 지도의 내용 사이에 뚜렷한 연결 고리가 성립한다는 점이다. 지도의 패턴은 지도화되는 대상과 어느 정도 일정한 대응 관계를 갖는다. 이론상으로는 지적인 관찰자가 과학 탐구 도중 우연히 이 지도를 발견한다면, 그 지도가 무엇을 표현하려는 것인지 즉시 유추할 수 있을 것이다. 알다시피 최신 영상 기법이 이 방향으로 눈부신 발전을 거듭하고 있지만, 현실 적용은 아직 요원하다. 인간 대상의 기능적 자기공명영상 연구에서 다변량 패턴 분석을 통해 시각과 청각 자극에 반응하는 특정 대상에 대한 구체적인 뇌 활동 패턴이 실재함이 입증되었다. 특히 우리 연구팀의 최근 연구(Meyer 외, 2010, 3장에서 인용)에서는 '마음의 귀'로 들은 음향에 상응하는 청각 피질의 패턴을 검출했다(실제 소리는 들리지 않은 상태에서). 이 결과는 딕 다이버가 제기한 질문에 직접적으로 답을 해 주고 있다.

지도화의 생물학적 발달, 그로부터 직접 파생된 이미지와 마음이라는 산물은 진화사에서 제대로 조명되지 못한 전환점이다. 아마 여러분은 이 변화가 무엇으로부터 비롯된 것인지 반문할 수 있다. 그것은 바로 표상하려는 대상과 거의 관련이 없었던 초기 신경 표상 방식으로부터의 전환이다. 예를 들어 보자. 먼저 어떤 물체가 유기체와 충돌할 때, 이에 반응해 신경세포 집단이 무더기로 발화한다고 상상해 보자. 그 물체가 뾰족하든 뭉툭하든, 크든 작든, 손에 들 수 있든 스스로 움직이든, 혹은 플라스틱제든 금속제든 살덩어리든 무엇으로 만들어졌는지는 상관없다. 중요한 것은 그 물체가 유기체의 표면 어딘가를 친다는 것이고, 이때 특정 신경세포 집단이 그 물체의 성질을 실제로 표상하지 않은 채 단순히 충격에 반응해 활성화된다는 점이다. 자, 이번에는 다른 예를 들어 보자. 첫 번째 신경세포 집단이 신호를 받아 발화하면, 유기체는 원래 있던 자리에서 움직이게 된다. 하지만 이 과정에서 어떤 신경세포 집단도 애초에 유기체가 어디에 있었는지, 어디로 가야 하는지, 혹은 대상의 물리적 성질이 무엇인지를 표상하지 않는다. 여기에서 필요한 것은 충격을 탐지하는 것, 명령을 실행하는 장치, 움직일 수 있는 능력, 딱 세 가지뿐이었다. 이게 전부이다. 이렇게 당시 뇌 신경세포 집단이 표상한 것은 지도가 아니었다. 그보다는 기질, 즉 다음과 같은 것을 부호화한 노하우 공식일 것이다. 어느 쪽에서 충격이 오면 그것이 무엇이든, 내가 어디에 있든 개의치 말고 반대 방향으로 X초 동안 물러나라.

오랜 진화의 역사에서 뇌는 기질을 바탕으로 작동해 왔고, 이런 장치를 갖춘 일부 유기체들은 적합한 환경에서는 무리 없이 살아남을 수 있었다. 이런 기질적 신경망으로도 많은 것을 이루어 냈고, 점차 더 복잡하고 광범위한 성과를 거두었다. 하지만 뇌가 지도를 만들 수 있게 되자 상황은 달라졌다. 유기체들은 획일화된 반응에서 벗어나 지도에서 얻은 더 입체적인 정보를 활용한 대응이 가능해졌다. 이로 인해 관리의 질이 향상되었다. 상투적인 대응이 아닌 특정 대상과 상황에 특화된 반응으로 전환할 수 있었고, 결국 더욱 정교해졌다. 여기에 비지도적 기질 신경망과 지도 제작 신경망이 결합하면서 유기체는 훨씬 더 유연하게 환경에 대응할 수 있는 조절 능력을 갖추게 되었다.

그렇다. 흥미로운 사실은 뇌가 새로운 발명품(지도와 이미지)이 출현했다고 해서 기존의 검증된 장치(기질)를 폐기하지 않았다는 점이다. 자연은 두 시스템을 동시에 운용하며, 어느 하나도 소홀히 하지 않았다. 오히려 양자를 결합해 시너지 효과를 내도록 만들었고, 이런 결합 덕분에 뇌는 단언 더 풍부해졌으며, 우리 인간은 이런 종류의 뇌를 물려받고 태어난다.

인간이 세상을 지각하고, 세상에 대해 배우고, 학습한 내용을 떠올리고, 정보를 창의적으로 다룰 때, 바로 그 순간이야말로 하이브리드적이고 시너지 넘치는 복잡한 뇌 작동 방식의 진면목을 경험하는 때이다. 우리는 수많은 선조 종들로부터 생명 유지를 위한 기본 메커니즘을 담당하는 방대한 기질적 신경망을 상속받았다. 여기에는 내분비계를 조절하는 핵, 보상과 처벌 기제, 감정을 촉발하고 실행하는 핵 등이 포함된다. 더욱 고무적인 소식은 이런 기질 신경망이 이제는 내부 세계와 외부 세계를 이미지화하는 다양한 지도 시스템과 연결되기 시작했다는 점이다. 그 결과 생명 유지의 기본 메커니즘이 대뇌 피질의 지도화 영역 작동에까지 영향을 미치게 되었다. 하지만 내가 보기에 진정한 혁신은 이 지점에서 멈추지 않았다. 포유류에서 뇌는 한 걸음 더 도약한다.

인간의 뇌는 기록된 이미지를 엄청난 용량의 파일로 만들려 했지만, 저장 공간이 한정되어 있다는 문제에 부딪혔다. 이 난관을 극복하기 위해 뇌는 기질 전략을 차용해 이 공학적 난점을 뛰어넘었다. 일거양득의 효과를 누리게 되었다고나 할까? 제한된 공간 안에 무수한 기억을 담으면서도 그 기억을 신속하고 정확하게 인출할 수 있는 능력까지 겸비하게 된 것이다. 우리 인간과 동료 포유류들은 다양하고 복잡한 이미지를 일일이 초소형 필름으로 찍어 인쇄물로 보관할 필요가 전혀 없었다. 우리는 그저 이미지 재구성을 위한 날렵한 공식을 저장해 두고, 최대한 기존의 지각 체제를 활용해 이미지를 재조립하면 그만이다. 어찌 보면 우리는 줄곧 포스트모던했던 셈이다.

기억의 작동 방식

그렇다면 진짜 문제는 바로 이 대목에 있다. 뇌는 지각 이미지를 만들어 내는 지도화 표상을 창출하는 것 말고도 그에 버금가는 놀라운 능력을 발휘한다. 바로 감각 지도의 기억을 기록하고, 그 원본 내용의 근사치를 재생한다는 점이다. 이 과정을 우리는 회상이라고 부른다. 누군가를 기억하거나 어떤 사건을 떠올리거나 이야기를 전할 때마다 우리는 회상을 사용한다. 주변의 대상과 상황을 인식할 때도, 우리가 상호작용했던 대상과 사건들을 떠올릴 때도, 심지어 장래 계획을 상상하는 모든 과정에서도 회상은 예외가 아니다.

 기억이 어떻게 작동하는지 이해하려면 뇌가 어떻게 지도 기록을 작성하고, 그 기록을 어디에 저장하는지부터 살펴봐야 한다. 뇌는 기억해야 할 대상의 정확한 복사본facsimile을 만드는 것일까? 마치 서류철에 꽂아 둔 일종의 인쇄물 같은 것 말이다. 아니면 이미지를 압축하고 부호화하는 것일까? 이를테면 디지털 방식으로 정보를 저장하듯이 말이다. 과연 어느 쪽일까? 이 일은 뇌의 어디에서, 어떻게 이루어진다는 것일까?

여기에서 또 하나 중요한 어디에서라는 쟁점이 제기된다. 회상하는 동안 원본 이미지의 본질적인 속성이 다시 떠오른다면, 그 기억은 뇌의 어디에서 재생되고 있는 것일까? 영화 「밤은 부드러워라」에서 딕 다이버가 다시 한번 그 총성을 듣는다면, 그 소리는 그의 뇌 어디에서 울리고 있는 것일까? 소원해진 친구를 떠올리거나 예전에 살았던 집을 기억해 낼 때, 우리는 그 존재들에 대한 축적된 이미지의 묶음을 불러내는 셈이다. 이 이미지들은 실물이나 사진처럼 선명하지는 않지만, 원본의 기본적인 특성은 어느 정도 유지된다. 천부적인 인지신경과학자 스티브 코슬린은 사람이 마음속에서 회상하고 검토한 대상의 상대적 크기까지도 추정할 수 있다는 사실을 보여 주었다.53 그렇다면 우리가 공상 속에서 그 이미지들을 직접 들여다볼 수 있도록 재구성되는 곳은 어디일까?

　이 질문에 대한 전통적인 답변들(사실 가정이라는 표현이 더 어울릴 것이다)은 감각 지각에 대한 통상적인 설명에서 영감을 받았다. 이 설명에 따르면 여러 초기 감각피질(주로 뇌의 뒷부분에 위치)이 뇌 경로를 통해 지각 정보를 소위 다중 양식 피질(대체로 앞부분에 위치)로 전달하고, 그곳에서 정보가 통합된다. 즉 지각은 일방향의 연쇄적 처리 단계를 거쳐 이루어진다는 것이다. 이 처리 사슬에서는 단계별로 점점 더 정제된 지각 신호를 추출하는데, 처음에는 한 가지 양식(가령 시각)만 처리하는 감각피질에서 시작해 이후에는 두 가지 이상의 양식(가령 시각, 청각, 체감각)의 신호를 동시에 받는

53　Stephen M. Kosslyn, *Image and Mind*, Cambridge, Mass.: Harvard University Press, 1980.

다중 양식 영역으로 이어진다. 보통 이런 연쇄 작용은 꼬리에서 주둥이caudo-rostral 방향(뒤쪽에서 앞쪽으로)으로 진행되는데, 그 최종 목적지는 전측두피질과 전두피질이다. 바로 이곳에서 현실 세계에 대한 가장 통합된 다중감각 표상이 완성된다.

이런 가정들은 '할머니 세포'라는 개념에 집약되어 있다. 할머니 세포란 연쇄적 처리의 끄트머리(가령 전측두엽) 어딘가에 위치한 신경세포로, 우리가 할머니를 인식할 때 이 세포 하나만으로도 할머니 전체를 표상할 수 있다는 개념이다. 이런 단일세포(혹은 소규모 세포 집단)가 우리가 지각하는 동안 대상과 사건들에 대한 포괄적 표상을 담고 있다고 여겨진다. 뿐만 아니라 이 세포들이 그 지각 내용의 기록까지도 함께 저장한다고 본다. 다시 말해 할머니 세포가 있는 바로 그곳이 기억이 저장된 장소라는 주장이다. 더 나아가 앞서 제기한 질문에 대한 직접적인 답으로, 이 할머니 세포가 다시 활성화되면 그 순간 바로 그 자리에서 지각했던 내용 전체가 그대로 재생될 수 있다고 본다. 한마디로 할머니의 얼굴이나 딕 다이버의 기차역 총성처럼 서로 이질적인 요소들이 통합된 복합적 이미지의 회상 역시 이 세포들의 활동으로 설명할 수 있다는 이야기이다. 이것이 바로 회상이 어디서 일어나는가에 대한 전통적인 설명이다.

나는 위의 설명이 그다지 설득력 있다고 생각하지 않는다. 이 설명대로라면 전측두엽 피질up-front temporal과 전두엽 피질처럼 뇌의 앞부분이 손상되면, 정상적인 지각뿐 아니라 정상적인 회상 모두 불가능해야 한다. 정상적인 지각이 무너지는 이유는 완전히 통합된 응집력 있는 지각 경험을 표상하는 데 필요한 신경세포들이 더 이상 활동하지 않기 때문이라는 논리이다. 또한 정상적인 회상이 붕괴되는 이유 역시 통합된 지각을 지원하는 바로 그 세포들이 통합된 기억 기록까지도 맡고 있다고 가정하기 때문이다.

기존의 견해에 반하는 입장이어서 유감이지만, 이런 예측은 실제 신경심리학적 연구 결과에는 부합하지 않는다. 이 반론을 뒷받침하는 주요 근거는 다음과 같다. 전측두엽과 전두엽 등 뇌 전방 영역에 손상을 입은 환자들조차도 정상적인 지각 능력은 유지하되, 다만 특정 대상과 사건들을 회상하고 재인하는 데에만 제한적인 결함을 보일 뿐이다.

이런 환자들은 사진 속 장면을 아주 상세히 묘사할 수 있고, 그 사진이 어떤 잔치(생일, 결혼식 등)의 장면임을 정확히 설명할 수 있다. 그런데도 그 장면이 자신의 축하연이었다는 사실은 알아차리지 못할 수 있다. 뇌 앞쪽의 손상은 전체 장면의 통합적 지각이나 그 의미를 해석하는 능력에는 지장을 주지 않는다. 또한 사진 속에 등장하는 사람, 의자, 탁자, 생일 케이크, 촛불, 축하 의상 등 다양한 대상과 그 의미를 떠올리는 능력 역시 손상시키지 않는다. 뇌 전방 부위가 손상되어도 전체적인 시각과 세부적인 시각 모두 유지된다. 반면 대상 하나하나, 색깔이나 움직임 등 구체적인 특징에 해당하는 개별 기억 요소들에 접근이 어려워지는 경우는 전혀 다른 뇌 부위의 손상 탓이다. 구체적으로는 뇌 뒤쪽에 있는 대뇌 피질, 즉 주요 감각 및 운동 영역 근처의 특정 부위가 손상될 때 이런 문제가 발생한다.

결론적으로 통합 및 연합피질이 손상되더라도 우리는 여전히 장면을 통합적으로 지각하거나, 전체를 구성하는 부분들을 회상하거나, 혹은 불특정한 대상과 특징들이 함께 만들어 내는 의미를 회상하는 데는 지장이 없다. 이런 손상이 초래하는 회상 과정의 유일하고도 심각한 결함은 대상과 장면이 갖는 구체적 정체성과 개별적 특수성을 상실한다는 점이다. 생일잔치 장면을 보더라도 생일잔치라는 범주적 인식은 가능하지만, 더 이상 일정 장소와 특정 날짜에 열린 특정 누군가의 생일잔치가 아니게 되어 버린다. 한때 감각피질에서 처리되고 그 주변에 저장되었던 정보 자체에 대한 회상은 오직 마음 형성을 담당하는 해당 초기 감각피질과 그 주변 영역이 손상되었을 때에만 불가능해진다.

기억의 종류에 관한 짤막한 첨언

우리가 다양한 기억의 유형을 구분할 때는 단순히 회상의 중심이 되는 내용뿐 아니라 그 내용을 둘러싼 회상 상황과 맥락까지 함께 고려해야 한다. 이런 관점에서 보면 기존에 널리 쓰이는 기억의 구분법(일반 기억과 고유 기억, 의미 기억과 일화 기억)은 실제 기억 현상의 풍부한 면모를 온전히 반영하지 못한다. 예컨대 한때 살았던 집에 대해 누군가가 물어보거나 사진을 보여 준다면, 나는 그 집에서의 개인적인 경험들과 관련된 다채로운 기억의 파편들이 떠오를 것이다. 이때 여러 감각 및 운동 양식이 결합된 감각-운동 패턴들이 재구성되고, 심지어 당시의 개인적 느낌까지 다시 경험될 수 있다.

반면 집이라는 일반적인 개념을 떠올려 보라는 요청을 받으면, 먼저 마음속 눈으로 특정한 집을 회상한 뒤에야 비로소 집이라는 개념을 일반화해 설명하려 할 것이다. 하지만 이 경우에는 질문의 성격 자체가 회상 경로의 방향을 달리 만든다. 두 번째 요청의 목적은 첫 번째 질문에서처럼 풍부하고 생생한 회상의 세부사항을 오히려 억제하게 만든다. 결국 이 상황에서는 개인적인 추억보다는 단지 집이라는 개념을 정의하는 데 필요한 사실들만 간단히 떠올리게 될 가능성이 높다.

위 두 사례 간의 질적 차이가 회상 과정의 복잡성을 좌지우지한다. 이런 복잡성은 특정 대상이나 사건을 떠올릴 때 함께 떠오르는 기억 항목들의 수와 다양성으로 측정할 수 있다. 다시 말해 어떤 대상이나 사건을 중심으로 재현되는 감각-운동적 맥락이 크면 클수록, 회상 과정도 그만큼 더 복잡해진다. 특히 고유하고 개인적인 실체와 사건을 기억할 때는 그만큼 복잡한 맥락이 필수적이다. 여기에서 우리는 복잡성이 단계적으로 진행되는 과정임을 확인할 수 있다. 고유하면서도 개인적인 실체와 사건이 가장 높은 수준의 복잡성을 요구하고, 고유하지만 개인적이지 않은 경우가 그다음이며, 고유하지 않은 일반적인 경우는 가장 낮은 복잡성만 필요로 한다.

실용적인 목적에서 보자면 어떤 용어가 회상될 때, 그것이 어떤 수준에서 회상되고 있는지 구분하는 것이 유용하다. 이를테면 일반적인 수준인지, 아니면 고유하고 개인적인 수준인지를 따져 보는 것이다. 이런 분류 방식은 대체로 의미 기억/일화 기억 구분이나 혹은 일반 기억/맥락 기억 구분과 비슷한 결에서 이해할 수 있다.

또한 사실 기억과 절차 기억을 구분하는 것도 여전히 유용하다. 이 구분은 일정한 틀을 갖춘 정적인 '대상'과 시공간 속에서 일어나는 대상의 '움직임' 사이의 본질적인 차이를 잘 드러내기 때문이다. 물론 이 경우에도 두 가지를 구분한다는 것은 애매할 수 있다.

결국 이런 기억의 구분이 실제로 의미가 있는지는 뇌가 그 구분을 실제로 따르는지에 달려 있다. 대체로 뇌는 회상할 때 고유한 정보와 일반적인 정보를 구별해 처리하고, 기억을 형성하고 그것을 회상하는 과정 모두에서 사실 기억과 절차 기억을 구분해 각각 다르게 처리한다.

문제에 대한 가능한 해결책

이런 관찰 결과들을 토대로, 나는 회상과 재인을 설명할 수 있는 신경 구조 모델을 제안하게 되었다.[54] 이 모델이 거둔 성과는 다음과 같다. 인간은 지각할 때도, 회상할 때도 이미지를 경험할 수 있다. 하지만 지금까지 경험한 모든 이미지의 기반이 되는 지도들을 원래 형태 그대로 저장하는 것은 도저히 불가능하다. 예컨대 초기 감각

---

54 A. R. Damasio, "Time-locked Multiregional Retroactivation: A Systems-level Proposal for the Neural Substrates of Recall and Recognition", *Cognition* 33, 1989, pp. 25~62. 수렴-발산 지대 모델은 인지 이론에 포함되어 있다. 참조할 예시는 다음과 같다. L. W. Barsalou, "Grounded Cognition", *Annual Review of Psychology* 59, 2008, pp. 617~645. 다음 역시 참조. W. K. Simmons and L. W. Barsalou, "The Similarity-in-Topography Principle: Reconciling Theories of Conceptual Deficits", *Cognitive Neuropsychology* 20, 2003, pp. 451~486.

피질은 현재 상황에 대한 지도를 끊임없이 제작하고 있지만, 사용되지 않고 버려진 지도들까지 저장할 자원은 없다. 그런데도 우리와 같은 뇌에서는 지도 생성 영역과 기질 영역이 서로 연결되어 있기 때문에 이런 지도들을 성향적 형태로 기록할 수 있다. 이처럼 뇌에서의 기질은 정보 저장을 위한 일종의 공간 절약 기제이기도 하다. 끝으로 기질은 초기 감각피질에서 처음 경험했던 형식 그대로 지도들을 재구성하는 데 사용될 수 있다.

이 모델에서는 앞서 살펴본 신경심리학적 연구 결과를 반영해 처리 위계의 최상위층에 위치한 세포 집단이 대상과 사건에 대한 지도를 명시적으로 표상하지 않는다고 가정했다. 대신 이 세포 집단은 필요할 때 명시적 표상을 재구성할 수 있는 노하우, 즉 기질을 보유할 것이라고 가정했다. 다시 말해 나는 앞서 설명한 단순한 기질 장치를 여기에서도 적용했지만, 이번에는 그것이 사소한 움직임을 지시하는 데 그치지 않고, 과거에 지각된 다양한 측면들을 재활성화하고 조합하는 과정을 지휘하는 역할로 확장했다. 이때 그 측면들이 어디에서 처리되고 어디에 저장되었는지는 상관없다. 좀 더 구체적으로 말하면 이런 기질들은 과거의 지각에 의해 처음 활성화되었던 여러 초기 감각피질에 작용하게 된다. 이런 까닭에 이 과정은 기질이 저장된 지점에서 초기 감각피질로 되돌아가는 발산적 연결 경로를 통해 지각의 재구성을 이루게 된다. 결국 기억 기록이 실제로 재생되는 위치는 처음 그 지각이 일어났던 위치와 크게 다르지 않다고 할 수 있다.

수렴-발산 지대

내가 제안한 이 얼개의 핵심 요소는 특정 노드에 대해 수렴적이고 발산적인 신호 전달 특성을 내포한 피질 연결 구조였다. 나는 이 노드들을 수렴-발산 지대(CDZs)라고 이름했다. 수렴-발산 지대는 서로 다른 뇌 부위에 위치한 신경세포들, 예컨대 특정 대상을 지도화하고 활성화된 신경세포들의 동시적인 활성화를 기록한다. 기억으로 저장하기 위해 그 대상 전체를 구성하는 지도의 어떤 부분도 수렴-발산 지대 안에서 영구적으로 재표상될 필요는 없다. 오로지 지도와 연결된 신경세포들에서 동시에 유입되는 신호들만 기록되면 충분하다. 나는 원래의 지도를 재구성해 회상을 가능하게 하는 메커니즘으로 시간 고정 역활성화$_{\text{time-locked retroactivation}}$를 제안했다. 여기에서 역활성화란 기억을 불러오기 위해 '되돌아가는' 과정을 필요로 한다는 사실을 가리킨다. 또한 시간 고정이라는 용어는 대략 동일한 시간 간격 내에 지도의 구성 요소를 다시 활성화해야 한다는 또 다른 요건을 강조하고 있다. 그래야 지각 당시 동시에(혹은 거의 동시에) 일어났던 현상이 회상 시에도 동시에(혹은 거의 동시에) 재현될 수 있다.

이 얼개에서 또 다른 중요한 요소는 두 종류의 뇌 시스템이 각기 다른 역할을 분담한다는 점이다. 한 시스템은 지도/이미지를 관리하고, 다른 시스템은 성향을 관리하는 식으로 기능이 분화되어 있음을 전제로 한 것이었다. 대뇌 피질과 관련해 나는 이른바 이미지 공간이 여러 개의 섬피질이나 초기 감각피질, 예컨대 일차 시각

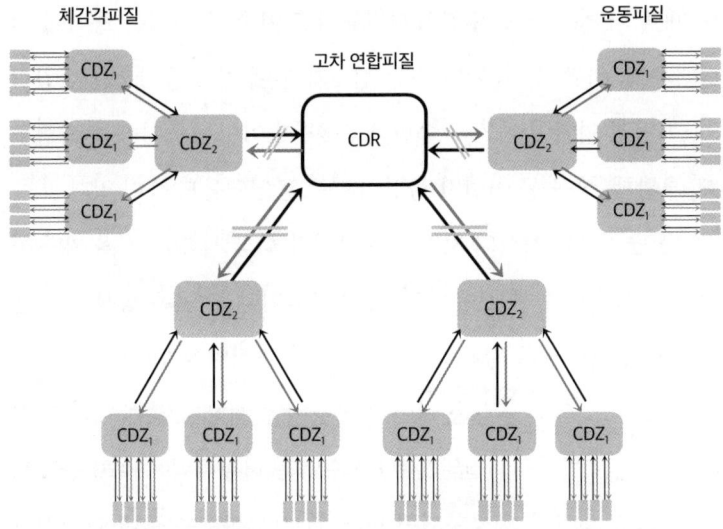

그림 6.1 수렴-발산 구조의 도식. 위의 그림에는 네 개의 계층이 묘사되어 있다. 가장 아래에는 일차 피질 수준이 작은 직사각형 상자로 표시되어 있고, 그 위로는 세 가지 수렴-발산 수준(더 큰 상자들)이 각각 수렴-발산 지대 1(1CDZ), 수렴-발산 지대 2(2CDZ), 수렴-발산 영역(CDR)으로 구분되어 있다. 이들 수렴-발산 지대와 수렴-발산 영역 사이에는(굵은 화살표) 수많은 중간 수준의 수렴-발산 지대가 있을 수 있다. 또한 이 신경망 전체에 걸쳐 모든 순방향 투사는 그에 대응하는 역방향 투사(가는 화살표)와 짝을 이루며 서로 연결되어 있다는 점에 주목하자.

피질(브로드만 영역 17번 또는 V1)을 둘러싼 일련의 시각 피질 집단, 청각 피질 집단, 체감각피질 집단 등으로 구성된다고 제안했다.

피질 성향 공간에는 측두엽, 두정엽, 전두엽 영역의 모든 고차 연합피질이 포함된다. 거기에다 기저전뇌, 기저핵, 시상, 시상하부, 뇌간 등 대뇌 피질 아래에 남아 있는 오래된 성향 장치들도 포함하고 있다.

한마디로 이미지 공간이란 모든 감각 양식의 명시적 이미지가 형성되는 곳이다. 의식에 떠오르는 이미지는 말할 것도 없고, 의식되지 않은 채로 남아 있는 이미지까지 모두 포괄한다. 이 공간은 지도 제작 뇌 영역인 초기 감각피질들이 모여 이루는 넓은 영역에 해당하는데, 시각, 청각, 기타 감각 신호가 뇌에 처음 들어오는 진입점과 그 인접 영역이 여기에 속한다. 또한 이 이미지 공간에는 고립로핵, 부완핵, 상구 등 이미지 생성이 가능한 영역들도 들어 있다.

성향 공간은 지식의 저장소뿐 아니라 회상 시 그 지식을 재구성하는 장치들도 함께 보유하고 있는 영역이다. 이곳은 상상과 추론 과정에서 이미지의 원천이 되며, 동시에 움직임을 만들어 내는 데도 활용된다. 성향 공간은 이미지 공간이 존재하지 않는 대뇌 피질(고차 피질과 변연계 피질의 일부)과 수많은 피질하핵에 걸쳐 분포해 있다. 성향 회로가 활성화되면 다른 회로에 신호를 보내 이미지나 행동이 생성되도록 한다.

이미지 공간에 표시되는 내용은 명시적인 반면, 성향 공간의 내용은 암묵적이다. 의식이 있을 때는 이미지의 내용에 접근할 수 있지만, 성향의 내용에는 결코 직접 닿을 수 없다. 이처럼 필연적으로 성향의 내용은 언제나 무의식적일 수밖에 없고, 암호화된 채 휴면 상태로 존재한다.

성향들은 다양한 결과를 낳는다. 가장 기본적인 수준에서는 호르몬을 혈류에 분비하거나 내장 근육, 팔다리, 발성 기관의 근육을 수축시키는 등 복잡성이 다른 여러 종류의 행동을 이끌어 낸다. 하지만 피질 성향은 이보다 훨씬 더 많은 일을 담당한다. 과거 어느 시점에 실제로 지각했던 이미지의 기록을 간직하고 있을 뿐 아니라 기억 속에 저장된 이미지를 대략적인 형태로나마 재구성하려 한다.

또한 현재 지각 중인 이미지의 처리 과정에도 깊이 개입한다. 예컨대 그 이미지에 얼마나 주의를 기울일지 결정하는 데 영향을 미치는 방식으로 말이다. 이처럼 성향 공간이 수행하는 작업에 필요한 지식 혹은 그 과정에서 거치는 중간 단계들은 우리가 전혀 인식하지 못한다. 우리가 아는 것이라곤 오직 그 결과뿐이다. 예컨대 행복감, 심장 박동, 손의 움직임, 떠오르는 소리의 파편, 끊임없이 편집된 모습으로 인식되는 풍경 등 지각의 결과물들이 바로 그것이다.

대상에 대한 기억, 그 속성에 대한 기억, 사람과 장소의 기억, 사건과 관계의 기억, 기술과 일상의 관리에 대한 기억까지, 간단히 말해 우리의 모든 기억은 진화를 거쳐 물려받았든, 태어날 때부터 갖고 있었든, 혹은 이후에 학습을 통해 습득했든 모두 성향적 형태로 뇌에 저장되어 있다. 이들은 필요할 때가 되어서야 비로소 명시적 이미지나 행동으로 전환되기를 기다리고 있다. 우리가 알고 있는 모든 것의 근간은 암묵적이고, 암호화되어 있으며, 무의식적이다.

성향은 단어가 아니다. 그것은 잠재적인 가능성에 대한 추상적 기록이다. 단어나 기호를 실제로 말하거나 손짓으로 표현하기 전까지는 그런 표현들의 기반 역시 이미지와 행동의 형태로 구체화되기 전의 성향 상태로 머물러 있다. 우리가 단어나 기호들을 조합할 때 따르는 언어의 문법적 규칙들 역시 성향의 형태로 저장되어 있다.

수렴-발산 지대에 대한 추가 고찰

수렴-발산 지대는 수많은 순방향-역방향 회로가 서로 접속하는 신경세포 집합체이다. 이 지대는 대뇌 피질로 감각 신호가 처음 입력되는 지점에서 시작해 연쇄적인 신호 처리 과정에서 그보다 '앞선' 단계의 감각 영역들로부터 '순방향' 연결을 받는다. 또한 수렴-발산 지대는 연결 사슬의 다음 단계에 위치한 영역들로 '순방향' 투사projections를 보내고, 다시 그 영역들로부터 역방향 투사를 받는다.

수렴-발산 지대는 현미경으로만 볼 수 있을 정도로 아주 작은 영역이며, 더 큰 단위인 수렴-발산 영역(CDR 영역) 내부에 위치한다. 나는 수렴-발산 지대가 수천 개에 달할 것으로 추정하는 반면, 수렴-발산 영역은 수십 개에 불과할 것으로 내다본다. 수렴-발산 지대는 미시적 노드micronodes이고, 수렴-발산 영역은 거시적 노드macronodes이다.

수렴-발산 영역들은 여러 주요 경로가 수렴하는 연합피질의 전략적 위치에 자리 잡고 있다. 이를 쉽게 비유하면 항공 노선도의 허브 공항과 비슷하다고 볼 수 있다. 시카고, 워싱턴 D.C., 뉴욕, 로스앤젤레스, 샌프란시스코, 덴버, 애틀랜타 같은 주요 도시를 떠올려 보라. 허브 공항은 각지에서 뻗어 들어오는 지선spokes을 따라 항공기를 받아들이고, 다시 그 지선을 통해 항공기를 내보낸다. 중요한 점은 허브 공항들끼리도 서로 연결되어 있다는 것인데, 그중 일부는 다른 것들에 비해 더 주변부에 위치하기도 한다. 끝으로 허브 공항들 사이에도 규모 차이가 있듯, 어떤 수렴-발산 영역은 다른 수렴-발산 영역보다 더 크다. 이는 그 산하에 속한 수렴-발산 지대의 수가 더 많다는 의미이다.

영장류의 뇌에 이런 연결 구조가 실재한다는 사실은 신경해부학 실험 연구를 통해 이미 밝혀졌다.[55] 또한 인간의 뇌에서도 이런 패턴이 존재함이 확산 스펙트럼 기법을 활용한 최근의 자기공명신경영상 연구를 통해 규명되었다.[56] 뒤에 이어질 장들에서 수렴-발산 영역이 자서전적 자아를 비롯해 의식 있는 마음의 핵심 내용을 만들어 내고 체계화하는 데 중책을 맡고 있다는 사실을 확인하게 될 것이다.

수렴-발산 영역과 수렴-발산 지대는 모두 유전적 통제하에 형성된다. 유기체가 발달 과정에서 환경과 상호작용하면서 시냅스가 강화되거나 약화되면, 수렴 영역에는 상당한 변화가 일어나고 수렴-발산 지대는 대대적으로 재편된다. 특히 외부 환경 조건이 유기체의 생존 요구와 맞아떨어질 때 시냅스 강화가 일어난다.

요컨대 내가 구상하는 수렴-발산 지대의 기능은 이렇다. 우리가 무언가를 처음 지각할 때, 주의를 기울이고 의식할 수 있는 짧은 시간 동안 거의 동시에 발생한 별개의 신경 활동 묶음을 나중에 다

---

[55] K. S. Rockland and D. N. Pandya, "Laminar Origins and Terminations of Cortical Connections of the Occipital Lobe in the Rhesus Monkey", *Brain Research* 179, 1979, pp. 3~20; G. W. Van Hoesen, "The Parahippocampal Gyrus: New Observations Regarding Its Cortical Connections in the Monkey", *Trends in Neuroscience* 5, 1982, pp. 345~350.

[56] Patric Hagmann, Leila Cammoun, Xavier Gigandet, Reto Meuli, Christopher J. Honey, Van J. Wedeen, and Olaf Sporns, "Mapping the Structural Core of Human Cerebral Cortex", *PLoS Biology* 6, no. 7, 2008, e159, doi:10.1371/journal.pbio.0060159.

시 재생성하는 것이다. 이를 위해 수렴-발산 지대는 극히 빠른 속도로 신경 활동이 순차적으로 활성화되도록 유도하는데, 이 순서는 의식적으로는 알아차릴 수 없다.57

모델의 실제 적용

수렴-발산 모델이 실제 뇌의 작동 방식과 부합한다는 증거는 무엇일까? 최근 나는 동료인 카스퍼 마이어와 공동으로 지각, 이미지, 거울 신경 처리 분야에서 수행된 방대한 연구들을 꼼꼼히 검토하고, 그 결과들을 수렴-발산 모델의 관점에서 다시 고찰했다.58 우리가 검토했던 많은 연구 결과들은 이 모델의 타당성을 확인시켜 주는 흥미로운 시험대가 되었다. 그중 참고할 만한 예시 하나를 소개하고자 한다.

우리가 누군가와 대화할 때를 떠올려 보자. 우리는 상대방의

---

57 일부 수렴 지대는 특정 대상 범주(가령 도구의 색상과 형태)와 관련된 신호들을 결합한다. 이들은 특징적 표상이 형성되는 초기 피질 바로 아래(하위)에 위치한 연합피질에 자리 잡고 있다. 인간의 경우 시각적 대상과 관련된 이런 피질은 시각 피질 지도의 하위 영역인 37번과 39번 피질을 포함하는데, 이들은 해부학적 위계상 상대적으로 낮은 수준에 속한다. 그에 비해 다른 수렴-발산 지대는 더 복잡한 조합과 관련된 신호를 통합한다. 가령 모양, 색상, 소리, 온도, 냄새 등의 신호를 결합해 특정 대상 범주를 규정한다. 이런 수렴-발산 지대는 피질 간 계층 구조의 고차 수준(가령 37, 39, 22, 20번 영역의 전방 구역)에 놓여 있으며, 단일 존재나 독자적 특징이 아닌 존재들의 조합이나 다양한 존재의 특징을 대표한다. 개체들을 사건으로 통합할 수 있는 수렴-발산 지대는 계층적 흐름의 최정점에 위치하며, 측두엽과 전두엽의 최전방에서 관찰된다.
58 Kaspar Meyer and Antonio Damasio, "Convergence and Divergence in a Neural Architecture for Recognition and Memory", *Trends in Neurosciences* 32, no. 7, 2009, pp. 376~382.

목소리를 들으면서 동시에 입술이 움직이는 모습도 보게 된다. 수렴-발산 지대 모델에 따르면 특정한 입술 움직임이 그에 상응하는 소리와 반복적으로 함께 나타나면, 초기 시각 피질과 청각 피질에서 일어난 두 가지 신경 활동이 하나의 공유된 수렴-발산 지대 안에서 결합된다. 이후 음소거된 영상에서 특정 입술 움직임만 보게 되는 등 장면의 일부만 접하게 되면, 초기 시각 피질에서 유도된 활동 패턴이 공유된 수렴-발산 지대를 활성화한다. 그럴 경우 이 지대가 다시 초기 청각 피질을 역방향으로 활성화시켜 원래 그 입술 움직임에 동반되었던 소리의 표상을 재현해 낸다.

수렴-발산 지대의 이론틀에 따르면, 소리가 전혀 없는 상황에서 입술을 읽기만 해도 청각 피질이 활성화되고, 이때 유도된 활성화 패턴은 실제로 말소리를 들을 때의 패턴과 일부 겹친다.59 소리에 대한 청각 지도가 입술 움직임의 표상에 통합되어 그 일부가 되는 셈이다. 이 이론은 적절한 시각 자극을 받았을 때, 그 반대로 마음속에서 소리를 듣는 현상이 어떻게 가능한지 설명해 준다.

영상과 소리를 동기화하는 뇌의 위업을 하찮게 여기는 이가 있다면, 영화 상영 중 화질이 나빠져 영상과 음향이 따로 놀 때 느껴졌던 불편함과 짜증을 떠올려 보라. 아니면 한술 더 떠 멋진 이탈리아 영화를 제대로 즐기고 싶어도 영상과 전혀 맞지 않는 어색한 영어 더빙 때문에 몰입이 깨지는 상황을 상상해도 좋다. 실제로 이 모델

---

59 G. A. Calvert, E. T. Bullmore, M. J. Brammer, R. Campbell, S. C. R. Williams, P. K. McGuire, P. W. R. Woodruff, S. D. Iversen, and A. S. David, "Activation of Auditory Cortex During Silent Lip Reading", *Science* 276, 1997, pp. 593~596.

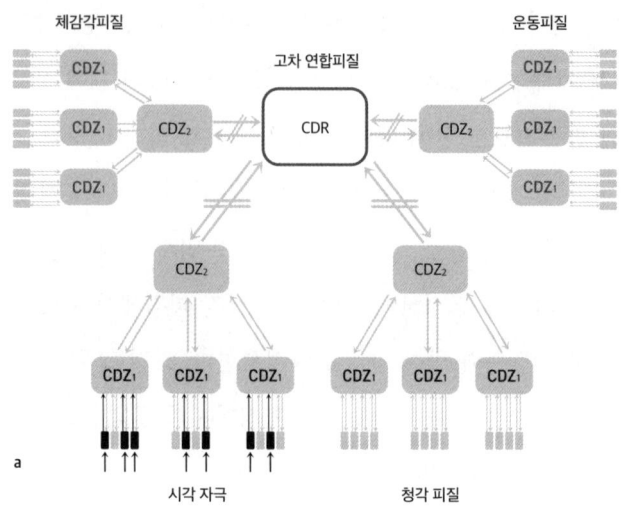

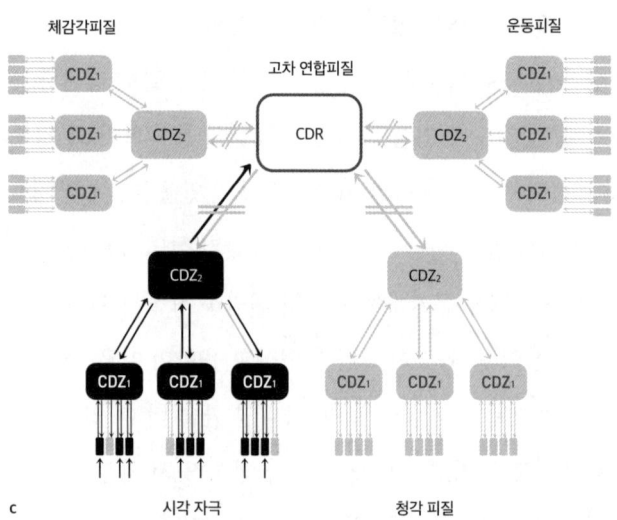

그림 6.2 수렴-발산 구조를 활용한 특정 시각적 자극에 의한 기억 회상 과정. 패널 a와 b에서 들어오는 특정 시각적 자극(선택적으로 채워진 작은 상자 꾸러미)이 1단계와 2단계 수렴-발산 지대(굵은 화살표와 채워진 상자들)에서 순방향 활동을 유발한다. 패널 c에서 순방향 활동은 특정 수렴-발산 영역을 활성화하고, 패널 d에서의 역방향 활성화가 초기 체

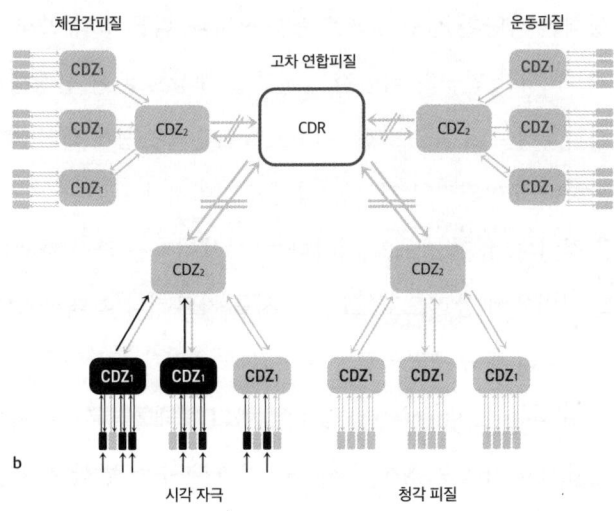

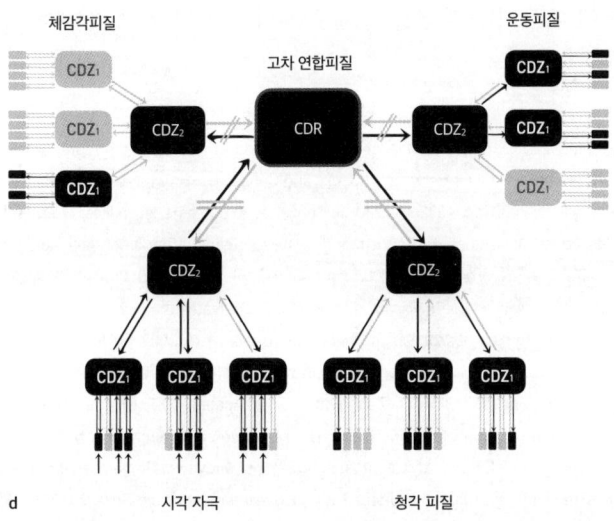

감각, 청각, 운동, 기타 시각 피질들(굵은 화살표와 채워진 상자)의 활동을 유도한다. 역방향 활성화는 '이미지 공간' 내의 재현뿐 아니라 동시에 움직임(선택적으로 채워진 작은 상자)도 생성한다.

의 설명력은 다양한 실험 결과로 뒷받침된다. 다른 감각 양식들(후각, 촉각)에 대한 연구와 비인간 영장류를 대상으로 한 신경심리학 연구 결과들에서도 수렴-발산 지대 모델로 만족스럽게 해석된다.[60]

또 하나 흥미진진한 자료는 정신적 이미지와 관련된 연구에서 도출된 것이다. 용어 자체가 시사하듯, 상상이라는 과정 자체는 이미지를 기억에서 불러오고, 그 이미지를 자르거나 확대하거나 재배열하는 등의 후속 조작들로 이루어진다. 우리가 상상력을 발휘할 때, 이미지화는 '그림'(시각적·청각적 등)의 형태를 취할까, 아니면 언어적 묘사에 가까운 정신적 서술을 할까?[61] 수렴-발산 지대의 이론 틀은 그림 형태의 설명에 힘을 실어 준다. 이 이론의 관점에서 보면, 어떤 대상이나 사건을 실제로 지각할 때와 기억 속에서 회상할

---

60 M. Kiefer, E. J. Sim, B. Herrnberger, J. Grothe, and K. Hoenig, "The Sound of Concepts: Four Markers for a Link Between Auditory and Conceptual Brain Systems", *Journal of Neuroscience* 28, 2008, pp. 12224~12230; J. González, A. Barros-Loscertales, F. Pulvermüller, V. Meseguer, A. Sanjuán, V. Belloch, and C. Ávila, "Reading Cinnamon Activates Olfactory Brain Regions", *NeuroImage* 32, 2006, pp. 906~912; M. C. Hagen, O. Franzen, F. McGlone, G. Essick, C. Dancer, and J. V. Pardo, "Tactile Motion Activates the Human Middle Temporal/V5 (MT/V5) Complex", *European Journal of Neuroscience* 16, 2002, pp. 957~964; K. Sathian, A. Zangaladze, J. M. Hoffman, and S. T. Grafton, "Feeling with the Mind's Eye", *Neuroreport* 8, 1997, pp. 3877~3881; A. Zangaladze, C. M. Epstein, S. T. Grafton, and K. Sathian, "Involvement of Visual Cortex in Tactile Discrimination of Orientation", *Nature* 401, 1999, pp. 587~590; Y.-D. Zhou and J. M. Fuster, "Neuronal Activity of Somatosensory Cortex in a Cross-modal (Visuo-haptic) Memory Task", *Experiments in Brain Research* 116, 1997, pp. 551~555; Y.-D. Zhou and J. M. Fuster, "Visuo-tactile Cross-modal Associations in Cortical Somatosensory Cells", *Proceedings of the National Academy of Sciences* 97, 2000, pp. 9777~9782.

61 S. M. Kosslyn, G. Ganis, and W. L. Thompson, "Neural Foundations of Imagery", *Nature Reviews Neuroscience* 2, 2001, pp. 635~642; Z. Pylyshyn, "Return of the Mental Image: Are There Really Pictures in the Brain?", *Trends in Cognitive Science* 7, 2003, pp. 113~118.

때 유사한 뇌 영역이 활성화된다. 지각할 때 만들어지는 이미지는 이미지화 과정에서 재-구성되며, 이때의 이미지는 완전한 복제품이 아닌 과거 현실을 복원하려는 근사치에 불과하다. 그래서 실재만큼 생생하거나 정확하지 않다.

수많은 연구들이 입증하듯, 시각과 청각 같은 감각 양식에서의 이미지화 과정은 일반적으로 실제 지각 시 관찰되는 패턴과 상당 부분 겹치는 뇌 활동 패턴을 유발한다.[62] 뇌병변 연구 결과 역시 수렴-발산 지대 모델과 상상을 그림 형태로 이해해야 한다는 설명을 강력하게 뒷받침한다. 특히 국소적 뇌 손상은 종종 지각과 이미지화 능력을 동시에 훼손시킨다. 단적인 사례로, 후두-측두occipitotemporal 영역에 손상이 생기면 색채를 지각하고 상상하는 능력이 전부 사라질 수 있다. 이 부위에 국소적 손상을 입은 환자들은 시각 세계를 흑백으로, 말하자면 회색 기조로만 보게 되고, 마음속으로 색을 '상상'할 수도 없다. 이들은 피가 빨갛다는 사실을 완벽히 인지하고 있

---

[62] S. M. Kosslyn, W. L. Thompson, I. J. Kim, and N. M. Alpert, "Topographical Representations of Mental Images in Primary Visual Cortex", *Nature* 378, 1995, pp. 496~498; S. D. Slotnick, W. L. Thompson, and S. M. Kosslyn, "Visual Mental Imagery Induces Retinotopically Organized Activation of Early Visual Areas", *Cerebral Cortex* 15, 2005, pp. 1570~1583; S. M. Kosslyn, A. Pascual-Leone, O. Felician, S. Camposano, J. P. Keenan, W. L. Thompson, G. Ganis, K. E. Sukel, and N. M. Alpert, "The Role of Area 17 in Visual Imagery: Convergent Evidence from PET and rTMS", *Science* 284, 1999, pp. 167~170; M. Lotze and U. Halsband, "Motor Imagery", *Journal of Physiology* 99, 2006, pp. 386~395; K. M. O'Craven and N. Kanwisher, "Mental Imagery of Faces and Places Activates Corresponding Stimulus-specific Brain Regions", *Journal of Cognitive Neuroscience* 12, 2000, pp. 1013~1023; M. J. Farah, "Is Visual Imagery Really Visual? Overlooked Evidence from Neuropsychology", *Psychological Review* 95, 1988, pp. 307~317.

음에도 막상 마음의 눈으로는 그 빨강을 떠올릴 수 없고, 실제로 빨간색 칩을 봐도 그 색을 지각하지 못한다.

또한 기능적 영상 연구와 뇌병변 연구에 의하면, 우리가 대상과 사건을 회상할 때 뇌의 활동은 감각 신호가 피질로 처음 들어오는 진입점 근처와 운동 출력 부위 근처에 집중되는 경향이 있다. 이런 지점들은 바로 우리가 대상과 사건을 최초로 지각할 때 관여하는 부위와 정확히 일치한다. 이를 그저 그런 우연으로 넘기기엔 너무 절묘하지 않은가.

더불어 거울 신경세포 연구는 복잡한 특정 행동과 정신 작용을 설명하는 데 수렴-발산 구조가 적합한 수단임을 입증한다. 거울 신경세포 연구(4장)에서 밝혀진 결정적 발견은 단순히 어떤 행동을 관찰하는 것만으로도 운동 관련 영역에서 활성화된다는 점이다.[63] 이 현상은 수렴-발산 지대 모델로 명료하게 설명된다. 우리가 실제로 행동을 할 때, 어떤 일이 벌어지는지 생각해 보자. 행동은 비단 뇌의 운동 영역이 일으키는 일련의 움직임만으로는 불가능하다. 그와 동시에 체감각, 시각, 청각 피질 등에서도 감각 표상이 동반되어야 한다. 수렴-발산 지대 모델은 특정 행동을 구성하는 다양한 감각-운동 지도가 반복적으로 동시에 활성화되면, 해당 수렴-발산 지대로의 수렴 신호도 반복적으로 발생한다고 제안한다. 나중에 시간이 지나

---

[63] V. Gallese, L. Fadiga, L. Fogassi, and G. Rizzolatti, "Action Recognition in the Premotor Cortex", *Brain* 119, 1996, pp. 593~609; G. Rizzolatti and L. Craighero, "The Mirror-Neuron System", *Annual Review of Neuroscience* 27, 2004, pp. 169~192.

동일한 행동을 지각하게 되면, 예컨대 시각으로 그 행동을 관찰할 때, 시각 피질의 활동이 관련된 수렴-발산 지대를 활성화시킨다. 이어서 활성화된 수렴-발산 지대는 역방향 발산 투사를 통해 초기 감각피질로 신호를 보낸다. 이를 통해 체감각과 청각 등 다양한 감각 양식에서 행동과 연결된 표상들이 재활성화된다. 또한 수렴-발산 지대는 운동피질로도 신호를 전달해 거울 신경세포가 유발하는 움직임을 만들 수 있다. 우리의 시각에서 보면, 거울 신경세포란 움직임에 관여하는 수렴-발산 지대의 신경세포라고 할 수 있다.[64]

마지막으로 수렴-발산 지대 모델에 따르면, 거울 신경세포 단독으로는 관찰자가 행동의 의미를 온전히 파악하기 어렵다. 수렴-발산 지대는 대상과 사건의 의미를 직접 저장하지 않고, 여러 초기 피질 영역에 걸친 시간 동시성과 다영역 역활성화를 통해 그 의미를 재구성하기 때문이다. 거울 신경세포가 이 지대에 포함될 가능성이 높다 해도 그 반응만으로는 행동의 의미를 설명하기엔 한계가 있다. 과거의 행동과 함께 활성화되었던 다양한 감각 지도의 재구성은 원본 지도와의 연결 정보가 기록된 수렴-발산 지대의 조율하에 이루어져야 한다.[65]

---

64 A. Damasio and K. Meyer, "Behind the Looking-Glass", *Nature* 454, 2008, pp. 167~168.
65 다음에서 보듯, 수많은 거울 신경세포 관련 문헌들이 수렴-발산 지대 모델과 일치하고 있다. E. Kohler, C. Keysers, M. A. Umiltà, L. Fogassi, V. Gallese, and G. Rizzolatti, "Hearing Sounds, Understanding Actions: Action Representation in Mirror Neurons", *Science* 297, 2002, pp. 846~848; C. Keysers, E. Kohler, M. A. Umiltà, L. Nanetti, L. Fogassi, and V. Gallese, "Audio-visual Mirror Neurons and Action Recognition", *Experiments in Brain Research* 153, 2003,

지각과 회상의 방식과 위치

대상과 사건을 지각하거나 회상하는 과정은 주로 뇌의 다양한 이미지 생성 영역의 활동에 달려 있으며, 경우에 따라 움직임 관련 뇌 부위의 영향도 받는다. 이렇게 고도로 분산된 활성화 패턴은 이미지 공간 내에서 일어난다. 우리가 대상과 사건의 명시적 이미지를 지각할 수 있는 이유는 정보 처리 사슬의 초기 단계에서 발견되는 신경 세포의 활동 때문이 아니라 바로 이 이미지 공간에서의 활동 덕분이다. 기능적·해부학적 관점에서 정보 처리 사슬의 최종 단계에서 일어나는 활동은 성향 공간 내에서 이루어진다. 성향 공간은 이미지

pp. 628~636; V. Raos, M. N. Evangeliou, and H. E. Savaki, "Mental Simulation of Action in the Service of Action Perception", *Journal of Neuroscience* 27, 2007, pp. 12675~12683; D. Tkach, J. Reimer, and N. G. Hatsopoulos, "Congruent Activity During Action and Action Observation in Motor Cortex", *Journal of Neuroscience* 27, 2007, pp. 13241~13250; S.-J. Blakemore, D. Bristow, G. Bird, C. Frith, and J. Ward, "Somatosensory Activations During the Observation of Touch and a Case of Vision-Touch Synaesthesia", *Brain* 128, 2005, pp. 1571~1583; A. Lahav, E. Saltzman, and G. Schlaug, "Action Representation of Sound: Audiomotor Recognition Network While Listening to Newly Acquired Actions", *Journal of Neuroscience* 27, 2007, pp. 308~314; G. Buccino, F. Binkofski, G. R. Fink, L. Fadiga, L. Fogassi, V. Gallese, R. J. Seitz, K. Zilles, G. Rizzolatti, and H.-J. Freund, "Action Observation Activates Premotor and Parietal Areas in a Somatotopic Manner: An fMRI Study", *European Journal of Neuroscience* 13, 2001, pp. 400~404; M. Iacoboni, L. M. Koski, M. Brass, H. Bekkering, R. P. Woods, M.-C. Dubeau, J. C. Mazziotta, and G. Rizzolatti, "Reafferent Copies of Imitated Actions in the Right Superior Temporal Cortex", *Proceedings of the National Academy of Sciences* 98, 2001, pp. 13995~13999; V. Gazzola, L. Aziz-Zadeh, and C. Keysers, "Empathy and the Somatotopic Auditory Mirror System in Humans", *Current Biology* 16, 2006, pp. 1824~1829; C. Catmur, V. Walsh, and C. Heyes, "Sensorimotor Learning Configures the Human Mirror System", *Current Biology* 17, 2007, pp. 1527~1531; C. Catmur, H. Gillmeister, G. Bird, R. Liepelt, M. Brass, and C. Heyes, "Through the Looking Glass: Counter-Mirror Activation Following Incompatible Sensorimotor Learning", *European Journal of Neuroscience* 28, 2008, pp. 1208~1215.

를 직접 만들어 내지는 않되, 이미지가 형성되는 과정을 이끌어 주는 역할을 하는데, 연합피질의 수렴-발산 지대와 수렴-발산 영역들로 구성되어 있다.

이런 맥락에서 성향 공간은 '할머니 세포'를 포함한다. 여기에서 말하는 할머니 세포란 특정 대상의 존재와 상관관계를 보이는 신경세포를 넓게 정의한 것이지, 단일세포의 활동만으로 대상과 사건의 정신적 이미지를 명시적으로 만들어 내는 신경세포를 의미하는 것은 아니다. 전방 내측두 피질의 신경세포는 실제로 지각이나 회상의 상황에서 특정 대상에 대해 매우 특이적으로 반응함을 보여 준다. 이와 같은 선택적인 반응성은 해당 신경세포들이 수렴적 신호를 받고 있음을 시사한다.[66] 하지만 그러한 신경세포의 단순 활성만으로는 뒤따르는 역활성화 없이 우리가 할머니를 인식할 수도, 기억할 수도 없을 것이다. 할머니를 인식하거나 기억하기 위해서는 전체적으로 할머니의 의미를 표상하는 명시적 지도집集의 상당 부분을 복원해야 한다. 거울 신경세포처럼 이른바 할머니 신경세포 역시 수렴-발산 지대이다. 이들은 초기 감각-운동피질에서 명시적 지도의 여러 영역에 걸친 시간 고정 역활성화를 가능하게 한다.

결론적으로 수렴-발산 지대 이론틀은 뇌 속에 다소 분리된 두 개의 '뇌 공간'을 상정한다. 하나는 우리가 무언가를 지각할 때 대상과 사건의 명시적 지도가 만들어지고, 회상할 때는 그 지도가 재구

---

66 G. Kreiman, C. Koch, and I. Fried, "Imagery Neurons in the Human Brain", *Nature* 408, 2000, pp. 357~361.

성되는 공간이다. 지각과 회상 양쪽 모두에서 대상의 속성과 지도의 특성 사이에 명확한 대응 관계가 성립한다. 다른 하나는 지도를 내포하지는 않지만 성향, 즉 이미지 공간에서 지도를 어떻게 재구성할지를 알려 주는 암묵적인 지침을 포함하는 공간이다.

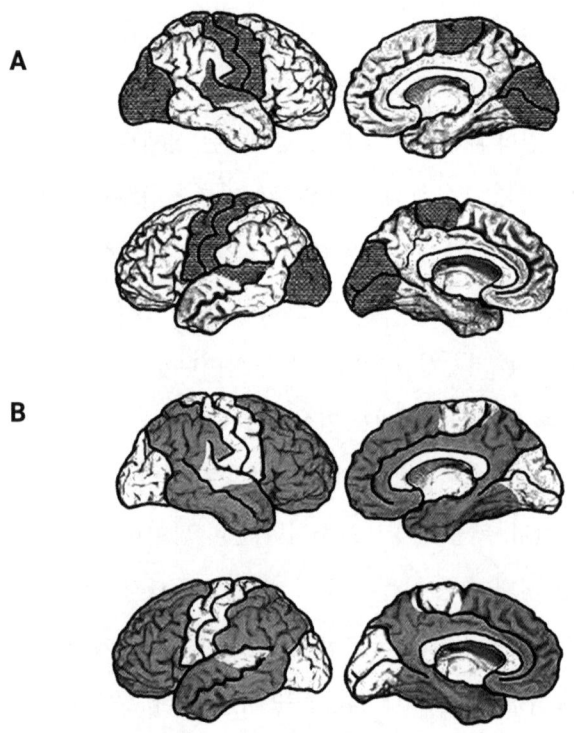

그림 6.3 대뇌 피질 내의 이미지 공간(지도화된 공간)과 성향 공간(지도화되지 않은 공간). 이미지 공간은 네 개의 A 패널에서 음영 처리된 영역들과 일차 운동 피질로 표시되어 있다. 성향 공간은 네 개의 B 패널에서 마찬가지로 음영 처리된 부분으로 나타나 있다. 이미지 공간의 각 구성 요소들은 하단의 네 개 패널에서 보듯, 성향 공간이라는 바다 위에 떠 있는 섬처럼 보인다.

명시적 이미지 공간은 초기 감각-운동피질의 묶음으로 이루어져 있다. 나는 이미지들이 조립되는 장소를 일컬어 '작업 공간'이라 부르며, 이 공간을 의식을 가진 마음에서 펼쳐지는 인형극 무대로 간주한다. 반면 암묵적 성향 공간은 연합피질의 묶음으로 구성되는데, 이곳에서는 무의식적인 인형사들이 보이지 않는 줄을 당기고 있는 셈이다.

이 두 공간은 뇌 진화의 서로 다른 시기를 가리킨다. 한쪽은 성향만으로도 적절한 행동을 이끌어 낼 수 있었던 초기의 뇌이고, 다른 한쪽은 지도가 이미지로 발전하면서 행동의 질이 향상된 이후의 뇌이다. 현재 두 공간은 이음매 없이 통합되어 있다.

제3부

의식을 가진 존재

7장
관찰된 의식

의식의 정의

다소 차이는 있겠으나, 표준 사전을 펼쳐 의식의 정의를 찾아보면 대체로 다음과 같은 설명을 발견하게 될 것이다. "의식이란 자신과 주변 환경에 대한 자각 상태awareness이다"라고 말이다. 이때 자각을 앎knowledge으로, 자신self을 자신의 존재own existence로 대체하면, 최종적으로 내가 생각하는 의식의 본질적인 면모를 어느 정도 포착한 문장이 완성된다. 즉 의식이란 자신의 존재와 주변 세계가 존재한다는 것을 아는 마음의 상태이다. 의식은 마음의 한 상태이다. 마음이 없으면 의식도 존재할 수 없다. 하지만 의식은 단순히 마음의 한 상태에 그치지 않는다. 의식이란 그 마음이 특정 유기체에서 작동하고 있다는 감각이 더해진 특별한 상태이다. 이런 마음의 상태에는 그 존재가 어디에 위치해 있는지, 다시 말해 자신을 둘러싼 대상과 사건들이 존재한다는 사실을 아는 상황적 지식이 포함되어 있다. 의식이란 자아 과정이 추가된 마음의 상태인 셈이다.

의식 있는 마음 상태는 개별 유기체가 오직 1인칭 시점에서만 배타적으로 경험하는 것으로, 그 누구도 그 경험을 직접 관찰하거나 접근할 수 없다. 이런 주관적인 경험은 유기체 본인만의 것이지, 결코 어느 누구에게도 귀속될 수 없다. 그럼에도 우리는 이런 사적인 경험에 대해 비교적 '객관적인' 시각을 가질 수 있다. 예컨대 나는 대상으로서의 자아, 곧 물질적인 나의 신경학적 기반을 탐구할 때 이런 객관적 시선을 취한다. 풍부하게 구성된 물질적 자아는 마음에 지식을 전달하기도 한다. 다시 말해 자아는 인식의 대상일 뿐 아니라 스스로 인식하고 아는 주체로도 작용할 수 있다.

우리는 이 정의를 다음과 같이 더 확장할 수 있다. 의식 있는 마음의 상태는 반드시 어떤 내용을 담고 있으며(항상 무언가에 관한 것이고), 그 내용의 일부는 통합된 전체로 지각되는 경향이 있다(예를 들어 누군가가 말을 하며 우리 쪽으로 걸어오는 모습을 동시에 보고 들을 때처럼). 또한 의식 있는 마음 상태는 우리가 아는 각기 다른 내용에 따라 서로 뚜렷하게 구분되는 질적 특성을 드러낸다(보는 것과 듣는 것, 만지는 것과 맛보는 것은 질적으로 다르다). 더불어 의식 있는 마음 상태에는 필연적으로 느낌이라는 측면, 즉 의식 주체에게 무언가로 느껴지는 경험이 포함된다. 끝으로 비록 수면 중 꿈을 꿀 때 발생하는 역설적 형태의 의식이 예외적으로 존재하기는 하지만, 우리의 잠정적 정의에 따르면 의식 있는 마음 상태는 깨어 있을 때만 가능한 것으로 봐야 한다. 결론적으로 표준적인 의식이란 깨어 있는 상태에서만 나타나는 마음의 상태로, 그 순간 처한 주변 환경과 그에 따라 조건 지어진 맥락 속에서 자신의 존재를 사적이고 개인적인 방식으로 아는 상태를 의미한다. 이런 의식 있는 마음 상태는 시각, 청각, 신체 감각 등 다양한 감각적 재료에 기반해 앎을 다루며, 감각의 종류에 따라 서로 다른 질적 특성을 보여 준다. 의식 있는 마음 상태란 느껴지는 경험이다.

의식에 대해 이야기할 때, 나는 비단 각성 상태만을 의미하는 것이 아니다. 이런 흔한 오해의 배경에는 각성을 잃으면 의식도 함께 사라지는 경우가 왕왕 있기 때문이다(꿈속에서의 의식은 **변형된 의식 상태이다**). 또한 이 정의는 의식이라는 용어가 단순히 자아라는 특성이 빠진 정신 작용을 가리키는 것도 아님을 분명히 밝힌다. 나로서는 안타깝게도 의식을 그저 마음과 동일시하는 관점이 이 용어의 본질을 흐리는 일반적인 오해라고 본다. 사람들은 종종 "어떤 것이 의식 속에 있다"라는 말을 그것이 "마음속에 있다"라거나 무언가가 마음의 중요한 내용이 되었다는 뜻으로 사용한다. 예컨대 "지구 온난화 문제가 마침내 서구 사회의 의식에 침투했다"라는 표현이 그렇다. 실제로 현대 의식 연구의 상당수는 의식을 곧 마음으로 받아들인다. 내가 이 책에서 사용하는 의식이라는 용어는 "그녀가 계속 쳐다보자 존은 점점 더 자의식이 과잉되었다"에서 말하는 '자의식'이 아니다. 또한 의식을 필요로 하긴 하지만, 의식보다 훨씬 복잡하고 도덕적 책임과 관련된 고차적 기능인 '양심'을 의미하지도 않는다. 끝으로 이 정의에서 말하는 의식은 제임스가 제시한 '의식의 흐름'이라는 일상적 의미와도 구별된다. 의식의 흐름이라는 표현은 대체로 마음속 평범한 내용들이 시간 속에서 하천의 물처럼 흘러가는 모습을 비유할 뿐 그 안에 깃든 주관적 경험의 미묘하거나 뚜렷한 측면은 제대로 다루어지지 않는다. 셰익스피어의 독백이나 조이스의 작품에서 언급된 의식 역시 이런 단순화된 의식의 관점을 따르는 경우가 허다하다. 하지만 정작 원작자들은 작중인물의 자아적 시점에서 글을 써 내려가며, 의식 현상을 온전한 의미로 탐구하고 있었다. 그래서 해럴드 블룸은 셰익스피어가 문학사상 최초로 의식이라는 현상을 독자적으로 도입했을 가능성을 제안했다(하지만 의식이 독백의 형식을 빌려 문학에 스며든 것은 맞지만, 훨씬 더 일찍부터 기도와 그리스 비극을 통해 이미 존재했다고 보는 제임스 우드의 설득력 있는 대안적 견해 또한 귀 기울여 볼 만하다).[1]

의식 분해하기

의식과 각성은 같은 개념이 아니다. 깨어 있는 상태, 즉 각성은 의식을 갖기 위한 전제 조건에 불과하다. 자연스레 잠이 들거나 마취로 인해 강제로 잠이 들면, 표준적 형태의 의식은 사라진다. 다만 유일한 부분적 예외로, 꿈을 꾸는 동안 나타나는 특정한 의식 상태를 거

---

[1] Harold Bloom, *The Western Canon*, New York: Harcourt Brace, 1994; Harold Bloom, *Shakespeare: The Invention of the Human*, New York: Riverhead, 1998; James Wood, *How Fiction Works*, New York: Farrar, Straus and Giroux, 2008.

론할 수 있다. 하지만 이 역시 표준적 형태의 의식과는 거리가 있기 때문에 깨어 있음이 의식의 전제 조건이라는 사실과 하등 모순되지 않는다.

　우리는 흔히 깨어 있음을 온/오프 현상처럼 단순화해서 생각하는 경향이 있다. 수면 상태는 0, 각성 상태는 1로 보는 식이다. 어느 정도 일리는 있지만, 전부 아니면 전무라는 이분법적 접근 방식은 우리가 익히 경험하는 의식의 단계적 차이를 가린다. 졸음이나 나른함은 분명 의식의 명료함을 흐리게 하지만, 그렇다고 해서 의식이 급작스럽게 0으로 사라지는 것은 아니다. 그런 의미에서 의식의 불을 꺼 버린다는 비유는 부정확하다. 오히려 조명의 밝기를 서서히 낮추는 방식이 의식의 변화를 설명하는 데 더 적절하다.

　의식이라는 불빛이 서서히든 갑작스럽게든 켜질 때, 그 조명 아래에서 드러나는 것은 무엇일까? 대개의 경우 우리가 흔히 '마음' 혹은 '정신적 내용'이라 부르는 현상이 모습을 드러낸다. 그렇다면 그렇게 드러난 마음은 무엇으로 이루어져 있을까? 그것은 시각, 청각, 촉각, 근육감각, 내장감각 등 가능한 모든 감각 양식들로 구성된 복합적인 패턴들이다. 이 패턴들은 각기 독특한 색조와 음조를 띠며, 질서 정연하게 혹은 뒤엉킨 채로 다양하게 변주되고 결합되어 흐른다. 한마디로 이 모든 것은 이미지이다. 앞서 나는 이미지의 기원(3장)에 관한 견해를 피력한 바 있다. 여기에서 기억해야 할 핵심은 이미지가 우리 마음의 주요 통화라는 점, 그리고 이 용어가 시각적인 것에 국한되지 않고, 구체적이든 추상적이든 모든 감각 양식의 패턴을 통칭한다는 사실이다.

그렇다면 불을 켜서 누군가를 잠에서 깨우는 것처럼 단순한 생리적 행위만으로 곧바로 의식 상태가 될까? 결코 그렇지 않다. 방증을 찾기 위해 멀리 갈 필요도 없다. 바다 건너 이국땅에서 피로와 시차가 겹쳐 잠에서 깨어난 순간, 누구나 자신이 정확히 어디에 있는지 깨닫기까지 길게만 느껴졌던 기이한 시공간적 부유 상태를 경험해 본 적이 있을 것이다. 감사하게도 그 순간은 1~2초면 지나간다. 이 짧은 시간 동안에도 마음이 존재하기는 하지만, 아직 의식이 가진 모든 속성이 조직된 마음은 아니다. 만약 머리를 단단한 물체에 부딪혀 의식을 잃는다면, '정신이 든다'라는 말로 표현되는 그 순간까지 일정 시간 동안의 지연이 불가피하다. 이 시간 역시 다행히도 짧게 지나간다. 여기에서 '정신이 든다'라는 표현은 곧 '의식을 회복한다', 달리 말해 '자아 지향적인 마음으로 되돌아온다'라는 뜻이다. 그다지 격식 있는 표현은 아니지만, 그 속에는 대중의 직관적이고 실용적인 지혜가 살뜰히 담겨 있다. 신경학적 용어로 재차 설명하면, 폐쇄성 두부 손상closed-head injury 후 의식을 회복하는 데 상당한 시간이 소요될 수 있으며, 그사이 부상자는 장소나 시간은 고사하고 자신이 누구인지조차 완전히 파악하지 못한다.

이런 상황들을 곱씹어 보면, 복잡한 정신 기능이 하나의 단일체가 아니라 말 그대로 부분별로 분해될 수 있음을 알 수 있다. 그렇다. 불이 켜져 있고, 여러분은 깨어 있다(의식에 1점 부과). 그렇다. 마음이 작동 중이며, 눈앞의 대상들로부터 이미지가 형성되고 있다. 비록 과거의 기억에서 불러온 이미지는 드문드문 희미하지만 말이다(의식에 0.5점 부과). 하지만 아니다. 이 불안정한 마음 상태를 누가 소유하고 있는지 보여 주는 징후는 아직 없고, 그것을 자신의 것이라 주장할 자아도 나타나지 않는다(의식에 0점 부과). 총평하자면 이런 상태는 의식으로서는 불합격이다. 이 이야기가 전하는 교훈은 의식 수준의 표준 점수를 획득하기 위해 다음 요소들이 꼭 필요하다는 것이다. (1) 깨어 있어야 하고, (2) 작동하는 마음이 있어야 하며, 덧붙여 (3) 그 마음속에는 아무리 미묘하더라도 경험의 주인공으로서 자동적이고, 즉흥적이지 않으며, 추론되지 않은 자아 감각이 있어야 한다. 의식이 존재하려면 깨어 있음과 마음, 이 두 가지가 모두 필요하다는 점을 감안할 때, 의식의 독특한 특징은 시적으로 표현하면 나에 대한 생각 그 자체라고 할 수 있다. 하지만 시를 정확하게 다듬자면, "의식은 실제로 느껴지는 나에 대한 생각"이라고 표현해야 마땅하다.

깨어 있음과 의식이 동일하지 않다는 사실은 식물인간 상태로 알려진 신경학적 사례를 참고하면 더욱 명확해진다. 식물인간 상태의 환자들은 의식을 암시하는 징후를 전혀 보이지 않는다. 혼수상태라는 비슷하지만 더 중증인 상태의 환자들과 마찬가지로, 이들은 검사자의 어떤 자극에도 무반응으로 일관하며, 자기 자신이나 인식 환경에 대한 자발적인 반응을 일절 내비치지 않는다. 하지만 뇌파 검사 혹은 EEG(살아 있는 뇌에서 지속적으로 생성되는 전기 파형)를 살펴보면 수면이나 각성 상태를 표시하는 특징적인 패턴이 번갈아 나타난다. 각성 상태의 뇌파 패턴을 보이는 환자들은 종종 눈을 뜨고 있지만, 시선이 특정 대상에 고정되지 않은 채 허공을 멍하니 바라볼 뿐이다. 혼수상태의 환자들에게서는 이런 전기적 패턴조차 관찰되지 않는데, 이들 환자에게는 의식(깨어 있음, 마음, 자아)과 관련된 모든 현상이 부재한 것처럼 보인다.[2]

식물인간 상태라는 임상적 조건은 그 비극적 상황에도 불구하고 의식의 분절적 특성을 규명하는 데 귀중한 정보를 제공한다. 이목이 집중되었던 한 연구에서 에이드리언 오언은 기능적 자기공명영상을 사용해 식물인간 상태에 있던 한 여성 환자의 뇌가 검사자의 질문과 요청에 부합하는 활동 패턴을 보였다는 사실을 확인했다. 말할 것도 없이 그녀는 의식불명 진단을 받았던 터였다. 그녀는 질문에 명확하게 대답하거나 지시에 따라 행동으로 응하지 않았고, 능동적인 정신 활동을 암시하는 자발적인 징표도 전혀 보이지 않았다. 그런데도 그녀가 질문을 들었을 때 대뇌 피질 내 청각 영역이 활성화되었음이 fMRI 분석 결과 확인되었다. 이 활성 패턴은 유사한 질문에 응답하는 정상적인 의식 보유자의 반응 양상과 유사했다. 더욱 인상적인 사실은 환자에게 자신의 집을 둘러보는 상상을 하도록 요청했을 때, 정상적인 의식 상태의 사람이 같은 과제를 수행할

---

2   의식의 신경과학적 기초를 이해하기 위해 최근 진행된 연구를 정리한 총설로는 다음을 추천한다. *The Neurology of Consciousness*, ed. Steven Laureys and Giulio Tononi, London: Elsevier, 2008. 의식의 임상 측면에 관한 개관으로는 이전에 인용한 바 있는 다음을 추천한다. Jerome B. Posner, Clifford B. Saper, Nicholas D. Schiff, and Fred Plum, *Plum and Posner's Diagnosis of Stupor and Coma*, New York: Oxford University Press, 2007. 또한 관련된 최근의 임상적 문헌 고찰로는 다음 참조. Todd E. Feinberg, *Altered Egos: How the Brain Creates the Self*, New York: Oxford University Press, 2001; A. R. Damasio, "Consciousness and Its Disorders", *Diseases of the Nervous System: Clinical Neuroscience and Therapeutic Principles*, ed. Arthur K. Asbury, G. McKhann, I. McDonald, P. J. Goadsby, and J. McArthur, 3rd ed., New York: Cambridge University Press, 2002, p. 2, pp. 289~301.

때 나타나는 종류의 활동 패턴을 대뇌 피질에서 추출할 수 있었다는 것이다. 비록 이 환자가 이후 다른 모든 실험에서 이와 똑같은 패턴을 보이지는 않았지만, 후속 연구에서 몇몇 다른 환자들 역시 유사한 패턴을 보여 준 사례가 있었다. 물론 그 역시 모든 시도에서 일관되게 나타난 것은 아니었지만 말이다.3 특히 그중 한 환자는 반복 훈련을 통해 과거에 예 또는 아니요에 해당하는 반응을 다시 유도해 내는 데 성공하기도 했다.4

이 연구는 의식의 어떤 행동적 징후도 없는 상태에서도 일반적으로 정신 과정과 연관된 것으로 여겨지는 뇌 활동이 존재할 수 있음을 시사한다. 다시 말해 뇌를 직접 관찰하면 깨어 있음과 마음이 어느 정도 보존되어 있다고 해석할 수 있는 증거는 발견되지만, 행동 관찰만으로는 앞서 정의한 의식이 이런 뇌 활동과 함께 작동하고 있다는 실증적 근거를 도출하기는 어렵다. 이런 중요한 연구 결과들은 정신 과정이 비의식적으로 작동한다는 다수의 증거들(본 장과 11장에서 검토된 바와 같이)과도 맥을 같이한다. 이런 발견들은 마음 과정의 존재, 나아가 최소한의 자아 과정의 가능성과도 상충하지 않는다. 하지만 이런 결과가 과학적·의료적 관리 측면에서 중대한 의미를 갖는 것은 분명하지만, 나는 이를 의식적 의사소통의 증거로 간주하거나 앞서 제시한 의식의 정의를 철회할 합리적 근거로 삼고 싶지 않다.

---

3 Adrian Owen, "Detecting Awareness in the Vegetative State", Science 313, 2006, p. 1402.
4 Adrian Owen and Steven Laureys, "Willful Modulation of Brain Activity in Disorders of Consciousness", New England Journal of Medicine 362, 2010, pp. 579~589.

자아는 사라져도 마음은 남는다

깨어 있음과 마음이 한쪽에, 자아가 다른 쪽에 분리되어 있을 때, 이들 사이에 해리가 발생할 수 있음을 증명하는 가장 설득력 있는 사례는 뇌전증 자동증epileptic automatism이라는 신경학적 증후군에서 관찰된다. 이 상태는 특정 유형의 뇌전증 발작 에피소드5 이후에 발현될 수 있다. 이런 상황에서는 환자의 행동이 갑자기 멈추면서 짧은 시간 동안 모든 동작이 완전히 정지한다. 그 직후 행동이 재개되지만, 이때 역시 대체로 짧은 시간 동안만 지속되며, 정상적인 의식 상태를 시사하는 징후는 전혀 확인되지 않는다. 환자는 말을 하지 않지만 움직일 수는 있다. 예컨대 손을 흔들며 작별 인사를 하거나 방을 나서는 행동을 하기도 한다. 하지만 그러한 동작들에는 전체적인 목적성이 드러나지 않는다. 물 한 잔을 집어 마시는 것처럼 소소한 목적을 띨 수는 있지만, 그 행동이 더 큰 맥락의 일부라는 징후는 일절 없다. 환자는 관찰자에게 먼저 말을 걸거나 반응을 시도하지 않으며, 관찰자가 말을 걸어도 이에 응답하지 않는다.

의사의 진료실을 방문할 때 사람들의 행동이란 모름지기 그 순간에만 국한되지 않는다. 병원 방문이라는 상황은 상대적일 수 있지만, 진료실이라는 '장면' 속에서 일어나는 모든 행동은 비록 그 모든 계획을 일일이 염두에 두지 않더라도 여러 층위의 맥락 속에서 의미

---

5 [옮긴이] '에피소드'(episode)는 의학 분야에서 질병이나 증상이 일시적으로 발현되는 한 차례의 사건을 지칭하는 데 사용되는 단위이다.

를 갖는다. 의사의 입장에서도 역시 마찬가지이다. 진료실이라는 '장면' 속에서 자신이 수행하는 역할에 따라 그의 행동 역시 동일한 방식으로 맥락화된다. 하지만 의식이 저하된 상태에서는 이런 배경적 영향력이 현저히 감소하거나 완전히 사라진다. 행동은 더 넓은 맥락과의 연결성이 단절된 채 오직 눈앞의 자극에 의해서만 통제된다. 예컨대 물잔을 들어 물을 마시는 행위는 목이 마르다는 상황에서는 말이 되지만, 그 행동이 더 넓은 맥락과 굳이 연결되어야 하는 것은 아니다.

해당 증상을 처음 관찰했을 당시 환자가 보인 행동이 내게는 정말이지 너무 낯설고 전혀 예상하지 못한 터라, 내가 몹시 불안해 했던 기억이 난다. 진료 중 환자는 돌연 대화를 중단했고, 사실상 전혀 움직이지 않았다. 얼굴 표정이 사라졌고, 눈은 뜨고 있었지만 나를 응시하지 못한 채 뒤편 벽을 멍하니 바라보고 있었다. 그는 몇 초간 미동도 하지 않았다. 의자에서 떨어지거나 잠에 빠지거나 발작을 일으키거나 근육이 경련을 일으키지도 않았다. 이름을 불러도 아무 대답이 없었다. 이윽고 그는 아주 조금씩 다시 움직이기 시작하면서 입맛을 다셨다. 눈을 두리번거리더니 우리 사이의 탁자 위에 놓인 커피잔에 잠시 시선이 고정되는 듯했다. 빈 잔이었지만 그는 애써 잔을 들어 마시려고 했다. 나는 몇 번이고 말을 걸었지만 그는 대답하지 않았고, 이유를 물어도 계속해서 반응이 없었다. 그의 얼굴은 여전히 무표정이었고, 나를 쳐다보지도 않았다. 이름을 불러도 대답이 없었다. 마침내 그는 자리에서 일어서더니 돌아서서 천천히 문 쪽으로 걸어갔다. 나는 재차 그를 불렀다. 그제야 그는 멈쳐 서서 나를 보았고, 어리둥절한 표정을 지었다. 또다시 그를 부르자 "뭐라고요?"라고 그는 물었다.

환자는 소발작absence seizure(뇌전증 발작의 일종) 이후 곧바로 자동증 상태에 빠졌던 것이다. 그는 거기에 있기도 하고 없기도 했다. 명백히 깨어 있었고 행동도 하고 있었지만 주의는 부분적으로만 작동하고 있었다. 육체적으로는 분명 그 자리에 있었지만 한 인격체로서는 부재했다. 수년이 경과한 시점에서 나는 이 환자를 '무단결근 상태'라고 명명했는데, 그 표현은 지금도 시의적절하다고 생각한다.[6]

의심의 여지 없이 이 환자는 모든 면에서 깨어 있었다. 눈을 뜨고 있었고, 적절한 근긴장도를 유지한 채 주변을 돌아다닐 수 있었으며, 행동 수행 능력 자체도 그대로였다. 하지만 그의 행동들에는 체계적인 계획성이 전혀 보이지 않았다. 그에게는 전반적인 목적이 없었고, 상황의 조건과 맥락에 적절히 반응하지도 못했다. 그의 행위들은 극도로 일관성이 떨어졌다. 그의 뇌가 정신적 이미지를 형성하고 있었다는 점은 분명했다. 다만 그 이미지가 얼마나 풍부하고 일관된 것이었는지는 객관적으로 판단하기 어려웠다. 컵을 향해 손을 뻗고, 집어 들어 입술에 가져갔다가 다시 탁자 위에 내려놓기 위해서는 뇌가 이미지를 형성해야만 한다. 그것도 아주 많은 이미지들이, 적어도 시각적·운동-감각적·촉각적 이미지들이 필요하다.

---

6 Antonio Damasio, *The Feeling of What happens: Body and Emotion in the Making of Consciousness*, New York: Harcourt, Brace, 1999(한국어판은 안토니오 다마지오, 『느낌의 발견: 의식을 만들어 내는 몸과 정서』, 고현석 옮김, 아르테, 2023).

그렇지 않으면 동작을 제대로 실행할 수 없다. 하지만 이런 이미지 형성 능력은 마음의 존재를 뒷받침할 수는 있어도 자아에 대해서는 아무런 증거를 제시하지 못한다. 환자는 자신이 누구인지, 어디에 있는지, 내가 누구인지, 왜 내 앞에 있는지 인식하는 기색이 없어 보였다.

사실 그 환자의 행동에서는 명시적 지식의 흔적은커녕, 우리가 자주 의식하지 못하고도 집으로 가는 길을 찾아 주는 비의식적 자동 조정 같은 암묵적 안내의 흔적조차 전혀 관찰되지 않았다. 게다가 감정의 자취를 찾아볼 수 없었는데, 이는 의식이 심각하게 손상되었음을 여실히 보여 주는 징후였다.

이 사례들은, 깨어 있음과 마음이라는 두 기능은 여전히 작동하는 반면, 자아라는 또 다른 기능은 어떤 기준으로 보더라도 작동하지 않는다는 점에서 양자의 분리를 보여 주는 강력한 증거이다. 결정적인 증거로 치자면 현재로서는 이것이 유일할지도 모르겠다. 이 환자는 자기 자신에 대한 감각이 완전히 사라졌을 뿐 아니라 자신이 처한 주변 환경에 대한 감각 역시 잃어버린 상태였다.

뇌 질환으로 인해 복잡한 인간 행동이 붕괴된 사례를 분석할 때 흔히 그러하듯, 뇌 기능에 대한 가설과 그 관찰 내용을 이해하기 위한 범주들은 엄격하거나 고정된 것이 아니다. 깨어 있음과 마음은 전부 아니면 전무인 '사물'이 아니다. 물론 자아도 사물이 아니다. 자아 역시 정적인 실체가 아니라 역동적 과정이다. 자아는 또한 깨어 있는 대부분의 시간 동안 비교적 안정된 수준을 유지하되, 특히 의식의 시작과 종료 시점에는 크고 작은 변동을 겪는다. 여기에서 말하는 깨어 있음과 마음 역시 과정이지 고정된 사물이 아니다. 이런 과정을 마치 사물인 것처럼 여기는 것은 복잡한 개념을 타인에게 신속하고 효과적으로 전달하려는 우리네 의사소통의 필요에서 비롯된 인위적 방편일 뿐이다.

방금 설명한 사례에서 깨어 있음은 온전했고, 마음의 과정 역시 존재했다는 점은 분명하다. 하지만 그 마음의 과정이 얼마나 풍부했는지는 알 길이 없고, 다만 그가 당시 직면했던 제한된 세계를 간신히 헤쳐 나가기에는 충분할 정도였다는 것만 짐작할 수 있을 뿐이다. 의식에 관한 한 분명히 정상적인 상태는 아니었다.

현재의 신경과학적 지식을 토대로 이 환자의 상태를 어떻게 해석할 수 있을까? 나는 그의 자아의 통합 능력이 심각하게 훼손되었다고 확신한다. 그는 자신의 마음을 순간순간 자동으로 점검해 줄 대부분의 자아 기능을 생성할 능력을 상실했다. 이런 자아의 기능에는 자신의 정체성, 가장 최근의 과거, 의도된 미래에 대한 요소들이 포함되었을 것이고, 이로 인해 행위 주체로서의 감각도 생겼을 것이다. 반면 그 자아 과정이 점검했을 정신적 내용 자체들은 아마도 빈약했을 가능성이 농후하다. 이런 상황 속에서 그 환자는 어떤 목적도 없이 정처 없는 지금에 갇혀 있었다. 물질적 나로서의 자아는 거의 사라졌고, 인식자로서의 자아 역시 더 확연하게 사라져 있었다.

깨어 있는 것, 마음을 가지는 것, 자아를 가지는 것은 서로 다른 뇌의 기제를 통해 발현되는 고유한 뇌의 과정이다. 이 세 가지 요소는 매일같이 우리 뇌 속에서 놀라운 기능적 연속성을 이루며, 매끄럽게 융합되어 다양한 행동 양상을 만들고 표출한다. 하지만 이런 과정들을 물리적 '구획'으로 개념화하는 것은 무리이다. 생물학적 과정은 인위적 인공물과는 본질적으로 다르기 때문에, 이 셋은 단단한 벽으로 구분된 방이 아니다. 그럼에도 생물학적 체계 특유의 불확실하고 모호한 속성 내에서도 나름의 방식으로 이들은 분석적 구분이 가능하다. 만약 각 현상 간의 차이점과 전이 지점을 면밀히 규명하지 않는다면, 우리 뇌의 총체적 작용 기제를 온전히 파악하는 노력은 물거품이 되고 말 것이다.

내가 보기에 사람이 깨어 있는 상태이고, 마음에 어떤 정신적 내용이 존재한다면, 의식이라는 현상은 그 마음에 자아라는 기능이 더해짐으로써 발생한다. 이 자아 기능은 정신적 내용들을 주체의 욕구에 맞게 조율하며, 그 결과로 주관성이 생성된다. 여기에서 말하는 자아는 전지적인 호문쿨루스가 아니다. 오히려 그것은 우리가 마음이라 부르는 가상의 상영 과정 속에서 출현하는 또 하나의 가상의 요소, 즉 정신적 사건의 이미지화된 주체이다.

실용적 정의를 완성하면서

신경 질환으로 의식이 흐트러지면 감정 반응이 눈에 띄게 사라지고, 그에 따른 느낌도 함께 소실되는 듯하다. 의식 장애를 겪는 환자들은 감정이 지속되고 있다는 어떤 단서도 보이지 않는다. 환자의 얼굴은 공허하고 텅 빈 표정을 짓고 있으며, 근육의 미세한 움직임조차 찾아보기 어렵다. 이 점이 흥미로운 이유는 감정을 일부러 숨

기려는 이른바 포커페이스조차도 감정의 생동감을 들키고 말기 때문이다. 결국에는 이들도 기대감이나 능청스러움, 경멸 따위의 미묘한 감정의 흔적이 어김없이 표정 어딘가에 배어 나오고 만다. 그런데 다양한 형태의 무운동 함구증이나 식물인간 상태, 혼수상태와 같은 심각한 의식 장애 환자들에게서는 이런 감정 표현이 거의 없거나 완전히 사라진다. 깊은 마취 상태에서도 같은 흐름이 이어진다. 반면 예상하겠지만 수면 상태에서는 양상이 조금 다르다. 수면 중 특정 단계에서 역설적 의식이 나타나면 감정 표현이 다시 발현될 수 있다.

행동의 관점에서 보면 타인의 의식 있는 마음 상태는 깨어 있고, 일관되며, 목적 지향적인 행동으로 드러난다. 이 행동 안에는 감정 반응이 진행 중임을 암시하는 여러 징후들이 깃들어 있다. 우리는 아주 어린 시절부터 들은 말을 토대로 감정 반응에는 항상 특정한 느낌이 따라온다는 사실을 자연스럽게 익히게 된다. 이후에는 주변 사람들의 모습을 관찰하면서 그들이 아무 말도 하지 않고 어떤 소리도 듣지 않아도 특정한 감정을 느끼고 있을 것이라고 추정하게 된다. 실제로 세심하게 조율되고 상대와 동조하며 공감하는 마음이라면, 아무리 미세하고 조용한 감정 표현조차도 포착할 수 있다. 외견상 아무리 조용해 보여도 느낌의 존재는 노출되기 마련이다. 이처럼 느낌을 추론하는 과정은 언어적 매개 없이도 가능하며, 자세와 얼굴 변화를 예리하게 읽어 내는 고도의 숙련된 관찰을 통해 이루어진다.

감정이 그토록 분명한 의식의 지표인 까닭은 무엇일까? 그 까닭은 대부분의 감정이 수도관주위 회색질에서 실행되며, 이 과정이 고립로핵과 부완핵과 긴밀하게 협력해서 이루어지기 때문이다. 이 세 가지 구조가 전체적으로 작동하면, 신체적 느낌(원초적 느낌과 같은)과 우리가 흔히 감정적 느낌이라고 부르는 변주들이 만들어진다. 그런데 이 핵 덩어리들은 의식상실을 유발하는 신경학적 병변에 의해 자주 손상되고, 특정 마취제 역시 이 부위를 표적으로 삼아 그 기능을 무력화할 수 있다.

다음 장에서는 감정의 징후가 외부에서 타인에 의해 관찰 가능한 의식의 표면 현상이라면, 신체적 느낌의 경험은 1인칭 내성적 관점에서 바라본 의식의 본질이자 중핵임을 살펴볼 것이다.

의식의 종류

의식은 참으로 변화무쌍하다. 일정한 임계치를 밑돌면 의식은 아예 꺼져 버리고, 그 임계치를 넘어서면 여러 층위에 걸쳐 가장 효율적으로 작동한다. 우리는 이를 의식의 '강도'intensity 척도라고 부르기로 하자. 이제 이 척도에 따라 다양한 수준의 사례들을 살펴보자. 어떤 순간에는 졸음이 몰려와 꿈의 신 모르페우스의 품으로 사라질 것 같기도 하고, 또 어떤 순간에는 열띤 토론 속에서 작은 디테일까지 예민하게 신경을 곤두세워야 할 때도 있다. 이처럼 의식의 강도는 무딘 상태에서 예리한 상태까지 그 사이의 수많은 단계들을 아우른다.

그런데 의식을 평가하는 기준에는 강도 외에도 '범위'라는 또 다른 차원이 있다. 의식의 범위가 최소화된 상태에서는, 나라는 감각이 일상에서 흔히 그러하듯 오롯이 현재에 머문다. 예컨대 문득 집에서 커피를 마시다 컵이나 커피가 어디에서 왔는지, 카페인이 심장 박동에 어떤 영향을 미칠지, 혹은 오늘 해야 할 일이 무엇인지 따위는 전혀 아랑곳하지 않은 채 그저 담담히 그 순간에 존재할 뿐이다. 그게 전부이다. 이번에는 식당에서 형제를 만나 부모님의 유산 문제와 최근 이상한 행동을 보이는 이복여동생에 대해 상의하려다 아까와 비슷한 커피를 마시며 앉아 있다고 가정해 보자. 마치 할리우드 영화 속 한 장면처럼, 여러분은 여전히 현재라는 시공간적 좌표에 정박되어 있지만, 동시에 의식은 눈앞의 형제를 중심으로 얽힌 인간 관계와 수많은 관련 장소들을 오간다. 더 나아가 아직 겪어 보지 않은 일들, 즉 이전에 상상했거나 방금 떠오른 장면들까지도 지금까지의 경험과 정보에 입각해 떠오른다. 의식의 무대는 상상의 나래를 활짝 펴고 분주히 이곳저곳으로 바뀐다. 과거 삶의 편린들이 순식간에 기억 속을 스쳐 지나가고, 미래에 일어날 수도, 일어나지 않을 수도 있는 가능성들까지도 현재의 경험 속으로 흘러든다. 우리는 과거와 미래, 인생의 다양한 시기와 장소를 넘나들며 숨 가쁘게 살아간다. 하지만 그 모든 흐름 속에서도 나라는 자아, 내 안의 중심축은 결코 시야에서 사라지지 않는다. 아주 먼 사건에 집중하더라도 그 중심과의 연결은 끊기지 않는다. 자아의 중심은 흔들림 없는 불변항으로 작용한다. 이것이야말로 인간 뇌가 이룩한 장엄한 성취를 대변하는 동시에 인류를 정의하는 확장된 의식의 본질이다.

좋은 의미에서든 나쁜 의미에서든, 인류를 지금의 문명 수준으로 끌어올린 뇌의 저력이 바로 여기에 있다. 소설, 영화, 음악이 표현하고, 철학적 사유가 찬미하는 의식은 바로 이런 모습의 의식이다.

나는 이 두 가지 형태의 의식에 이름을 붙여 보았다. 우선 핵심 의식이라 명명한 최소 범위의 의식은 오롯이 지금 여기의 감각에 집중된 상태이다. 과거에 크게 얽매이지 않고, 미래 역시 거의 혹은 전혀 고려하지 않는다. 이 의식은 핵심자아를 중심으로 돌아가며, 인격과 관련이 있지만 반드시 정체성까지 포함하지는 않는다. 반면 내가 확장extended 의식 혹은 자서전적 의식이라고 이름 붙인 더 넓은 범위의 의식은 삶의 의미 있는 경험들이 총체적으로 작용할 때 비로소 강력하게 드러난다. 살아온 과거의 기억들과 앞으로 다가올 미래의 사건들이 의식의 흐름을 주도하기 때문에 이런 명칭을 붙였다. 이 형태의 의식은 인격과 정체성 모두를 포괄하는데, 그 중심에서 의식을 총체적으로 이끄는 주체는 자서전적 자아이다.

우리가 흔히 의식에 대해 생각할 때, 대부분 자서전적 자아와 연관된 광범위한 의식을 염두에 둔다. 이때 의식적인 마음은 실제 경험뿐 아니라 상상의 내용까지 거침없이 아우를 만큼 넓고 포괄적이다. 따라서 뇌가 의식 상태를 어떻게 생성하는지 설명하려는 어떤 가설이든, 핵심 수준의 의식은 물론이거니와 이 고차 수준의 의식 역시 함께 고려해야 한다.

지금의 나는 의식의 범위가 당초 예상했던 것보다 훨씬 변화 폭이 크다는 점을 깨달았다. 의식의 범위는 마치 미끄러지듯 움직이는 커서처럼 끊임없이 위아래로 벌어지기도 하고 좁아지기도 한다. 이 같은 상하 이동의 범위는 단 하나의 사건 안에서도 필요에 따라 아주 빠르게 일어날 수 있다. 이런 유동성과 역동성은 앞서 살펴본 바와 같이 하루 동안의 의식 강도 변화와 별반 다르지 않다. 강의를 듣다가 지루해지면, 의식이 흐려져 꾸벅꾸벅 졸다 잠시 의식을 잃을 수도 있다. 지금 여러분에게 그런 일이 일어나지 않기를 바란다.

여기에서 내가 강조하고 싶은 가장 중요한 논점은 의식의 수준이 상황에 따라 달라진다는 것이다. 예컨대 책에서 눈을 떼고 잠시 생각에 잠기다 근처 바다에서 뛰노는 돌고래들에게 주의가 팔렸다고 치자. 이럴 때 나는 나의 자서전적 자아의 전체 범위를 동원하지 않았을 것이다. 굳이 그럴 필요가 없었기 때문이리라. 당면한 상황에 비춰 볼 때, 뇌의 처리 자원이나 생체 에너지를 낭비할 하등의 이유가 없었던 것이다. 마찬가지로 방금 전 문장을 쓰기 전에 떠올렸던 생각들을 정리할 때도 자서전적 자아는 필요하지 않았다. 하지만 만약 인터뷰어가 내 맞은편에 앉아서 왜 내가 공학자나 영화감독이 아닌 신경학자이자 신경과학자가 되었는지 그 이유와 과정을 묻는다면, 그때는 자서전적 자아를 대동해야 한다. 뇌는 그러한 요구에 기꺼이 부응한다honor.

의식 수준은 백일몽을 꾸는 순간에도 급격하게 요동친다. 요즘 자주 회자되는 말로는 마음의 소요mind-wandering라고도 하는데, 나는 이를 자아의 소요self-wandering라고 불러도 무방할 것 같다는 생각이 든다. 왜냐하면 백일몽은 비단 코앞에 닥친 일에서 잠시 벗어나는 것만이 아니라 의식의 초점을 핵심자아 쪽으로 하향 이동하도록 요구하기 때문이다. 이럴 때면 우리의 '일상을 벗어난'offline 상상력의 산물들이 전면에 나서게 된다. 계획이나 관심사, 환상 같은 것들, 이를테면 산타모니카 고속도로에 정체되어 있을 때 불쑥 떠오르는 온갖 이미지들처럼 말이다. 하지만 이렇게 핵심자아로 내려가고, 주의가 여기저기 다른 주제로 산만해진 현재의 의식 상태 역시 여전히 정상적인 의식의 한 형태이다. 반면 몽유병 환자나 최면에 걸린 사람들, 혹은 '향정신성'mind-altering 물질에 노출된 개인들의 의식 상태에 대해서는 똑같이 말할 수 없다. 후자와 관련해서 비정상적인 의식 상태의 스펙트럼은 그 범주와 양상이 워낙 광범위하고 다양할 뿐 아니라 마음과 자아가 보여 줄 수 있는 가장 독창적인 일탈까지 망라하고 있다. 각성 상태 역시 해체될 수 있고, 수면이나 혼수상태는 이런 의식의 편력 과정adventures에서 흔하디 흔하게 도달하는 종착점이 된다.

　　결론적으로 주인공 자아가 우리 마음속에서 얼마나 두드러지게 존재하는지는 상황에 따라 크게 달라진다. 자아는 때로 맥락에 깊이 녹아든 풍부하고 섬세한 정체성의 모습으로 드러나기도 하고, 때로는 이 마음과 생각, 행동이 내 것임을 그저 어렴풋한 기미로나마 감지하는 정도에 머물기도 한다. 하지만 나는 아무리 미묘하고 희미할지라도 자아는 마음에 없어서는 안 될 존재라는 점을 강조하고 싶다. 누군가 산을 오르거나 내가 지금 이 문장을 쓰고 있을 때, 자아를 어디에서도 찾아볼 수 없다고 말하는 것은 옳지 않다. 그러한 순간 자아는 눈에 띄게 전면에 나서지는 않지만, 대신 편의상 배경으로 물러나 우리의 이미지를 형성하는 뇌 안에서 산의 풍경이나 종이에 옮기고 싶은 생각들처럼 다양한 정보들이 처리될 공간을 내어 줄 뿐이다. 하지만 자아라는 과정 자체가 붕괴되고 완전히 사라진다면, 마음은 곧바로 방향을 잃고 흩어진 조각들을 하나로 모아 붙일 능력마저 상실하게 될 것이라고 나는 감히 말하고 싶다. 그 순간부터 우리의 생각들은 주인의 휘하에서 벗어나 제멋대로 흘러 다니고, 현실 세계에 적응하는 능력 역시 심각하게 저하되거나 소실될 것이다. 또한 타인의 눈에 비친 우리는 자기 자신을 잃은 사람이나 다름없다. 우리가 어떻게 보이겠는가? 의식을 상실한 것처럼 보인다는 것은 불가피하지 않을까.

자아를 논의한다는 것은 결코 쉬운 일이 아니다. 관점에 따라 자아는 전혀 다른 얼굴로 출현할 수 있기 때문이다. 자아는 심리학자와 신경과학자에게는 연구 '대상'이 되고, 그 자아가 깃든 마음에게는 지식을 제공하는 주체가 되기도 한다. 자아는 때때로 커튼 뒤에 은밀하게 숨어 있기도 하고, 때로는 무대 조명 아래 당당하게 존재감을 뽐내기도 한다. 지금-여기에만 머무르기도 하고, 삶 전체의 서사를 아우를 수도 있다. 끝으로 이렇게 다양한 자아의 모습들은 서로 뒤섞여 등장하기도 한다. 예컨대 인식 주체로서의 자아가 미묘하면서도 동시에 자서전적 성격을 띨 수도 있고, 반대로 자아가 현저하게 전면에 나서 있으면서도 온전히 지금-여기에만 몰입할 수도 있다. 자아는 정말이지 예측 불허의 연회와도 같다.

인간의 의식과 비인간의 의식

의식이 어떤 구체적인 사물로 환원될 수 없듯, 핵심의식과 확장/자서전적 의식 역시 고정된 범주가 아니다. 나는 핵심의식과 자서전적 의식이라는 양 극단 사이에 수많은 중간 단계가 존재한다는 가설을 줄곧 제기해 왔다. 이처럼 다층적인 의식 분류 체계는 실질적인 이익을 선사한다는 것이 나의 오랜 소견이다. 바로 그것이 의식의 스펙트럼에서 하위 단계의 의식이 전적으로 인간만의 전유물이 아님을 시사해 주기 때문이다. 아마도 의식을 구축할 만큼 충분히 복잡한 뇌를 가진 수많은 비인간종 역시 일정 수준의 의식이 내재할 가능성이 짙다. 사실상 인간의 의식이 최정점에 도달했을 때 그 복잡성과 확장성, 그리고 독자성이 얼마나 탁월한지는 너무 자명해서 굳이 언급할 필요조차 없다. 그런데도 과거에 내가 이와 비슷한 주장을 했을 때 일각에서 거부감을 표했다는 사실을 알게 되면, 독자 여러분은 다소 의외라고 놀라실지도 모른다. 혹자는 내가 비인간종의 의식을 과소평가했다고 지적했고, 아니면 동물을 포함시킴으로써 인간 의식의 비범함을 폄하했다고 비판했다. 이번만큼은 나의 뜻이 관철되기를 빈다.

언어를 사용하지 않는 인간 외의 존재들이 핵심의식을 비롯한 어떤 형태의 의식을 지니고 있다는 것을 만족스럽게 증명할 방법은 없다. 하지만 우리가 가용할 수 있는 증거들을 다각도로 검토해 일부 동물들에게 의식이 있을 가능성이 매우 높다고 결론짓는 것은 합리적인 접근이다.

이런 접근법 중 삼각검증triangulation은 다음과 같이 진행된다. (1) 어떤 종의 행동이 단순한 행동 성향(반사 작용처럼)만으로 설명되지 않고, 마음의 작용을 수행하는 뇌를 전제로 해야 더 잘 설명된다면, (2) 그 종의 뇌가 후속 장들에서 논의할 인간의 의식 있는 마음을 만드는 데 필수적인 모든 신경 구성 요소들을 갖추고 있다면, (3) 그렇다면 독자 여러분, 그 종은 의식을 가진 것으로 보아야 마땅하다. 결국 나는 느낌의 존재를 암시하는 동물의 어떤 행동이 포착된다면, 그 곁에는 의식이 멀지 않다는 신호가 있다고 간주할 용의가 있다.

핵심의식은 언어를 필요로 하지 않는다. 분명히 비인간종은 말할 것도 없이 인간에서도 언어가 생기기 전부터 핵심의식이 존재했을 것이다. 사실 핵심의식이 없는 개체에서 언어가 진화했을 가능성은 희박하다. 의식이 없다면 그들에게 언어가 왜 필요했겠는가? 이에 반해 자서전적 의식의 최고 수준에 오르려면 언어에 폭넓게 의존해야 한다.

의식을 둘러싼 오해

생명체에서 의식이 차지하는 중요성과 가치를 이해하기 위해서는 그 이전 상황을 충분히 고려할 필요가 있다. 이를테면 정상적인 뇌와 온전히 작동하는 마음을 가진 생명체들이 자신들의 종에 의식이 생기기 전에, 그리고 의식이 자신들의 정신생활을 지배하기 시작하기 전에 어떤 능력을 가졌는지를 철저히 파고들어야 한다. 뇌전증 환자나 식물인간 상태에 있는 환자에게서 의식이 사라지는 것을 지켜보면, 순진한 관찰자들은 의식 기저에 있는 정상적인 과정들이 하찮거나 거의 쓸모가 없다는 착각에 빠질지도 모른다. 하지만 단연코 우리 자신의 마음속 무의식의 공간은 이런 생각을 일축한다. 여기에서 나는 특정 종류의 내용과 상황, 과정과 관련된 유명한(때로는 악명 높기도 한) 프로이트적 전통의 무의식만을 언급하는 것이 아니다. 나는 오히려 두 가지 성분으로 이루어진 거대한 무의식을 언급하고 있다. 하나는 활성 성분active ingredient으로, 온갖 주제와 감각적 양상을 아우르는 이미지들의 집합이다. 이 이미지들은 자아의 선택적 주목을 받기 위한 경쟁에서 열세에 놓여 있기에 대부분 인식되지 못한 채 무의식 속에 남는다. 다른 하나는 휴면 성분dormant ingredient으로, 명시적 이미지로 바뀔 수 있는 부호화된 기억의 저장소이다.

전형적인 칵테일파티 현상은 무의식의 존재를 적나라하게 보여 준다. 파티 주최자와 대화에 몰두하는 와중에도, 엄밀히 말하면 여러분의 귀는 주변 여기저기에서 산발적으로 흘러나오는 대화의 파편들을 계속해서 듣고 있다. 이 말들은 의식의 주된 흐름 가장자리에서 스치듯 지나가지만, 듣는다고 해서 곧바로 경청하거나 의미를 연결 짓는다는 뜻은 아니다. 그래서 여러분은 자아가 개입하지 않아도 되는 수많은 말들을 그냥 흘려듣고 지나친다. 그러다 불현듯 무언가가 딱 들어맞는 순간이 도래한다. 무심코 듣던 말의 파편들끼리 서로 맞물리면서 그저 느긋하게 흘려듣고 있던 것들 중 일부가 하나의 유의미한 패턴으로 부상하는 것이다. 바로 그 순간, 새롭게 포착된 의미는 자아를 '끌어당기고', 여러분의 관심은 연회 주최자의 마지막 문장에서 어느새 이탈한다. 주최자가 여러분의 잠깐의 방심을 눈치채자 여러분은 의식의 흐름 속으로 불쑥 끼어든 그 화제를 뒤로하고 상대의 마지막 요점으로 돌아가 쑥스럽게 사과조로 수습한다. "죄송해요, 방금 뭐라고 하셨죠?"

이러한 현상은 현재로서는 여러 조건들이 복합적으로 작용한 결과로 보인다. 첫째, 뇌는 끊임없이 지나치게 많은 양의 이미지를 만들어 낸다. 우리가 보고, 듣고, 만지는 모든 감각 경험은 물론 새롭게 들어온 자극이나 특별한 계기 없이 떠오르는 기억까지 이 모든 요소가 명시적 이미지를 대량으로 양산한다. 또한 이런 이미지 생성이 펼쳐지는 동안 우리 몸의 상태와 관련된 수많은 이미지들 역시 동시에 떠오른다.

둘째, 뇌는 이렇게 넘쳐나는 자료들을 마치 영화 편집자처럼 일종의 내러티브 구조로 조직하려는 경향이 있다. 다시 말해 특정 행동이 특정 결과로 이어지는 흐름 속에 이미지를 배치하는 것이다. 이를 위해 뇌는 적절한 이미지를 선별하고, 그것들을 시간적 단위와 공간적 틀에 따라 순서화한다. 이런 편집 과정이 쉬운 일은 아니다. 이미지의 소유자 입장에서 보면 모든 이미지가 동등하지는 않다는 것이 그 이유이다. 어떤 이미지는 다른 이미지보다 소유자의 필요에 더 절실하게 부합해서 그에 따라 동반되는 느낌 역시 다르게 발현된다. 결국 이미지들은 각기 다른 가치 평가를 받는다. 참고로 내가 '자아의 조직화'가 아니라 '뇌의 조직화 경향'이라는 표현을 택한 것은 다분히 의도적이다. 경우에 따라 이런 편집 과정이 자아의 최소한의 개입만으로도 자연스럽게 진행되기 때문이다. 그럴 때 편집의 성공 여부는 비의식적 과정이 우리 자신의 성숙한 자아로부터 얼마나 '교육을 잘 받았는지'에 달려 있다. 이 문제는 마지막 장에서 다시 다룰 것이다.

셋째, 이미지가 생성되는 공간이 워낙 좁아서 한 번에 선명하게 표시될 수 있는 이미지는 극히 소수에 불과하다. 어느 한 순간에 활성화되어 잠재적으로 주의를 끌 수 있는 이미지는 아주 일부에 지나지 않는다. 이 말은 곧 시간 순서대로 선별된 이미지들을 뇌가 투사해 보여 주는 은유적 '스크린'이 매우 제한적이라는 뜻이다. 오늘날의 컴퓨터 용어로 비유하자면, 한 화면에 동시에 열 수 있는 창의 개수가 정해져 있다는 말과 같다(디지털 시대에 멀티태스킹이 자연스러운 세대에서는 이런 주의의 한계값이 점점 더 확장되고 있다. 그리고 이는 가까운 미래에 의식의 몇몇 양상에 변화를 가져올 가능성이 짙다. 아니 어쩌면 이미 변화가 시작되었을 수도 있다. 이처럼 주의력의 유리천장을 깨는 것은 분명 장점이 있고, 멀티태스킹이 촉진하는 연상 능력 역시 엄청난 강점이다. 하지만 그만큼 학습 능력, 기억의 공고화, 감정 측면에서 상충되는 대가를 지불할 수도 있다. 그 대가가 무엇일지 아직은 가늠할 수 없다).

이 세 가지 제약 조건들(이미지의 풍부함, 일관된 서사로의 조직화 경향, 명시적 표시 공간의 부족)은 진화 과정에서 오랫동안 군림해 왔으며, 유기체는 이 제약들이 해를 끼치지 않도록 효과적인 관리 전략을 발달시켜야 했다. 환경을 보다 정교하게 평가하고 그에 맞춰 더 나은 대응을 허용했기에 이미지 생성 능력은 진화 과정에서 자연선택되었다. 이 때문에 생명체는 의식이 출현하기 훨씬 전부터 이미지를 전략적으로 관리하는 능력을 상향식으로 발전시켰을 것이다. 이 전략의 핵심은 현재의 생명 유지와 직결된 활동에 가장 가치 있는 이미지들을 자동으로 선별하는 것이었다. 이런 사실은 이미지 생성 장치가 자연선택되는 과정에서 적용된 기준과 정확히 일치한다. 특히 생존에 중요한 가치를 지닌 이미지들은 감정적 요인을 통해 더욱 '부각'되었다. 뇌는 아마도 이미지와 동시에 감정 상태를 생성함으로써 이런 하이라이트 효과를 실현했을 것이다. 감정의 강도는 이미지의 상대적 중요성을 나타내는 '표지자'marker로 작용한다. 이것이 바로 '신체 표지 가설'somatic marker hypothesis에서 설명하는 메커니즘이다.7 신체 표지는 완벽하게 무르익은 감정이나 명시적으로 경험되는 느낌일 필요는 없다(이것이 '직감'의 본질이다). 신체 표지는 주체가 알지 못하는 감정과 관련된 암묵적 신호일 수 있으며, 우리는 이 신호를 편향이라고 부르기도 한다. 이 개념은 고차원적 인지뿐 아니라 진화 초기 단계에도 적용될 수 있다. 신체 표지 가설은 뇌가 어떻게 가치에 따라 이미지를 선택하고, 그 선택된 이미지들이 연속적인 흐름, 즉 편집된 이미지의 사슬로 변환되는지를 설명하는 하나의 메커니즘을 제공한다. 다시 말해 이미지 선택의 원리는 생명 유지라는 필요성과 결부되어 있었다. 나는 이 같은 원칙이 유기체의 몸과 그 상태, 상호작용, 환경 속에서의 탐험wanderings 등을 포괄하는 원초적인 내러티브 구조의 설계를 주도했을 것이라

---

7 Antonio Damasio, "The Somatic Marker Hypothesis and the Possible Functions of the Prefrontal Cortex", *Philosophical Transactions of the Royal Society B: Biological Sciences* 351, 1996, pp. 1413~1420.

추측한다.

위에서 언급한 모든 전략들은 의식이 태동하기 훨씬 이전부터 이미 진화하기 시작했다. 이미지들이 충분히 생성되기 시작했을 때, 어쩌면 진정한 마음이 처음 움트기 시작했을 때부터였을 것이다. 광대한 무의식은 오랜 세월에 걸쳐 생명 활동을 조직화하는 데 일등공신이었을 것이다. 흥미로운 점은 그러한 무의식이 지금도 여전히 우리 안에 함께하고 있다는 사실이다. 제한된 의식적 세계 아래 깊숙이 자리한 거대한 지하 세계처럼 말이다.

그렇다면 왜 의식은 유기체에게 하나의 선택지로 주어지자마자 번창했을까? 왜 의식을 생성하는 뇌 장치가 자연선택되었을까? 이 책 말미에 더 논의하겠지만, 가능한 답변 중 하나는 이렇다. 유기체의 필요에 맞춰 신체와 외부 세계의 이미지들을 형성하고, 방향을 잡고, 조직화함으로써 생명 관리의 효율성이 높아졌고, 결과적으로 생존 확률도 향상되었기 때문이다. 마침내 의식은 유기체가 자기 자신의 존재와 생존을 위한 악전고투를 인식할 수 있는 차원을 열어 주었다. 물론 이런 앎은 단지 명시적인 이미지를 만들어 내거나 재현하는 데에만 의존하지 않았다. 그뿐만 아니라 이미지들이 암묵적인 기록 속에 저장되는 방식에도 깊이 기대고 있었다. 이런 인지적 기제는 생존을 위한 투쟁이라는 경험을 하나의 통합되고 식별 가능한 유기체의 차원으로 연결해 주었다. 또한 이런 앎의 상태들이 기억에 저장되기 시작하면서 그것들은 다른 기록된 사실들과 연계될 수 있었고, 개별 존재에 대한 지식이 점차 축적되기 시작했다. 다시금 지식에 담긴 이미지들은 인출되고 조작될 수 있었으며, 이 과정은 성찰과 숙고의 길을 여는 추론의 과정 속에서 성사되었다. 결국 이미지 처리 기전은 성찰의 관할하에서 상황을 효과적으로 예측하고, 가능한 결과를 시뮬레이션하며, 잠재적인 미래의 시나리오를 탐색하고, 적응적인 문제 해결책을 고안하는 데 활용될 수 있게 되었다.

의식은 유기체가 자신의 처지를 인식하게 해 주었다. 유기체는 단지 어떤 느낌을 경험하는 데 그치지 않고 특정 맥락에서 그 느낌을 인식할 수 있게 되었다. 앎은 단순히 존재하고 행동하는 것을 넘어서는 결정적인 분수령break이 되었다.

자아와 표준적 의식이 출현하기 이전에도 유기체들은 생명 조절 기제를 완성해 나가고 있었고, 의식은 바로 이 기계장치의 어깨 위에 서서 구축된 셈이다. 의식을 가진 마음에서 어떤 관심사나 문제의 전제가 알려지기 전에 그 전제들은 이미 존재하고 있었으며, 생명을 조절하는 이 기계장치는 바로 그런 전제들을 중심으로 진화해 온 것이었다. 의식 이전과 의식 이후의 생명 조절 방식의 차이는 결국 자동화와 숙고의 차이에 불과하다. 의식이 생기기 전까지는 생명 조절이 전적으로 자동화되어 있었지만, 의식이 등장한 뒤로는 여전히 자동화를 유지하되, 점차 자아 지향적인 숙고의 영향을 받게 되었다.

그렇기에 의식 과정의 토대는 생명 조절을 담당하는 무의식적 과정들이다. 여기에는 뇌간핵과 시상하부에 자리한 대사 기능을 조절하는 맹목적 성향들, 보상과 처벌을 전달하고 충동과 동기, 감정을 촉발하는 성향들, 그리고 지각과 회상 속에서 이미지를 생성하고, 마음이라는 영화에서 그 이미지들을 선택하고 편집하는 지도화 기제들이 모두 포함된다. 의식은 생명 관리에 뒤늦게 뛰어든 후발 주자였지만, 전체 게임의 수준을 한 단계 끌어올린다. 슬기롭게도 의식은 기존의 요령들을 그대로 두면서 숙련공처럼 그 임무를 계속하도록 맡겼다.

프로이트의 무의식

프로이트의 마지막 논문은 그가 의식에 관해 남긴 가장 흥미로운 기여로 평가받는다. 해당 논문은 1938년 말에 집필되었지만, 프로이트의 사망으로 인해 미완으로 남게 되었다.[8] 나는 프로이트와 신경과학이라는 주제로 강연 초청을 받아 최근에야 이 논문을 처음 읽게 되었다. 보통 이런 유의 강의는 단호하게 거절하는 편이 마음이 편하건만, 이번에는 어쩐지 묘한 유혹에 사로잡혀 수락하고 말았다. 그 후 몇 주간 프로이트의 논문을 검토하면서 프로이트의 글을 읽을 때마다 늘상 그렇듯 짜증과 감탄을 오가며 그의 논문을 읽어 나갔다. 이토록 고된 검토 끝에 내가 마주한 글이 프로이트가 런던에서 영어로 남긴 바로 그 마지막 논문이었다. 여기에서 그는 의

---

8 Sigmund Freud, "Some Elementary Lessons in Psychoanalysis", *International Journal of Psycho-Analysis* 21, 1940.

식이라는 주제에 대해 내가 유일하게 타당하다고 생각하는 입장을 취하고 있다. 프로이트는 마음을 진화의 가장 자연스러운 산물로 보고, 그 대부분은 무의식적이고 nonconscious, 내면적이며, 드러나지 않는다고 말한다. 마음은 의식이라는 좁은 창을 통해서만 비로소 세상에 알려진다. 이것이 바로 내가 의식을 바라보는 방식이다. 의식은 마음을 직접적으로 경험하게 해 주지만, 그 경험의 중개자는 자아이다. 그런데 이때의 자아란 외부의 신뢰할 만한 관찰자라기보다는 내면에 구축된 불완전한 전달자에 가깝다. 마음의 뇌적 본성 brain-ness은 내면의 자연스러운 관찰자도, 외부의 과학자도 직접적으로 파악할 수 없다. 이 신경생물학적 속성은 가상의 네 번째 관점에서 조망되어야 하며, 그 상상에 기초해 가설을 세우고, 그 가설로부터 예측을 도출해야 한다. 또한 이런 작업들을 수행하고 검증하려면 독립된 연구 프로그램이 반드시 필요하다.

    무의식에 대한 프로이트의 관점이 주로 성에 편중되어 있었다는 비판이 있지만, 그는 의식이라는 해수면 아래에서 펼쳐지는 정신 과정이 엄청난 범위와 저력을 확보하고 있음을 누구보다 정확히 인식하고 있었다. 사실 무의식적 처리라는 개념 자체는 프로이트만의 독창적인 생각이 아니었으며, 19세기 마지막 사반세기 무렵 심리학계에서는 이미 상당히 각광받고 있던 개념이었다. 또한 그 시기에도 성의 과학이 연구되고 있었던 터라,[9] 프로이트만이 유일하게 성을 탐구한 것도 아니었다.

---

[9] Kraft-Ebing, *Psychopathia Sexualis*, Stuttgart: Ferdinand Enke, 1886.

프로이트는 꿈에 집중함으로써 무의식에 관한 증거를 확실히 포착해 냈다. 이런 전환은 그가 연구에 필요한 자료를 확보하는 데 매우 효과적이었고, 그의 이론적 목적에도 잘 부합했다. 예술가, 작곡가, 작가 등 의식의 굴레에서 벗어나 새로운 이미지를 찾아 헤매는 모든 창작자들 역시 이와 같은 무의식의 원천을 적극적으로 활용해 왔다. 여기에는 참으로 재미있는 긴장 관계가 성립한다. 실로 의식적인 창작자들이 의식적으로 무의식을 창작의 원천으로 삼는가 하면, 때로는 의식적 노력을 위한 방편으로 삼는다는 점이다. 사실 이런 역설적 상황은 창조성이 의식 없이는 번성은커녕 태동조차 불가능하다는 가설과 한 치의 논리적 모순도 없다. 이것이야말로 우리의 정신적 삶이 얼마나 놀랍도록 하이브리드적이고 유연한지 보여 주는 대목이다.

꿈의 논리는 길몽과 흉몽을 통틀어 상당히 느슨하게 전개된다. 인과관계가 어느 정도는 지켜진다 해도 꿈속에서의 상상력은 거의 무제한적으로 활개 치며 현실 따위는 개의치 않게 된다. 그럼에도 꿈은 의식의 도움 없이 가동하는 정신 과정을 직접적으로 확증한다. 꿈이 타진하는 무의식적 처리의 깊이는 실로 방대하다. 이 점을 받아들이기 꺼리는 사람들이 있다면, 생명 조절과 직결되는 꿈의 사례가 무엇보다 설득력 있는 증거가 되어 줄 것이다. 예컨대 저녁을 짜게 먹은 뒤 시원한 물이나 갈증에 관한 꿈을 유난히 생생하게 꾸는 경우가 그렇다. 그런데 이렇게 말하면 "아, 잠깐만요!" 하는 독자의 목소리가 들리는 듯하다. "꿈꾸는 마음이 '의식의 도움을 받지 않는다'니, 그게 대관절 무슨 말인가요? 꿈을 기억할 수 있다는 건 곧 그 꿈을 꿀 때 의식이 있었다는 뜻 아닌가요?" 물론 많은 경우에 실제로 그렇다. 꿈꾸는 동안에는 비표준적인 어떤 의식 상태가 진행되는데, 이는 바로 역설적이라는 용어에 안성맞춤이다. 하지만 나의 요점은 꿈속에서 펼쳐지는 상상 과정이 우리가 깨어 있을 때 성찰과 숙고를 담당하는 정상적이고 제대로 기능하는 자아에 의해 안내되지 않는다는 사실이다(단 자각몽은 예외적 상황으로, 훈련된 사람들은 꿈의 전개에 일정 수준의 의식적 통제를 가해 주도적으로 그 흐름에 개입할 수 있는 특수한 상황을 지칭한다). 의식의 유무와는 별개로, 우리의 마음은 아마도 외부 세계의 리듬에 맞춰져 있고, 이 외부 자극이 정신 내용의 조직에 핵심적 역할을 한다. 만약 이런 외부의 페이스메이커가 없다면, 마음은 쉽사리 꿈속으로 표류해 버릴 것이다.[10]

꿈을 기억하는 일은 참으로 성가신 문제이다. 우리는 밤새 급속 안구운동(REM) 수면 중에 몇 번씩이나 생생한 꿈을 꾸고 있고, 비록 빈도는 낮지만 서파 수면이라고도 불리는 비급속 안구 운동(N-REM) 수면 중에도 꿈을 꾼다. 하지만 가장 또렷하게 기억하는 꿈은 잠에서 깨어나기 직전 의식이 서서히든 갑자기든 수면水面 위로 떠오를 즈음에 꾼 꿈인 경우가 대부분이다.

---

10 수면과 꿈꾸는 동안의 마음과 의식에 관한 심도 있는 고찰을 원한다면 다음 참조. Allan Hobson, *Dreaming: An Introduction to the Science of Sleep*, New York: Oxford University Press, 2002(한국어판은 앨런 홉슨, 『꿈: 과학으로 푸는 재미있는 꿈의 비밀』, 임지원 옮김, 아카넷, 2003); Rodolfo Llinás, *I of the Vortex: From Neurons to Self*, Cambridge, Mass.: MIT Press, 2002(한국어판은 로돌포 R. 이나스, 『꿈꾸는 기계의 진화: 뇌과학으로 보는 철학 명제』, 김미선 옮김, 북센스, 2007).

나는 꿈을 기억하려고 애를 쓰지만, 기록하지 않는 한 꿈은 흔적도 없이 사라지기 일쑤이다. 어김없이 그렇다. 우리가 막 깨어나는 그 순간, 기억을 공고화하는 장치가 마치 동틀 무렵 제과점의 오븐처럼 아직 제대로 예열되지 않은 상태라는 것을 생각하면, 꿈이 사라지는 것도 그리 놀라운 일이 아니다.

그나마 내가 좀 더 선명하게 기억하고 있는 꿈이 있다면 아마도 너무나 자주 반복되었기 때문일 텐데, 바로 강연 전날 밤이면 예사롭지 않게 찾아오던 가벼운 악몽이다. 세부 내용은 매번 달라져도 골자는 항상 같다. 나는 늦었고, 그것도 손쓸 수 없을 만큼 절박한 상황인 데다가, 꼭 필요한 무언가가 빠져 있다. 신발이 감쪽같이 사라진다거나 며칠째 면도를 못 해 수염이 덥수룩한데 면도기는 온 데간데없다. 게다가 공항이 안개로 인해 폐쇄되어 꼼짝없이 발이 묶여 있기도 한다. 나는 늘 곤혹스럽고 때로는 황당했다(물론 꿈속 이야기이지만). 마치 맨발로 무대에 올랐을 때처럼 말이다(물론 아르마니 정장을 입은 채로). 그래서인지 나는 지금도 호텔 방 밖에 신발을 내놓고 맡기는 일을 꺼린다.

8장
의식을 가진 마음 구축하기

작업 가설

모름지기 의식을 가진 마음을 구축하는 과정은 실로 복잡한 일이 아닐 수 없다. 그것은 수백만 년에 걸친 생물학적 진화 속에서 뇌의 메커니즘이 덧붙여지고 사라지기를 거듭한 산물이기 때문이다. 단 하나의 장치나 메커니즘만으로는 이 복잡성을 온전히 설명하기란 역부족이다. 의식이라는 퍼즐을 제대로 맞추려면, 그 조각 하나하나를 떼어 내 꼼꼼히 살펴본 다음 전체 그림을 논의하는 것이 바람직하다.

그렇더라도 논의의 불씨를 지피기 위해 일반적인 가설이라는 불쏘시개를 던져 보는 것도 유익할 것이다. 이 가설은 두 부분으로 구성되어 있다. 첫 번째는 뇌가 깨어 있는 마음 안에서 자아라는 과정을 생성함으로써 의식을 구축한다는 것이다. 자아의 본질은 마음이 자신이 속한 물질적 유기체에 집중하는 데 있다. 깨어 있음과 마음 역시 의식에 필수적인 요소이지만, 자아야말로 의식의 가장 핵심 중의 핵심으로 꼽을 수 있다.

1단계: 원자아

원자아는 유기체의 비교적 안정적인 측면들을 신경학적으로 묘사한 것이다.
원자아의 주요 산물은 살아 있는 신체에서 자연 발생하는 느낌(**원초적 느낌**)이다.

2단계: 핵심자아

핵심자아는 펄스 형태로 나타난다. 원자아가 유기체-대상 상호작용에 의해 수정되고,
이에 따라 대상의 이미지 역시 변화할 때 발생한다.
수정된 대상과 유기체의 이미지는 순간적으로 하나의 일관된 패턴으로 연결된다.
이런 유기체-대상 관계는 일련의 이미지로 묘사되며, 그중 일부는 느낌이다.

3단계: 자서전적 자아

자서전적 자아는 개인의 삶에서 경험한 대상들이 핵심자아 펄스를 만들어 내고,
이것들이 순간적으로 대규모의 일관된 패턴으로 연결될 때 발생한다.

그림 8.1 자아의 세 단계

이 가설의 두 번째 부분은 자아가 단계적으로 구축된다는 것을 제안한다. 가장 단순한 층위는 유기체(원자아)를 담당하는 뇌의 일부에서 출현한다. 이 초기 자아에서는 신체의 비교적 안정된 측면을 나타내는 이미지들이 모여 이루어지며, 살아 있는 몸에서 저절로 솟구치는 느낌(원초적 느낌)을 생성한다. 두 번째 층위는 유기체(원자아로 표상된)와 인식 대상 object-to-be-known을 표상하는 뇌의 특정

부분들이 서로 관계를 맺으면서 형성된다. 이런 상호작용의 결과로 핵심자아가 등장한다. 세 번째 층위에서는 과거의 경험이나 예상되는 미래의 모습으로 저장된 여러 대상들이 원자아와 상호작용하며 다양한 핵심자아 펄스를 생성하게 한다. 이렇게 형성된 결과물이 자서전적 자아이다. 이 세 가지 자아의 층위는 각기 분리된 작업 공간에서 만들어지지만, 동시에 협응된 방식으로 작동한다. 이런 공간들은 이미지 공연장과 같아서 현재의 지각뿐 아니라 수렴-발산 영역의 성향까지 모두 영향을 주고받는다.

* * *

일반적인 작업 가설을 뒷받침하는 몇 가지 가설적 메커니즘을 제시하기에 앞서, 배경 차원에서 한 가지 전제를 먼저 짚고 넘어가고자 한다. 진화론적 관점에서 볼 때, 자아 과정은 뇌의 작동을 통해 마음과 각성 상태$_{alertness}$가 먼저 확립된 이후에야 비로소 발현되기 시작했다. 또한 유기체가 요구하는 항상성에 맞춰 마음의 방향을 설정하고 이를 조직하는 데 매우 효율적이었다. 이것이 결과적으로 생존 가능성을 높이는 데 결정적인 역할을 했다. 이런 자아 과정이 자연선택의 대상이 되어 진화의 흐름 속에서 지속적으로 선택되고 살아남은 것은 필연적인 귀결이었다. 진화의 초기 단계에서 자아 과정은 아직 완전한 의미에서의 의식을 생성하지 못했을 것이고, 그 기능이라고 해 봐야 원자아 수준에 머물렀을 가능성이 높다. 하지만 진화가 되풀이되면서 핵심자아를 비롯한 더 복잡한 수준의 자아들이 등장하게 되었고, 이들은 마음 안에서 주관성을 낳기 시작하면서 비로소 의식이라 부를 수 있는 자격을 갖추게 되었다. 그 이후 개별 유기체는 더욱 복잡해진 구조들을 매개로 자신과 환경에 관한 추가적인 지식을 얻고 축적했다. 이런 지식은 뇌의 수렴-발산 영역에 저장된 내부 기억뿐 아니라 문화적 도구들 속에 기록된 외부 기억에도 함께 보존되었다. 마침내 가장 완전한 의식은 이런 지식이 분류되고, 다양한 형태로 상징화되고(재귀적 언어를 포함하여), 상상력과 이성에 의해 가공된 후 출현하게 되었다.

여기에서 두 가지 논점을 더 살필 필요가 있다. 첫째, 마음, 의식 있는 마음, 문화를 창조할 수 있는 의식적 마음이라는 엄연히 구별되는 수준들은 순차적으로 등장했다. 그렇다고 해서 마음이 자아를 획득한 뒤 더 이상 마음으로서 진화하지 않았거나 자아가 진화의 최종 단계에서 멈추었다는 인상을 주어서는 안 될 일이다. 오히려 그 반대이다. 진화의 흐름은 계속되었고(지금도 여전히 진행 중이며), 자기 인식에서 비롯된 내적 압력 덕분에 마음은 더욱 풍부해지고 진화 속도도 가속화되었을 가능성이 있다. 진화의 행선지와 종착지는 미지수이다. 현재 진행 중인 디지털 혁명, 문화 정보의 세계화, 공감 시대의 도래는 마음과 자아를 구성하는 뇌의 작동 자체에 구조적 변화를 일으킬 수 있는 외적 압력으로 작용하고 있는 것이 사실이다.

둘째, 이 책에서는 앞으로 의식을 가진 마음을 구축하는 문제를 인간의 관점에서 고찰할 것이다. 다만 비교생물학적으로 의미 있는 시사점이 있다면 다른 생물종의 사례도 보완적으로 참고할 예정이다.

의식을 가진 뇌로의 접근

신경과학에서는 전통적으로 자아보다는 마음이라는 더 넓은 요소를 통해 의식에 접근해 왔다.[11] 자아를 통해 의식에 접근하기로 한 나의 선택 자체는 결코 마음의 전모가 갖는 복잡성과 폭넓음을 축소하거나 경시하려는 의도가 아니다. 다만 자아 과정을 우선하는 접근법은 이 책 서두에서 밝힌 관점과 궤를 같이한다. 그 관점에 따르면 의식을 가진 마음이 진화 속에서 살아남을 수 있었던 이유는 의식이 생명 조절을 최적화했기 때문이었다. 의식 있는 마음 속의 자아는 개체의 생명 조절 메커니즘을 대표하는 일차적 기능 단위이자 생물학적 가치의 수호자이자 관리자이다. 또한 오늘날 인류의 의식적 마음을 특징짓는 고도의 인지적 복잡성 역시 그러한 가치를 대리하는 자아에 의해 상당 부분 동기화되고 조정된다.

---

11   버나드 바스의 연구는 이런 방법론적 틀을 제시한 대표적 사례로 꼽을 수 있다. 또한 샹주와 드한 역시 이 접근법을 효과적으로 적용해 왔다. 다음 참조. S. Dehaene, M. Kerszberg, and J.-P. Changeux, "A Neuronal Model of a Global Workspace in Effortful Cognitive Tasks", *Proceedings of the National Academy of Sciences* 95, no. 24, 1998, pp. 14529~14534. 나아가 제럴드 에델만과 줄리오 토노니 역시 이 관점에서 의식에 접근했다. 다음 참조. Gerald M. Edelman and Giulio Tononi, *A Universe of Consciousness: How Matter Becomes Imagination*, New York: Basic Books, 2000. 마찬가지로 크릭과 코흐의 연구도 의식의 마음적 측면에 주안점을 두고 있고, 자아를 연구 의제에서 제외했음을 명확히 적시하고 있다. 다음 참조. F. Crick and C. Koch, "A Framework for Consciousness", *Nature Neuroscience* 6, no. 2, 2003, pp. 119~126.

연구자의 방법론적 선호와는 무관하게 의식은 깨어 있음, 마음, 자아라는 삼중주로 이루어져 있다. 그 가운데 의식의 신비가 첫 번째 요소인 깨어 있는 상태에만 머물러 있는 것은 아니다. 우리는 깨어 있음의 기저가 되는 신경해부학과 신경생리학에 대해 이미 상당한 식견을 축적해 왔다. 뇌와 의식 연구의 역사가 각성이라는 파트를 기점으로 불거져 나왔다는 점은 우연이 아닐 것이다.[12]

의식 삼중주에서 마음은 두 번째 파트이며, 그 신경 기반에 대해서도 우리는 까막눈이 아니다. 3장에서 논의된 바와 같이 남겨진 의문거리가 많다고는 하지만, 그럼에도 일부 진전을 이룬 측면이 없지 않다. 이제 삼중주의 세 번째이자 중심 파트인 자아가 남았다. 자아는 현재의 지적 역량으로 감당하기에는 너무 어렵다는 이유로 연구의 우선순위에서 밀려나곤 했다. 이번 8장과 다음 9장은 바로 이 자아에 방점을 찍고 있는데, 자아가 어떻게 형성되어 깨어 있는 마음 속에 통합되는지 그 메커니즘을 개괄한다. 우리의 목표는 자아 과정을 생성할 수 있는 신경 구조와 그 작동 메커니즘을 규명하는 것이다. 자아는 상황에 맞게 행동을 조절하는 단순한 층위의 자아에서부터 자신의 유기체 존재를 인식하고 생명 활동을 적합하게 진두지휘할 수 있는 더 복잡한 자아까지 여러 층위로 나뉜다.

---

12 나는 다음 연구들을 매우 중요하게 여긴다. G. Moruzzi and H. W. Magoun, "Brain Stem Reticular Formation and Activation of the EEG", *Electroencephalography and Clinical Neurophysiology* 1, 1949, pp. 455~473; W. Penfield and H. H. Jasper, *Epilepsy and the Functional Anatomy of the Human Brain*, New York: Little, Brown, 1954.

의식을 가진 마음 선공개

자아의 여러 층위 중에서도 가장 복잡한 최상위 자아는 그 아래에 놓인 단순한 자아들을 가려 버리고, 현란한 지식을 내세우며 우리의 마음을 압도하곤 한다. 하지만 우리는 이런 불가피한 혼란을 딛고, 오히려 이 복잡성을 선용하는 쪽으로 방향을 틀 수 있다. 어떻게 그것이 가능하단 말인가? 복잡한 자아가 더 단순한 자아의 층위에서 무슨 일이 벌어지는지 관찰하도록 하는 것이 그 방법이다. 물론 이 시도는 어려울 것이 뻔하고 위험도 따른다. 앞서 살펴보았듯, 내성법introspection은 종종 오해를 불러일으키는 정보를 주기 때문이다. 그럼에도 우리가 설명하려는 대상을 직접 들여다볼 수 있는 유일한 창이 내성이라면, 이런 위험은 감수할 만한 가치가 충분하다. 더구나 우리가 수집한 정보가 설령 잘못된 가설로 귀결된다 해도, 추후 실증적 검증을 통해 그 오류는 교정될 여지가 있다. 흥미로운 점은 내성에 몰두하는 행위 자체가 일종의 정신적 번역 과정이라는 사실이다. 말하자면 이는 복잡하게 진화한 뇌가 오랫동안 해 온 자기 자신과의 대화를, 그것이 문자 그대로의 언어든 신경 활동이라는 언어든, 우리가 마음의 언어로 옮기는 작업에 다름 아니다.

그렇다면 이제 우리네 의식 있는 마음속으로 들어가 보자. 정체성, 살아온 과거, 예상되는 미래와 같은 짐은 잠시 내려놓고, 촘촘하게 겹겹이 쌓인 마음의 결을 따라 맨 밑바닥으로 내려가 지금 이 순간에 머물며 지금 이 순간을 살아가는 의식하는 마음이 어떤 모습인지 관찰해 보자. 물론 내가 모든 이의 경험을 대변할 수는 없지만, 내 개인적 탐색에 비추어 보면 이렇다. 가장 아래층에서 마주하는 단순한 의식적 마음은 윌리엄 제임스가 일찍이 간파했듯, 대상들이 흘러가는 강물과 별반 다르지 않다. 하지만 그 흐름 속의 대상들이 모두 같은 방식으로 등장하지는 않는다. 어떤 것들은 마치 확대경으로 들여다본 듯 유난히 또렷하게 떠오르고, 어떤 것들은 그렇지 않다. 또한 대상들이 나를 기준으로 같은 거리에 배열되어 있는 것도 아니다. 어떤 대상들은 물질적 존재로서의 나를 기준으로 특정한 거리감을 두고 자리한다. 나는 그 나를 막연히 나의 몸 전체로만 인식하는 것이 아니라 좀 더 구체적으로는 나의 눈 뒤쪽과 양쪽 귀 사이의 좁은 공간 어딘가에 위치한 중심부로 한정해서 인식한다. 특히 주목할 점은 이 대상들 중 일부가 독특한 느낌을 동반해 나타난다는 사실이다. 그 느낌은 말없이 이렇게 속삭인다. "이 대상은 지금 내 것이 되었고, 내가 원한다면 영향을 미칠 수 있다"라고 말이다. 이것이 바로 내가 과거에 글로 쓴 바 있는 '일어나는 사건에 대한 느낌'the feeling of what happens, 즉 대상과 내가 연결되어 있다는 느낌이다. 하지만 이런 느낌이 이야기의 전부가 아니다. 의식하는 마음의 더 깊은 심연에는 추가적으로 발견해야 할 그보다 더 근원적인 느낌이 자리하고 있다. 그것은 어떤 외부 대상과도 별개로 나의 몸이 존재하고 있고, 내가 이 순간 생생히 살아 있다는 사실을 반석처럼 확인시켜 주는 느낌이다. 나는 이 근원적인 느낌을 자아 과정의 핵심 요소로 새롭게 제시하고자 하는데, 이것이 바로 내가 원초적 느낌이라 칭하는 것이다. 이 느낌은 쾌락에서 고통까지의 스펙트럼 어딘가에서 이른바 감정가valence라는 뚜렷한 성질을 보이며, 모든 감정적 느낌의 원형이 된다. 다시 말해 대상과 유기체 사이의 상호작용에서 비롯되는 모든 감정의 근간을 이룬다. 앞으로 논의해 나가겠지만, 이 원초적 느낌은 원자아에 의해 생성된다.[13]

요컨대 의식 있는 마음의 심층으로 들어가 보면, 그곳이 서로 다른 이미지들로 구성된 복합체임을 발견하게 된다. 이 이미지들 가운데 한 부류는 의식 속에 떠오른 대상들을, 또 다른 부류는 나 자신을 묘사한다. 여기에서 나 자신에는 여러 요소들이 복합적으로 얽혀 있는데, (1) 대상들이 지도화되는 관점(나의 마음이 보고, 만지고, 듣는 등의 지각 관점을 가지고 있으며, 그 관점이 다름 아닌 나의 신체라는 것이다), (2) 대상들이 다른 누구도 아닌 오직 나에게만 속하는 마음에서 표상된다는 느낌(소유성), (3) 대상들에 대해 내가 행위의 주체라는 느낌, 그리고 내 신체의 행동이 나의 마음의 명령을 따른다는 느낌, (4) 대상들과의 상호작용 유무와 관계없이 살아 있는 나의 신체 존재를 드러내는 원초적 느낌이다.

앞서 언급한 (1)부터 (4)까지의 요소들이 모여 단순한 형태의 자아를 형성한다. 또한 이 자아 이미지들의 총합이 자아가 아닌 대상들의 이미지들과 결합할 때, 비로소 의식 있는 마음이 생성된다.

이 모든 앎은 처음부터 즉각적으로 주어지는 것이지, 이성적

[13] 1장의 각주 19에서 언급했듯, 판크셉 역시 의식의 과정에서 느낌이 필수 불가결하다는 점을 강조하며 초기 느낌의 개념을 부각시킨 바 있다. 구체적인 메커니즘에는 차이가 있지만, 그가 말한 아이디어의 본질은 나의 주장과 대동소이하다고 확신한다. 느낌에 관한 논의는 대체로 그것이 세계와의 상호작용(가령 제임스의 '인식하는 느낌'이나 내가 말한 '일어나는 사건에 대한 느낌')에서 비롯되거나 감정의 결과물로 나타난다는 전제를 깔고 있다. 하지만 내가 말하는 원초적 느낌은 이 두 가지 상황들에 선행하며, 판크셉이 언급한 초기 느낌 역시 아마 그보다 먼저 일어날 것이다.

추론이나 해석을 통해 얻어지는 것이 아닙니다. 게다가 애초에 언어로 구성된 것도 아닙니다. 오히려 살아 있는 신체와 관련해서, 그리고 특정 대상과 관련해서 발생하는 암시와 직감, 느낌으로 이루어져 있다.

마음 깊숙이 가장 아래층에 자리한 이 단순한 자아는 음악에 가깝지만 아직 시는 아니다.

의식을 가진 마음의 재료

의식을 가진 마음을 구성하는 가장 기본적인 재료는 깨어 있음과 이미지이다. 이 중 깨어 있음은 뇌간 피개와 시상하부에 위치한 특정 신경핵들의 활성에 의해 결정된다. 이들 신경핵은 신경 경로와 화학적 경로를 모두 활용해 대뇌 피질에 영향력을 행사하며, 그 결과 경계 수위가 저하되거나(수면 유도) 반대로 상승한다(각성 유도). 이런 뇌간핵들의 작용은 일반적으로 시상의 보조를 받지만, 일부 핵들은 시상을 거치지 않고 대뇌 피질에 직접 작용하기도 한다. 한편 시상하부의 핵들은 주로 특정 화학물질을 방출해 신경 회로에 작용하고, 그 작동 양상을 변형시킨다.

깨어 있는 상태를 균형 있게 조절하기 위해서는 시상하부, 뇌간, 대뇌 피질이 긴밀하게 상호작용해야 한다. 이 중 시상하부의 기능은 빛의 양과 밀접한 상관관계를 보이고 있어서 이런 각성 조절 기제가 교란되면 여러 시간대를 넘나드는 시차 부적응을 겪는다. 이 조절 작용은 다시 부분적으로 일주기日週期 리듬과 연동된 호르몬 분비와도 밀접하게 연결되어 있다. 시상하부의 신경핵들은 유기체 전신에 분포한 주요 내분비샘들, 이를테면 뇌하수체, 갑상선, 부신, 췌장, 고환, 난소 등의 활동을 조절한다.[14]

깨어 있음 과정에서 뇌간이 맡은 역할은 우리가 처한 상황의 자연적 가치와 밀접하게 관련되어 있다. 뇌간은 상황의 주관적 중요도를 암묵적으로 평가하고, 자발적이며 비의식적으로 응답한다. 이런 가치 평가는 감정 반응의 신호와 강도를 결정할 뿐 아니라 우리가 얼마나 깨어 있고 주의를 기울여야 하는지도 좌우한다. 지루함은 각성 상태의 대표적인 적敵이지만, 대사 활동 역시 각성 조절에 큰 영향을 미친다. 예컨대 과식 직후에는 소화 작용 자체가 각성을 떨어뜨릴 수 있고, 특히 살코기에서 유리되는 트립토판 같은 특정 화학물질이 포함된 경우는 두말할 것도 없다. 알코올은 처음에는 각성을 잠시 높이지만, 혈중 농도가 상승하면서 그 효과는 반전되어 졸음을 유발한다. 마취제는 이 모든 과정을 건너뛰고, 각성 상태 자체를 일시적으로 완전히 차단한다.

깨어 있음에 대해 짚고 넘어가야 할 마지막 주의 사항이 하나 더 있다. 깨어 있음에 관여하는 뇌간의 구역은 신경해부학적·신경생리학적으로 자아의 기초가 되는 원자아(다음 절에서 논의)를 형성하는 뇌간의 구역과 기능상 구별된다. 그럼에도 뇌간의 각성핵은 해부학적으로 뇌간의 원자아핵과 매우 인접하는데, 거기에는 그럴 만

---

14 L. W. Swanson, "The Hypothalamus", *Handbook of Chemical Neuroanatomy*, vol. 5, *Integrated Systems of the CNS*, ed. A. Björklund, T. Hökfelt, and L. W. Swanson, Amsterdam: Elsevier, 1987.

한 이유가 있다. 바로 두 종류의 핵 모두 생명 조절에 관여하기 때문이다. 다만 이들은 각각 다른 방식으로 조절 과정에 기여할 뿐이다.[15]

이미지의 신경 기반에 대해서는 이미 3장부터 6장까지 꽤 자세하게 다루었기 때문에 일견 충분히 이해된 것 아니냐고 반문할 수도 있다. 하지만 그 정도로는 어림없다. 이미지는 의식을 가진 마음속에서 인식 대상의 원천이 되며, 그 대상은 몸 바깥의 사물일 수도 있고, 몸 안의 각각(팔꿈치가 욱신거리거나 무심코 데인 손가락처럼)의 감각일 수도 있다. 또한 이미지는 시각에만 한정되지 않고 모든 감각 양상을 포괄하는데, 지금 실재하는 것이든 기억 속에 떠오른 것이든, 구체적이든 추상적이든 뇌에서 처리되는 모든 대상이나 행위와 관련된다. 나아가 그 범위는 몸 안팎을 가리지 않고, 뇌 바깥에서 들어오는 온갖 감각 패턴뿐 아니라 뇌 안에서 다양한 패턴들이 결합되어 새롭게 생성된 것들까지 포함한다. 실제로 뇌는 지도 제작에 푹 빠진 것처럼 그 자체의 작동 방식까지도 지도화하려는 경향을 보인다. 달리 말하면 뇌는 스스로에게 말을 걸듯이 자기 자신을 비추고 돌아보는 활동을 하는 셈이다. 이런 자기 지도화의 결과물이 추상적 이미지의 주된 원천이 된다. 여기에는 대상의 공간적 배치와 이동, 대상들 간의 관계, 움직이는 대상의 속도와 궤적, 시공간 속에서 반복적으로 이루어지는 출현 양상 등이 모두 포함된다. 이

---

15 J. Parvizi and A. Damasio, *Cognition*. 자세한 논의로는 다음 참조. Antonio Damasio, *The Feeling of What happens*(한국어판은 안토니오 다마지오, 『느낌의 발견』).

처럼 고차원적 이미지들은 수학적 기술로도, 음악적 구성이나 연주로도 전환될 수 있다. 수학자들과 작곡가들은 바로 이런 종류의 이미지 구성 능력에 특히 능한 사람들이다.

앞서 제시한 작업 가설에 따르면 유기체와 인식 대상 사이의 상호 관계가 성립될 때 의식하는 마음이 출현한다. 그렇다면 유기체와 대상, 그리고 이 둘 사이의 관계는 뇌에서 어떻게 구현되는 것일까? 이런 의식의 삼자 요소 모두 이미지로 구성되어 있다. 인식 대상은 이미지로서 뇌에 지도처럼 그려지고, 유기체 역시 그 이미지가 어떤 독특한 방식으로 형성되었든 궁극적으로 이미지라는 점에서는 변함이 없다. 자아 상태를 이루고 주관성을 출현시키는 지식 역시 이미지의 형태를 띤다. 결국 의식을 가진 마음이라는 직물은 뇌의 지도 제작 능력에서 비롯된 이미지라는 단 하나의 옷감으로 짜인다.

의식은 모든 면에서 이미지로 구성되어 있지만, 모든 이미지가 똑같은 방식으로 만들어지는 것은 아니다. 이미지마다 신경학적 기원이나 생리적 특성에서 차이가 있다(그림 3.1 참조). 우리가 평소에 인식하는 대부분의 대상들은 외부감각이 뇌에 지도화된 것으로, 이른바 통상적 이미지라 할 수 있다. 하지만 유기체를 표상하는 이미지는 그와 다르다. 이들은 신체 내부에서 생성되어 살아 있는 몸의 상태를 드러낸다. 이 이미지들의 특별함은 바로 여기에 있다. 의식이 형성되기 훨씬 이전, 그리고 다른 어떤 인지적 처리보다 앞서 이 이미지들은 자발적이고 자연스럽게 느껴진다. 이들은 몸이 느끼는 이미지, 곧 원초적인 신체 느낌이다. 이런 느낌은 다른 모든 느낌의 바탕이 되며, 감정의 느낌 역시 여기에서 비롯된다. 앞으로 살펴보겠지만, 유기체와 인식 대상 사이의 관계를 나타내는 이미지들은 이 두 종류의 이미지를 모두 활용한다. 다시 말해 통상적인 감각 이미지와 신체 느낌의 다양한 변형이 함께 사용되는 것이다.

마지막으로 모든 이미지는 대뇌 피질 내 초기 감각 영역들이 협응하는 공동 작업 공간에서 생성된다. 반면 느낌은 뇌간의 특정 영역에서 별도로 구축되는 독립된 작업 공간에서 발생한다. 이런 이미지 공간은 여러 피질 및 피질하 영역들에 의해 조절되는데, 이들 회로 안에는 6장에서 살펴본 것처럼 수렴-발산 신경 구조 속에 휴면 상태로 저장된 성향적 지식이 담겨 있다. 이 조절 영역들은 의식적으로도 비의식적으로도 작동할 수 있되, 두 경우 모두 동일한 신경 구조 기층에서 이루어진다. 다만 특정 영역이 의식적으로 활약할지, 아니면 무의식적으로 작동할지는 각성의 정도와 자아 층위에 따라 달라진다.

신경학적 관점에서 보면 이 책에서 제시하는 이미지 공간 개념은 버나드 바스, 스태니슬라스 드한, 장-피에르 샹주의 연구에서 등장하는 개념들과는 사뭇 다른 길을 걷는다. 바스는 광역 작업 공간 global workspace이라는 개념을 처음에는 심리학적 맥락에서 제안했다. 이는 정신 과정의 다양한 요소들이 서로 긴밀하게 교류하는 방식에 초점을 맞춘 것이었다. 이후 드한과 샹주는 이 개념을 신경학적으로 풀어내며, 의식이란 널리 퍼져 있고 서로 촘촘히 연결된 신경 활동 위에서 형성된다고 보았다. 그들은 대뇌 피질을 의식의 내용을 구성하는 핵심 영역으로 간주하되, 각별히 전전두엽을 포함한 연합 피질이 의식에 접근하는 데 중추적인 역할을 한다고 강조했다. 바스 역시 후속 연구에서 연합피질이 의식 내용에 어떻게 접근하는지를 설명하기 위해 광역 작업 공간 개념을 적용했다.

내 입장은 이미지 생성 영역, 즉 인형극이 실제로 펼쳐지는 무대 자체에 초점을 맞춘다. 인형사들과 그들이 조종하는 줄은 이미지 공간의 바깥, 구체적으로는 전두엽, 측두엽, 두정엽의 연합피질에 해당하는 성향 공간에 위치하고 있다. 이런 관점은 의식적 이미지와 비의식적 이미지에 따라 분리된 두 구역(이미지 공간과 성향 공간)이 서로 다르게 작동함을 보여 주는 뇌 영상 및 전기생리학 연구들과도 일맥상통한다. 예컨대 니코스 로고테티스와 줄리오 토노니의 양안 경쟁 연구, 그리고 스태니슬라스 드한과 리오넬 나카슈의 단어 처리 연구가 그러하다. 의식 상태가 성립하려면 초기 감각 피질의 활성화뿐 아니라 연합피질의 개입도 필요하다. 왜냐하면 내가 보기에는 바로 그곳에서 인형사들이 인형극 전체를 연출하고 있기 때문이다.[16] 나는 이 문제에 대한 내 설명이 광역 신경 작업 공간 접근법global neuronal workspace approach과 상충하기보다는 오히려 그것을 보완한다고 믿는다.

---

16 Bernard J. Baars, "Global Workspace Theory of Consciousness: Toward a Cognitive Neuroscience of Human Experience", *Progress in Brain Research* 150, 2005, pp. 45~53; D. L. Sheinberg and N. K. Logothetis, "The Role of Temporal Cortical Areas in Perceptual Organization", *Proceedings of the National Academy of Sciences* 94, no. 7, 1997, pp. 3408~3413; S. Dehaene, L. Naccache, L. Cohen et al., "Cerebral Mechanisms of Word Masking and Unconscious Repetition Priming", *Nature Neuroscience* 4, no. 7, 2001, pp. 752~758.

원자아

원자아는 핵심자아를 형성하는 데 꼭 필요한 주춧돌이다. 또한 유기체의 가장 안정된 신체 구조를 순간순간 지도화하는 여러 개별 신경 패턴의 통합체이다. 원자아 지도는 단순한 신체 이미지에서 한 걸음 더 나아가 실제로 느껴지는 신체 이미지까지도 생성한다는 점에서 독특하다. 이런 신체의 원초적 느낌은 깨어 있는 정상적인 뇌에서 저절로 발생한다.

여기에는 내부감각 총괄 지도master interoceptive maps, 유기체 총괄 지도master organism maps, 외부로 향한 감각 통로 지도maps of the externally directed sensory potals가 있다. 해부학적으로 보면 이 지도들은 뇌간과 대뇌 피질 양쪽에서 그려진다. 원자아의 기본 상태는 내부감각 요소와 감각 입력 통로 요소의 평균값으로 이루어진다. 이처럼 서로 다른 위치에 흩어져 있는 지도들은 같은 시간 창 안에서 신호를 주고받으며 통합된다. 이 과정에서 여러 요소를 한데 모아 재지도화하는 단일한 뇌 부위는 불필요하다. 이제 원자아를 구성하는 각각의 요소를 하나씩 살펴보자.

내부감각 총괄 지도

내부감각 총괄 지도란 내부 환경과 내장기관의 내부감각 신호들을 통합하여 만들어진 지도이자 이미지이다. 이런 신호들은 유기체의 현재 상태에 대한 정보를 중추신경계에 끊임없이 전달하는데, 그 범위는 생리적으로 정상적인 상태에서부터 장기나 조직이 손상된 병리적 상태까지 엄청나게 넓게 걸쳐 있다(여기에서 말하는 것은 통증의 느낌을 기반으로 하는 통각 신호$_{\text{nociceptive signals}}$이다). 이 신호들은 생리적 균형을 회복하거나 조절할 필요가 있음을 알리는가 하면, 배고픔이나 갈증 같은 구체적인 느낌으로 의식에 떠오른다. 체온을 전달하는 모든 신호와 체내 환경을 조율하는 무수한 생화학적 매개변수들 역시 이 범주에 속한다. 끝으로 내부감각 신호는 쾌적 상태와 그에 수반되는 쾌감의 형성에도 일조한다.

뇌간 수준	
고립로핵(NTS)	
부완핵(PBN)	
수도관주위 회색질(PAG)	내부감각 통합
맨아래구역	
시상하부	
상구(심층)	
대뇌 피질 수준	
섬피질	내부감각 통합
전대상피질	
전두안구영역 (BA 8)	외부감각 통로
체감각피질	

그림 8.2 원자아의 주요 구성 요소

매 순간 내부감각 신호의 일부가 특정 상부 뇌간핵에서 통합되고 변조되어 원초적 느낌을 일으킨다. 뇌간은 단순히 신체 신호를 대뇌 피질로 전달하는 통로가 아니다. 변화된 신체 상태를 감지하고, 미리 설정된 적응 기제를 상황에 맞게 조율하며 그에 따라 반응하는 결정 중추decision station로 작동한다. 이런 작동은 원초적 느낌의 형성에 직접적으로 기여한다. 그 결과 이 느낌은 비단 신체 상태를 '묘사'하는 수준을 넘어서 단순한 지도보다 훨씬 더 정교한 신경 표상으로 나타난다. 원초적 느낌은 신체 상태를 감지하고 이에 반응하는 뇌간핵의 작동 방식 및 뇌간과 신체 사이의 끊을 수 없는 양방향적 상호작용 고리에 의해 생겨난다. 더불어 이 과정에 관여하는 특정 신경세포군의 고유한 전기생리학적 특성 역시 원초적 느낌을 생성하는 데 중요한 역할을 한다.

　원초적 느낌은 다른 모든 느낌에 우선하며, 특정 뇌간 영역과 긴밀히 연결된 자신의 살아 있는 몸에서만 오롯이 작용한다. 모든 감정의 느낌은 지금 이 순간 진행 중인 원초적 느낌의 변주일 뿐이다. 대상과 유기체의 상호작용이 일으키는 모든 느낌 역시 진행 중인 원초적 느낌의 변주에 불과하다. 원초적 느낌과 그 감정적 변주들은 마음속에서 떠오르는 다른 모든 이미지들을 지켜보는 합창단처럼 함께 울려 퍼진다.

　의식을 가진 마음을 이해하는 데 있어 내부감각계의 중요성은 아무리 강조해도 지나치지 않다. 이런 체계에서 일어나는 과정들은 상당한 자율성을 갖추고 있고, 그것이 발생하는 해부학적 구조의 크기와는 상관없이 상당히 독립적으로 작동한다. 이 과정들은 발달 초기부터 아동기·청소년기 내내 신경계에 특별한 형태의 입력 신호를 부단히 제공한다. 다시 말해 내부감각은 비교적 변함없는 정보의 원천이라는 구실을 도맡으면서 결국 안정적인 자아가 형성될 수

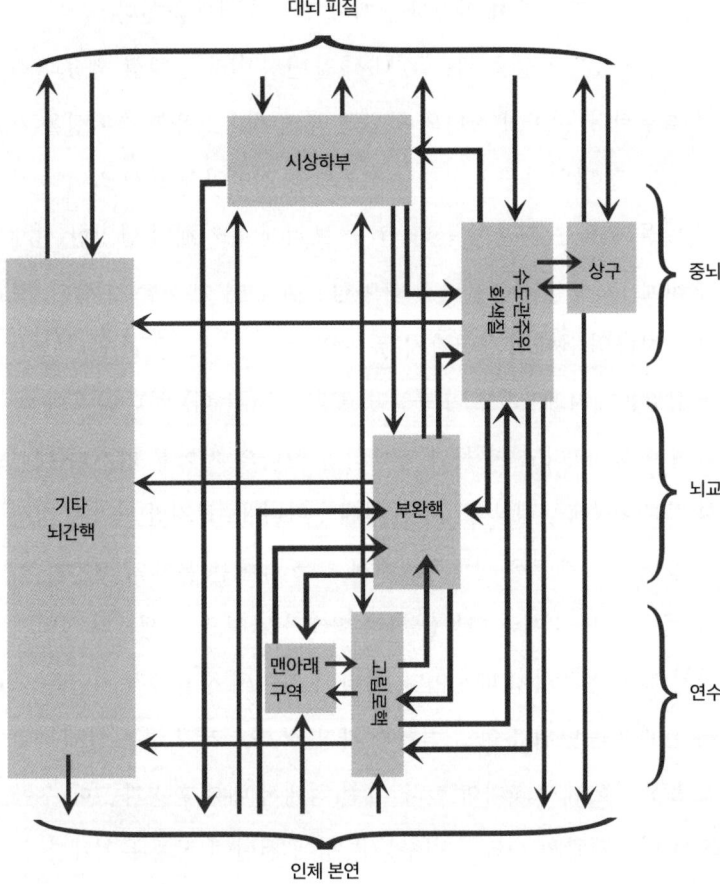

그림 8.3 핵심자아 생성에 관여하는 뇌간핵들. 그림 4.1에서 보듯이 여러 뇌간핵들이 협력해 항상성을 유지한다. 그런데 항상성 관련 핵들은 **다른** 뇌간핵 집단들(이 그림에서는 **기타 뇌간핵들**)로 투사한다. 이들 비항상성 뇌간핵들은 기능에 따라 여러 계열로 나뉘며, 대뇌 피질에 서로 다른 방식으로 영향을 미친다.

이 책에서 제시하는 가설에 따르면, 항상성 핵들은 핵심자아의 '알고 있다는 느낌'을 만들어 낸다. 또한 이 과정에서 발생한 신경 활동은 다른 비항상성 뇌간핵들을 불러와 '대상의 현저성'object saliency을 형성한다.

있는 발생학적 토대를 마련하는 데 결정적인 역할을 한다.

　자아의 단일성 문제는 '상대적 불변성'이라는 핵심 쟁점과 직접 결부된다. 자아가 하나의 통합된 과정이고 고유한 특이성을 가진다면, 그 단일성을 뒷받침할 생물학적 기반이 반드시 있어야 하지 않을까 하는 의문이 든다. 언뜻 보기에 유기체의 단일한 신체가 바로 그 절실한 생물학적 특이성$_{singularity}$을 제공할 것 같다. 인간은 하나의 몸에서 살아가지 두 개의 몸으로 살고 있지 않다(심지어 샴쌍둥이 사례조차도 이 사실이 부정되지 않는다). 하나의 몸에 하나의 마음, 그리고 이 둘과 함께하는 하나의 자아를 가진다(해리성 정체성 장애는 정상적인 정신 상태가 아니다). 하지만 자아를 지탱하는 단일 플랫폼을 신체 전체에서 찾는 데에는 문제의 소지가 있다. 몸은 부단히 여러 행동을 하며 형태가 바뀌고, 출생부터 성인기까지 계속 성장하기 때문이다. 따라서 자아의 생물학적 기반은 신체 전체라는 단위가 아닌 변화가 가장 적거나 거의 없는 신체 내부의 특정 부위에서 찾아야 한다. 그런 점에서 내부 환경과 그에 수반되는 내장기관의 생리적 변수들은 생애 전반에 걸쳐 유기체가 유지하는 가장 불변적인 측면을 담보한다. 이 변수들이 고정되어 있어서가 아니라 생명 유지에 필수적인 기능을 수행하기 위해 극도로 제한된 생리적 범위 내에서만 변화가 허용되기 때문이다. 반면 뼈는 성장 과정에서 계속 자라고, 골격근도 그에 맞춰 발달한다. 하지만 생명 현상이 이루어지는 화학적 용액조$_{chemical\ bath}$, 즉 내부 환경의 평균적인 생화학적 조성은 세 살이든 쉰 살이든 여든 살이든 나이 불문하고 거의 변하지 않는다. 마찬가지로 키가 60센티미터이든 180센티미터이든 상관없이 공포나 행복 같은 감정 상태의 생물학적 본질은 그 상태를 구성하는 내부 환경의 화학적 성분이나 내장 평활근의 수축과 이완 상태에 있어 대체로 대동소이할 것이다. 물론 공포나 행복을 유발하는 생각이나 외부 원인은 나이에 따라 천차만별일 수 있다. 하지만 그러한 자극에 대한 감정 반응의 생리적 양상은 일생 동안 비교적 일정하게 유지된다는 점은 주목할 만하다.

내부감각계의 총괄은 어디에서 이루어질까? 이 질문에 대한 실마리는 지난 10여 년간 축적된 다양한 연구를 통해 훨씬 명확해졌다. 예컨대 세포 단위의 생리학적 기록부터 동물 대상의 실험 신경해부학, 인간 대상의 기능적 뇌 영상에 이르기까지 그 연구 방법이 상당히 구체화되었다. 그 결과(4장에서 논의했듯이) 이제 우리는 신체 상태를 전달하는 신경 및 화학 신호가 중추신경계로 들어오는 경로를 매우 정밀하게 이해하게 되었다.[17] 이런 신호들은 척수의 여러 분절, 뇌간의 삼차신경핵군, 뇌실 주변의 특수한 신경세포 집합을 통해 유입된 후 고립로핵, 부완핵, 시상하부 등 뇌간의 주요 통합핵으로 전달된다. 이 통합핵들에서는 신호가 생명 유지 기능을 조절하고 원초적 느낌을 생성하기 위해 국소적으로 처리된 다음, 인

---

[17] 5장에서 논의한 바와 같이, 크레이그의 연구는 척수와 체감각계의 피질 부분에 대해 획기적인 통찰을 제공해 특별한 학술적 중요성을 지닌다. A. D. Craig, "How Do You Feel? Interoception: The Sense of the Physiological Condition of the Body", *Nature Reviews Neuroscience* 3, 2002, pp. 655~666.

접한convenient 시상 중계핵을 경유해 내부감각과 밀접히 연관된 섬피질로 전달된다. 나는 이 체계에서 피질 구성 요소의 중요성을 인정하면서도 자아 과정을 구현하는 근본적인 기반으로는 뇌간 구성 요소가 더 핵심적이라고 본다. 가설에서 피력한 바와 같이, 뇌간은 피질이 광범위하게 손상된 상황에서도 원자아의 기능적 토대를 지원할 수 있다.

유기체 총괄 지도

유기체 총괄 지도란 머리, 몸통, 팔다리 등 신체의 주요 부분을 정적인 상태에서 도식화한 전신의 청사진이라 할 수 있다. 우리의 모든 움직임은 이 총괄 지도를 기본 설계도로 활용해 지도화된다. 내부감각 지도와 달리 유기체 총괄 지도는 근골격계와 그 운동성을 반영하기 때문에 발달 과정에서 크게 변한다. 몸의 크기가 커지고 움직임의 범위와 질이 달라질수록 이 지도 역시 지속적으로 갱신된다. 비록 어느 시점에서 일시적인 안정성을 보일 수 있지만, 유아기, 청소년기, 성인기의 유기체 지도는 결코 같을 수 없다. 결과적으로 유기체 총괄 지도는 원자아를 구성하는 데 필요한 단일하고 일관된 기준점으로 삼기에는 한계가 있다.

내부감각계의 총괄 기능은 유기체 총괄 지도가 성장 과정에서 형성하는 전체 틀 안에 항상 들어맞아야 한다. 간략히 말하면 내부감각계의 총괄은 유기체 총괄 지도의 경계 안에 자리 잡는 셈이다. 하지만 이 둘은 엄밀히 구분되는 별개의 체계이다. 한 체계가 다른 체계 안에 들어맞는다는 것은 지도 자체가 실제로 옮겨 간다는 의미가 아니라 양쪽의 지도첩이 동시에 호출되고 활성화될 수 있도록 뇌에서 조율된다는 뜻이다. 예컨대 우리 몸 내부의 특정 부위가 지도화될 때, 그 신호는 전체 해부학적 구조 속에서 해당 부위와 가장 정확하게 대응되는 유기체 총괄 지도의 특정 영역으로 전달된다. 우리가 메스꺼움을 느낄 때, 그 감각을 위장과 같은 몸의 특정 부위와 연결해 경험하는 것이 바로 이런 원리이다. 내부감각 지도가 다소 모호하더라도 그 감각은 결국 전체 유기체 지도의 틀 안에 배치되어 인식된다.

외부로 향한 감각 통로 지도

4장에서 나는 감각 통로를 직접 언급하기보다는 보석이라 불리는 감각 수용기가 장착된 골격을 설명하면서 이를 간접적으로 다룬 바 있다. 이번 장에서는 이 감각 통로들을 자아를 위한 도구로 본격적으로 논의한다. 눈, 귀, 혀, 코 등 각각의 감각기관을 에워싼 신체 부위의 표상은 유기체 총괄 지도에서 독립적이고 특별한 경우에 해당한다. 나는 이 감각 통로 지도들 역시 느낌을 총괄하는 체계처럼 실제로 지도가 옮겨지는 방식이 아니라 시간적 조율을 통해 유기체 총괄 지도의 틀 안에 들어맞는다고 생각한다. 이런 신경 지도들이 정확히 어디에 위치하는지는 아직 연구가 진행 중인 사안이다.

감각 통로 지도는 이중적인 역할을 수행한다. 첫째는 관점을 설정하는 것(의식의 주요 양상)이고, 둘째는 마음의 질적 속성을 구성하는 것이다. 흥미로운 점은 우리가 어떤 대상을 인식할 때, 그 대상을 묘사하는 정신적 내용과 해당 지각에 관여하는 신체 부위 사이에 밀접한 연결이 이루어진다는 것이다. 우리는 눈으로 본다는 사실을 알 뿐 아니라 우리 눈으로 보고 있다는 감각 역시 함께 느낀다. 우리는 귀로 듣지, 눈이나 코로 듣지 않는다는 것도 안다. 우리는 외이와 고막에서 소리를 직접 느끼는가 하면, 손가락으로 만지고 코로 냄새를 맡는다. 얼핏 보면 이 모든 일들이 그다지 대수롭지 않게 보일 수 있지만, 천만의 말씀이다. 우리는 이런 '감각기관의 위치'를 어린 시절부터 이미 알고 있다. 어쩌면 이런 지식은 특정 지각을 특정 신체 움직임과 연결해 유추하기 전부터, 심지어 학교에서 수많은 동요와 노래로 감각이 어디에서 정보를 얻는지에 대해 배우기 훨씬 이전부터 이미 체득된 것일지도 모른다. 그럼에도 이것은 참으로 색다른 부류의 지식이다. 시각 이미지가 망막의 신경세포에서 비롯된다는 사실을 상기해 보자. 이 신경세포들은 망막이 신체의 어느 부위에 있는지, 다시 말해 안구 안에 있고, 안와 속에 있으며, 얼굴의 특정 부위 안에 위치한다는 사실을 직접적으로 알려 주지 않는다. 그런데도 우리는 어떻게 망막이 그곳에 있다는 것을 알게 되었을까? 물론 아이는 눈을 감으면 시야가 사라지고, 귀를 막으면 소리가 줄어든다는 것을 스스로 알아차릴 것이다. 하지만 정작 중요한 것은 그것이 아니다. 요지는 우리가 귀로 소리가 들어오는 것을 '느낀다'는 점, 그리고 우리가 눈으로 주변을 둘러보고 살피고 있다는 것을 '느낀다'는 데 있다. 거울 앞에 선 아이는 망막 '주변부'의 해부학적 구조에서 전달된 부가적 정보 덕분에 이미 얻은 지식을 확인할 것이다. 이런 신체 구조들이 한 덩어리가 되어 바로 내가 말하는 '감각 통로'를 이룬다. 시각의 경우 감각 통로에는 눈을 움직이는 안구 근육, 대상에 초점을 맞추기 위해 수정체의 두께를 조절하는 기제, 동공의 지름을 줄이거나 늘려 빛의 세기를 조절하는 장치(우리 눈의 카메라 셔터), 눈을 찡그리거나 깜빡이거나 웃음을 짓는 데 쓰이는 눈 주변의 표정 근육들이 모두 여기에 포함된다. 이런 눈의 움직임과 깜빡임은 우리 스스로 지각한 시각 이미지를 편집하는 데 중요한 역할을 하고, 놀랍게도 영화 장면을 효과적이고 생동감 넘치게 편집하는 데에도 일조한다.

보는 행위는 단순히 망막에 적절한 빛의 패턴이 맺히는 것 이상을 의미한다. 시각 경험에는 여러 반응이 동반되는데, 그중 일부는 망막에 선명한 패턴을 형성하기 위해 꼭 필요한 기초 요소이고, 일부는 시각 과정에 습관적으로 따라오는 반응이다. 또 다른 일부는 이미 형성된 패턴을 처리하면서 발생하는 즉각적인 신경 반응이다.

청각의 경우도 이와 유사하다. 소리 자체는 내이의 달팽이관에서 처리되는데, 이곳에서 소리의 주파수, 시간적 특성, 음색이 지도화된다. 한편 고막의 진동과 중이에 위치한 이소골의 움직임 역시 소리 자극과 동시에 뇌로 신호를 보낼 수 있다.

이처럼 감각 통로의 복잡한 작동 방식 탓에 아이들뿐 아니라 성인들도 사건을 지각할 때 오류를 범할 수 있다. 단적인 예로 어떤 대상을 먼저 보고 나중에 들었다고 우겨 대도, 실제로는 그 반대였던 경우가 있다. 이런 현상을 출처 오인 오류source misattribution error라고 이름한다.

잘 알려지지 않은 그 밖의 감각 통로들 역시 마음이 외부 세계

전체와 맺는 바로 그 관점을 정하는 데 결정적인 역할을 한다. 여기에서 내가 말하고자 하는 바는 원자아가 제공하는 생물학적 특이성이 아니다. 나는 우리 모두가 마음속에서 경험하는 하나의 정신적 효과, 다시 말해 마음 바깥에서 벌어지는 일들에 대해 우리가 어떤 자리를 점하고 있다는 느낌, 곧 위치감standpoint 대해 이야기하고 있다. 이것은 단순히 '시점'point of view이라는 말로는 불충분하다. 물론 시력을 가진 대다수 사람들에게 시각적 시점은 흔히 마음의 활동을 지배하곤 하지만, 여기에서 강조하는 이 위치감이라는 것은 '시각적 관점'을 훨씬 넘어선다. 이뿐만이 아니다. 우리는 세상의 소리에 대해서도 고유한 위치감을 가지고 있고, 우리가 만지는 대상에 대해서도 마찬가지이다. 심지어 우리 몸 안에서 느껴지는 감각들, 예컨대 팔꿈치의 통증이나 모래 위를 걸을 때 전해지는 발바닥의 느낌 따위에서도 하나의 위치감을 갖는다.

우리는 배꼽으로 보거나 겨드랑이로 듣는다고 착각하지 않는다(이런 가능성이 아무리 흥미롭다 해도 말이다). 이미지 형성을 위한 정보가 수집되는 감각 통로들, 즉 신체의 특정 부위 주변에 있는 감각기관들은 대상에 대해 유기체가 취하는 하나의 관점을 마음에 부여한다. 이 관점은 지각이 일어나는 신체 부위 주변에 모인 정보들

---

18 K. Meyer, "How Does the Brain Localize the Self?", *Science E-letters*, 2008은 다음에서 찾아볼 수 있다. https://www.zora.uzh.ch/id/eprint/139677/1/03d65639861e14bcb572bab666fd-b4974ecd.pdf(저자가 제시한 링크는 현재 삭제되어 대신 참고할 수 있는 다른 링크 인용). 또한 다음 참조. B. Lenggen-hager, T. Tadi, T. Metzinger, and O. Blanke, "Video Ergo Sum: Manipulating Bodily Self-Consciousness", *Science* 317, 2007, p. 1096; H. H. Ehrsson, "The Experimental Induction of Out-of-Body Experiences", *Science* 317, 2007, p. 1048.

이 하나로 엮이면서 정립된다. 이런 위치적 입장은 대체로 안정적이지만, 뇌 질환, 심리적 외상 혹은 가상현실 조작 실험으로 유발되는 비정상적인 상태(유체 이탈 경험)에서만 예외적으로 무너질 수 있다.[18]

나는 유기체가 취하는 관점이 여러 감각 자원에 기반한 다차원적 구성이라는 점을 중시한다. 시각, 청각, 공간 균형감각, 미각, 후각 같은 감각들은 모두 가까이 위치한 감각 통로들에 서로 의존하는 한편, 공통적으로 머리라는 한 영역 안에 밀집되어 있다. 그래서 우리는 머리를 마치 세계를 향해 열려 있는 다감각적 정보 수집 장치처럼 여길 수 있다. 반면 촉각은 상황이 다르다. 몸 전체에 고르게 분포된 감각계가 작동하기 때문에 그 자체로 훨씬 더 넓은 감각 통로를 형성한다. 하지만 여기에서도 변함없는 사실은 촉각에 대한 관점 역시 언제나 단일한 유기체를 중심으로 구성된다는 점이다. 감각은 유기체의 표면 중 특정 지점을 기준으로 조직되고, 감각 입력이 발생하는 위치는 늘 주체의 몸을 중심으로 정렬된다. 이런 방식의 전신성all-overness은 자신의 움직임을 지각할 때도 그대로 적용된다. 운동 지각은 몸 전체의 공간적 위치와 움직임을 포괄하지만, 그 지각의 출발점은 언제나 하나의 유기체이다.

대뇌 피질의 관점에서 보자면, 감각 통로를 통해 유입된 대부분의 정보는 뇌섬엽보다는 체감각계, 특히 일차 체감각피질SI과 이차 체감각피질SII로 먼저 전달된다. 시각의 경우 감각 통로를 통해 들어온 정보는 전두피질의 상부와 외측, 즉 브로드만 영역 8번에 해당하는 이른바 전두안구영역으로 전달된다. 이처럼 해부학적으로 분산되어 있는 뇌의 영역들이 실제로 감각 정보를 통합해 작동하려면, 반드시 기능적으로 연결하는 일종의 통합 메커니즘이 뒷받침되어야 한다.

마지막으로 체감각피질의 예외적 역할에 대해 부연하고자 한다. 이 영역은 외부 시계로부터 신호를 전달하는데, 촉각 지도가 대표적인 예이며, 내부감각과 감각 통로의 경우처럼 신체로부터도 신호를 전달한다. 이 중에서 감각 통로에 해당하는 구성 요소들은 본질적으로 유기체의 신체 구조에 속하기 때문에 결국 원자아에 포함된다.

이제 신경 정보 패턴이 서로 대비되는 두 범주로 나뉜다는 점이 명확해진다. 한편에는 다양한 대상을 드러내는 무수히 많은 패턴이 있다. 이 범주에는 기존의 대상(일부는 시각과 청각, 미각과 후각처럼 신체 외부 세계일 수 있고, 일부는 관절이나 피부처럼 실제 신체 표면의 특정 부위를 반영할 수 있다)을 묘사하는 다채로운 감각 패턴들이 포함된다. 다른 한편에는 신체 내부 상태의 조절과 관련된 매우 좁은 범위의 패턴들이 있는데, 이들은 아무런 변화 없이 반복되는 무한한 동일성을 특징으로 한다. 이처럼 우리 유기체 내부에서 엄밀하게 통제되는 생명 유지 과정과 외부 세계 및 신체 표면에 존재하는 수많은 가변적 대상과 사건들 사이에는 근본적인 차이가 존재한다. 자아 과정의 생물학적 기반을 파악하기 위해서는 이 불가피한 차이를 꼭 짚고 넘어가야 한다.

다양성과 동일성 사이의 이런 대조는 감각 통로 차원에서도 지속된다. 감각 통로가 기저 상태에서 관찰 및 지각 상태로 전환될 때,

그 변화의 폭이 클 수도 있지만 반드시 그럴 필요는 없다. 이런 상태 변화는 단지 유기체와 대상 간의 상호작용이 일어났음을 보여 주는 하나의 지표일 뿐, 그 상호작용이 어떤 대상과 이루어졌는지까지 알려 줄 필요는 없다.

요컨대 내부 환경과 내장 구조, 외부로 향한 감각 통로의 기저 상태가 결합해 끊임없이 출렁이는 바다 한가운데에 하나의 안정된 섬을 조성한다. 이 통합체는 역동적으로 요동치는 생리적 환경에 노출되어 있음에도 상대적으로 일관된 기능 상태를 유지하게 한다. 비유하자면 거리를 행진하고 있는 대규모 군중을 연상할 수 있다. 무리 중앙의 소집단은 안정적이고 질서정연한 대열을 이루어 행진하는 반면, 나머지 군중들은 일부는 뒤처지고, 일부는 중심 집단을 추월하기도 하면서 마치 브라운 운동처럼 느슨하고 자유분방하게 움직인다.

내부 환경이 보여 주는 상대적 일관성만큼 중요한 핵심 요소가 있다면, 그것은 본연의 인체가 항상 뇌와 불가분하게 연결되어 있다는 사실이다. 이 끊어질 수 없는 연결 덕분에 원초적 느낌이 탄생하고, 대상으로서의 몸과 그 몸을 표상하는 뇌 사이에 독특한 관계가 형성된다. 우리가 외부 세계의 대상과 사건들을 뇌 속에 지도처럼 그릴 때, 그것들은 여전히 외부에 남아 있다. 하지만 자신의 몸에서 비롯된 사물과 사건들을 지도화할 때는 이야기가 다르다. 이 내부 대상들은 유기체 안에 남아 있지 결코 어디론가 사라지지 않는다. 또한 이것들은 뇌에 영향을 미칠 뿐 아니라 뇌로부터 다시 영향을 받을 수도 있기 때문에 일종의 공명 순환 회로를 형성한다. 이로써 몸과 마음이 하나로 융합된 듯한 상태가 만들어진다. 이런 신체 내부의 대상과 사건이 뇌와 지속적으로 상호작용하며 형성하는 구조는 생명력 넘치는 기층을 이루고, 마음의 다른 모든 내용들이 뿌리내릴 수 있는 필수적인 터전이 된다. 원자아는 단순히 뇌 속에 담아 두는 멋진 추상표현주의 회화집처럼 신체를 그려 낸 단절된 지도들의 모음집이 아니다. 그것은 여전히 자신의 원천인 신체와 부단하게 상호작용하며 연결되어 있는 지도집으로, 그 뿌리는 너무도 깊고 단단해서 결코 단절될 수 없다. 안타깝게도 내가 뇌 속에 간직하고 있는 가장 좋아하는 추상표현주의 그림들은 그 원천과 물리적으로 전혀 연결되어 있지 않다. 아무리 바란다 해도 그 그림들은 오직 나의 뇌리에만 머무를 뿐이다.

* * *

마지막으로 꼭 짚고 넘어가야 할 것은 변형된 자아가 호문쿨루스가 아닌 것처럼 원자아 역시 호문쿨루스와 혼동해서는 안 된다는 점이다. 전통적인 호문쿨루스 개념은 마치 뇌 속에 자리한 작은 인간이자 모든 것을 알고 해석하는 존재이다. 또한 마음속에서 벌어지는 일들에 대해 질문을 받고 해답을 제시하는 전지전능한 현자로 상상되기도 한다. 잘 알려진 호문쿨루스 논쟁의 핵심은 그 자체가 야기하는 무한 퇴행에 있다. 우리를 의식을 가진 존재로 만드는 이 소인小人이 스스로 의식하기 위해서는 그 안에 또 다른 지식을 제공해 줄 더 작은 소인이 필요하고, 그 안에 다시 또 다른 소인이 필요하다는 식으로 논리적으로 무한히 반복되는 회귀적 설명을 낳는다. 이런 방식으로는 가당치 않다. 우리 마음에 의식을 장착하게 만드는 지식은 아래로부터 차곡차곡 쌓이고 구성되는 상향식 형태로 구축되어야 한다. 호문쿨루스라는 발상은 이 책에서 제시하는 원자아 개념과 정면으로 충돌한다. 원자아는 비교적 안정된 플랫폼으로 작동하면서 자아의 연속성을 유지하는 기반이 된다. 우리는 이 플랫폼 위에 유기체가 환경과 상호작용하면서 겪는 변화들(대상을 바라보고 손에 쥐는 행위 등)이나 유기체의 구조나 상태 변화(상처를 입거나 혈당 수치가 과도하게 떨어질 때 등)를 기록한다. 이런 변화들은 원자아의 현재 상태와 대조되어 기록되고, 이때 생긴 동요가 후속적인 생리적 반응을 유도한다. 그럼에도 원자아 자체는 그 지도에 담긴 정보 외에는 어떤 정보도 일절 포함하지 않는다. 원자아는 델포이 신전에 앉아 "너 자신을 알라"라고 길을 제시하는 현자가 아니다.

핵심자아의 형성

핵심자아의 형성 전략을 탐색하기 위해서는 그 발생 요건에서 출발하는 것이 바람직하다. 뇌는 마음속에 전례 없는 주체라는 요소를 새롭게 도입해야 한다. 이 주체가 마음의 다양한 내용들 사이에 모습을 드러내고, 지금 떠오른 마음의 일부 내용들과 일관되게 연결되면 주관성이 그 과정에 스며들기 시작한다. 우리가 먼저 주목해야 할 것은 주체의 임계점, 즉 주관성을 만들어 내기 위해 필수적인 지식 요소들이 말하자면 응집되는 지점이다.

일단 유기체 안에서 상대적으로 안정된 요소들이 통합되어 하나의 섬이 확보된다면, 그로부터 자아가 일거에 출현할 수도 있지 않을까? 만약 그렇다면, 원자아를 떠받치는 뇌 영역들의 해부학적 구조와 생리적 기능이 자아 형성 기제를 상당 부분 밝혀 줄 것이다. 자아는 결국 유기체의 가장 안정적인 측면들에 대한 지식을 축적하고 통합하려는 뇌의 능력에서 비롯된 것이며, 이것만으로 자아에 대한 논의를 완결 지어도 무방할 것 같다. 자아란 뇌 속에서 살아있다는 감각을 있는 그대로 느끼는 생명의 표상이자 오직 자신의 몸하고만 연결된 순수한 경험이다. 그런 자아는 원자아가 본래의 상태에서 매 순간 자발적으로, 그리고 끊임없이 전달하는 가장 원초적인 느낌에서 태동한다.

하지만 지금 이 순간 우리 모두가 경험하고 있는 복잡한 정신적 삶을 고려하면, 원자아와 원초적 느낌만으로는 우리가 만들어 내는 자아 현상을 총제적으로 설명하기에 무리가 있다. 원자아와 그에 수반되는 원초적 느낌들은 나의 물질적 모태일 수 있으며, 십중팔구 수많은 생물종에서 의식이 발현되었다는 사실을 가리키는 결정적 징표일 것이다. 하지만 한편으로는 원자아와 그 원초적 느낌들과, 다른 한편으로는 인격과 정체성을 부여하는 자서전적 자아를 잇는 중간 단계의 자아 과정이 필요하다. 원자아가 진정한 의미의 자아, 이른바 핵심자아로 이행되기 위해서는 원자아 상태 자체에 본질적 변화가 요구된다. 우선 원자아의 정신적 윤곽profil이 더 선명하게 부각되어야 하고, 이어서 원자아가 관여하는 사건들과 원자아가 유의미하게 연결되어야 한다. 순간의 서사 안에서 원자아는 이야기의 주체, 즉 주인공으로서 자리잡아야 한다. 내가 보기에 원자아의 이런 전환은 유기체가 어떤 대상을 지각할 때마다 발생하는 즉각적 관여에서 비롯된다. 이런 관여는 대상을 감각적으로 처리하는 시점과 극히 짧은 시간 간격을 두고 일어난다. 유기체가 특정 대상과 조우할 때마다 원자아는 필연적으로 변화를 겪게 된다. 그 이유는 뇌가 그 대상을 지도화하기 위해 적절한 방식으로 신체와 협응해야 하고, 나아가 그 협응의 결과뿐 아니라 생성된 이미지의 내용 자체도 원자아로 보내지기 때문이다.

원자아가 변화하면 그에 따라 핵심자아가 순간적으로 발생하고, 일련의 사건들이 연쇄적으로 이어진다. 그 첫 번째 사건은 원초적 느낌의 변형이다. 이때 대상에 대해 '알고 있다는 느낌', 즉 그 대상을 다른 것들과 구별하게 하는 느낌이 생겨난다. 두 번째 사건은 바로 이 알고 있다는 느낌에서 파생되며, 주의를 끌게 된 대상은 '현저성'saliency을 부여받는다. 이런 과정은 일반적으로 '주의'라는 용어로 개념화되며, 여러 자극들 중 특정 대상에 더 많은 처리 자원을 책정하는 방식이다. 이렇게 해서 핵심자아는 변화된 원자아가 원인인 대상, 즉 이미 느낌으로 각인되고 주의로 부각된 바로 그 대상과 연결될 때 비로소 발생한다.

이런 순환을 거치고 나면, 마음속에는 다음과 같은 단순하지만 일상적인 사건의 흐름이 이미지로 자리 잡는다. 어떤 대상이 특정한 관점에서 보이거나 만져지거나 들렸고, 그 결과 그 대상이 신체

제3부 의식을 가진 존재

와 상호작용하게 되었다. 또한 바로 그 상호작용을 계기로 신체 변화가 일어났고, 대상의 존재가 느껴졌으며, 마침내 그 대상은 중요해졌다.

이처럼 끊임없이 벌어지는 사건들이 엮어 내는 비언어적 서사는 마음속에 하나의 장면을 그려 낸다. 그것은 어떤 사건들이 일어나고 있다는 점에서 자신이 그 대상으로 등장하는 하나의 주인공, 바로 물질적 나라는 주체를 자연스럽게 드러낸다. 이 비언어적 내러티브는 그러한 주인공을 창조함과 동시에 현현시키며, 유기체가 만들어 내는 행위들을 그 주인공과 연결 짓는다. 나아가 외부 대상과의 상호작용에서 발생하는 느낌과 함께 그것이 곧 '나의 경험'이라는 소유감도 만들어 낸다.

의식을 가진 마음이 형성되기 위해서는 단순한 마음 과정 위에 몇 가지 이미지가 덧붙여져야 한다. 이를테면 유기체의 이미지(변형된 원자아의 대리자가 제공하는 것), 대상과 관련된 감정 반응의 이미지(즉 느낌), 일시적으로 강조된 원인 대상의 이미지가 그것이다. 자아는 이런 이미지들의 형태로 마음속에 떠오르고, 대상과의 접촉 속에서 끊임없이 하나의 이야기를 창작해 낸다. 이때 수정된 원자아의 이미지와 알고 있다는 느낌은 반드시 강렬할 필요는 없다. 그저 기미만큼이라도 마음속에 자리한다면 대상과 유기체 사이의 연결을 형성하기에 충분하다. 결국 이 모든 과정이 적응적으로 작동하기 위한 가장 핵심적인 열쇠는 다름 아닌 '대상'이다.

나는 이 무언의 서사를 삶의 체험에서 비롯된 표현일 뿐 아니라 뇌 속에서 일어나는 현상들에 대한 하나의 기술記述로도 받아들인다. 그럼에도 그것을 '해석'으로 간주하지 않는 것이 나의 견해이다. 왜냐하면 나는 이 말 없는 서사를 마치 요청되지 않은 사건들에 대한 자발적인 기술이거나 뇌가 아무도 제기하지 않은 질문에 스스로 몰두해 답을 찾아가는 과정으로 이해하기 때문이다. 마이클 가자니가는 의식의 생성 과정을 설명하는 방식으로 '해석자'라는 개념을 제시했다. 더욱이 그는 이 개념을 좌반구의 신경 기전 및 언어 처리 과정과도 유의미하게 연결시켰다. 나는 그의 발상이 매우 인상적이라고 생각한다(사실 거기에는 일정 부분 엄연한 진실이 내포되어 있다). 하지만 나는 해석자라는 개념이 핵심자아 수준을 넘어 오직 자서전적 자아 단계에서만 온전히 작동한다고 확신한다.[19]

풍부한 기억력과 언어, 추론 능력이 갖추어진 뇌에서는 이처럼 단순한 기원과 윤곽을 가진 서사들이 점차 다채로워지고 축적된 지식을 활용하면서 보다 명확하게 규정된 주체, 일명 자서전적 자아가 등장한다. 이 단계에서는 유추가 개입될 수 있고, 진행 중인 사건에 대해 실제적인 해석도 가능해진다. 하지만 다음 장에서 논의하겠지만, 자서전적 자아는 핵심자아 메커니즘 없이는 결코 형성될 수 없다. 앞서 설명했듯, 핵심자아의 메커니즘은 원자아와 그에 수반되는 원초적 느낌에 닻을 내리고 있으며, 의식 있는 마음을 만드는 중심적인 작동 구조이다. 이 과정을 자서전적 자아 단계로 확장하기 위해 요구되는 고차원적 기제들은 결국 핵심자아 메커니즘이 정상적으로 작동해야만 비로소 가능하다.

19 Michael Gazzaniga, *The Mind's Past*, Berkeley: University of California Press, 1998.

자아와 대상을 연결하는 메커니즘은 실제로 지각된 대상에만 국한되고, 회상된 대상에는 적용되지 않는 것일까? 그럴 가능성은 희박해 보인다. 우리가 특정 대상을 학습할 때, 그 대상의 외형뿐 아니라 그것과의 다양한 운동적 상호작용(눈과 머리의 움직임, 손동작 등)까지도 함께 기록된다. 따라서 대상을 회상한다는 것은 기억 속에 저장된 이 다양한 운동적 상호작용을 함께 떠올리는 것을 의미한다. 실제 대상을 향한 운동적 상호작용이 원자아를 즉각적으로 변형시키는 것처럼 기억되거나 상상된 운동적 상호작용 역시 원자아에 변화를 일으킬 수 있다. 만일 이 견해가 옳다면, 조용한 방에서 눈을 감고 공상에 빠져 있을 때에도 우리가 의식을 잃지 않는 이유를 설명할 수 있을 것이다. 이 생각만으로도 괜스레 마음이 놓인다.

결론적으로 유기체와 상호작용하는 수많은 대상들에 대해 핵심자아 펄스가 생성된다는 것은 대상과 관련된 느낌이 함께 생성된다는 것을 보장한다. 그에 따라 이런 느낌은 견고한 자아 과정을 구축하며, 각성 상태를 유지하는 데 도움을 준다. 아울러 핵심자아 펄스는 원인이 되는 대상의 이미지에 일정한 가치 척도를 부여해 그 대상의 현저성을 판가름하게 한다. 이처럼 흐르는 이미지들을 구별하는 과정은 마음의 풍경을 체계화하고, 그것을 유기체의 욕구와 목표에 맞게 구체화한다.

핵심자아의 상태

뇌는 어떻게 핵심자아 상태를 구현할 수 있을까? 이에 대한 탐문은 먼저 소수의 국소적인 뇌 영역에서 출발해 점차 다수의 영역이 동시에 작용하는 전뇌적brain-wide 과정으로 확장된다. 원자아와 관련된 단계는 신경학적으로 그리 어렵지 않게 구상할 수 있다. 원자아의 내부감각 구성 요소는 상부 뇌간과 섬피질에 기반을 두고 있고, 감각 통로의 구성 요소는 기존에 알려진 체감각피질과 전두안구영역에 위치한다.

이런 구성 요소들 중 일부가 바뀌어야 비로소 핵심자아가 모습을 드러낸다. 우리는 이미 다음을 살펴보았다. 지각된 대상이 감정 반응을 불러일으키고 내부감각 지도를 바꾸면, 원자아가 수정되고 원초적 느낌도 함께 변한다는 것을. 마찬가지로 어떤 대상이 지각 체계에 들어올 때, 원자아의 감각 통로 구성 요소들 역시 달라진다. 이 때문에 신체 이미지 형성에 관여하는 원자아의 주요 부위들, 예컨대 뇌간, 섬피질, 체감각피질 등도 자연스럽게 변화를 겪게 된다. 이런 다양한 사건들은 연달아 이어지는 아주 작은 이미지들로 만들어져 마음의 과정 속으로 스며든다. 여기에서 '마음 과정'이란 이런 이미지들이 초기 감각피질과 뇌간의 특정 영역, 즉 느낌 상태가 생성되고 변형되는 곳에 존재하는 이미지 작업 공간으로 흘러든다는 뜻이다. 이 미세한 이미지들의 연속적 흐름은 심장 박동처럼 완벽하게 규칙적이지는 않지만, 일정한 리듬을 타고 이어진다. 외부에서 사건이 계속 일어나고 각성 수준이 임계치 이상으로 유지되는 한 이 흐름은 멈추지 않는다.

이 단계까지의 가장 단순한 핵심자아 상태에서는 중앙 통제 장치나 이미지를 비추는 스크린이 따로 필요하지 않다. 이런 정보 단위들(이미지)은 저마다 알맞은 자리(이미지 생성 영역)에 놓이고, 그 순간순간에 맞춰 자연스럽게 마음의 흐름 속으로 들어온다.

하지만 자아 상태가 제대로 갖추어지려면, 변형된 원자아가 그 원인이 되는 대상의 이미지들과 연결되어야 한다. 그렇다면 이런 연결은 어떻게 이루어질까? 또한 이렇게 서로 다른 이미지들이 어떻게 하나로 조직되어 통일된 장면을 만들고, 결국 핵심자아의 온전한 펄스를 생성할 수 있을까?

여기에서도 타이밍이 관건이다. 이는 원인이 되는 대상을 처리하기 시작하면서 동시에 원자아에 변화가 일어나는 그 찰나가 결정적이기 때문이다. 이런 단계들은 실시간으로 일어나는 사건들이 만들어 내는 서사적 순서에 따라 아주 짧은 시간 안에 연속적으로 진행된다. 변형된 원자아가 대상과 처음 맺는 관계는 각 이미지들이 생성되어 마음의 행렬에 통합되는 시간적 흐름을 따라 저절로 이루어진다. 간단히 말해 원자아는 활동할 준비가 되어 있어야 하고, 신체와의 상호작용으로 존재에 대한 원초적 느낌을 생성할 만큼 충분히 깨어 있어야 한다. 다음 단계에서는 대상을 처리하는 과정에서 원자아의 다양한 면모들이 변화하게 된다. 결국 이 모든 일련의 사건들이 서로 유기적으로 연결되어야만 한다.

원자아를 규정하는 일관된 내러티브를 창작하려면 신경 조정 기제가 필요할까? 그 답은 장면의 복잡성과 그 안에 개입된 대상의

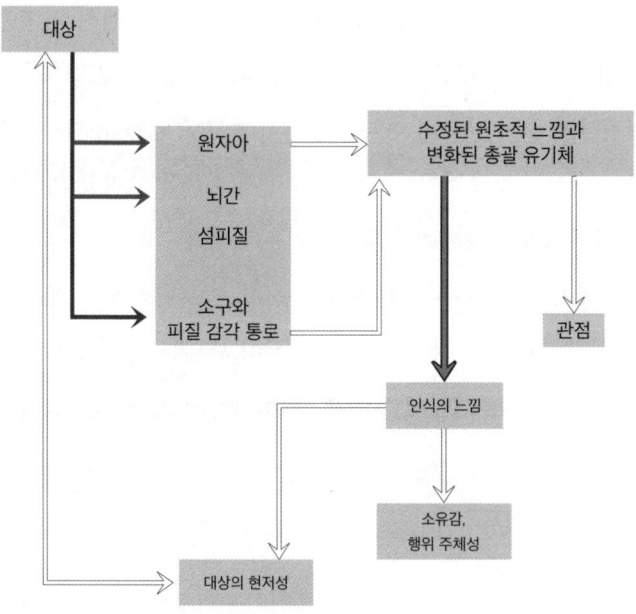

그림 8.4 핵심자아 메커니즘의 도식. 핵심자아 상태는 하나의 복합체이다. 주요 구성 요소는 알고 있다는 느낌과 대상의 현저성이다. 이외에도 관점, 소유감, 행위 주체성이 핵심 구성 요소로 작용한다.

수에 달려 있다. 비록 다음 장에서 살펴볼 자서전적 자아만큼 복잡하지 않더라도 핵심자아 단계에서조차 여러 대상이 동시에 처리되는 상황이라면, 그 모든 정보를 하나의 일관된 서사로 통합하기 위해 일정한 협응 장치가 필요하다고 나는 전망한다. 그런 역할을 할 만한 유력한 후보들을 피질하 수준에서 확인할 수 있다.

첫 번째 후보는 상구이다. 조정자로서의 자격을 이미 충분히 검증받았음에도 불구하고, 이 장치의 후보 지명을 듣고 의아해하는 분들도 있을 테다. 하지만 3장에서 언급했듯이 상구의 심층부는 이 역할에 적합한 요건을 갖추고 있다. 내부 세계와 외부 세계의 다양한 측면들이 겹쳐진 이미지를 만들어 낼 수 있다는 점에서 이 부위는 훗날 마음을 형성하고 자아를 생성하는 뇌가 발달시킬 원형 구조로 여겨진다.[20] 물론 상구의 취약성은 익히 알고도 남는다. 자서전적 자아가 요구하는 복합적이고 다층적인 구성 수준을 고려할 때, 상구가 피질 이미지의 주 조정자로 활약하기는 어렵다.

조정자 역할의 두 번째 후보는 시상, 그중에서도 시상의 연합핵associative nuclei이다. 해부학적 특성상 이 부위는 흩어진 피질의 활성 패턴들 사이에 기능적 연결을 중개하는 데 최적화된 위치를 확보하고 있다.

의식을 가진 마음을 구성하는 뇌 탐방

다음과 같은 상황을 설정해 보자. 나는 펠리컨들이 새끼들에게 아침을 먹이는 모습을 지켜보고 있다. 펠리컨들은 바다 위를 우아하게 누비며, 때로는 수면 가까이에서 때로는 더 높은 상공을 가로지르며 날고 있다. 물고기를 발견하는 순간, 이 새들은 일제히 바다를 향해 돌진한다. 콩코드 여객기를 연상시키는 부리를 착륙 자세로

---

20 상구에 대한 나의 관심은 1980년대 중반으로 거슬러 올라간다. 나보다 상구에 더 매료되었던 이는 버나드 스트렐러였는데, 그와 이 문제에 대해 여러 차례 논의했다. 최근에는 비욘 메르커가 단순한 시각적 보조 구조 이상으로 상구를 설득력 있게 설명하고 있다. Bernard M. Strehler, "Where Is the Self? A Neuroanatomical Theory of Consciousness", *Synapse* 7, 1991, 44~91; Bjorn Merker, "Consciousness Without a Cerebral Cortex", *Behavioral and Brain Sciences* 30, 2007, pp. 63~81. 판크셉 또한 수도관주위 회색질이 갖는 중요성을 논의하는 과정에서 상구에도 주목했다.

내밀고, 날개는 삼각형 모양으로 멋지게 뒤로 접는다. 이윽고 물속으로 사라졌다가, 잠시 후 승리감에 취한 듯 먹이를 물고 수면 위로 솟아오른다.

내 시선은 펠리컨들의 움직임을 쫓느라 쉴 틈이 없다. 펠리컨들이 가까워졌다 멀어지기를 반복할 때마다 내 눈의 수정체는 초점거리를 조정하고, 동공은 빛의 변화에 맞추어 조절되며, 안구 근육은 새들의 빠른 움직임을 놓치지 않기 위해 바쁘게 움직인다. 나의 목도 자연스럽게 방향을 틀며 자세를 바꾼다. 게다가 나의 호기심과 관심은 이토록 놀랍게 거행되는 사냥 의식儀式을 지켜보며 긍정적 보상을 받고 있다. 나는 어느새 이 장관에 흠뻑 빠져 있다.

이 모든 일상의 분주함과 뇌의 분주함 속에서 펠리컨들을 도식화해 인식 대상으로 규정하는 망막 지도로부터 막 전달된 생생한 신호들이 나의 시각 피질에 도달하고 있다. 시시각각 변화하는 이미지들이 쉴 새 없이 만들어지고, 동시에 여러 뇌 영역에서도 이 시각 자극 신호들이 바쁘게 처리되고 있다. 여기에는 전두안구영역(안구 운동과 관련은 있지만 시각 이미지 자체와는 무관한 8번 영역), 외측 체감각 피질(머리, 목, 얼굴의 근육 활동을 도식화하는), 감정과 관련된 뇌간, 기저전뇌, 기저핵, 섬피질(이들 네 영역의 통합된 활동이 이런 장면에 대한 나의 유쾌한 느낌을 형성하도록 돕는), 상구(시각적 입력 정보, 안구 운동 제어, 신체 상태에 대한 정보를 수신하는 지도들이 있는), 그리고 마지막으로 피질과 뇌간 영역의 모든 신호 왕래에 관여하는 시상 연합핵 등이 포함된다.

이렇게 다양한 변화의 끝은 결국 어디로 향하는 것일까? 감각 통로의 상태를 도식화하는 지도들과 유기체 내부 상태를 반영하는 지도들이 지금 일종의 동요를 등록하고 있다. 원자아의 원초적 느낌은 이제 관련된 대상들에 대한 또렷한 앎의 느낌으로 바뀌었다. 그 결과 인식 대상(먹이를 주는 펠리컨 무리)에 대한 최근의 시각 지도는 나의 마음속에서 무의식적으로nonconsciously 처리되고 있는 다른 정보들보다 더 뚜렷하게 부각된다. 물론 그 외의 정보들도 의식적 주의를 끌기 위해 경합할 수는 있지만, 지금 나에게 펠리컨이 흥미롭고, 다시 말해 가치 있는 존재로 인식되기에 나머지 정보들은 그 경쟁에서 뒷전으로 밀려난다. 뇌간의 복측 피개 영역, 측좌핵 nucleus accumbens, 기저핵과 같은 보상 중추핵들이 이미지 생성 영역에 신경조절물질을 선택적으로 방출함으로써 펠리컨 이미지들을 특별하게 처리한다. 이 과정 덕분에, 나는 그 이미지에 대한 소유감뿐 아니라 행위의 주체로서 내가 보고 있다는 감각도 생겨난다. 동시에 감각 통로에서 일어난 변화들은 인식 대상을 나와의 관계 속에서 확실한 위치에 자리잡게 한다.[21]

이처럼 뇌 전체에 걸쳐 그려지는 거대한 지도 위에서 핵심자아 상태는 마치 깜빡이는 파동처럼 순간순간 떠오른다. 이때 갑작스레 전화벨이 울린다. 마법이 풀리는 순간이 찾아왔다. 나의 머리와 눈

---

21 감각적 관점은 새롭게 얻은 펠리컨의 이미지가 유기체-대상 상호작용으로 활성화된 감각 통로와 결합함으로써 이루어진다. 이 감각 통로는 각 이미지군의 신경 활동을 동기화해 대상 이미지와 연결시킨다. 여기에서 열쇠는 시간이지 공간이 아니다. 자기 자신이 행위의 주체라는 감각과 자신의 마음을 소유하고 있다는 감각 역시 이와 유사한 메커니즘을 통해 생겨난다. 즉 새로운 대상 이미지에 대한 활동이 내부감각 지도, 감각 통로, 근골격 표상 등에서 원자아의 변화를 규정하는 활동과 시간적으로 일치할 때, 우리는 행위 주체성과 소유감을 갖게 된다. 결국 이 모든 구성 요소들이 결합할 때 생기는 일체감의 강도는 타이밍에 달려 있다.

은 내키지 않지만 결국에는 어쩔 수 없이 수화기를 향해 돌아간다. 나는 일어난다. 그리고 의식을 이루는 전체 순환 주기가 다시 개시된다. 이제는 펠리컨이 아니라 전화기에 초점이 맞춰진다. 펠리컨은 나의 시야에서도, 마음속에서도 자취를 감춘다. 이제는 전화기가 그 자리를 대신한다.

9장 자서전적 자아

기억이 의식이 되다

자서전은 개인적인 기억들로 가득 차 있다. 또한 구체적이든 막연하든 미래에 계획된 일까지 아울러 인생 경험을 포괄한다. 자서전적 자아는 의식화된 자서전이다. 그것은 최근 기억부터 아주 먼 과거의 기억까지 개인이 기억하는 모든 역사를 시간적 연속선상에서 총망라해 활용한다. 이 역사에는 우리가 실제로 겪은 사회적 경험뿐 아니라 겪고 싶었던 경험까지 담겨 있다. 우리 감정 경험 가운데 가장 정제된 것들, 때로는 영적 차원으로까지 여겨지는 기억들도 모두 포함된다.

 핵심자아는 어렴풋한 기미부터 생생한 실재감에 이르기까지 노상 '실시간'online으로 박동한다pulse. 반면 자서전적 자아는 이중생활을 한다. 한편으로는 가장 장엄하고 인간적인 의식적 마음의 특성을 선명하게 드러내지만, 그 이면에는 수많은 구성 요소들이 휴면 상태로 활성화될 차례를 기다리고 있다. 자서전적 자아의 또 다른 행보는 의식 너머, 의식의 화면 밖에서 펼쳐진다. 그 순간 그 자리에서 농축된 기억들이 하나둘 쌓이고 재차 다듬어지면서 자아는 조금씩 성숙해진다. 의식적인 성찰이든 비의식적인 처리이든, 지난날의 경험은 불러낼 때마다 재구성되고, 기억의 지층이 다시 해석되며, 결국에는 새롭게 짜인다. 이 과정에서 경험의 객관적 사실과 감정의 연결망은 크든 작든 수정되기 마련이다. 그렇게 대상과 사건들은 새로운 감정적 가중치를 얻게 된다. 회상 속 기억의 파편들은 마음의 편집실에서 선별되고, 어떤 것은 삭제되고, 어떤 것은 복원되어 또렷해진다. 때로는 개인적 욕망이나 우연의 변덕이 교묘하게 뒤섞인 나머지 실제로는 촬영되지 않았던 새로운 장면들을 연출하기도 한다. 이렇듯 세월이 흐르면 흐를수록 우리네 역사는 정교하게 다시 써진다. 그런 까닭에 과거의 사실은 새로운 의미를 얻고, 기억의 음악은 해마다 다른 멜로디로 오늘을 울린다.

신경학적으로 볼 때, 이 같은 구성과 재구성의 과정은 주로 비의식적 처리 과정에서 일어난다. 우리가 아는 한 이 작업은 꿈속에서도 일어날 수 있고, 간혹 의식의 표면에도 얼굴을 내민다. 또한 수렴-발산 구조를 통해 성향 공간에 암호화되어 있는 지식을 이미지 공간에서 명시적이고 해독 가능한 형태로 펼친다.

다행히도 우리가 살아온 과거와 앞으로 다가올 미래에 대한 기록이 워낙 넘쳐나기에 자아가 자서전적 방식으로 작동할 때마다 그 모든 기억을 일일이 꺼내볼 필요는 없다. 프루스트조차도 자신다운 자아의 한순간을 떠올리기 위해 세세하고 촘촘한 오래된 기억 하나하나를 샅샅이 뒤져야 했던 것은 아니다. 더구나 우리는 알짜 사건들을 마음 한쪽에 미리 저장해 두었다가 필요할 때마다 그중 일부만 불러내 새로운 경험에 덧입히면 그만이다. 어떤 때는 무수히 많은 옛 일화가 한꺼번에 떠오르면서 그 당시의 감정과 느낌이 고스란히 되살아나 봇물 터지듯 밀려오기도 한다(바흐의 음악은 언제든 이런 상황을 불러올 수 있다). 하지만 인출되는 기억의 양이 많지 않더라도 자아를 이루는 기억의 얽힘과 복잡함은 아무리 조심스레 살펴봐도 그 폭이 참으로 어마어마하다. 바로 그 지점에 자서전적 자아를 형성하는 데 따르는 진짜 난관이 잠복해 있다.

자서전적 자아의 형성

자서전적 자아를 형성하기 위해 뇌가 사용하는 전략은 다음과 같으리라 추정한다. 먼저 자아를 규정하는 상당량의 전기적biographical 기억 더미가 하나의 묶음으로 정리되어 각각이 독립된 대상처럼 쉽게 다루어질 수 있어야 한다. 이렇게 조직된 대상은 원자아를 수정하고, 그 영향으로 핵심자아의 일시적인 활성 형태인 펄스를 일으킨다. 이 과정에는 알고 있다는 느낌이 수반되며, 해당 기억 대상의 현저성이 부각된다. 다음으로 우리의 전기에는 수많은 대상이 포함되어 있기에 뇌는 특별한 조정 장치가 필요하다. 이 장치는 기억을 효과적으로 환기시키고 원자아와 상호작용하도록 전달한다. 또한 그 결과를 원래 기억 대상과 일관된 방식으로 연결해 유지한다. 이런 과정은 사소한 문제거리가 아니다. 특히 사회적 구성 요소까지 포괄하는 복잡한 수준의 자서전적 자아는 방대한 전기적 기억들을 아우르기 때문에 필연적으로 무수히 많은 핵심자아 펄스를 필요로 한다. 따라서 자서전적 자아를 형성하기 위해서는 짧은 시간 내에 여러 구성 요소로부터 복수의 핵심자아 펄스를 생성하고, 그 상호작용의 결과를 일시적으로나마 함께 붙잡아 둘 수 있는 신경 장치가 필요하다.

신경학적 관점에서 자서전적 자아 구성에 따르는 조정 과정이 특히 복잡해지는 이유는 다음과 같다. 자서전을 이루는 이미지들은 대부분 성향 피질에서 기억을 불러온 뒤 대뇌 피질의 이미지 작업 공간에서 형상화된다. 그런데 이런 이미지들이 의식화되기 위해서는 앞서 본 바와 같이 뇌간 수준에 위치한 원자아 기전과 반드시 상호작용해야 한다. 이런 까닭에 자서전적 자아를 형성할 때는 핵심자아를 구성할 때 흔히 생략할 수 있는 매우 정교한 협응 메커니즘이 필요하다.

이 점을 작업 가설에 비추어 정리하면, 자서전적 자아는 두 가지 메커니즘이 맞물려 작동한다고 할 수 있다. 첫 번째 메커니즘은 핵심자아 메커니즘의 일부로, 각각의 전기적 기억 더미가 하나의 독립된 객체처럼 취급되어 핵심자아의 펄스 안에서 의식화될 수 있도록 한다. 두 번째 메커니즘은 뇌 전체를 아우르는 협응 작용으로, 다음과 같은 절차를 밟는다. (1) 특정 기억 내용이 인출되어 이미지 형태로 펼쳐지고, (2) 이 이미지들이 원자아와 질서정연하게

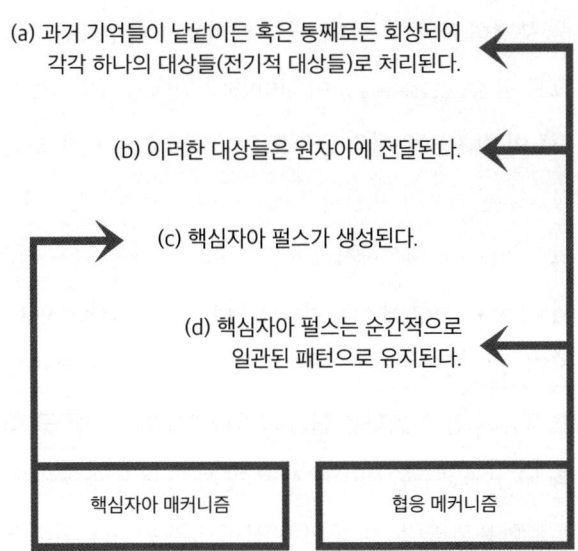

그림 9.1
자서전적 자아의 신경 메커니즘

상호작용하며, (3) 그 상호작용의 결과가 일정 시간 동안 일관되게 유지된다.

    자서전적 자아 형성에 관여하는 신경 구조들은 핵심자아를 움직이게 하는 구조들과 마찬가지로 뇌간, 시상, 대뇌 피질 전반에 걸쳐 분포한다. 여기에는 앞으로 다룰 협응 메커니즘 관련 구조들도 포함된다.

협응의 이슈

협응에 대해 구체적으로 논의하기에 앞서 오해가 없도록 나의 입장을 분명히 해 두고 싶다. 내가 여기에서 가정하는 협응 장치는 데카르트 극장Cartesian theaters이 아니다(그 안에서 상연되는 연극 같은 건 없다). 이 장치는 의식의 중추도 아니다(그런 것은 애초에 존재하지 않는다). 물론 해석자 호문쿨루스도 아니다(이 장치는 아무것도 알지 못하고, 어떤 것도 해석하지 않는다). 내가 말하는 협응 장치는 어디까지나 가설적 구성 요소일 뿐, 그 이상도 그 이하도 아니다. 그저 신경생리학적 과정에서 저절로 생겨나는 조율자에 불과하다. 이 장치가 초래하는 전체 효과는 협응 장치 내부가 아닌 다른 곳, 특히 대뇌 피질과 뇌간에 분포한 이미지 생성 및 마음 형성 영역에서 나타난다.

협응은 뇌 외부의 어떤 신비로운 동인에 의해 작동하는 것이 아니다. 오히려 마음 과정에서 이미지화된 내용이 도입되는 순서와 그 내용에 부여된 가치처럼 자연 발생적 요인들에 의해 주도된다. 그렇다면 가치 평가는 어떻게 이루어질까? 뇌가 처리하는 모든 이미지는 자동적으로 평가되고 가치가 부여되는데, 이 과정에서는 뇌의 타고난 기질(생물학적 가치 체계)과 평생의 학습 경험으로 형성된 성향이 기반이 된다. 이렇게 부여된 가치의 인장印章은 최초의 지각 과정에 이미지와 함께 각인되어 기록되고, 이후 기억이 소환될 때마다 반복적으로 되살아난다. 쉽게 말해 특정 사건들이 일어나는 순서와 그에 부여된 가치는 뇌가 평생 쌓아온 풍부한 과거 경험knowledge이라는 필터를 통해 걸러진다. 이렇듯 뇌의 협응 기제는 현재의 상황을 체계적으로 정리하는 데 기여한다. 더 나아가 협응 기제는 이미지들을 원자아 체계에 전달하고, 그 상호작용의 결과(핵심자아의 펄스)를 잠시 동안 일관된 패턴으로 유지한다.

코디네이터들

여기에서 제안하는 작업 가설에 따르면 신경 기반의 자서전적 자아는 두 단계에 걸쳐 형성된다. 일차적으로는 이미 핵심자아에서 살펴본 구조와 메커니즘이 필요하다. 하지만 이차 단계, 즉 앞서 설명한 뇌 전체의 협응을 구현하기 위해서는 이와는 다른 독특한 구조와 메커니즘이 요구된다.

그렇다면 이렇게 대규모 체계 수준에서 협응 기능을 담당할 후보로는 무엇이 있을까? 물망에 오르는 후보는 여럿 있지만, 진지하게 고려할 만한 것은 극히 드물다. 그중에서도 가장 유력하게 거론되는 것이 바로 시상이다. 특히 연합 시상핵 집단은 의식의 신경적 기반을 논할 때마다 빠지지 않고 등장한다. 이 시상핵들은 대뇌 피질과 뇌간 사이에 자리 잡고 있어서 신호를 중개하고 정보를 협응하기에 이상적인 위치적 조건을 확보하고 있는 셈이다. 연합 시상핵이 이미지의 배경 직물을 짜기 위해 몹시 분주하게 움직이고 있지만, 자서전적 자아를 규정하는 내용들을 조직할 때도 비록 주도적인 역할은 아니더라도 일정 부분 기여한다. 시상과의 협응 관계는 다음 장에서 더 자세히 다룰 예정이다.

이 밖에 다른 유력한 후보로는 무엇이 있을까? 강력한 대항마는 양쪽 대뇌 반구에 걸쳐 넓게 분포되어 있고, 특유의 연결 구조로 구별되는 복합 영역이 모여 있는 곳이다. 각 영역은 거시적 노드로서, 수렴적이면서도 발산적인 신호 전달의 주요 교차점에 위치하고 있다. 나는 이 구조들을 6장에서 수렴-발산 영역 혹은 CDR이라 명명하면서 이들이 수많은 수렴-발산 지대로 구성되어 있다고 설명한 바 있다. 이런 수렴-발산 영역들은 고차 연합피질 내에 전략적으로 분포해 있지만, 이미지를 직접 만들어 내는 감각피질에는 존재하지 않는다. 대표적인 부위로는 측두-두정 접합부temporoparietal junction, 내외측 측두 피질lateral and medial temporal cortices, 외측 두정 피질lateral parietal cortices, 내외측 전두 피질lateral and medial frontal cortices, 후내측피질 등이 해당한다. 이들 수렴-발산 영역은 다양한 분야에서 사전 학습된 지식이 저장되어 있다. 이 중 어느 한 곳이 활성화되면, 그 정보는 발산과 역활성화 과정을 거쳐 이미지 생성 영역으로 전달되고, 그곳에서 과거 지식의 여러 요소들과 재결합한다. 이때 재구성되는 내용에는 개인의 자서전적 기억뿐 아니라 유전적으로 타고난 비개인적인 보편 지식까지도 포함된다.

추론컨대 주요 수렴-발산 영역들은 일찍이 한 세기 전에 쥘 데제린이 최초로 규명한 장거리 피질 간 연결을 통해 더욱 고차적으로 통합될 것으로 보인다. 이런 연결 체계는 영역 간 협응에서 새로운 차원을 창출할 수 있다.

주요 수렴-발산 영역 중 하나인 후내측피질은 다른 영역보다 상대적으로 기능적 위계가 높을 뿐 아니라 해부학적 구조와 기능적 특성에서도 독보적이다. 나는 약 10년 전 이 영역이 지금 내가 구상하는 것과는 다르지만, 자아 과정과 연관될 가능성을 제안한 적이 있다. 이후 최근 몇 년 간 쌓인 다양한 연구들은 후내측피질이 의식, 특히 자기 관련 과정self-related processes에 실제로 관여함을 입증하면서

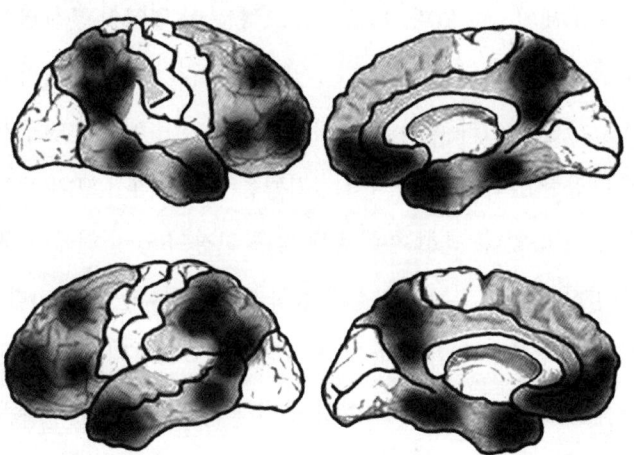

그림 9.2 현재의 지각과 회상에 의해 생성되는 다양한 이미지들을 협응하는 과제는 비지도화된 연합피질 내에 위치한 수렴-발산 영역CDR의 지원을 받는다. 주요 수렴-발산 영역들의 대략적 위치가 도식에 제시되어 있다(짙게 음영 처리된 영역들). 여기에는 극내측 측두 피질polar and medial temporal cortices, 내측 전두 피질medial prefrontal cortices, 측두-두정 접합부, 후내측피질이 포함된다. 필시 이런 영역들은 또 있을 가능성이 크다. 그림에 묘사된 대부분의 수렴-발산 영역들은 이 장의 뒷부분에서 논의될 라이클의 '디폴트 네트워크'default network의 일부이기도 하다. 이런 영역들의 구조에 관해서는 6장 및 그림 6.1과 6.2 참조. 수렴-발산 영역의 하나인 후내측피질의 연결 세부 사항에 대해서는 그림 9.4 참조.

이 영역의 신경해부학과 생리적 기능에 대해 혁신적인 통찰을 제공하고 있다(이런 증거들은 이 장의 마지막 부분에서 상세히 다룰 예정이다).

남아 있는 최종 후보는 다크호스격인 전장前障, claustrum이다. 신비로운 이 구조는 수렴-발산 영역들과 긴밀하게 연결되어 있으며, 양측 대뇌 반구의 섬피질과 기저핵 사이에 위치한다. 전장은 대뇌피질과 광범위한 회로를 형성한다는 이유로 협응 과정에 관여할 가능성이 제기되어 왔다. 프란시스 크릭은 이 영역이 분산된 다중감각 요소들을 하나로 통합하는, 일종의 감각 오케스트라의 지휘자 역할을 할 것이라 확신했다. 뒤이어 실험 신경해부학 연구가 전장이 다양한 감각 영역과 직접 연결됨을 확인하면서 그의 주장에 힘을 실어 주었다. 특히 흥미로운 점은 전장이 앞서 언급한 핵심 수렴-발산 영역인 후내측피질과 강하게 투사한다는 사실이다. 이 발견은 크릭 사후에 밝혀져, 그가 크리스토프 코흐와 공저한 유고 논문에는 실리지 않았다.[22] 단 이 부위가 코디네이터 역할을 맡기에는 크기 자체가 너무 작다는 점이 하나의 제약으로 지적된다. 하지만 지금까지 논의된 그 어떤 구조도 협응 기능을 단독으로 수행하지 않음을 감안하면, 전장 역시 자서전적 자아의 구성에 실질적으로 기여하지 못할 이유는 없다.

후내측피질의 잠재적 역할

의식이 어떻게 구성되는지를 이해하기 위해서는 후내측피질의 구체적인 역할을 규명하는 추가 연구가 뒤따라야 한다. 이 장 후반부에서는 마취 연구와 수면 연구, 여러 신경학적 상태에 관한 연구(혼수상태와 식물인간 상태에서 알츠하이머병까지), 그리고 자기 관련

---

[22] C. Koch and F. Crick, "What Is the Function of the Claustrum?", *Philosophical Transactions of the Royal Society B: Biological Sciences* 360, no. 1458, June 29, 2005, pp. 1271~1279.

과정에 대한 기능적 신경영상 연구 결과들을 종합적으로 검토할 계획이다. 하지만 그 전에 가장 신뢰할 만하고 해석이 용이한 증거로 간주되는 실험 신경해부학적 발견부터 살펴보고자 한다. 이 자료들을 바탕으로 후내측피질의 작동 메커니즘과 왜 이 영역이 더 면밀하게 탐구되어야 하는지에 대해서도 빠짐없이 분석할 것이다.

후내측피질이 주관성 발현에 기여한다는 나의 초기 가설에는 두 가지 기본 전제가 깔려 있었다. 첫 번째는 이 부위에 국소적 손상을 입은 신경질환 환자군의 행동 양상과 정신 상태에 근거한 것이었다. 여기에는 말기 알츠하이머병 환자의 뇌 손상은 물론 희귀성 뇌졸중이나 전이성 뇌종양 사례도 포함되었다. 두 번째는 이론적 접근으로서, 유기체 자체의 정보와 유기체가 상호작용하는 대상 및 사건들에 대한 정보를 함께 통합할 수 있는 뇌 영역을 생리학적 관점에서 찾고자 했다. 내가 후내측피질을 그 후보 중 하나로 삼은 이유는 이 영역이 내장기관(내부감각), 근골격계(고유감각과 운동감각), 외부 세계(외부감각)로부터 얻은 정보들이 모이는 신경 경로의 교차점에 위치했기 때문이다. 이런 기본적인 사실 관계는 여전히 유효하다. 하지만 지금의 나로서는 당시 상정했던 역할 자체는 더 이상 유지할 필요가 없다고 판단한다. 그럼에도 이 가설은 의미 있는 후속 연구들을 촉발시켜 참신한 정보를 이끌어 낸 생산적인 출발점이었다고 평가한다.

나는 해당 가설을 발전시키는 과정에서 예상치 못한 난항을 겪었다. 가장 큰 걸림돌은 후내측피질에 대한 신경해부학적 정보가 턱없이 부족하다는 점이었다. 이 영역의 일부 연결성을 규명하려는 몇몇 가치 있는 연구들이 시작되기는 했지만,[23] 전체적인 신경 회로 지도는 여전히 미개척 상태로 남아 있었다. 사실 이 영역은 후내측피질이라는 포괄적 명칭보다는 후대상피질posterior cingulate cortex, 후뇌량팽대피질retrosplenial cortex, 설전부precuneus 같은 개별 부위의 명칭으로 더 잘 알려져 있었다. 명칭이 어떻든 당시만 해도 후내측피질은 주요 뇌 영역으로서 주목받기에는 시기상조였다.

후내측피질의 의식 관련성을 입증하기 위해서는 기존에 알려지지 않은 연결 구조에 대한 해부학적 지식을 확보하는 것이 급선무였다. 이를 위해 우리 연구팀은 비인간 영장류를 대상으로 한 신경해부학 실험을 설계했고, 조셉 파르비지의 연구실에서 게리 반 호센과 협업해 진행했다. 이 연구의 본질은 마카크 원숭이의 다양한 뇌 영역에 여러 개의 생물학적 추적자를 주입해 이들이 다른 뇌 부위와 어떤 방식으로 연결되어 있는지를 체계적으로 추적하는 것이었다. 생물학적 추적자는 특정 표적 영역에 주입되면, 개별 신경세포에 흡수된 후 그 세포의 축삭을 따라 신호가 전달되는 목적지까지 이동하게 된다. 이렇게 세포체에서 축삭 말단까지 신호를 따라 이동하는 방식이 바로 순행성anterograde 추적자이다. 한편 역행성retrograde

---

23 R. J. Maddock, "The Retrosplenial Cortex and Emotion: New Insights from Functional Neuroimaging of the Human Brain", *Trends in Neurosciences* 22, 1999, pp. 310~316; R. Morris, G. Paxinos, and M. Petrides, "Architectonic Analysis of the Human Retrosplenial Cortex", *Journal of Comparative Neurology* 421, 2000, pp. 14~28. 총설 논문으로는 다음 역시 참조. A. E. Cavanna and M. R. Trimble, "The Precuneus: A Review of Its Functional Anatomy and Behavioural Correlates", *Brain* 129, 2006, pp. 564~583.

추적자는 축삭 말단에서 흡수되어 신경 신호가 전달되는 방향과는 반대로 세포체, 즉 그 신경세포의 진원지까지 거슬러 올라간다. 이처럼 모든 추적자의 이동 경로를 분석하면, 각 표적 영역이 어디에서 입력을 받고 어디로 출력을 보내는지를 동시에 파악할 수 있다.

후내측피질은 여러 하위 영역으로 구성되어 있다(브로드만의 세포구축학적 지도cytoarchitectonic map에서 23a/b, 29, 30, 31, 7m 영역에 해당한다). 이들 세부 영역 간의 연결은 워낙 복잡하게 얽혀 있어서 일정 수준에서는 전체를 하나의 기능적 단위로 보는 것이 더 자연스럽다. 동시에 몇몇 하위 영역에서 관찰되는 뚜렷한 연결 양상은 독자적인 기능을 암시한다. 이런 전체 구조를 지칭하기 위해 우리가 도입한 포괄적 용어는 적어도 당분간은 이론적 정당성을 가진다고 생각한다.

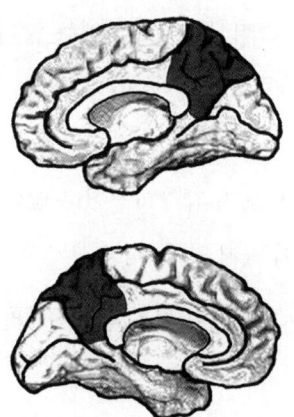

그림 9.3
인간 뇌에서 후내측피질의 위치

***

이 연구는 많은 시간과 노력이 들어간 지난한 작업이었다. 그 일련의 연구24를 토대로 발표된 첫 번째 논문에서 밝혀진 후내측피질의 연결 패턴은 그림 9.4에 정리되어 있다. 주요 내용은 다음과 같다.

1. 두정엽과 측두엽의 연합피질, 내후각피질entorhinal cortex, 전두엽 피질에서 오는 신호가 후내측피질로 수렴한다. 여기에 더해 전대상피질(뇌섬엽으로부터 주로 투사 받는 부위), 전장, 기저전뇌, 편도체, 전운동 영역, 전두안구영역에서 유입되는 신호 역시 후내측피질로 투사한다.

2. 대부분의 경우 후내측피질로 입력 신호를 보내는 영역은 후내측피질로부터 출력 신호도 함께 받는다. 예외적으로 복내측 전전두 피질, 전장, 시상 수질판내핵은 후내측피질의 출력 신호를 받지 않는다. 반대로 후내측피질로 투사하지는 않지만 후내측피질의 투사를 받는 몇몇 영역들도 있는데, 미상핵caudate, 조가비핵putamen, 측좌핵, 수도관주위 회색질이 여기에 해당한다.

3. 후내측피질은 초기 감각피질이나 일차 운동피질과는 어떤 방향으로도 연결되어 있지 않다.

4. 앞서 1과 2에서 설명한 결과들을 종합하면, 후내측피질은 고

---

24 J. Parvizi, G. W. Van Hoesen, J. Buckwalter, and A. R. Damasio, "Neural Connections of the Posteromedial Cortex in the Macaque", *Proceedings of the National Academy of Sciences* 103, 2006, pp. 1563~1568.

차 수준의 정보가 수렴하고 동시에 발산되는 영역임이 틀림없다. 이 영역은 의식 있는 마음의 내용을 협응하는 데 적합한 후보인 수렴-발산 영역군의 일부로 볼 수 있고, 또 다른 유망한 조정자인 전장과도 긴밀하게 연결되어 있다. 전장은 후내측피질로 강한 투사를 보내지만, 반대로 후내측피질에서 전장으로 가는 연결은 빈약하다.

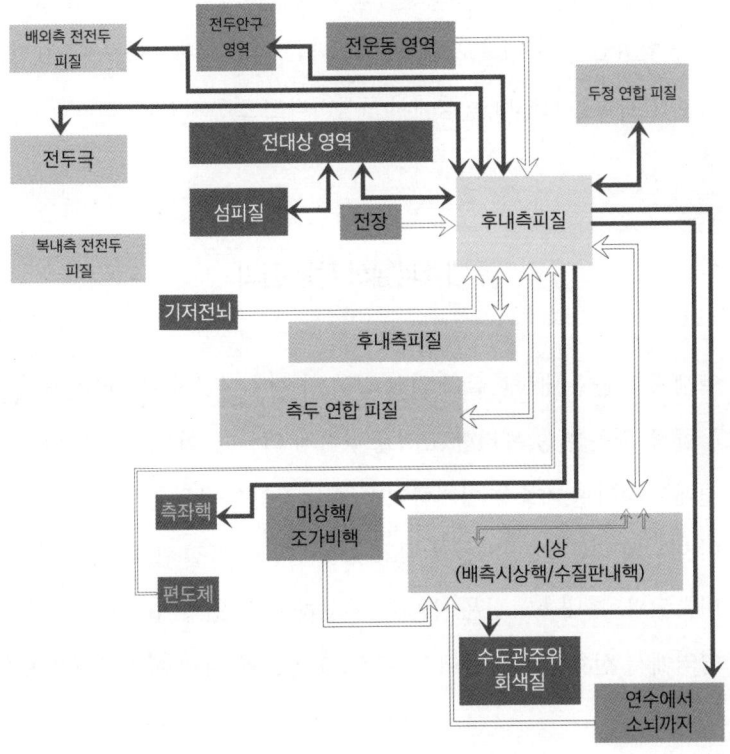

그림 9.4 원숭이를 대상으로 한 연구를 통해 확인된 후내측피질의 신경 연결 패턴

최근에 인간을 대상으로 수행된 연구가 후내측피질의 신경해부학적 독창성을 지지하는 기존 입장을 한층 더 강화해 주었다.²⁵ 올라프 스포른스가 이끈 이 연구에서는 최신 자기공명영상 기법 중 하나인 확산 스펙트럼 영상diffusion spectrum imaging을 활용해 신경 연결 구조와 그 대략적인 공간 분포를 시각화했다. 연구진은 이 데이터를 토대로 인간의 대뇌 피질 전반에 걸친 연결 구조 지도를 작성하고, 기능적 중심지로 활약하는 여러 허브를 확인했다. 그중 일부는 앞서 논의했던 수렴-발산 영역과 일치했다. 특히 그들은 후내측피질 영역이 독립적인 연결 허브로 활약하며, 다른 어떤 허브보다도 더 강한 상호 연결성을 보인다는 점에서 독특하다고 결론지었다.

후내측피질의 작동 원리

이제 우리는 후내측피질이 의식 있는 마음에 어떻게 기여하는지 가늠할 수 있는 한층 유리한 고지를 점하게 되었다. 이 영역은 대뇌 피질에서 상당한 비중을 차지하지만, 실질적인 파급력은 단순한 면적이 아니라 다른 뇌 영역들과 맺고 있는 긴밀한 연결 관계company에서 비롯된다. 후내측피질은 대부분의 고차 감각 연합 영역과 전운동 영역에서 신호를 받아들이고, 주로 그 신호를 다시 돌려보내는 방

---

25 Patric Hagmann, Leila Cammoun, Xavier Gigandet, Reto Meuli, Christopher J. Honey, Van J. Wedeen, and Olaf Sporns, "Mapping the Structural Core of Human Cerebral Cortex", *PLoS Biology* 6, 2008, e159. doi:10.1371/journal.pbio.0060159.

식으로 상호 소통한다. 무엇보다도 다양한 감각 채널로부터 올라오는 정보를 통합하는 데 핵심적인 역할을 하는 수렴-발산 지대가 밀집된 뇌 부위들은 이처럼 후내측피질과 양방향으로 신호를 주고받을 수 있다. 이와 더불어 후내측피질은 각성 상태를 조절하는 피질하 핵으로부터 신호를 받고, 주의와 보상에 관여하는 다양한 피질하 영역(뇌간과 기저전뇌)으로 신호를 보낸다. 더 나아가 운동 루틴을 생성할 수 있는 영역(가령 기저핵과 수도관주위 회색질)에도 영향을 미친다.

후내측피질이 수신하는 신호들은 어떤 정보를 담고 있을까? 또한 이 피질은 그 신호들을 어떻게 처리할까? 아직 확실히 밝혀진 바는 없지만, 하나의 실마리는 엿볼 수 있다. 바로 이 영역으로 향하는 신경 투사는 양과 세기 모두 강력함에도 불구하고, 실제로는 그 신호가 도달하는 피질 내 범위는 예상외로 좁다는 점이다. 후내측피질이 오래된 특성을 지닌 영역이다 보니 명시적인 지도보다는 기질을 저장하는 공간에 가까울 것으로 추정된다. 당연히 대상이나 사건들의 상세 지도를 그릴 수 있는 시각이나 청각처럼 현대적인 초기 감각피질과는 본질적으로 다르다. 비유하자면 후내측피질이라는 전시장은 대형 그림을 전시하거나 인형극을 선보이기에는 협소한 공간이라고나 할까. 하지만 이 같은 제약이 전혀 문제가 되지 않는 이유는 이곳에 신호를 보내는 피질들 역시 초기 감각피질과 같지 않기 때문이다. 그 피질들도 대형 그림을 걸거나 인형극을 공연할 수 없는 것은 마찬가지이다. 엄밀히 말하면 이들 대부분은 성향적인 데다가 기록된 정보의 수장고 역할을 하는 수렴-발산 지대들이기 때문이다.

전체적으로 보나 하위 구성 모듈 차원에서 보나, 후내측피질은 설계 구조상 그 자체로 수렴-발산 영역처럼 작동할 가능성이 짙다. 내가 보기에 후내측피질과 그와 연결된 영역들에 저장된 정보는 주로 단방향으로만 재생된다. 즉 이 영역군 내의 다른 수렴-발산 영역으로 신호를 보내면, 이 신호는 다시 초기 감각피질로 전파된다. 바로 이 초기 감각피질에서 이미지가 형성되고 표상될 수 있다. 말하자면 감각 정보가 마치 대형 그림으로 전시되고 인형극처럼 상연될 수 있는 곳이 바로 이 초기 감각피질이다. 다른 수렴-발산 영역들과 비교할 때, 후내측피질은 계층 구조상 독특한 위치를 차지한다. 일종의 토템폴totem pole[26]의 맨 꼭대기에 놓인 것처럼 하위 영역들과 상호작용하며 신호를 교환할 수 있는 높은 수준의 통합 기능을 수행한다.

그렇다면 후내측피질은 어떻게 의식을 지원할까? 그 해답은 자서전적 자아 상태를 구성하는 개별 뇌 영역들의 고유한 기능에서 찾을 수 있다. 개인적 경험과 연관된 감각 및 운동 활동은 처음부터 적절한 대뇌 피질과 피질하 영역에 지도화되었을 것이고, 이 정보들은 수렴-발산 지대와 수렴-발산 영역에 기록되었을 것이다. 한마디로 후내측피질은 다른 수렴-발산 영역들과의 연결망 속에서 고차원적인 수렴-발산적 기록을 생성할 가능성이 크다. 이렇게 계층

---

26 [옮긴이] 북아메리카 원주민들이 만든 조각 기둥으로, 부족의 이야기나 지위를 상징한다. 우리나라의 장승이나 솟대와 비슷하다.

적으로 정렬된 구조 덕분에 후내측피질은 뇌 전체에 흩어진 방대한 정보에 효율적으로 접근하면서도 실제로는 아주 작은 피질 영역만 사용해서 이를 처리한다. 따라서 공간 활용도가 매우 높다는 장점이 있다. 결과적으로 후내측피질은 순간적인 지식 표현들을 시간적으로 통합된 하나의 덩어리cohesive로 엮어 내는 데 기여할 수 있다.

후내측피질의 신경해부학적 연결 패턴이 특기할 만하다면, 그 해부학적 위치 역시 그냥 지나칠 수 없다. 이 구조는 대뇌의 중심선 부근에 자리 잡고 있어서 좌측 피질 뭉치가 대뇌 반구의 경계를 사이에 두고 우측 피질 뭉치들과 마주 보고 있는 모양새이다. 삼차원적 뇌 공간 안에서 이런 지리적 배치는 대뇌 피질층의 여타 영역들과 비교해도 수렴 및 발산 연결에 유리할 뿐 아니라 시상으로부터 유입되는 신호를 받아들이고 그에 응답하는 데에도 최적화되어 있다. 게다가 흥미로운 점은 이 위치가 외부 충격으로부터 물리적 보호를 받을 수 있다는 것과 세 개의 주요 혈관이 독립적으로 혈류를 공급해 심각한 혈관 손상이나 외상에도 상당한 저항력을 보인다는 사실이다.

앞서 언급했듯, 의식과 관련된 뇌 구조들은 몇 가지 해부학적 특성을 공유한다. 첫째, 피질하 구조든 피질 구조든 대부분 진화적으로 오래된 영역에 속하는 경향이 있다. 의식이 생물학적 진화에서 비교적 늦게 등장했다 해도 그에 관여하는 구조들은 최근에 획득된 진화적 산물이 아니기 때문에 그리 새삼스러울 것도 없다. 둘째, 이런 구조들은 일반적으로 뇌의 중심선 혹은 그 인근에 분포하는 경향을 보이며, 후내측피질처럼 대뇌 정중선을 기준으로 좌우가 쌍을 이루어 서로 마주 보는 대칭적 배열을 이룬다. 이와 같은 해부학적 배치는 시상, 시상하부 핵, 뇌간의 피개핵에서도 공통적으로 관찰된다. 이들 구조 역시 진화 시기와 광범위한 신호 전달에 유리한 위치 사이에는 밀접한 관련이 있음을 시사한다.

후내측피질은 수렴-발산 피질 영역들의 신경망과 짝을 이루어 작동할 것으로 보인다. 하지만 다른 수렴-발산 영역들의 기능과 원자아 체계의 중요성을 감안하면, 비록 후내측피질 전체가 손상되더라도 나머지 수렴-발산 영역들과 원자아 체계만 무사하다면, 의식은 영향을 받을지언정 완전히 사라지지는 않을 것이다. 이런 경우 의식은 최상의 상태는 아니더라도 어느 정도까지는 회복될 수 있다. 반면 다음 절에서 살펴볼 말기 알츠하이머병의 예후는 진행성 퇴행 과정에서 다른 수렴-발산 영역들과 원자아 체계가 이미 무력화된 상태에 설상가상으로 손상이 가해지는 상황인지라 이야기가 달라진다. 후내측피질 손상은 사실상 최후의 결정타를 날리는 셈이어서 그만큼 치명적일 수밖에 없다.

후내측피질에 관한 추가 고찰

마취 연구

어떤 면에서 전신마취는 의식의 신경생물학을 탐구하기에 금상첨화이다. 전신마취는 의학사에서 가장 눈부신 발전 중 하나로 꼽힌다. 만약 수술이 불가능했더라면 생명을 잃었을 수 있는 수많은 환자들의 목숨을 구한 획기적 기술이기 때문이다. 흔히 전신마취를 진통제로 오인하기 쉬운 이유는 수술 중 발생할 통증을 완화시켜 주는 효과 때문이지만, 실제로 마취는 단순히 통증만이 아니라 통증 자체를 차단하는 가장 근본적인 방식, 즉 의식적인 마음의 모든 양상을 완전히 정지시킨다.

표면마취는 의식을 경도 수준으로lightly 약화시키기 때문에 일부 무의식적 학습과 간헐적인 의식적 처리가 이를 '돌파'해 남아 있을 수 있다. 반면 깊은 마취는 의식 과정을 중도 수준으로deep 억제하는데, 사실상 약물 투여로 통제되는 식물인간 상태나 혼수상태의 일종으로 보아도 무방하다. 이것이 바로 외과의사가 환자의 심장이나 고관절 내부를 안심하고 수술하기 위해 반드시 갖추어야 할 조건이다. 환자는 외부 자극으로부터 철저히 차단되어야 하며, 근육은 젤리처럼 완전히 풀려 있고, 꼼짝도 할 수 없을 정도로 최대한 깊은 잠에 빠져 있어야 한다. 이런 상태는 3단계 마취에서 일어나는데, 아무것도 듣지도, 느끼지도, 생각하지도 못한다. 수술 중 의사가 말을 걸어도 환자는 어떤 반응도 보이지 않는다.

마취과학의 발전사는 외과의들에게 수많은 약리학적 제제를 시험할 기회를 주었을 뿐 아니라, 부작용과 독성은 최소화하면서도 치료 효과는 극대화하는 최적의 물질을 찾기 위한 연구는 지금도 계속되고 있다. 일반적으로 마취제는 뇌의 신경 회로에서 억제 작용을 강화함으로써 그 효과를 발휘한다. 이런 억제 작용은 뇌에서 주요 억제성 신경 전달 물질인 가바GABA(감마-아미노부티르산

gamma-aminobutyric acid)의 작용을 증폭시키는 방식으로 이루어진다. 마취제는 신경세포를 과분극hyperpolarizing 상태로 만들고, 신경세포 간 정상적인 통신에서 중요한 물질인 아세틸콜린의 작용을 차단한다. 오랫동안 마취제가 뇌 전체의 기능을 일괄적으로 억제해 신경세포의 활동을 감소시키는 것으로 여겨져 왔지만, 최근 연구들은 일부 마취제가 특정 뇌 부위에서 선택적으로 작용한다는 사실을 밝혀냈다. 그 대표적인 예가 프로포폴이다. 기능적 신경영상 연구에서 증명된 바와 같이, 이 약물은 주로 후내측피질, 시상, 뇌간 피개 등 세 영역에서 특히 탁월한 효과를 보인다. 이 세 영역이 의식상실에 각각 어느 정도 기여하는지는 아직 명확히 밝혀지지 않았지만, 의식 수준의 저하는 후내측피질의 국소 혈류량 감소와 밀접한 상관관계를 보인다.[27] 하지만 이런 선택적 영향은 프로포폴에만 국한되지 않는다. 여러 연구를 종합한 결과 다른 마취제들 역시 비슷한 효과를 보이며, 의식 형성에 필수적인 정중옆paramedian 부위 세 개의 뇌 영역이 프로포폴 마취에 의해 선택적으로 억제된다.

[27] Pierre Fiset, Tomás Paus, Thierry Daloze, Gilles Plourde, Pascal Meuret, Vincent Bohnomme, Nadine Hajj-Ali, Steven B. Backman, and Alan C. Evans, "Brain Mechanism of Propofol-induced Loss of Consciousness in Humanns: A Positron Emission Tomographic Study", *Journal of Neuroscience* 19, 2009, pp. 5506~5513; M. T. Alkire and J. Miller, "General Anesthesia and the Neural Correlates of Consciousness", *Progress in Brain Research* 150, 2005, pp. 229~244. 프로포폴이 의식을 끄는 데 성공한 것은 사실상 생명 자체를 꺼 버리는 것과 크게 다르지 않다. 그런 연유로 이 약물의 효과를 신중하게 모니터링해야 한다. 한편 마이클 잭슨은 프로포폴 과다 투입 혹은 프로포폴과 다른 뇌 활성 약물의 불운한 조합으로 인해 사망한 것으로 추정된다.

수면 연구

수면은 의식 탐구를 위한 천연의 실험실 역할을 해 오면서 일찍이 의식 현상을 이해하는 데 기여한 바가 컸다. 뇌에서 발생하는 전기 활동의 뚜렷한 패턴인 뇌파 리듬이 수면의 특정 주기와 관련되어 있다는 사실은 이미 과학적으로 입증되어 있다. 설령 뇌파 패턴의 정확한 발생 부위를 특정하는 일이 악명 높을 정도로 까다롭기는 해도, 기능적 신경영상 기술의 뛰어난 공간적 해상도 덕분에 이런 한계를 어느 정도 극복할 수 있게 되었고, 전체 그림을 완성하는 데 큰 도움이 되고 있다. 특히 지난 10년 사이 이 영상 기법을 사용해 수면 단계별로 특정 뇌 영역의 변화를 한층 더 정밀하게 관찰할 수 있게 되었다.

예컨대 의식은 서파 수면(비급속 안구 운동 수면 또는 N-REM 수면으로도 알려짐) 동안 깊이 억제된다. 이 서파 수면은 건강한 숙면 상태로, 마치 선량하고 정의로운 자들이 맛보는 평온한 잠이요, 오로지 무정하고 불의한 알람 시계만이 깨울 수 있는 그런 잠이다. 또한 이 단계를 '무몽無夢 수면'이라고도 부르지만, 실제로 꿈을 거의 꾸지 않는 시기는 막 잠든 수면 초반으로 보인다. 기능적 신경영상 연구들에 따르면 서파 수면 중에는 다수의 뇌 영역에서 활동이 현저히 감소하는데, 특히 뇌간 피개(연수와 중뇌 부위), 간뇌(시상과 시상하부/기저전뇌), 내외측 전전두 피질, 전대상피질, 외측 두정 피질, 후내측피질이 대표적이다. 이런 기능 저하 패턴 양상은 전신마취만큼 선택적이지는 않지만(패턴이 같아야 할 이유는 없다), 마취와 마찬가지로 뇌 기능이 일괄적으로 억제되는 것은 아니다. 여기에서 특히 주목할 점은 의식과 연관된 세 영역(뇌간, 시상, 후내측피질)이 의식 억제에 모두 포함되어 있고, 이들 전부에서 뇌 활동이 억제된다는 사실이다.

또한 의식은 급속 안구 운동REM 수면 중에도 억제되는데, 이때 꿈을 가장 많이 꾼다. 렘수면에서는 꿈의 내용이 두 가지 방식으로 의식에 도달할 수 있다. 하나는 학습과 이후의 회상을 통해서이고, 다른 하나는 소위 역설적 의식을 통해서이다. 렘수면 동안에는 배외측 전전두 피질과 외측 두정 피질에서의 활동이 가장 두드러지게 감소하는 반면, 예상했던 대로 후내측피질의 활동 저하는 상대적으로 이보다 훨씬 미미한 수준에 그친다.[28]

요컨대 후내측피질의 활동 수준은 각성 상태에서 최고조에 달하고, 서파 수면에서 최저 수준으로 떨어진다. 렘수면 중에는 중간 수준의 활동을 유지한다. 이런 패턴은 지극히 자연스러운 결과라 할 수 있다. 서파 수면에서는 의식이 거의 사라지지만, 꿈을 꾸는 수면 중에는 분명 '자아'를 중심으로 어떤 사건이 벌어지기 때문이다. 물론 꿈속의 자아는 평상시의 자아와는 다르지만, 이 상태에서도 뇌는 여전히 후내측피질을 가동하고 있는 중이다.

---

[28] Pierre Maquet, Christian Degueldre, Guy Delfiore, Joël Aerts, Jean-Marie Péters, André Luxen, and Georges Franck, "Functional Neuroanatomy of Human Slow Wave Sleep", *Journal of Neuroscience* 17, 1997, pp. 2807~2812; P. Maquet et al., "Human Cognition During REM Sleep and the Activity Profile Within Frontal and Parietal Cortices: A Reappraisal of Functional Neuroimaging Data", *Progress in Brain Research* 150, 2005, pp. 219~227; M. Massimini et al., "Breakdown of Cortical Effective Connectivity During Sleep", *Science* 309, 2005, pp. 2228~2232.

디폴트 네트워크와 후내측피질의 관계

마커스 라이클은 양전자 방출 단층촬영과 기능적 자기공명영상을 활용한 일련의 기능적 뇌 영상 연구에서 실험 참가자들이 아무 활동도 하지 않는 휴식 상태에 있을 때마다 항상 몇몇 뇌 부위들만 일정하게 선택적으로 활성화된다는 사실을 발견했다. 이 현상은 참가자들이 집중을 요하는 과제 없이 쉬는 동안에도 꾸준히 나타났고, 다시 특정 과제에 주의를 기울이면 해당 뇌 영역의 활동은 다소 감소했다.[29] 그렇다고 그 감소 폭이 마취 상태에서처럼 극단적인 수준은 아니었다. 이런 하위 영역군에는 내측 전전두 피질, 측두-두정 접합부, 전내측 측두 피질, 후내측피질이 포함되는데, 이들 영역은 상호 긴밀하게 연결된 하나의 광범위한 신경망을 이루는 것으로 밝혀졌다. 이 가운데 후내측피질이 조명을 받게 된 것은 바로 이 부위가 그러한 상호 연결된 뇌 영역군의 일부임이 증명되었기 때문이다.

라이클은 이런 신경망의 활성화가 뇌의 '기본default 모드' 작동을 표상하고, 외부 자극에 주의를 기울여야 하는 과제를 할 때는 이 활동이 억제된다고 해석했다. 또한 자서전적 정보를 인출하거나 특정 감정 상태처럼 내면을 향하고 자아 집중적 주의가 필요한 과제에서는 후내측피질의 활동이 거의 줄어들지 않거나 유지된다는 사실 역시 규명했다. 실제로 이런 상황에서는 이 부위의 활동이 오히

---

29 D. A. Gusnard and M. E. Raichle, "Searching for a Baseline: Functional Imaging and the Resting Human Brain", *Nature Reviews Neuroscience* 2, 2001, pp. 685~694.

려 증가할 수 있는데,30 자서전적 기억의 회상, 미래 계획의 구상, 다양한 마음 이론theory-of-mind 과제, 도덕적 맥락에서의 타인 및 상황 판단 등이 그 예시이다.31 비록 그 범위가 제한적일 수 있더라도 이런 과제들에서는 전전두피질 전방에 위치한 또 다른 내측 영역이 유의미한 활성화 경향을 보인다. 이 영역 역시 신경해부학적으로 수렴-발산 영역으로 분류된다.

라이클은 디폴트 모드의 작동이 내재적이라는 점을 강조하면서 이를 외부 자극에 의해 유발되는 활동과 달리 뇌의 내재적 활동에 따른 매우 높은 에너지 소비와 연관 지어 설명했다. 후내측피질은 전체 대뇌 피질 중에서 가장 높은 대사율을 보이는 영역임이 거의 확실시된다.32 이 역시 내가 제기했던 의식 관련 후내측피질의 기능, 보다 구체적으로는 여러 배경 활동들을 일관된 패턴을 통해

30 Antonio R. Damasio, Thomas J. Grabowski, Antoine Bechara, Hanna Damasio, Laura L. B. Ponto, Josef Parvizi, and Richard D. Hichwa, "Subcortical and Cortical Brain Activity During the Feeling of Self-generated Emotions", *Nature Neuroscience* 3, 2000, pp. 1049~1056.
31 R. L. Buckner and Daniel C. Carroll, "Self-projection and the Brain", *Trends in Cognitive Sciences* 11, no. 2, 2006, pp. 49~57; R. L. Buckner, J. R. Andrews-Hanna, and D. L. Schacter, "The Brain's Default Network: Anatomy, Function, and Relevance to Disease", *Annals of the New York Academy of Sciences* 1124, 2008, pp. 1~38; M. H. Immordino-Yang, A. McColl, H. Damasio et al., "Neural Correlates of Admiration and Compassion", *Proceedings of the National Academy of Sciences* 106, no. 19, 2009, pp. 8021~8026; R. L. Buckner et al., "Cortical Hubs Revealed by Intrinsic Functional Connectivity: Mapping, Assessment of Stability, and Relation to Alzheimer's Disease", *Journal of Neuroscience* 29, 2009, pp. 1860~1873.
32 M. E. Raichle and M. A. Mintun, "Brain Work and Brain Imaging", *Annual Review of Neuroscience* 29, 2006, pp. 449~476; M. D. Fox et al., "The Human Brain Is Intrinsically Organized into Dynamic, Anticorrelated Functional Networks", *Proceedings of the National Academy of Sciences* 102, 2005, pp. 9673~9678.

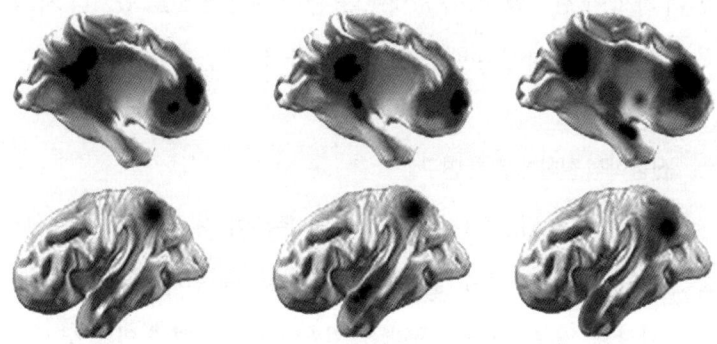

그림 9.5 후내측피질은 다른 수렴-발산 영역과 더불어 자기 참조self-reference와 관련된 다양한 기능적 영상 과제에서 현저하게 활성화된다. 자서전적 기억의 회상, 미래 사건의 예측, 도덕적 판단 등이 자기 참조 과제에 해당한다.

의식 경험으로 통합하는 핵심 통합자/조정자 역할을 한다는 견해를 뒷받침한다. 의식이 지속적으로 활성 상태를 유지한다면, 바로 이 통합 기능 때문이다. 그렇다면 후내측피질 같은 영역이 의식을 담당한다는 주장과 시소 패턴seesaw pattern33으로 특징지어지는 이런 디폴트 모드 작동은 어떻게 서로 양립할 수 있을까? 이 시소 패턴은 아마도 의식을 가진 마음 안에서 자아가 펼치는 배경-전경 사이의 춤을 반영하는 것일 수 있다. 우리가 외부 자극에 주의를 기울여야 할 때, 의식적 마음은 검토 대상을 전면에 내세우고 자아는 뒤로 물러나게 한다. 외부 세계의 부름을 받지 않을 때는 자아가 무대의 중

---

33 [옮긴이] 뇌의 디폴트 모드 네트워크와 다른 영역 간 활동의 상호 교차 변동을 비유적으로 표현한 것. 외부 과제에 주의를 기울이지 않을 때 활성화되는 뇌의 디폴트 모드 네트워크와 특정 인지 과제 수행 시 활성화되는 뇌의 다른 영역들 사이에서 관찰되는 활동 증가와 감소의 역방향 움직임을 의미한다.

앙 더 가까이 전진할 테고, 무엇보다 관찰 대상이 홀로 있거나 사회적 맥락 속 자기 자신일 때는 더욱 전경을 장악할 것이다.

신경학적 질환에 관한 연구

의식이 손상되는 신경학적 질환의 목록이 의외로 많지 않다는 것은 천만다행이 아닐 수 없다. 혼수상태와 식물인간 상태, 특정 유형의 뇌전증, 일부 뇌졸중, 종양, 말기 알츠하이머병에 의해 생기는 이른바 무운동 함구증 상태 등을 그 목록으로 거론할 수 있다. 이 중에서도 혼수상태와 식물인간 상태에서의 의식 손상은 가히 치명적이다. 마치 특정 뇌 영역을 거침없이 날카롭게 망치질을 해 대는 것과 같기 때문이다. 인간에게만 독특하게 나타나는 알츠하이머병은 현대 사회에서 가장 심각한 건강 문제 중 하나로 대두되고 있다. 하지만 이 질환을 이해하려는 각고의 노력 끝에 마음과 행동, 그리고 뇌에 관한 귀중한 정보의 보고寶庫를 얻게 되었다는 점에서 긍정적인 성과를 낳은 측면도 배제할 수 없다. 알츠하이머병이 의식의 이해에 기여하는 바는 이제야 비로소 전모가 드러나기 시작했다.

나는 1970년대부터 이 질환을 앓고 있는 많은 환자를 추적 관찰할 기회를 가졌고, 사후 부검을 통해 육안 표본gross specimen과 현미경 표본microscopic material 모두를 연구하는 행운을 누렸다. 당시 우리 연구진은 알츠하이머병 연구에 전념하고 있었고, 나의 동료이자 가까운 협력자였던 게리 반 호센은 알츠하이머 뇌의 신경해부학 분야에서 개척자로 불릴 만한 인물이었다. 당시 우리가 주력했던 연구 목표는 알츠하이머병 환자의 뇌 회로에서 일어나는 변화가 어떻게 이 질환의 핵심 증상인 기억력 손상을 초래하는지를 밝히는 일이었다.

대부분의 전형적인 알츠하이머병 환자들은 질병 초기나 중기에는 의식 장애를 겪지 않는다. 다만 발병 후 첫 몇 년간은 새로운 사실 정보를 학습하거나 과거에 배운 사실 정보를 회상하는 능력이 점진적으로 저하된다. 판단력 감소와 공간 탐색 능력의 손상 역시 흔히 동반된다. 초기에는 증상이 비교적 경미해 사회적 품위를 유지하고 평상시 생활을 어느 정도 이어 가는 경우가 많다.

1980년대 초반, 브래드 하이먼이 우리 연구팀에 합류하면서 우리는 알츠하이머병에서 나타나는 사실 기억의 손상 원인을 비교적 합리적으로 증명할 수 있었다. 그 원인은 후내측피질과 전측두피질 인근에서 발생한 광범위한 신경병리학적 변화였다.[34] 해마는 뇌의 여러 영역에서 생성된 새로운 사실 기억을 고착시키는 역할을 하지만, 후내각피질/전측두피질과의 연결이 사실상 단절되면서 새로운 사실을 학습할 수 없게 된 것이다. 설상가상으로 질병이 더 악화되면 전측두피질 자체도 심각하게 손상되어 기존에 학습된 고유한 사실 정보에 접근하는 것조차 불가능해진다. 이는 단순포진 뇌염 herpes simplex encephalitis으로 인해 전측두엽이 대량으로 파괴된 환자들과 마

---

34 B. T. Hyman, G. W. Van Hoesen, and A. R. Damasio, "Cell-specific Pathology Isolates the Hippocampal Formation", *Science* 225, 1984, pp. 1168~1170; G. W. Van Hoesen, B. T. Hyman, and A. R. Damasio, "Cellular Disconnection Within the Hippocampal Formation as a Cause of Amnesia in Alzheimer's", *Neurology* 34, no. 3, 1984, pp. 188~189; G. W. Van Hoesen and A. Damasio, "Neural Correlates of Cognitive Impairment in Alzheimer's Disease", *Handbook of Physiology, Higher Functions of the Brain*, ed. V. Mountcastle and F. Plum, Bethesda, Md.: American Physiological Society, 1987.

찬가지로 자서전적 기억의 근간이 완전히 무너지는 결과를 초래한다. 이 알츠하이머병의 세포 특이성은 실로 기상천외하다. 내후각 피질의 제2층과 제4층에 분포한 신경세포는 거의, 아니 전부가 말 그대로 묘비석으로 변해 버린다. 알츠하이머병에 의해 신경섬유다발성neurofibrillary tangle 엉킴으로 전락해 버린 신경세포를 묘사하는 데 있어 묘비석이라는 비유만큼 제격인 것이 있을까? 이런 선택적 손상으로 인해 해마로 오는 입력 경로가 면도날로 자른 듯 예리하게 절단된 것이다. 해마가 두 번째 층을 중계소로 사용하기 때문으로 풀이된다. 단절은 여기에서 그치지 않고, 같은 병리적 변화가 해마에서 나오는 출력 경로에도 똑같이 작용해 네 번째 층을 통과하는 신호 전달 경로마저 차단시킨다. 상황이 이렇다 보니 사실 기억이 철저하게 망가져도 우리는 손쓸 방도가 없다.

설상가상으로 질병의 진행 경과에 따라 다른 특정 정신 기능의 장애와 함께 의식의 통합성도 와해되기 시작한다. 예상했던 대로 초기 단계에서는 자서전적 의식에 한해서 결함이 생긴다. 즉 과거의 개인적 일화를 제대로 떠올리지 못하면서 현재 일어나는 일과 과거 경험 사이의 연결이 점점 약해진다. 그 결과 숙고하고 한 발짝 떨어져서offline 자신의 경험을 반추할 수 있는 반성적 의식의 손상이 뒤따라온다. 비록 전부는 아닐지라도 이런 기능 장애의 상당 부분은 십중팔구 내측 측두엽의 기능 부전에서 비롯된다.

이렇듯 무정하리만큼inexorable 중단을 모른 채 질환이 진행될수록 그 손상 범위는 자서전적 과정을 훨씬 능가한다. 알츠하이머병이 말기로 접어들고, 그나마 양질의 의료와 돌봄을 받으며 장기간 생존한 일부 환자들은 점점 식물인간에 가까워진다. 이 시점에서 환자들은 무운동 함구증 환자들처럼 세상과의 연결이 극도로 위축된다. 물리적 환경과 사람들과의 상호작용이 점점 더 줄어들고, 외부 자극에 대한 반응 역시 차츰 사라진다. 환자들의 감정은 무뎌지고, 행동은 막연하고 무기력해지며, 공허하고 초점 없는 표정과 침묵으로 일관하게 된다.

알츠하이머병의 마지막 국면을 어떻게 해석할 수 있을까? 이 시기를 명확하게 단정짓기는 쉽지 않다. 지난한 세월 동안 병마와 싸우면서 알츠하이머병 환자의 뇌 여러 부위에 걸쳐 병리적 변화가 누적되고 다발성 병변이 축적되었으며, 그 병태는 신경섬유다발의 엉킴에만 국한되지 않기 때문이다. 그럼에도 어느 정도 선택적 병변이 따른다는 점은 눈여겨볼 만하다. 시각과 청각의 초기 감각피질 같은 뇌의 이미지 처리 영역이나 대뇌 피질, 기저핵, 소뇌의 운동 관련 영역들은 상대적으로 질병의 영향을 거의 받지 않는다. 반면에 원자아의 토대가 되는 생명 유지와 관련된 몇몇 영역들은 점진적으로 퇴행한다. 우리 연구진은 이 손상 범위에 섬피질뿐 아니라 부완핵도 포함됨을 입증한 바 있다.[35] 마지막으로 수렴-발산 영역이 밀집한 다른 뇌 부위들 역시 심각하게 퇴행하며, 특히 후내측피

---

[35] J. Parvizi, G. W. Van Hoesen, and A. R. Damasio, "Selective Pathological Changes of the Periaqueductal Gray in Alzheimer's Disease", *Annals of Neurology* 48, 2000, pp. 344~353; J. Parvizi, G. W. Van Hoesen, and A. Damasio, "The Selective Vulnerability of Brainstem Nuclei to Alzheimer's Disease", *Annals of Neurology* 49, 2001, pp. 53~66.

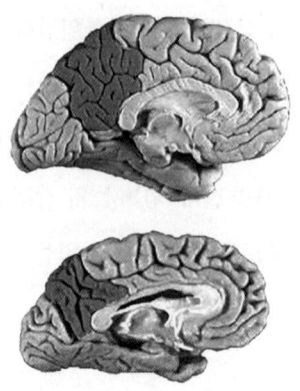

그림 9.6. 상단 패널은 정상 노인의 좌반구 내측면을 보여 준다. 후내측피질 영역이 음영 처리되어 있다. 하단 패널은 알츠하이머병이 상당히 진행된 비슷한 연령대 환자의 동일한 뇌 부위를 보여 준다. 음영 처리된 후내측피질 영역이 심각할 정도로 위축되어 있다.

질은 질병 말기에 현격하게 손상을 입는다.

내가 이런 소견들에 특별히 신경 쓰는 이유는 알츠하이머병 초기에는 주로 후내측피질에서 신경반neuritic plaque이 관찰되지만, 말기에는 앞서 언급했듯, 한때 건강했던 신경세포들의 묘비석이라 할 수 있는 신경섬유다발의 축적이 주된 병변으로 나타나기 때문이다. 신경섬유다발이 이 영역에 대량으로 쌓인다는 것은 후내측피질 영역의 기능이 그만큼 크게 손상되었음을 의미한다.36

후내측피질을 그저 '후대상피질과 주변부'라고 불렀던 그 당시에도 우리는 이 영역에서 일어나는 중요한 병리학적 변화들을 이

---

36 R. L. Buckner et al., "Molecular, Structural, and Functional Characterization of Alzheimer's Disease: Evidence for a Relationship Between Default Activity, Amyloid, and Memory", *Journal of Neuroscience* 25, 2005, pp. 7709~7717; S. Minoshima et al., "Metabolic Reduction in the Posterior Cingulate Cortex in Very Early Alzheimer's Disease", *Annals of Neurology* 42, 1997, pp. 85~94.

미 잘 알고 있었다. 하지만 말기 알츠하이머병에서 반복적으로 임상 관찰되는 의식 장애와 후내측피질의 국소적 손상 사례들, 그리고 이 영역의 독특한 해부학적 위치 탓에, 나는 심각하게 손상된 후내측피질이야말로 잔을 넘치게 하는 마지막 한 방울이 아닐까 하는 의구심을 떨칠 수 없었다.37

그렇다면 왜 이 영역이 알츠하이머 병리의 표적이 되는 것일까? 그 해답은 어쩌면 내가 동료들과 함께 수년 전 알츠하이머병과 내측 측두엽 영역의 병리학적 관계를 설명하며 제기했던 논리와 크게 다르지 않을 수 있다.38 정상적인 상태에서 내후각피질과 해마는 쉴 줄을 모른다. 이들 영역은 밤낮을 가리지 않고 일하면서 기억을 저장하고 공고화하는 과정을 통해 일화 기억 처리에 계속해서 관여한다. 이 때문에 세포 수준의 마모와 과부하가 누적되고, 그 결과 국소적인 세포 독성이 쌓여 해당 부위의 소중한 신경세포에 큰 타격

---

37 신기하게도 후내측피질이 알츠하이머병과 관련이 있다는 사실은 오래전에 발견되었지만, 한동안 주목받지 못하다가 1976년 무렵에야 비로소 본격적으로 입증되었다. 다음 참조. A. Brun and L. Gustafson, "Distribution of Cerebral Degeneration in Alzheimer's Disease", *European Archives of Psychiatry and Clinical Neuroscience* 223, no. 1, 1976. 브룬과 구스타프손은 온전한 전대상피질(초기 알츠하이머병에서 일반적으로 보존된다)과 병리 현상이 뚜렷하게 나타나는 후대상피질 간의 현저한 차이를 지적했다. 당시에는 병의 진행 과정에서 후내측피질에서의 신경섬유 엉킴이 전측두피질 손상보다 나중에 발생한다는 사실을 알지 못했고, 오늘날 우리가 알고 있는 후내측피질의 세부 구조와 그 독특한 배선 구조에 대해서도 전혀 알 길이 없었다. 다음 참조. A. Brun and E. Englund, "Regional Pattern of Degeneration in Alzheimer's Disease: Neuronal Loss and Histopathological Grading", *Histopathology* 5, 1981, pp. 549~564; A. Brun and L.Gustafson, "Limbic Involvement in Presenile Dementia", *Archiv für Psychiatrie und Nervenkrankheiten* 226, 1978, pp. 79~93.
38 G. W. Van Hoesen, B. T. Hyman, and A. R. Damasio, "Entorhinal Cortex Pathology in Alzheimer's Disease", *Hippocampus* 1, 1991, pp. 1~8.

을 가할 것이다. 이와 같은 논리는 다층적 자아와 관련된 인지 과정에 거의 끊임없이 관여하는 후내측피질에도 그대로 적용될 수 있다.39

결론적으로 알츠하이머병 말기 환자들 중 의식 장애가 뚜렷한 환자들에게서는 정상적인 의식 상태를 지탱하기 위해 제대로 작동해야 하는 후내측피질과 뇌간 피개핵 두 영역에서 유독 심각한 신경세포 손상과 기능 부전이 불균형적으로 발생한다. 물론 알츠하이머병에서는 이와 별도로 다른 영역에서도 기능 장애가 일어나기에 이런 사실을 해석할 때는 마땅히 신중을 기해야 한다. 그렇다고 이런 증거를 도외시하는 것도 어불성설이다.

결국 병세가 말기에 접어들어 또다시 뇌 손상이 진행되면, 환자들은 자신에게 닥친 이 현실을 과연 어떻게 받아들이게 될까? 나의 견해는 예나 지금이나 한결같다. 환자를 곁에서 지켜보는 이들 입장에서야 이렇게 또다시 가해진 손상을 지켜보기란 가슴 아픈 일이겠지만, 정작 환자 본인에게는 어쩌면 역설의 은총일지도 모른다. 이 정도까지 의식이 손상되었다면, 환자들은 이 병의 참상을 인지할 리 없을 테니 말이다. 비록 지금은 과거 한때 존재했던 인간 형상의 빈 껍데기에 불과할지라도, 그럼에도 쓰라린 마지막 순간까지 그들은 대우받아야 마땅하다. 아이러니하게도 여전히 고통과 시련의 무게를 짊어지고 있는 쪽은 그들을 지켜보는 우리이지 정작 그들 자신은

---

39 랜디 버크너와 공동 연구자들은 이 가능성을 '대사 가설'로 이름했다. 버크너의 연구진들은 또한 알츠하이머병의 진행 경과에 따라 후내측피질에서 포도당 대사가 크게 감소한다는 사실을 기능적 신경영상을 통해 설득력 있게 입증했다.

아닐지도 모른다. 불행 중 다행이라면 환자 본인들은 이제는 다소나마 그 굴레에서 벗어나 안식을 찾은 것으로 비쳐진다는 점이다.

혼수상태, 식물인간 상태, 감금 증후군과의 대조

혼수상태에 빠진 환자들은 외부 세계와 완전히 단절된 채 반응을 보이지 않는다. 심지어 호흡 소리조차 비정상적으로 들릴 만큼 깊은 잠에 빠져 있다. 이들은 의미 있는 몸짓도, 소리도, 말도 전혀 하지 못하는 것은 물론, 8장에서 언급한 의식의 핵심 요소들 중 그 어느 것 하나 찾아볼 수 없다. 깨어 있음은 어김없이 사라졌을 뿐 아니라 관찰 가능한 행동을 미루어 짐작건대 마음과 자아 역시 존재하지 않는다는 합리적 추정이 가능하다.

혼수상태는 주로 뇌간이 손상된 경우가 다반사인데, 때로는 그 손상이 시상하부까지 확장되기도 한다. 가장 흔한 원인은 뇌졸중이다. 아시다시피 이런 손상은 뇌간의 뒤쪽 부분인 피개, 그중에서도 상부층에서 일어난다. 이 상부 피개에는 생명 유지 기능을 담당하는 핵은 포함되어 있지만, 호흡과 심장 박동 같은 필수 생명 유지 기능을 담당하는 핵은 포함되어 있지 않다. 다시 말해 손상이 피개의 하부층까지 침범하면, 결과는 말할 것도 없이 혼수상태가 아닌 사망에 이르게 된다.

반면 뇌간의 앞쪽 영역에 손상이 발생하면 혼수상태가 아니라 감금 증후군이 나타난다. 이 극한의 상태에서는 환자는 의식이 온전히 남아 있는데도 거의 전신이 마비된다. 의사소통은 오직 눈 깜빡임만으로 이루어지는데, 그마저도 한쪽 눈만 사용하거나 위쪽으로 눈동자를 움직이는 것에 한정된다. 그럼에도 환자는 눈앞에 것을 정확히 볼 수 있어 독서도 가능하고, 청각 역시 정상이어서 주변 세상의 세세한 소리까지 들을 수 있다. 이들은 말 그대로 자신의 몸이라는 완벽한 감옥에 갇힌 것이나 다름없다. 그나마 배경 감정의 반응이 무뎌져서 이 끔찍한 참상을 간신히 버틸 만하게 해 준다는 점이 한 줄기 위안이 되고 있을 뿐이다.

우리는 지적이고 관찰력이 뛰어난 몇몇 환자들 덕분에 그들의 특별한 경험에 대한 소중한 정보를 얻을 수 있었다. 이들은 전문가의 도움을 받으며 용기를 내어 눈 깜박임만으로 자신의 구술 보고서를 작성했다. 물론 이 보고서는 실제로 입으로 구술된 것이 아니라 한 글자씩 '눈을 한 번씩 깜박이며 써 내려간' 것이다. 나는 한때 루게릭병Lou Gehrig's disease(근위축성 측삭경화증amyotrophic lateral sclerosis)이 신경계 질환 중 가장 잔혹하다고 생각했다. 이 퇴행성 뇌 질환에 걸리면, 환자는 의식을 완전히 유지한 상태에서 점차 움직이는 능력과 말하는 능력을 잃게 된다. 그러다 급기야 삼킬 수도 없는 지경에 이른다. 하지만 나는 감금 증후군 환자를 처음 진찰하고 나서야 이 상태가 어떤 면에서 더 참혹하다는 것을 절감했다. 감금 증후군 환자들이 집필한 최고의 책 두 권은 두께가 얇고 내용도 단순하지만, 인간미가 넘친다. 그중 하나는 장-도미니크 보비가 쓴 책으로, 화가 출신 감독 줄리안 슈나벨이 영화 「잠수종과 나비」로 제작했다.[40] 이

---

[40] [옮긴이] 프랑스어 원제는 「Le Scaphandre et le Papillon」이고, 영어 제목은 「The Diving Bell and the Butterfly」이다. 우리나라에서는 2008년 처음 「잠수종과 나비」라는 제목으로 개봉되었고, 이후 2020년 11월 재개봉되었다. 또한 초판 도서(1997)가 「잠수복과 나비」라는 제목으로 동

영화는 감탄을 자아낼 만큼 사실적이어서 비전문가들도 이 질환을 이해하는 데 전혀 손색이 없을 정도로 유익한 다큐멘터리적 가치를 지니고 있다.⁴¹

한편 혼수상태는 종종 그보다 다소 완화된 상태인 식물인간 상태로 전환되기도 한다. 이 환자는 여전히 의식이 없는 상태이지만, 앞서 언급했듯이 혼수상태와는 두 가지 점에서 구별된다. 첫째, 환자에게는 수면-각성 주기가 번갈아 나타나고, 각 주기에 해당하는 전형적인 뇌파 패턴도 동반된다. 환자들은 각성기 동안 눈을 뜨고 있을 수도 있다. 둘째, 환자는 약간의 신체 움직임을 보이기도 하고, 간단한 자극에 움직임으로 반응하기도 한다. 그렇다고 해서 언어적 반응이 가능하다는 뜻은 아니다. 물론 움직임 역시 특정한 목적이나 의미를 갖지 않는다. 식물인간 상태는 의식이 회복될 수도 있지만, 반대로 그 상태가 계속될 수도 있다. 후자의 경우는 지속식물 상태 혹은 지속식물인간 상태persistent vegetative state로 정의된다. 이 상태는 혼수상태의 전형적 원인인 뇌간 피개와 시상하부의 손상 외에도 시상의 손상이나 대뇌 피질 및 그 하부 백질의 광범위한 손상으로도 유발될 수 있다.

혼수상태와 식물인간 상태의 원인 병변이 대부분 후내측피질이 아닌 다른 부위에서 발생한다는 점을 생각해 볼 때, 이 두 상태는 과연 후내측피질과 어떤 연관성을 가질까? 이 질문은 혼수상태와

문선에서 출간되었으며, 2015년 『잠수종과 나비』로 개정해 재출간되었다.
41 J. D. Bauby, *Le Scaphandre et le Papillon*, Paris: Éditions Robert Laffont, 1997.

식물인간 상태에 있는 환자들의 뇌에서 일어나는 기능 변화가 뇌 전체에 퍼져 있는지, 아니면 특정 부위에만 제한되어 있는지를 확인하기 위한 기능적 뇌 영상 연구들을 통해 다루어졌다. 예상대로 뇌간, 시상, 후내측피질에서 뚜렷한 기능 저하가 관찰되었고, 그중에서도 후내측피질의 포도당 대사율 감소가 가장 눈에 띄었다.[42]

여기에 더해 관련 연구를 하나 더 소개하고 싶다. 혼수상태 환자군은 보통 사망하거나 지속식물 상태로 소폭 호전되는 것이 일반적인 예후이다. 하지만 일부 환자들은 더 좋은 경과를 보이며 중증 의식 장애 상태에서 서서히 깨어나기도 한다. 이 회복 과정에서 가장 큰 대사 변화가 바로 후내측피질에서 일어난다.[43] 이런 결과는 해당 영역의 활동 수준이 의식 수준과 밀접하게 연관되어 있음을 암시한다. 후내측피질은 원래 대사적으로 활발한 부위이기 때문에 이런 발견을 두고 그저 뇌 전체 기능이 전반적으로 회복된 결과로 치부하고 싶을 수 있다. 하지만 그것으로는 의식이 회복되는 시점과 정확히 맞물려 후내측피질 기능이 되살아나는 이유를 해명할 수 없다.

---

42 S. Laureys et al., "Differences in Brain Metabolism Between Patients in Coma, Vegetative State, Minimally Conscious State and Locked-in Syndrome", *European Journal of Neurology* 10, suppl 1., 2003, pp. 224~225; S. Laureys, "The Neural Correlate of (Un)awareness: Lessons from the Vegetative State", *Trends in Cognitive Sciences* 9, 2005, pp. 556~559.

43 S. Laureys, M. Boly, and P. Maquet, "Tracking the Recovery of Consciousness from Coma", *Journal of Clinical Investigation* 116, 2006, pp. 1823~1825.

의식의 병리 현상에 관한 마무리

의식의 병리 현상은 의식의 신경해부학적 체계를 구체화하는 데 중요한 단초를 제공해 왔으며, 핵심자아와 자서전적 자아 형성과 관련된 메커니즘의 다층적 양상을 보여 주었다. 이쯤에서 인간의 병리 사례와 지금까지 제시된 가설들 간의 명확한 연결고리를 정리하며 이 논의를 매듭짓는 것이 좋겠다.

수면 중 자연스럽게 발생하는 의식 변화나 의료적 통제하에서 마취제로 유도되는 의식 변화는 논외로 하더라도 대부분의 의식 장애는 이런저런 형태의 심각한 뇌 기능 장애에서 비롯된다. 경우에 따라 화학적 메커니즘이 원인으로 작용하는데, 당뇨병 치료제인 인슐린을 포함한 여러 약물의 과다 투여나 당뇨병 방치로 인한 고혈당증에서 이런 사례가 나타난다. 이런 화학물질은 뇌에 선택적이면서도 광범위한 영향을 미치지만, 빠르게 적절한 조치를 취한다면 원상태로 증상을 되돌릴 수 있다. 반면 두부 외상이나 뇌졸중, 특정 퇴행성 질환에 의한 구조적 손상은 대개 비가역적인 의식 장애를 야기한다. 더욱이 어떤 상황에서는 뇌 손상이 발작으로 이어지는데, 발작 도중이나 이후에 의식 상태가 변화하는 것이 주요 증상으로 관찰된다.

뇌간 손상으로 인한 혼수상태와 식물인간 상태는 핵심자아와 자서전적 자아 모두를 손상시킨다. 그 까닭은 원자아를 이루는 주요 구조들이 파괴되거나 심각하게 훼손되어 원초적 느낌이나 '일어나는 사건에 대한 느낌' 자체를 생성할 수 없기 때문이다. 시상과 대뇌 피질이 온전하다고 해도 무너진 핵심자아 체계를 복구하기에는 역부족이다. 이런 상태들은 핵심자아 체계가 위계적으로 상위에 있고, 자서전적 자아 체계가 이에 전적으로 의존한다는 것을 증명한다. 그 역은 성립하지 않기 때문에 이 일방향적 의존 관계는 각별히 유념해야 할 사항이다. 다시 말해 핵심자아가 손상되지 않더라도 자서전적 자아는 독립적으로 훼손될 수 있다.

혼수상태나 지속식물인간 상태의 일부 환자에게서는 주요 병변이 뇌간이 아닌 피질이나 시상 혹은 이들 두 구조와 뇌간을 잇는 연결 경로에 발생하면, 핵심자아가 완전히 파괴되기보다는 기능만 저하될 수 있다. 이런 경우 일부 환자들은 '최소' 의식 상태로 돌입하며, 비의식적 마음과 관련된 일부 정신 기능이 부분적으로 회복되기도 한다. 무운동 함구증과 발작 후 뇌전증성 자동증postseizure epileptic automatism처럼 일시적인 뇌 기능 이상이 나타날 때는 핵심자아 체계가 일시적으로 손상되고, 그에 따라 자서전적 자아 체계 역시 영향을 받는다. 비록 자동적 반응일지라도 적절한 행동들이 관찰된다는 것은 정신 과정이 전면적으로 소실되지 않았음을 함의한다.

핵심자아 체계가 온전히 유지된 상태에서 자서전적 자아의 장애만 단독으로 발현된 경우 그 원인은 대개 후천성 기억상실증이라고 불리는 기억 기능의 손상에 있다. 기억상실증의 가장 흔한 원인은 앞서 논한 알츠하이머병이며, 그 밖에도 바이러스성 뇌염, 심정지로 인한 급성 무산소증(뇌에 산소 공급이 중단되는 상태) 등이 있다. 기억상실증 환자들은 자신의 과거 경험과 미래 계획과 관련된 고유한 기억이 크나큰 타격을 입는다. 분명히 양측 해마-내후각피질 영역이 손상되면 새로운 기억을 형성하는 능력 자체가 떨어지기 때문에 환자들은 삶에서 일어나는 새로운 사건들을 자서전적 맥락에 통합하고 기억 속에 기록하지 못하게 된다. 그 결과 자서전적 자아는 점차 협소해지고 삶의 연속성을 상실하게 된다.

더 심각한 경우는 손상이 해마-내후각 피질뿐 아니라 그 주변과 그 너머, 즉 측두엽 전방 영역까지 확장된 경우이다. 이런 환자들은 핵심자아의 기능이 온전히 보존되어 있어 전반적으로 의식이 명료하고, 자신의 기억 실패조차도 인식할 수 있다. 하지만 사회적 정보와 연결된 자서전적 기억을 불러오는 능력은 뚜렷하게 저하되어 있으며, 그 정도 차이는 개인에 따라 다르다. 이처럼 자서전적 자아를 구성하는 재료가 빈약해지는 이유는 크게 두 가지일 수 있다. 하나는 과거의 기억을 불러오지 못하는 경우이고, 다른 하나는 불러온 기억을 원자아 체계와 효과적으로 통합하지 못하는 경우이다. 실제로 많은 환자에게서 이 두 가지 요인이 동시에 작용하는 경우가 다반사이다. 극단적인 예로 환자 B의 사례를 들어 보자. 그의 자서전적 기억 대부분은 어린 시절에 한정되어 있고, 내용도 매우 단편적이다. 자신이 결혼해서 아들이 둘 있다는 사실은 알고 있지만, 가족 구성원들에 대해 구체적으로 아는 바가 거의 없고, 사진으로 보거나 직접 만나도 그들을 알아보지 못한다. 그의 자서전적 자아는 심각하게 손상된 상태이다. 한편 클라이브 웨어링처럼 유명한 또 다른 기억상실증 환자는 훨씬 더 많은 삶의 이력을 회상할 수 있다. 그는 정상적인 핵심자아는 물론 상대적으로 견고한 자서전적 자아도 유지하고 있다. 그의 아내 데보라 웨어링이 나에게 보낸 편지 한 구절을 보면, 내가 그렇게 판단하는 이유를 납득할 수 있을 것이다.

남편은 어린 시절 자신의 침대방이 어떻게 배치되어 있었는지 얼추 묘사할 수 있어요. 어릴 적부터 에딩턴 교구 성가대에서 노래를 불렀던 기억이 있고, 전쟁 중에는 방공호에 있었던 일과 버밍엄에서 들었던 폭탄 소리도 기억한다고 해요. 어린 시절과 부모, 형제자매에 관한 이런저런 단편적인 사실들도 알고 있고, 성인이 된 이후의 삶에 대해서도 어느 정도 자서전적 설명을 할 수 있어요. 가령 케임브리지 대학교에서 성가 장학생이었던 시절, 자신이 일했던 여러 장소들, 런던 신포니에타와 BBC 음악부에서 지휘자로 활동했던 경력, 음악학자 및 음악 프로듀서로서의 약력(그리고 그 이전에는 성악가로도 활동했죠) 등을 말이죠. 하지만 남편 자신도 인정하듯, 전체적인 줄거리는 기억하지만 "세부적인 내용은 모두 잃어버렸어"라고 해요.

남편 클라이브는 병을 앓기 시작한 뒤 처음 10년 동안은 몹시 불안해하고 화를 내곤 했어요. 그때와 비교하면 최근 몇 년 동안 훨씬 차분해졌고, 예전보다 더 진지하고 의미 있는 대화를 나눌 수 있게 되었어요. 또한 삼촌과 부모님에 대해 과거형으로 이야기하는 것으로 보아 시간의 경과를 어느 정도 인식하고 있는 것 같아요(삼촌이 2003년 타계하셨을 때, 내가 그 소식을 전했어요. 두 사람은 막역한 사이였던지라 남편은 아주 슬퍼했어요. 그 후로는 제프 삼촌에 대해 현재 시제로 이야기한 적이 없어요). 또 하나, 발병 후 얼마나 지났는지 추측해 보라고 하면, 그는 최소 20년(실제로는 25년)은 된 것 같다고 대충 짐작할 뿐이에요. 다시 말하지만 남편은 확실히 알고 있다는 느낌은 없지만, 추측해 보라고 하면 대개 딱 맞아요.

자서전적 자아가 선택적으로 손상되는 또 다른 병리적 사례로는 질병실인증anosognosia이 있다. 주로 뇌졸중으로 인해 우측 대뇌 반구의 체감각피질과 운동피질이 손상되었을 때, 환자는 왼쪽 팔다리, 특히 팔에 심한 마비 증상을 보인다. 그럼에도 환자는 자신의 마비 사실을 거듭 '망각한다'. 왼팔이 움직이지 않는다고 몇 번이고 알려 줘도, 다시 물으면 여전히 그 팔이 멀쩡히 움직인다고 태연하게 우긴다. 이런 일은 신체 마비에 대한 정보가 자신의 생애사적 흐름 속에 통합되지 못했기 때문에 발생한다. 예컨대 환자가 자신이 뇌졸중으로 쓰러져 병원에 입원했다는 사실은 인식하더라도 자신이 마비되었다는 현실은 자신의 자서전적 자아에 반영되어 업데이트 되지 않는다. 이처럼 뻔한 현실에 대한 문자 그대로의 망각은 환자들이 자신의 건강 상태에 무관심해 보이게 만들고, 절실히 필요한 재활 치료에 대한 동기마저 감퇴시키는 원인이 된다.

덧붙이자면 좌측 대뇌 반구에 비슷한 정도의 손상을 입었을 때는 결코 질병실인증이 나타나지 않는다. 달리 말하자면 우측 대뇌 반구의 체감각피질 전체는 근골격계 관련 신체 인식에 대한 우리의 자서전을 재편하는 기제에서 중추적 기능을 담당한다.

이 신경 체계 내에서 발생하는 국소적 발작은 이례적이지만, 신체실인증asomatognosia을 유발할 수 있다. 이 상태는 자아감과 내장

감각은 유지된 채 갑자기 자신의 근골격계 부분의 신체 지각이 순간적으로 차단되는 현상이다. 다행히 신체실인증은 일시적 증상이라는 점에서 다소 안도할 수 있다.

의식의 병리적 현상에 관해 마지막으로 첨언하면, 최근에는 '느낌 상태에 대한 의식적 인식'이 의식의 핵심 기반이 될 수 있다는 가설이 제시된 바 있다.[44] 만약 이 가설이 사실이라면, 양측 섬피질에 손상을 입을 경우 의식 자체가 치명적으로 혼란을 겪을 것으로 예상되었다. 하지만 임상 관찰 결과는 예상을 뒤엎었다. 실제로 양측 섬피질이 손상된 환자들조차도 정상적인 핵심자아를 유지하고, 의식적 마음 역시 활발하게 작동하고 있었다.

---

[44] A. D. Craig, "How Do You Feel—Now? The Anterior Insula and Human Awareness", *Nature Reviews Neuroscience* 10, 2009, pp. 59~70.

10장
갈무리

최종 점검

앞서 세 개의 장에 걸쳐 상술한 뇌와 의식에 관한 제반 사실과 가설들은 겉으로 보기에는 서로 연관성이 적어 산발적으로 보일 수 있다. 따라서 이제 슬슬 이 내용들을 종합적으로 정리해 볼 차례이다. 먼저 독자들이 궁금해할 법한 몇 가지 의문점들을 짚어 보는 것으로 첫 단추를 끼우려 한다.

1. 의식이 뇌의 어느 한 중추에만 자리잡고 있는 것은 아니라는 점은 받아들이겠다. 그렇다면 의식 있는 마음 상태는 뇌 전체에 고르게 분포하기보다는 특정 뇌 구역들에 더 많이 편중되어 있는 것일까? 내 답은 단연코 '그렇다'이다. 우리가 경험할 수 있는 의식의

내용들은 주로 초기 피질 영역과 상부 뇌간의 이미지 공간, 즉 뇌의 복합 '상연관'에서 만들어진다고 본다. 다만 이 공간에서 벌어지는 모든 일은 현재의 지각과 과거 기억을 토대로 이미지를 자연스럽게 구성하는 성향 공간과의 지속적인 상호작용을 통해 조율된다. 어떤 순간을 막론하고 의식 상태의 뇌는 광역적으로 협업하지만, 이런 방식에는 해부학적 구분이 엄연히 존재한다.

2. 인간의 의식이라고 하면, 으레 고도로 발달한 대뇌 피질이 먼저 떠오르기 마련이다. 그런데도 나는 인간 의식을 다루면서 여러 쪽을 할애해 의식을 볼품없는 뇌간과 연관 지어 서술해 왔다. 나는 기존의 통념wisdom을 무시하고, 뇌간을 의식 과정의 주도적인 동반자로 지명할 만반의 준비가 된 것일까? 꼭 그렇지는 않다. 인간 의식은 대뇌 피질과 뇌간, 이 두 구조 모두를 필요로 한다. 대뇌 피질 단독으로 그 모든 과정을 수행하는 것은 불가능하다.

3. 신경 회로의 작동 원리에 대한 우리의 이해는 갈수록 깊어지고 있다. 우선 정신 상태는 신경세포의 발화율과 진동성 활동이 만들어 내는 신경 회로의 동기화 패턴에 좌우된다. 또한 인간의 뇌는 다른 종들보다 뇌 영역의 수가 더 많고 기능도 특화되어 있는데, 특히 대뇌 피질에서 그 기능 분화가 두드러진다. 인간의 대뇌 피질(유인원, 고래, 코끼리의 대뇌 피질과 함께)에는 폰 에코노모 신경세포 Von Economo neurons라고 불리는 비정상적으로 큰 신경세포들이 포진되어 있다. 잘 알려진 바와 같이, 일부 전전두피질 신경세포는 다른 피질 영역이나 여타 종들에 비해 수상돌기가 특히 빽빽하게 분포된 특징을 보인다. 하지만 새롭게 조명된 이런 특성들만이 과연 인간

의식의 충분조건이라 할 수 있을까? 그렇다고 확언하기에는 무리가 따른다. 이런 특징들은 변화무쌍한 자아 과정을 거쳐 의식이 깨어날 때 우리가 마주하게 되는 광대한 파노라마, 즉 인간 정신의 다채로움을 해명하는 데 일정 부분 도움을 준다. 하지만 비록 이런 특성들이 자아 메커니즘의 한 축을 이룬다고 해도, 그 자체로는 자아와 주관성의 출현 과정을 완전히 설명하지 못한다.

4. 의식에 관한 논의에서 종종 간과되는 것이 있다면 바로 느낌이다. 느낌 없이도 의식이 존재할 수 있을까? 천부당만부당하다. 내성법으로 관찰해 보면, 인간의 경험은 예외 없이 느낌을 동반한다. 물론 내성법의 신뢰성에 논란이 없는 것은 아니지만, 이 의식-느낌의 관계에서 우리가 논증해야 할 질문은, 설령 그 느낌이 본질을 오해하게 만드는 착각이라 하더라도, 왜 의식 상태가 우리에게 지금과 같은 방식으로 경험되는지 그 이유를 밝히는 것이다.

5. 내 가설은 느낌 상태가 신체의 특수한 설계와 위치 때문에 대체로 뇌간 신경계에 의해 발현된다는 것이다. 회의론자들은 느낌이 왜 현재와 같은 방식으로 느껴지는지, 더 나아가 왜 애초에 무언가로 느껴지는지에 대한 근본적 질문에 내가 답한 적이 없다고 비판할 수 있다. 나는 이에 한편으로는 동의하면서도 다른 한편으로는 이견을 가진다. 분명 나는 느낌 형성과 관련해 포괄적으로 설명하지는 못했지만, 그중 일부는 실험을 통해 확인해 볼 수 있는 구체적인 가설을 개진하고 있다.

이 책에서 제시한 아이디어나 같은 분야에 종사하는 여러 동료 연구자들이 제시한 아이디어들 중 어느 것도 뇌와 의식을 둘러싼 신비를 완전히 풀어냈다고 단언하기는 어려운 실정이다. 그럼에도 현재 추진 중인 연구에는 검증 가능한 몇 가지 가설들이 포함되어 있다. 오직 시간만이 이 가설들의 성패 여부를 판가름해 줄 것이다.

의식의 신경학

내가 보기에 의식의 신경학적 기반은 깨어 있음, 마음, 자아라는 세 가지 요소가 어우러지는 삼중주처럼, 뇌의 여러 구조를 중심으로 조직되어 있다. 뇌간, 시상, 대뇌 피질 등 세 가지 핵심 해부학적 구획이 주로 관여하는 것은 맞지만, 이들 각각이 삼중주의 개별 파트와 일대일로 대응되는 것은 아니라는 점을 명심해야 한다. 세 영역은 깨어 있음, 마음, 자아의 각기 다른 측면에 나름의 방식으로 기여한다.

뇌간

뇌간핵은 각 해부학적 구획이 마치 멀티태스킹을 하듯, 여러 역할을 동시에 수행해야 함을 단적으로 보여 주는 사례이다. 실제로 뇌간핵은 시상하부에 가세해 각성 상태를 유지하는 데 일조할 뿐 아니라 원자아를 형성하고 원초적 느낌을 생성하는 데에도 깊이 관여한다. 따라서 핵심자아의 중요한 양상들은 뇌간에서 구현되는 것은 물론, 일단 의식 있는 마음이 확립된 이후에는 주의 조절에도 참여한다. 이러한 온갖 과제를 수행하면서 뇌간은 시상 및 대뇌 피질과 긴밀히 협력한다.

뇌간이 의식 있는 마음에 어떻게 기여하는지 정확히 이해하려면 이런 기능에 관여하는 구성 요소들을 더 세밀하게 검토해야 한다. 뇌간의 신경해부학적 분석을 통해 다양한 핵 구조들이 위치한 여러 영역이 밝혀졌다. 뇌간의 수직 축 하단, 주로 연수에 해당하는 구역에는 호흡과 심장 박동 같은 생존에 필수적인 내장 조절을 담당하는 핵들이 밀집해 있다. 이 부위가 크게 훼손되면 즉시 죽음을 부른다. 연수 위쪽의 뇌교와 중뇌mesencephalon의 핵이 손상되면 사망이 아닌 혼수상태와 식물인간 상태와 직결된다. 거칠게 표현하면 이 구역은 뇌교의 중간 높이에서 중뇌의 최상단까지 수직으로 이어져 있고, 뇌간의 앞쪽보다는 뒤쪽, 즉 뇌간의 앞뒤를 가르는 수직선을 기준으로 후방 영역을 차지한다. 뇌간에는 두 개의 구조가 더 있는데, 피개와 시상하부가 그것이다. 피개는 3장에서 논의한 상구와 하구가 만들어 내는 집합체로, 구조적으로는 뇌간의 최상단과 후방에서 일종의 지붕 역할을 한다. 또한 지각과 관련된 움직임 외에도 이 소구들은 이미지들의 협응과 통합에도 개입한다. 시상하부는 뇌간 바로 위에 위치하지만, 생명 유지에 깊숙이 관여하고 뇌간핵과 복잡하게 상호작용한다는 점에서 사실상 뇌간 계열의 반열에 올리는 것이 마땅하다. 우리는 이미 8장에서 각성 상태를 다루면서 시상하부의 기능을 살펴본 바 있다(그림 8.3 참조).

뇌간의 특정 부위가 의식에 결정적이지만, 다른 부위는 그렇지 않다는 발상은 걸출한 두 명의 신경학자, 프레드 플럼과 제롬 포스너의 선구적 연구 결과에서 처음 제기되었다. 이들은 중간뇌교 midpons 위쪽의 손상만이 혼수상태와 식물인간 상태를 초래한다는 사실을 규명했다.45 그들은 왜 하필 중간뇌교 수준이 경계가 되는지 그 이유를 밝히기 위해 이 아이디어를 한 걸음 더 진척시켜 구체적인 가설로 제시했다. 또한 보다 상위 뇌 영역의 관점에서 뇌간을 바라보면 전신에 대한 정보 수집이 중간뇌교층 위쪽에서만 완전하게 이루어진다는 사실에 착안했다. 그 이하의 뇌간과 척수층에서는 신경계가 신체에 대한 부분적 정보밖에 이용할 수 없다는 뜻이다. 바로 중간뇌교층은 삼차 신경의 뇌간 진입 지점으로서, 우리 상반신의 가장 윗부분에 해당하는 얼굴과 후두부 전부, 구체적으로 말하면 두피, 두개골, 뇌막에 대한 정보를 수용하는 최초 단계이기 때문이다. 중간뇌교 수준을 올라서야 뇌는 전신의 포괄적 지도를 제작하는 데 필요한 모든 정보를 획득할 수 있으며, 이 지도 안에서 원자아를 정의하는 비교적 안정적인 내부의 특성들을 표상할 수 있다. 반면 이보다 아래 수준에서는 뇌가 아직 전신의 순간적 상태 변화를 표상할 수 있을 만큼의 신호를 전부 수집하지 못한 상태이다. 이 가설은 내가 조셉 파르비지와 공동으로 혼수상태 환자들을 대상으로 자기공명영상을 통해 실시한 연구에서 검증되었다. 우리의 목표는 환자들의 뇌 손상 위치를 조사하는 것이었다. 연구 결과, 혼수상태는 삼차 신경이 진입하는 수준 이상에서의 손상과만 선택적으로

---

45 Jerome B. Posner, Clifford B. Saper, Nicholas D. Schiff, and Fred Plum, *Plum and Posner's Diagnosis of Stupor and Coma*, New York: Oxford University Press, 2007.

연관된다는 사실을 확인했다. 이 연구 덕분에 뇌 영상 기술이 보급되기 이전 사후 부검을 기초로 한 플럼과 포스너의 선구적 관찰 내용이 전폭적으로 지지를 받게 되었다.[46]

의식 연구의 초기에는 이 특정 뇌간 영역의 손상으로 인한 혼수상태/식물인간 상태를 두고, 각성이나 경계 기능의 붕괴로 해석했다. 즉 대뇌 피질이 더 이상 에너지를 공급받지 못하고 활성화되지 않으면, 마음은 각성 상태를 잃고 의식을 상실한다는 것이었다. 이와 같은 단순한 가정은 국소적으로 상호작용하는 신경세포들이 하나의 단위로 시상과 대뇌 피질을 향해 상향 투사하는 신경망이 확인되면서 더욱 설득력을 얻게 되었다. 심지어 이 투사 시스템의 이름인 상행 망상 활성계ascending reticular activating system, 즉 ARAS라는 명칭 자체도 해당 개념을 정확히 포착하고 있다[47](다시 한번 그림 8.3 참조. 해당 그림에서 상행 망상 활성계는 범례에 표시된 바와 같이 '기타 뇌간핵'으로 분류되어 있다).

이런 망상 활성계의 존재는 철저히 입증되었다. 즉 이 계통의

---

[46] J. Parvizi and A. R. Damasio, "Neuroanatomical Correlates of Brainstem Coma", *Brain* 126, 2003, pp. 1524~1536.

[47] G. Moruzzi and H. W. Magoun, "Brain Stem Reticular Formation and Activation of the EEG", *Electroencephalography and Clinical Neurophysiology* 1, 1949, pp. 455~473; J. Olszewski, "Cytoarchitecture of the Human Reticular Formation", *Brain Mechanisms and Consciousness*, ed. J. F. Delafresnaye et al., Springfield, Ill.: Charles C. Thomas, 1954; A. Brodal, *The Reticular Formation of the Brain Stem: Anatomical Aspects and Functional Correlations*, Edinburgh: William Ramsay Henderson Trust, 1959; A. N. Butler and W. Hodos, "The Reticular Formation", *Comparative Vertebrate Neuroanatomy: Evolution and Adaptation*, ed. Ann B. Butler and William Hodos, New York: Wiley-Liss, 1996; W. Blessing, "Inadequate Frameworks for Understanding Bodily Homeostasis", *Trends in Neurosciences* 20, 1997, pp. 235~239.

신경 투사는 시상의 수질판내핵을 향하고 있고, 이 핵들은 다시 후내측피질을 포함한 여러 대뇌 피질로 투사한다. 하지만 이것이 전부가 아니다. 상행 망상 활성계의 기점인 쐐기핵과 뇌교핵 구부portis oralis 같은 기존에 잘 알려진 핵들 외에도 신체의 내부 상태를 관리하는 수많은 다른 핵들의 집합체가 대거 존재한다. 그중에는 청반핵locus coeruleus, 복측 피개핵, 솔기핵raphe nuclei 등이 있으며, 이들은 각각 노르에피네프린, 도파민, 세로토닌을 대뇌 피질과 기저전뇌의 특정 구역에 방출하는 역할을 책임지고 있다. 이 핵들로부터 뻗어 나가는 신경섬유들은 시상을 통하지 않고 우회한다.

신체 상태를 조절하는 핵들 중에는 3장부터 5장에 걸쳐 논의했던 고립로핵과 부완핵이 있다. 이들은 신체적 느낌의 첫 기조line인 원초적 느낌을 생성하는 데 일조한다. 또한 상부 뇌간에는 중뇌 수도관주위 회색질에 위치한 핵들도 포함된다. 이들 핵의 활동은 생명 유지의 일환으로 행동 반응과 화학적 반응을 유발하고, 그 과정의 일부로 감정을 실행한다. 수도관주위 회색질 핵들은 부완핵, 고립로핵과 긴밀히 연동되어 있고, 핵심자아 형성에서 협응 기능을 담당할 것으로 기대되는 상구의 심부층과도 강하게 연결되어 있다. 이렇듯 복잡한 해부학적 구조는 다음과 같은 사실을 시사한다. 기존에 잘 알려진 뇌간 핵들과 상행 활성계는 수면-각성 주기의 조절에 관여하는 한편, 뇌간 내의 다른 핵들 역시 의식과 직결된 핵심 기능들을 수행한다. 이 기능들은 구체적으로 다음과 같다. 생물학적 가치 기준을 저장하고, 원자아가 형성되고 원초적 느낌 상태가 생성되는 토대가 될 유기체 내부를 표상하는 한편, 주의 조절에 영향

을 미치는 핵심자아 형성의 초기 단계에 관여한다.[48]

요컨대 이렇게 다양한 기능을 수행하는 뇌간 핵들을 반추해 보면 생명 유지에 힘쓰는 공동의 노고가 엿보인다. 하지만 이 핵들의 활동을 내장기관, 대사, 각성 상태의 조절로만 한정해서 생각한다면 그 핵들의 진가를 공정하게 평가한다고 보기 어렵다. 이들은 훨씬 더 광범위한 차원에서 생명을 관리한다. 이곳은 생물학적 가치의 신경적 본거지로서, 이 가치 기준은 뇌 전체의 구조와 기능 전반에 걸쳐 광범위하게 영향을 미친다. 아마도 마음의 형성은 이곳에서 최초로 원초적 느낌의 형태로 시작하며, 의식하는 마음을 실현하는 과정인 자아 역시 이 영역에서 기원하는 것이 분명해 보인다. 더 나아가 상구의 심부층 또한 이런 과정에 협응적으로 참여함으로써 기능적 통합을 돕는다.

시상

의식은 흔히 뇌의 여러 영역에서 나오는 신호들이 대규모로 통합되면서 생기는 산물로 설명된다. 이 설명대로라면 시상의 활약상은 단연 돋보인다. 의심할 여지 없이 시상은 마음이라는 직물의 바탕일 뿐 아니라 우리가 의식적 마음이라고 부르는 최종 결과물을 만드는 데에도 깊숙이 관여한다. 그렇다면 시상의 관련 역할을 보다 자세히 밝혀낼 수는 없을까?

---

48 J. Parvizi and A. Damasio, "Consciousness and the Brainstem", *Cognition* 49, 2001, pp. 135~159.

시상은 뇌간과 마찬가지로 의식 있는 마음을 형성하는 삼중주 모두에 기여한다. 시상핵은 크게 세 집단으로 나뉘는데, 첫 번째 집단은 깨어 있는 상태를 유지하는 데 꼭 필요하고, 뇌간과 대뇌 피질을 잇는 다리 역할을 한다. 두 번째 집단은 대뇌 피질이 지도를 배열하는 데 필수적인 입력 정보를 제공하고, 세 번째 집단은 복잡한 정신 작용과 자아를 내포한 마음에 불가결한 통합 과정을 지원한다.

나는 줄곧 시상에 대한 체계적인 탐구를 유보해 왔고, 최근에는 그 어느 때보다도 신중한 자세를 취하고 있다. 방대한 시상핵 집합체에 대해 내가 가진 지식이라고는 고작 일천한 수준에 불과하며, 지금껏 이 구조에 정통한 극소수 전문가들의 식견에만 의존해 왔던 까닭이다.49 그럼에도 시상이 맡고 있는 몇 가지 핵심 역할만큼은 일말의 의심 없이 확립되어 있기에 이 지점에서 검토해 볼 만하다.

시상은 신체에서 수집된 정보를 대뇌 피질로 전달하는 중계소이다. 여기에는 통증과 온도부터 촉각, 청각, 시각에 이르기까지 신체 내부와 외부 세계에 관한 신호를 전달하는 온갖 경로들이 포함된다. 대뇌 피질로 향하는 모든 신호들은 시상 중계핵에 잠시 들렀다가 대뇌 피질의 여러 목적지 부위로 향하는 경로로 갈아탄다. 후각 신호만이 유일하게 시상을 우회해 비시상성nonthalamic 경로를 통

---

49 E. G. Jones, *The Thalamus*, 2nd ed., New York: Cambridge University Press, 2007; Llinás, *I of the Vortex*(한국어판은 로돌포 R. 이나스, 『꿈꾸는 기계의 진화』); M. Steriade and M. Deschenes, "The Thalamus as a Neuronal Oscillator", *Brain Research* 320, 1984, pp. 1~63; M. Steriade, "Arousal: Revisiting the Reticular Activating System", *Science* 272, 1992, pp. 225~226.

해 대뇌 피질로 가뿐히 들어간다.

또한 시상은 대뇌 피질 전체를 깨우거나 잠재우는 데 필요한 신호를 처리하기도 한다. 이런 각성-수면 조절은 앞서 언급한 망상체의 신경세포에서 뻗어 나오는 투사에 의해 이루어진다. 이 신호들은 시상의 수질판내핵에서 경로를 바꿔 주요 종점인 후내측피질에 도달한다.

하지만 의식과 관련해서는 이에 못지않게 중요하면서도 한층 더 명확해진 시상의 역할이 대두된다. 바로 대뇌 피질 활동을 조율하는 코디네이터로서의 역할이다. 이 기능은 대뇌 피질과 양방향 신호를 교환하는 여러 시상핵들이 피질로부터 되돌려진 신호를 수용하고, 그로 인해 순간순간 재귀적 회로를 형성하면서 이루어진다. 이들 시상핵은 가까이 있든 멀리 떨어져 있든, 거리와 무관하게 대뇌 피질의 여러 부분들을 상호 연결한다. 이 연결의 주된 목적은 일차 감각 정보를 단순히 전달하는 것이 아니라 오히려 정보를 상호 연관 짓는 것이다.

이처럼 시상과 대뇌 피질 간의 긴밀한 상호작용 속에서 시상은 공간적으로 떨어진 신경 부위들이 동시에 혹은 순차적으로 활성화되도록 돕는다. 그 결과 신경 활동들이 일관된 패턴으로 통합된다. 이런 활성화로 개인의 사고 흐름을 타고 전개되는 이미지들이 형성되며, 그 이미지들이 핵심자아 펄스를 효율적으로 생성할 때 비로소 의식의 형태로 떠오른다. 이런 협응 기능은 십중팔구 시상연합핵과 수렴-발산 영역들 사이의 주거니 받거니 하는 상호 순환적 연결을 통해 실행되는데, 후자는 그 자체로도 대뇌 피질 활동의 조율에 관여한다. 요컨대 시상은 대뇌 피질에 알짜 정보를 중계하는 동시에 피질 정보의 대규모 통합을 매개한다. 대뇌 피질이 시상 없이는 작동할 수 없다는 사실은 자명하다. 이 둘은 발생학적 공진화를 통해 떼려야 뗄 수 없는 관계를 유지해 왔기 때문이다.

대뇌 피질

이제 시선을 돌려 현재 신경 진화의 최정점에 올라선 인간의 대뇌 피질을 살펴보자. 대뇌 피질은 뇌간 및 시상과 상호작용하면서 우리가 깨어 있게 하고, 주의를 어디에 둘지 선택하도록 조절한다. 동일한 상호작용 방식으로, 대뇌 피질은 마음이 되는 지도들을 그리기도 하고, 핵심자아를 생성하는 일에도 관여한다. 끝으로 이 피질은 방대한 기억 저장소에 쌓인 과거의 활동 기록들을 활용해 우리가 살아온 물리적·사회적 환경의 경험들로 가득 찬 우리만의 자서전을 설계한다. 이처럼 대뇌 피질은 개인에게 정체성을 부여하고, 의식 있는 마음이라는 경이롭고도 전진하는 스펙터클의 중심에 우리 자신을 안착시킨다.[50]

의식이라는 쇼를 편성하는 과정은 모름지기 대규모 협업 작업이기에 특정 제작진만을 단독으로 지목하는 것은 실효성이 없다. 인간 의식을 특징짓는 자서전적 자아의 측면을 고려할 때, 대뇌 피

---

[50] 대뇌 피질의 기본적인 해부학과 생리학에 대한 종합적 개요는 주요 논문 모음집에서 확인할 수 있다. E. G. Jones, A. Peters, and John H. Morrison, eds., *Cerebral Cortex*, New York: Springer, 1999.

질의 신경해부학과 신경생리학을 주도하는 수렴-발산 영역들이 왕성하게 발달하지 않았다면 의식은 결코 출현할 수 없었을 것이다. 마찬가지로 뇌간이 원자아에 기여하지 않았거나 뇌간이 인체 본연과 본질적으로 결합하지 않았거나, 아니면 시상을 통한 전뇌 수준의 재귀적 통합이 없었다면 자서전적 특성은 결코 만들어질 수 없었을 것이다.

따라서 우리는 이들 주역들의 협연을 인정하되, 각 영역이 가진 특성을 무시한 채 모든 것을 전뇌적 신경 작용으로 환원하려는 시각은 경계해야 한다. 의식적인 마음의 전뇌적 특성을 부정할 수는 없지만, 신경해부학적 기반의 연구 덕에 우리는 각각의 뇌 부위가 전체 과정에 얼마나 기여하는지를 보다 정밀하게 규명할 수 있는 계기를 마련했다.

의식 있는 마음 뒤편의 해부학적 병목 현상

방금 개괄한 세 가지 주요 구획과 그 공간적 배열은 오직 진화론적 관점에서만 설명할 수 있는 해부학적 불균형과 기능적 연합의 속내 tale를 들려준다. 신경해부학자가 아니더라도 누구나 인간의 대뇌 피질과 뇌간 사이의 뚜렷한 크기 차이를 쉽게 알아볼 수 있다.

사실 인간 뇌간의 기본 설계는 체격에 맞추어 조정된 크기라는 점에서 파충류 시대부터 이어져 내려온 유산이다. 이에 반해 인간의 대뇌 피질은 전혀 다른 지평을 연다. 포유류의 대뇌 피질은 엄청나게 확장되었다. 그것도 단순히 크기만 커진 것이 아니라 구조적 설계 자체에서 혁신이 이루어졌고, 이런 변화는 특히 영장류에게서 두드러지게 나타났다.

뇌간은 생명 조절자 역할에 능수능란하다. 그런 까닭에 오랫동안 신체를 표상하고 생명 유지에 필요한 정보를 받아들이는 데 그치지 않고, 그 자리에서 생명 조절을 직접 처리하는 기관이었다. 따라서 대뇌 피질이 거의 없거나 아예 없는 종들에서는 뇌간이 오랜 진화적 연륜을 바탕으로 중추적 역할을 맡으며, 원자아와 핵심자아 메커니즘을 통해 기본적인 정신 과정은 물론 의식 발현에 필요한 기전까지 발달시켰다. 오늘날 인간에게도 뇌간은 여전히 동일한 기능을 수행하고 있다. 한편 대뇌 피질이 복잡해지면서 인간은 정교한 이미지 형성, 확장된 기억 용량, 상상력과 추론 능력, 그리고 궁극적으로 언어 사용까지 가능하게 되었다. 하지만 이 같은 진화적 성취는 역설적인 문제를 야기했다. 즉 대뇌 피질이 해부학적으로나 기능적으로 크게 확장되었음에도 불구하고, 뇌간의 기능들이 피질 구조로 전이되지 않았다는 점이다. 이런 효율적인 역할 분담의 결과, 뇌간과 대뇌 피질은 철저히 운명적으로 상호 의존 관계에 놓이게 되었다. 어찌 보면 양자는 강제된 협력하에서만 작동할 수밖에 없다.

뇌의 진화는 심각한 해부학적-기능적 병목 현상에 직면했지만, 자연선택은 이 문제를 예측 가능한 방식으로 해결했다. 뇌간은 변함없이 신경계 전체의 생명 유지 기능과 더불어 의식의 근간까지 보장해야 했기에 대뇌 피질과의 쌍방향적 영향이 필수적이었다. 뇌간이 대뇌 피질에 영향을 주는 동시에 대뇌 피질의 활동 역시 뇌간에 영향을 줄 수 있어야 했던 것이다. 이런 구조적 상호작용은 특히 핵심자아 형성 과정에서 결정적으로 중요했다. 대부분의 외부 대상들은 오로지 대뇌 피질에서만 이미지로 구성되고, 뇌간에서는 완전한 이미지화가 불가능하다는 점을 감안하면, 이 양자 간의 상호작용의 중요성은 더욱 부각된다.

바로 이 지점에서 시상이 일종의 조정자 역할을 수행하며 구원투수로 나선다. 시상은 뇌간으로부터 전달되는 신호를 대뇌 피질 외막의 광범위한 영역으로 전파한다. 반대로 대폭 확장된 대뇌 피질은 직간접적으로 편도체나 기저핵 같은 피질하핵의 도움을 받아 소규모의 뇌간으로 신호를 되돌린다. 가장 기상천외한 커플 매니저란 표현은 시상을 설명하는 데 안성맞춤이다.

이처럼 뇌간과 대뇌 피질 사이의 구조적 불균형 탓에 전반적인 인지 능력, 그중에서도 특히 인간 의식의 발달이 일정한 제약을 받았을 가능성이 크다. 흥미롭게도 디지털 혁명 같이 외부 환경이 급변함에 따라 인지 기능이 점차 달라지는 지금, 이와 같은 부조화는 인간 정신이 어떤 방식으로 진화해 왔는지를 되돌아보게 한다. 나의 소견으로는, 뇌간은 원초적 느낌의 발원지이자 필수적인 공급원인 만큼 앞으로도 의식의 기저를 이루는 신경학적 기반으로 계속 남을 것이다. 그런데 인지적 요구가 높아진 오늘날에 대뇌 피질과 뇌간 사이의 상호작용이 다소 원활하지 못하고 불협화음을 내고 있다. 좀 더 순화해서 표현하자면, 느낌의 원천에 접근하기가 한층 어려워진 셈이다. 아마도 어느 한쪽의 양보는 불가피해 보인다.

나는 의식의 발현과 관련해 언급한 세 영역의 분업을 두고, 어느 하나를 편들거나 과대평가하는 것은 온당하지 않다고 말한 바 있다. 그럼에도 뇌간은 의식이라는 퍼즐에서 가장 먼저 놓인 전략적 포석으로서 기능적 우선권을 점하는 한편, 없어서는 안 될 핵심 조각으로 존재감을 과시한다. 바로 그런 이유 때문에, 그리고 작고 조밀한 해부학적 구조 때문에 뇌간이 엄선된 빅 3구역 중 병리에 가장 취약하다는 점은 인정하지 않을 수 없다. 의식을 둘러싼 논장論場에서 대뇌 피질이 종종 우위를 차지하는 경향을 고려할 때, 이 점만큼은 반드시 짚고 넘어갈 필요가 있다.

해부학적 구획의 협연에서 신경세포의 독주까지

지금까지 나는 의식하는 마음의 형성을 뇌간과 시상의 소핵小核을 중심으로 주로 육안으로 식별 가능한 구성 요소들의 관점에서 설명해 왔다. 그런데 육안으로는 보이지 않는 것들이 있다. 그런데 정작 눈에 보이지 않는 또 다른 차원이 존재한다. 이런 해부학적 하향 구조 속에서 대뇌 피질 영역은 점차 더 작아지고, 이들을 다른 뇌 부위와 연결하는 배선 작업도 그만큼 축소된다. 아울러 다른 핵이나 피질 영역과 특별한 방식으로 연결된 핵들도 점점 더 작아진다. 마지막으로 계층 구조의 최하단에는 소규모 신경세포 회로가 있는데, 이는 순간적인 공간 활동 패턴으로 마음을 창조하는 미시적 건축 블록이다. 의식 있는 마음은 뇌의 중첩되고 위계적인 구성 요소로부터 만들어진다.

    일반적으로 시냅스로 연결된 신경세포들이 소규모 회로 안에서 발화하면서 마음 형성의 기초 현상인 인지의 '원현상'protophenomena이 발생한다는 이론적 가정이 있다. 이런 현상이 대규모로 확장되면 우리가 이미지로 알고 있는 정신적 지도들이 제작된다고 여겨진다. 또한 이 확장 과정 중 일부는 개별 원현상들 간의 시간적 동기화에 달려 있다고 3장에서 언급한 바 있다.

    그렇다면 원인지protocognition의 미시적 사건과 그 동기화를 앞서 논의한 세 가지 신경해부학적 구획 전반에 걸친 다층적 위계로 확대 해석하는 접근만으로는 의식 전체를 설명하기 어렵다는 한계가 드러난다. 위의 설명에서 신경세포 수준의 미시적 사건들로부터 확장된 원인지는 의식 있는 마음에 도달하지만, 그 과정에서 느낌의 발생 기제는 여전히 이론적 공백으로 남게 된다. 따라서 자연스럽게 다음 질문을 던질 차례이다. 신경세포의 미시적 사건들에서 발원되어 원인지와 나란히 확장되어 가는 '원느낌'protofeeling이라는 것이 과연 존재할 수 있을까?

    이전 장들에서 개진한 이론에서 느낌은 반드시 의식 있는 마음과 짝을 이룬다고 했지만, 그 미시적 기원에 대해서는 전혀 다루지 않았다. 앞서 제안했듯, 인간은 원자아로부터 자연 발생적 느낌을 얻게 된다. 이 느낌은 마음과 주관성이 창발하는 최초의 섬광을 하이브리드하게 촉발한다. 그 뒤 우리는 알고 있음의 느낌을 토대로 자아와 비자아를 구분하고, 이를 통해 적응적 핵심자아 생성에 이바지한다. 마침내 이런 다층적 느낌 요소들이 결합해 자서전적 자아를 형성한다. 비록 느낌이 인지와 동전의 양면처럼 제시되었지만, 그 발생 지점은 신경세포 단위가 아닌 오로지 시스템 수준에만 한정되어 있었다. 구체적으로 나는 뇌간과 신체 사이의 독특한 공명 순환과 뇌간 상부에서 일어나는 신체 신호의 완전한 재귀적 통합이 질적으로 구별되는 신체 느낌의 원천이라고 제안했다. 느낌의 출현을 해명함에 있어 이 정도면 일정 수준의 설명력을 확보한다고 볼 수 있지만, 그 밖의 미해결된 쟁점에 대해서도 마땅히 후속 검토가 요구된다. 이와 대조적으로 이미지의 기원은 신경세포 수준의 미시적 구조에서 탐구되는 것이 일반적이다. 신경 소회로들이 원인지의 단편을 생성한다는 가정에 따르면 느낌이라는 특수한 형태의 이미지 역시 동일한 논리로 설명될 수 있다. 다시 말해 특정 소회로 내부나 인접 부위에서 원느낌이 출현할 수 있다는 가설이 성립한다. 다음 절에서는 느낌 역시 발생학적으로 소박한 기원을 가질 수 있다는 가능성을 제안하고자 한다. 이렇게 출현한 원느낌은 위계적으로 중첩된 확장 과정을 거쳐 점차 더 큰 회로로 확장되고, 뇌간 상부의 피개부에서 추가적인 정보 처리를 통해 원초적 느낌으로 발현된다고 추론할 수 있다.

자신의 지각을 느낄 때

뇌와 마음, 의식의 문제에 관심이 있다면 누구나 한 번쯤 감각질 qualia이라는 말을 들어 보았을 것이다. 또한 신경과학적으로 이 문제에 접근할 수 있는지에 대해서도 각자 나름의 입장을 취하고 있을 것이다. 이 문제를 바라보는 입장은 크게 세 가지를 상정할 수 있다. 첫 번째는 감각질을 과학적으로 탐구할 수 있는 정당한 대상으로 간주하고 적극적으로 해명하려는 입장이다. 두 번째는 현행 방법론의 한계를 인정하고 잠정적으로 판단을 보류하는 입장이다. 세 번째는 아예 이 문제 자체가 실재하지 않는다고 보고 원천적으로 거부해 버리는 입장이다. 아마 독자 여러분도 짐작하셨겠지만, 나는 이 문제를 진지하게 학문적으로 탐구할 가치가 있다고 보는 쪽이다. 다만 감각질이라는 개념이 다소 모호한 점에 착안해 정확히 무엇이 문제인지부터 분명히 하고자 한다.[51]

[51] 심신 문제를 다룬 여러 철학자들 중에서 일부는 어떤 방식으로든 감각질 문제에 주목했다. 다음 문헌들은 내게 특히 영감을 주었다. John R. Searle, *The Mystery of Consciousness*, New York: New York Review Books, 1990; Patricia Churchland, *Neurophilosophy : Toward a Unified Science of the Mind-Brain*, Cambridge, Mass.: MIT Press, 1989; R. McCauley ed., *The Churchlands and their Critics*, New York: Wiley-Blackwell, 1996; D. Dennett, *Consciousness Explained*, New York: Little, Brown, 1992; Simon Blackburn, *Think : A Compelling Introduction to Philosophy*, Oxford: Oxford University Press, 1999; Ned Block ed., *The Nature of Consciousness: Philosophical Debates*, Cambridge, Mass.: MIT Press, 1997; Owen Flanagan, *The Really Hard Problem: Meaning in a Material World*, Cambridge, Mass.: MIT Press, 2007; T. Metzinger, *Being No One : The Self-Model Theory of Subjectivity*, Cambridge, Mass.: MIT Press, 2003; David Chalmers, *The Conscious Mind: In Search of a Fundamental Theory*, Oxford: Oxford University Press, 1996; Galen Strawson, "The Self", *Journal of Consciousness Studies* 4, 1997, pp. 405~428; Thomas Nagel, "What Is it Like to Be a Bat?", *Philosophical Review*, 1974, pp. 435~450.

이제 본격적으로 논의를 시작해 보자. 감각질 문제는 사실 두 가지 측면을 복합적으로 담고 있다. 하나는 감각질이 모든 주관적 경험에서 빠질 수 없는 느낌이라는 점이다. 예컨대 기쁨이나 상실감, 고통이나 불쾌감, 행복감 혹은 그 결핍 등을 가리킨다. 나는 이 부분을 감각질 I 문제라고 부르겠다. 또 다른 한편으로는 훨씬 더 근원적인 물음이 있다. 만약 모든 주관적 경험에 항상 느낌이 수반된다면, 그 느낌이라는 상태는 애초에 어떻게 생겨나는 것일까? 이 질문은 첼로 소리, 와인의 풍미, 바다의 푸르름처럼 특정 감각의 질적 특성이 우리 마음속에서 어떻게 경험되는지에 관한 궁금증을 뛰어넘는다. 감각 경험이 생겨나는 문제는 더 직접적인 질문을 던진다. 지각 지도는 원래 물리적이고 신경화학적인 사건에 불과한데, 왜 그런 지각이 어떤 느낌을 동반해야 할까? 한 발 더 나아가 왜 그런 지도들이 무언가로 느껴져야만 할까? 이것이 바로 내가 말하는 감각질 II 문제이다.

감각질 I

어떤 종류의 이미지이든 어떤 주제이든 상관없이 의식적으로 떠오르는 모든 장면에는 늘상 감정과 그 뒤를 잇는 느낌이라는 화려한 선율이 깔려 있다. 나는 지금 고운 회색빛 하늘에 둘러싸여 아침 빛깔을 멋들어지게 차려입은 태평양을 바라보고 있다. 이런 숭고한 아름다움 앞에서 나는 그저 바라보는 데 그치지 않고 그 미적 대상에 감응하며emoting, 동시에 일련의 생리적 변화들을 느끼고 있다. 곰곰이 생각해 보면 이 변화들은 평온한 행복감으로 해석되는 경험이다. 이 모든 것은 나의 의도와 무관하게 일어난다. 달리 말해 내게는 이런 느낌을 시작할 힘도, 그것을 막을 힘도 없다. 그것들은 저절로 찾아왔고 지금 이 순간에도 존재하며, 동일한 의식적 대상이 나의 시야에 머무는 한, 그리고 내가 그것을 곱씹으며 어떤 식으로든 잔향reverberation을 일으키는 한, 형태를 바꾸어 가며 계속 남아 있을 것이다.

현재 흘러가는 정신 과정의 주된 내용 외에 나머지 부분을 수반하는 배경음악score과 같다고 볼 수 있다. 다만 그 배경음악의 연주 역시 정신 과정 안에서 일어난다는 점을 잊어서는 안 된다. 만약 내 의식 속의 생생한 대상이 더 이상 바다가 아닌 실제 음악 작품이라면, 내 마음속에는 두 개의 음악 트랙이 흐르고 있는 셈이다. 하나는 지금 연주되고 있는 바흐 작품이고, 다른 하나는 실제 음악에 대해 감정과 느낌의 언어로 반응하는 준음악적music-like 트랙으로서 말이다. 이 두 번째 트랙이 음악 공연 중에 경험되는 감각질 I의 전형적인 예라 할 수 있다. 말하자면 음악 위의 음악이라고나 할까? 이런 맥락에서 보면 다성음악polyphonic music은 한 사람의 마음속에서 여러 '음악적' 선율들이 병렬적으로 겹쳐 흐른다는 직관에서 영감을 받았을지도 모른다.

현실 세계의 일부 상황에서는 정신 과정에 필수적으로 따르는 감각질 I이 약화되거나 심지어 완전히 소실될 수도 있다. 가장 쉽게 이해할 수 있는 예는 감정 반응을 차단할 수 있는 약물의 효과에서

이다. 신경안정제 발륨, 항우울제 프로작, 베타 차단제 프로프라놀롤 등을 떠올려 보자. 이런 약물들은 일정 용량을 초과해 투여하면 개인의 감정 반응 능력을 둔화시키고, 그에 따라 감정적 느낌을 경험하는 능력 역시 현저히 떨어진다. 마찬가지로 감정적 느낌은 우울증 같은 흔한 병리적 상태에서도 뚜렷하게 발현되지 않을 수 있다. 이 상태에서는 긍정적인 느낌이 현격하게 결핍되고, 더욱이 슬픔 같은 부정적 느낌조차 지나칠 정도로 억제되어 결과적으로 정서적 둔감affective blunting으로 이어진다.

그렇다면 뇌는 필요한 감각질I 효과를 어떻게 만들어 낼까? 앞서 5장에서 살펴본 것처럼, 뇌는 어떤 대상이든 지도화할 수 있는 지각 장치와 그런 지도들을 표상하는 뇌 영역, 그리고 그 지도들에서 들어온 신호에 반응해 감정을 촉발하는 다양한 구조를 갖추고 있다. 또한 그렇게 생겨난 감정에서 후속적인 느낌이 파생된다. 이처럼 감정을 유발하는 민감한 영역에는 우리가 앞서 논의했던 여러 구조들이 포함된다. 대표적으로 널리 알려진 편도체, 그에 버금가는 전전두 피질의 복내측 부위, 기저전뇌와 뇌간에 분포한 여러 신경핵이 있다.

감정이 유발되는 방식은 앞서 살펴본 것처럼 무척 흥미롭다. 이미지를 형성하는 뇌 영역들은 감정 유발에 관여하는 다른 영역 어디로든 직접 신호를 보내거나 추가적인 처리 과정을 거친 후 신호를 전달할 수 있다. 이때 입력 신호가 특정 뇌 부위에 배선된 반응 양상profile에 일치한다면, 즉 그 신호가 감정적으로 유효한 자극으로 판단된다면 뇌의 다른 부위와 그 뒤를 이은 신체 전반에서 일련의 사건들이 연쇄적으로 촉발되고, 최종적으로 감정이 형성된다. 그리고 이 감정을 지각적으로 읽어 내는 것이 바로 느낌이다.

우리가 겪는 한순간의 복합적인 경험 뒤에는 뇌가 동일한 내용(가령 태평양에 대한 나의 이미지)을 서로 다른 부위에서 동시에 병렬적으로 처리할 수 있는 능력이 숨어 있다. 한쪽 뇌 부위에서는 행복감으로 이어지는 감정 과정을 얻고, 다른 부위에서는 당일 날씨에 관한 여러 상념들(하늘에는 특유의 해양층이 자취를 감추고, 양 떼가 노닐듯 보드라운 구름 뭉치가 둥둥 떠다니고 있다)이나 바다에 대한 여러 상념들(빛과 바람에 따라, 물론 바라보는 이의 마음에 따라 차이가 있거니와, 바다는 때로는 압도적인 웅장함으로, 때로는 포용적인 환대로 다가올 수 있다)에 젖는다.

정상적인 의식 상태는 대체로 다수의 인식 대상을 포함하지, 하나의 대상만을 포함하는 경우는 드물다. 또한 이 상태는 흔히 모든 대상에 동등한 의식 공간과 시간을 부여하는 민주적 방식으로 운영되기보다는 일정한 통합을 이루는 선에서 개별 대상을 선택적으로 강조한다. 각 이미지가 갖는 상대적인 가치 차이는 불균등한 이미지 강화를 불러일으키고, 이로 인해 일종의 자발적인 편집, 곧 이미지들의 '순서화'ordering가 발생한다. 이처럼 상이한 이미지에 가치를 매기는 과정은 해당 이미지들이 촉발하는 감정과 의식 영역의 배경에서 파생되는 느낌에 달려 있다. 이것이야말로 미묘하지만 간과할 수 없는 감각질 I의 반응이다. 이런 이유로 감각질 문제가 전통적으로 의식의 문제로 간주되어 왔음에도, 내 견해로는 감각질이 마음의 범주로 분류되어야 한다고 본다. 감각질 I 반응은 마음속에서 처리되는 대상과 관련되며, 결과적으로 마음이라는 작동 체계에 또 하나의 구성 요소를 보탠다. 나는 감각질 I 문제를 결코 신비롭게 여기지 않는다.

감각질 II

감각질 II 문제는 한층 더 복잡다단한 질문에 초점을 맞추고 있다. 신경적이고 물리적인 사건에 불과한 지각 지도가 왜 무언가로 느껴져야 할까? 이 문제에 체계적으로 답하기 위해 먼저 마음과 자아의 공통된 기반으로 여겨지는 유기체의 내부 상태를 묘사하는 독특한 느낌, 이른바 원초적 느낌에 주안점을 두고자 한다. 기존에도 감각질 I 문제를 해결하기 위해 이런 접근법을 시도한 바 있기에, 여기에서부터 이야기를 풀어 가려 한다. 만약 유기체의 상태에 대한 느낌이 모든 지각 지도에 반드시 수반된다면, 우리는 먼저 그 느낌 자체가 어디에서 기원하는지부터 추적해야 할 것이다.

 몇 가지 중요한 사실을 염두에 두고 논의의 첫발을 내딛어 보기로 하자. 느낌 상태는 일차적으로 일부 뇌간핵에서 발생하는데, 이들 핵은 서로 긴밀히 연결되어 있으면서 유기체 내부로부터 전송되는 고도로 통합된 복합 신호들의 수신자 역할을 한다. 생명을 유지하기 위해 신체 신호를 활용하는 과정에서 이들 뇌간핵의 활동은 신체 신호를 변환한다. 이 과정은 신체가 중추신경계와 소통하고, 다시 중추신경계가 신체로 메시지를 되돌려 보내는 순환 회로looped circuit 안에서 일어나며, 이로 인해 신호 변환이 더욱 강화된다. 이런 신호들은 그 출처인 유기체 상태와 분리될 수 없으며, 이 과정 전체가 하나의 역동적이고 결합된 단위를 이룬다. 나는 이 단위가 신체 상태와 지각 상태가 기능적으로 융합된 결과라고 가정한다. 그래서 두 영역의 경계가 사실상 사라진다고 본다. 신체 내부에 관한 신호를 뇌로 전달하는 신경세포는 신체 내부 구조와 매우 긴밀하게 연동되어 있어서 이 신호는 단순한 육체 상태에 관한 정보 전달을 넘어 실제로 육체 그 자체의 연장선상에 놓이게 된다. 다시 말해 신경세포들이 생명 활동을 완벽히 시뮬레이션하면서 결국 유기체와 하나가 되는 것이다. 결론적으로 이처럼 복잡하게 얽힌 뇌간핵의 상호 연결성 속에서 느낌이, 특히 원초적 느낌이 왜 무언가로 느껴지는지 설명할 단초를 찾을 수 있을 것으로 기대된다.

하지만 앞 절에서 제안한 바와 같이, 이제 논의를 신경세포의 소회로 수준까지 더 깊이 확장해 볼 수 있다. 신경세포는 다른 생체 세포로부터 분화되어 나왔기 때문에, 기능적으로는 다르지만 유기적으로는 비슷하다는 측면이 있다. 바로 이런 유사성이 새로운 아이디어의 실마리를 제공한다. 신경세포는 신체로부터 신호만을 받는 마이크로 칩이 아니다. 내부감각을 담당하는 감각신경세포는 다른 신체 세포들로부터 신호를 받도록 특화된 살아 있는 세포이다. 한 걸음 더 나아가 세포 생명 자체에도 '느낌'이라는 기능의 전신 forerunner이라 할 만한 특징이 존재한다. 단세포생물 역시 위협적인 침입에 '민감하게' 반응한다. 아메바를 찌르면 몸을 움츠려 자극을 피하고, 짚신벌레를 찌르면 헤엄쳐 그 자리에서 멀리 달아난다. 우리는 이런 행동을 관찰할 때 익숙하게 '태도'라는 말을 사용하곤 한다. 물론 세포가 자신이 무엇을 하고 있는지를, 더 정확히 말하면 우리가 위협을 피할 때처럼 의식적으로 행동한다는 의미에서 그 사실을 알고 있는 것은 아니라는 점도 잘 알고 있다. 그런데 이 행동의 또 다른 측면, 즉 세포 내부에서 일어나는 상태 변화는 어떻게 이해해야 할까? 세포에는 뇌가 없고 찔림을 '느낄' 마음조차 없지만, 그럼에도 반응하는 이유는 세포 내부에서 무언가가 달라지기 때문이다. 이 상황을 신경세포에 대입해 보면, 그 내부에는 점점 더 확장되는 세포 회로들을 통해 조절되고 증폭될 수 있는 물리적 상태가 있을 수 있다. 그리고 바로 여기에서 동일한 수준에서 출현하는 원인지의 귀중한 대응물인 원느낌이 생겨날 수 있다.

신경세포는 명실상부 이런 반응 능력을 갖추고 있다. 신경세포 특유의 '민감성' 혹은 '자극 감수성'에 착안해 로돌프 이나스는 다음과 같은 가설을 제시했다. 느낌은 신경세포의 특화된 감각 기능에서 생겨나되, 단일세포 차원이 아닌 회로의 일부로 작동하는 대규모 신경세포 집단 속에서 구체적으로 발현된다는 것이다.[52] 이 관점은 내가 2장에서 주장한 논지와도 일맥상통한다. 즉 자아 과정에서 드러나는 '집단적 생존 의지'는 유기체 내부에서 서로 연결된 수많은 단일세포들이 함께 협력하는 태도에서 기인한다는 것이다. 이 아이디어는 개별 세포의 십시일반 기여가 전체를 이룬다는 개념에서 출발한다. 예컨대 수많은 근육세포들이 실제로 힘을 합쳐 동시

---

52 Llinás, *I of the Vortex*(한국어판은 『꿈꾸는 기계의 진화』).

에 수축할 때 하나의 집중된 강력한 힘이 만들어지는 것과 같은 원리이다.

이 발상은 여러모로 중요한 함의를 담고 있다. 신경세포가 다른 신체 세포들과 구별되는 독특한 점은 상당 부분 근육세포처럼 자극에 쉽게 흥분하는 성질에서 비롯된다. 이런 흥분성은 전하를 띤 이온이 축삭의 길이에 따라 이 영역 저 영역으로 이동할 수 있게 해 주는 세포막의 국소적 투과성에서 유래한 속성이다. N. D. 쿡은 세포막이 일시적이지만 반복적으로 열리는 구조임에 주목한다. 그는 이것이 신경세포 내부의 생명 현상을 보호하는 견고한 방어벽을 허무는 행위이자, 바로 그러한 구조적 취약성 덕분에 신경세포가 원느낌의 순간을 생성할 수 있는 적임자가 될 수 있다고 본다.[53]

물론 이것이 느낌이 어떻게 발생하는지에 대한 결정적 설명이라고 단정할 수는 없지만, 이런 탐구 기조는 추구할 가치가 있다고 생각된다. 또한 이런 발상이 양자$_{quantum}$ 효과를 등에 업고 신경세포 수준에서 의식의 기원을 찾고자 하는 기존의 시도들과 혼동되어서는 안 된다는 점도 분명히 하고 싶다.[54]

신체의 지각 지도가 왜 무언가처럼 느껴져야 하는지에 대한 또

---

53 N. D. Cook, "The Neuron-level Phenomena Underlying Cognition and Consciousness: Synaptic Activity and the Action Potential", *Neuroscience* 153, 2008, pp. 556~570.

54 R. Penrose, *The Emperor's New Mind: Concerning Computers, Minds, and the Laws of Physics*, Oxford: Oxford University Press, 1989(한국어판은 로저 펜로즈, 『황제의 새 마음: 컴퓨터, 마음, 물리법칙에 관하여』(상·하), 박승수 옮김, 이화여자대학교출판문화원, 1996); S. Hameroff, "Quantum Computation in Brain Microtubules? The Penrose-Hameroff 'Orch OR' Model of Consciousness", *Philosophical Transactions of the Royal Society A: Mathematical, Physical and Engineering Sciences* 356, 1998, pp. 1869~1896.

다른 심층적 답변은 진화론적 추론을 요구한다. 유기체가 고통은 피하고 쾌락은 추구하도록 신체의 지각 지도가 효과적으로 작용하기 위해서는, 막연하게 그냥 무언가처럼 느껴지는 것만으로는 부족하다. 그것은 반드시 특정한 방식으로 느껴지도록 조성되어 있어야만 한다. 고통과 쾌락 상태에 대한 신경적 구성은 진화 초기에 이미 싹을 틔웠을 것이고, 그 이후의 진화 과정에서 일등 공신이었을 것이다. 모름지기 이런 공헌은 내가 강조해 온 신체-뇌 융합에 기반한 것이라고 여겨진다. 특히 신경계가 출현하기 이전의 뇌가 없는 유기체들조차도 오늘날 우리가 고통과 쾌락으로 경험하는 것에 견줄 만한 명확하게 규정된 신체 상태를 이미 보유하고 있었던 것으로 보인다. 신경계가 출현하면서 이런 상태들을 보다 정밀한 신경 신호로 표상할 수 있는 수단이 발달했을 테고, 그 과정에서 신경 요소와 신체 요소는 단단히 결합되어 작동했을 것이다.

우리는 쾌락과 고통 사이의 기능적 대비에서 제기되는 의문을 새로운 시각으로 해석할 수 있다. 쾌락은 생명 유지 기능이 최적화되어 순조롭게 진행되는 상태와 관련되고, 반대로 고통은 생명 유지 기능이 방해받고 여러 문제들이 산재한 상태와 관련된다. 이처럼 상반된 두 극단의 상태는 특정한 화학 분자의 분비와 연동되어 있으며, 이 분자들은 두 가지 작용을 한다. 하나는 인체 본연의 기능(대사 작용 및 근육 수축에 영향을 미치는)과 다른 하나는 뇌(새로운 지각 지도와 회상된 지각 지도가 처리되는 방식을 조절할 수 있는)에 미치는 영향이 그것이다. 다른 이유들은 차치하더라도, 쾌락과 고통이 상이하게 느껴지는 가장 큰 이유는 이들이 전혀 다른 신체 상태를 지도화하기 때문이다. 마치 특정 붉은색이 특정 파란색과 구별되는 이유가 파장이 다르기 때문이고, 소프라노의 음성이 바리톤의 음성과 구별되는 이유가 소리 주파수가 더 높기 때문인 것처럼 말이다.

우리 몸 안에서 오는 정보가 수많은 화학 분자들을 통해 혈류를 타고 직접 뇌로 전달된다는 사실은 생각보다 자주 간과된다. 이 분자들은 혈액뇌장벽이 없는 뇌의 일부 영역, 즉 뇌간의 맨아래구역과 뇌실주위기관 circumventricular organ 으로 통칭되는 다양한 부위를 적신다. 이때 잠재적으로 활성화될 수 있는 분자의 수를 '수많은'이라고 표현한 것이 결코 과장이 아닌 까닭은 기본적으로 나열할 수 있는 목록만 해도 수십 종에 달하기 때문이다(신경전달물질/신경조절물질을 거론할 때 빠지지 않고 언급되는 노르에피네프린, 도파민, 세로토닌, 아세틸콜린을 비롯해 스테로이드계 호르몬이나 인슐린, 아편유사제 등까지 포함된다).

혈액이 이런 수용 영역에 도달하면, 적합한 분자가 신경세포를 직접 활성화시킨다. 예컨대 독성 물질이 뇌간의 맨아래구역에 작용하면 구토 같은 방어 반응이 유발되는 것이 바로 이런 기전을 통해서이다. 그런데 이런 영역들에서 발생하는 신호들은 과연 또 무엇을 유발할까? 가장 그럴듯한 가설은 이 신호들이 느낌을 생성하거나 조절한다는 것이다. 이들 부위에서 뻗어 나가는 신경 투사는 고립로핵에 밀집되어 있지만, 동시에 뇌간의 다른 핵들, 시상하부, 시상, 대뇌 피질까지 넓게 퍼져 있다.

느낌과 관련된 논란이 해결된다면, 감각질 II 문제의 나머지 부분은 상대적으로 수월해 보인다. 시각 지도를 예시로 검토해 보자. 시각 지도란 형태, 색상, 움직임, 깊이 등 시각적 속성의 개요를 그려 내는 것이다. 이렇게 여러 층의 지도를 상호 연결하는 것, 다시 말해 각각의 신호를 섞어서 결합하는 것은 복합적인 다차원적 시각 장면을 연출하기 위한 올바른 조치이다. 여기에 시각 경로를 따라 들어오는 눈 주위의 피부감각 정보와 느낌의 요소 등이 추가되면, 우리는 보는 대상을 완벽하게 '감각질화된' 방식으로 경험하게 된다고 추론할 수 있다.

그렇다면 지각 대상의 질적 변별성을 위해 어떤 추가적인 복잡성이 필요할까? 그 핵심 요소 중 하나는 정보를 받아들이는 감각 경로 자체에 있다. 감각 경로의 차이는 앞서 말한 대로 관점을 정할 뿐 아니라 지각 대상의 질적 특성을 만들어 내는 데에도 견인차 역할을 한다. 어떻게 이런 일이 가능하단 말인가? 우리는 요요 마의 연주에서 그 특유의 음색을 식별할 수 있고, 그런 소리 지도가 뇌의 어디에서 작성되는지도 안다. 하지만 우리는 귓속에서 들리는 소리와 귀를 통해 느껴지는 소리도 함께 듣는다. 우리가 귀로 소리를 느끼는 이유는 십중팔구 두 종류의 신호 흐름을 열심히 지도화하기 때문일 것이다. 하나는 달팽이관을 포함한 전체 청각 신호 전달 경로를 따라 감각 수용기로 들어오는 정보이며, 다른 하나는 감각기관을 둘러싼 신체 구조들에서 유입되는 동시 발생 신호들이다. 청각의 경우 귀와 외이도를 덮고 있는 상피조직$_{epithelium}$(피부)뿐 아니라 고막, 그리고 음향 진동을 달팽이관으로 전달하는 이소골계를 지지하는 조직들까지 이에 포함된다. 여기에 더해 우리는 음원 쪽으로 신체를 자동으로 맞추기 위해 무의식적으로 머리와 목을 크고 작게 계속 움직이는데, 이 역시 감각에 영향을 미치는 중요한 요소이다. 이런 움직임은 시각의 응시 과정에서 일어나는 안구와 주변 안근 그리고 피부가 끊임없이 변화하는 것과 비슷한 청각적 대응이라 볼 수 있다. 이처럼 주변 감각 기제들이 통합적으로 작용하면서 우리의 지각 경험에는 고유한 질감의 결이 더해진다.

냄새를 맡거나 맛을 보거나 촉감을 느끼는 경험 역시 동일 메커니즘을 통해 이루어진다. 예컨대 코점막에는 냄새 분자에 직접 반응하는 후각 신경 종말olfactory nerve endings이 있어서 우리는 향기를 하나의 지도로 그려 내고, 재스민이나 샤넬 N° 19 같은 향취를 우리 자신과의 만남처럼 경험할 수 있다. 그런데 우리가 실제로 냄새가 올라오는 것을 느끼는 부위는 코점막의 또 다른 신경 종말에서 비롯되는데, 바로 초밥에 와사비를 너무 많이 넣어 재채기가 날 때 자극받는 그 신경 종말이다.

마지막으로 한 가지 더 주목해야 할 점은 뇌가 신체의 말초 부위, 보다 정확히는 특수 감각기관이 위치한 말초 영역을 향해 신호를 역방향으로 보낸다는 사실이다. 감각 정보는 말초에서 뇌로 올라오지만, 실제로는 뇌가 다시 감각기관으로 신호를 보내는 피드백 경로도 존재한다. 청각 같은 감각 경로에서는 이 역방향 경로가 느낌을 만들어 내는 뇌간-신체 회로만큼 강하게 작용하지는 않지만, 이런 신호 덕분에 뇌와 말초 감각기관 사이, 즉 감각 사슬의 두 시작점 사이를 이어 주는 기능적 연결고리를 형성하게 된다. 이런 순환 구조는 추가적인 반향 과정을 가능하게 한다. 또한 뇌로 입력되는 신호 흐름이 다시 그 신호가 기원한 '육체'로 되돌아가는 출력 흐름과 마주침으로써 내부 세계와 외부 세계의 통합에 기여하게 된다. 이런 구조가 실재한다는 사실은 이미 규명되었다. 청각계가 그 대표적인 예이다. 달팽이관은 뇌로부터 피드백 신호를 받는데, 이 피드백 메커니즘의 균형이 깨지면 달팽이관의 유모세포가 본래의 책무인 소리 전달 대신 스스로 음을 방출하기도 한다. 이런 이유로, 감각기관의 회로에 대한 심도 깊은 연구가 앞으로 더욱 절실하다.[55]

나는 지금까지의 논의가 이 문제의 상당 부분을 풀어냈다고 확신한다. 그 까닭은 우리 마음속에서 세 가지 유형의 지도가 하나로 집약되는 데 성공했기 때문이다. 그 세 가지 지도란 (1) 시각, 청각, 후각 등 특화된 감각기관이 만들어 내는 감각 신호의 지도, (2) 이런 감각기관이 자리잡고 있는 신체의 감각 통로 내 활동 지도, (3) 앞의 두 지도가 생성한 결과에 대한 감정적-느낌적 반응, 즉 감각질 I 반응의 지도이다. 이런 지각은 서로 다른 유형의 감각 신호가 뇌간이나 대뇌 피질의 마음 생성 지도 안에서 통합될 때, 비로소 우리가 현재 경험하는 형태로 나타난다.[56]

---

[55] D. T. Kemp, "Stimulated Acoustic Emissions from Within the Human Auditory System", *Journal of the Acoustical Society of America* 64, no. 5, 1978, pp. 1386~1391.
[56] 감각질 II 문제를 둘러싼 논쟁 중 하나는 유사한 신경세포들이 질적으로 다른 신경 상태를 만들어 낼 수 없을 것이라는 가정에서 출발한다. 하지만 이 가정은 재고의 여지가 많다. 표면적으로는 신경세포들의 작동 원리가 비슷해 보일 수 있지만, 서로 다른 감각계에 속한 신경세포들은 본질적으로 이질적인 특성을 지닐 가능성이 높다. 그 출현 시점 또한 진화적으로 다르며, 기능적 목록 역시 꼭 같지 않을 수 있다. 특히 체감각을 매개하는 신경세포들의 경우 느낌의 발현에 결정적인 역할을 할 수 있는 고유한 특성을 갖추었을 가능성이 제기된다. 더 나아가 동일한 감각피질 복합체 내에서조차 각 하위 영역 간의 상호작용 패턴은 크게 다를 뿐 아니라 이런 차이는 감각 질감의 구성 방식에도 영향을 미칠 수 있다.

감각질과 자아

감각질 I과 감각질 II는 자아 형성 과정과 어떻게 결부될까? 감각질의 두 측면은 모두 마음 형성에 결정적이므로, 감각질은 곧 자아를 구성하는 내용의 일부가 된다. 따라서 자아의 생성은 마음 형성의 결과를 반영하는 셈이다. 그런데 다소 역설적으로 감각질 II는 원자아의 모태이기도 하다. 이 때문에 감각질 II는 마음과 자아 사이에 걸쳐 있는 일종의 하이브리드한 전이transition 영역에 놓이게 된다. 감각질을 가능하게 하는 신경 설계는 뇌에 느껴지는 지각, 즉 순수한 경험의 감각을 제공한다. 그리고 이 과정에 주체가 개입되는 순간, 그 경험은 이제 막 새롭게 태어난 소유자인 자아에 의해 '나의 것'으로 주장된다.

현재 우리는 말초 감각기관의 미세 회로를 이제 막 이해하기 시작한 단계에 불과하다. 더더욱이 감각기관에서 발생한 초기 데이터를 처리하고 지도를 제작하는 피질 중계소나 대뇌 피질 내의 세부 회로 구조에 대해서는 더욱 미지의 영역이나 다름없다. 이런 중계소 사이의 양방향 연결성, 특히 뇌에서 말초로 향하는 역방향 경로에 대해서는 거의 알려진 바가 없다. 예컨대 일차 시각 피질(V1 또는 영역 17)이 시상의 외측 슬상체핵으로 보내는 신호는 왜 그 반대 방향으로 보내는 신호보다 많을까? 이는 상당히 기묘한 현상이다. 뇌는 외부 세계로부터 신호를 수집해 자기 자신의 구조로 끌어들이는 기제를 갖고 있다. 이런 '하향 및 외향' 경로는 분명 무언가 유용한 기능을 수행하고 있을 것이다. 그렇지 않다면 진화의 자연선택 과정에서 이미 사라졌을 것이기 때문이다. 하지만 그 내막은 여전히 비밀에 붙여진 채 해명되지 않고 있다. 역방향 투사의 가장 일반적인 설명은 피드백 수정이지만, 그것이 전부일 리는 없다. 대뇌 피질 자체 내에서 역방향 투사는 수렴-발산 구조에서 제안된 대로 '역활성화'로 작용한다고 나는 확신한다. 예컨대 망막의 정보 처리가 단순히 안구와 그 주변부로부터의 시각적 신호에만 국한되는 것일까? 아니면 체감각과 같은 비시각적 정보도 뇌로 전달될 수 있을까? 빨간색을 보는 것과 첼로 소리를 듣는 것, 치즈 냄새를 맡는 것이 왜 다른지에 대한 상당 부분의 실마리는 이런 심층적인 탐구에서 풀릴 수 있다.

남겨진 의문

뇌가 어떻게 의식을 가진 마음을 만드는지 알아내는 그 지난한 탐구는 아직 끝나지 않았다. 의식이라는 현상을 둘러싼 신비는 그 베일이 조금은 벗겨졌다고는 하나, 여전히 많은 부분이 미스터리로 남아 있다. 그렇다고 해서 이 문제와의 씨름을 멈추고 손을 놓기에는 아직 이르다.

의식의 신경학, 그리고 마음-뇌 문제의 신경학에 대해 논의를 진척하다 보면, 보통 두 가지의 노골적인 과소평가로 인해 자주 벽에 부딪힌다. 첫 번째는 인체 자체의 복잡한 세부 구조와 정교함을 충분히 고려하지 않는다는 점이다. 우리의 몸은 미세한 공간 구조와 촘촘한 네트워크로 가득 차 있고, 이 형태적·기능적 미시 세계는 뇌로 신호를 송출하고 지도화될 수 있으며, 그렇게 생성된 지도는 다양한 목적에 활용될 수 있다는 사실을 종종 간과한다. 이런 신호의 가장 유력한 초기 목적은 조절이다. 뇌가 신체 시스템의 상태를 설명하는 정보를 받아야만, 비의식적이든 의식적이든 적절한 반응을 조직화할 수 있기 때문이다. 감정의 느낌은 이런 신호 전달의 자연스러운 결과이다. 물론 이런 느낌이 오늘날 우리네 의식적인 삶과 사회적 관계에서 큰 비중을 차지하게 되었지만 말이다. 같은 맥락에서 이미 밝혀졌거나 앞으로 발견될 다른 신체 과정들 역시 여러 층위에서 우리의 의식적 경험에 영향을 미치는 요소로 증명될 수 있고, 실제로 그럴 가능성이 높다.

두 번째 과소평가는 바로 뇌 자체에 관한 것이다. 뇌가 무엇이고, 무엇을 하는지 우리가 완전히 이해하고 있다고 전제하는 것은 순진한 착각이다. 그럼에도 작년보다는 올해 더 많이 알고 있고, 10년 전에 비하면 지식의 양은 천양지차이다. 참을 수 없이 신비롭고 난해하기 이를 데 없는 문제들조차도 결국에는 생물학적으로 해명될 날이 올 것이다. 문제는 가능 여부가 아니라 시기의 문제일 따름이다.

제4부

의식 이후 기나긴 시간이 흐르고

11장
의식과 더불어 살아가기

의식이 살아남은 이유

생명의 역사 속에서 어떤 특성이나 기능이 살아남느냐 퇴보하느냐 하는 문제는 그것이 생명체의 성공에 얼마나 기여했는지에 달려 있다. 한마디로 의식이 진화 과정에서 살아남은 이유는 그것이 의식을 가진 종의 생존에 크게 이바지했기 때문이다. 의식은 마치 전쟁에서 승리한 개선장군처럼, '왔노라, 보았노라, 이겼노라'를 외치며 세상에 등장해 모든 것을 정복했다. 그 뒤로도 의식은 줄곧 번성해 왔고, 이제는 사라질 기색조차 보이지 않는다.

그렇다면 의식은 실제로 어떤 기여를 했는가? 의식은 눈에 띄는 것부터 미묘하게 감추어져 있는 것까지 생명을 관리하는 과정에서 실로 다재다능한 역할을 해 왔다. 바로 여기에 답이 있다. 가장 기본적인 수준에서조차 의식은 환경 조건에 대한 반응을 최적화하는 데 일조한다. 의식 있는 마음에서 처리된 이미지들은 환경에 대한 세부 정보를 제공하고, 그에 따라 위협을 물리치거나 먹이를 포획하는 데 필요한 정확한 움직임처럼 생존에 필수적인 반응을 더 정밀하게 만든다. 하지만 이런 이미지의 정밀함은 의식이 주는 이점 중 극히 일부에 불과하다. 의식을 가진 마음의 최대 강점은 외부 환경에 대한 이미지 처리가 단순한 정보 수집이 아니라는 것이다. 이 과정은 자아가 형성한 특정 내부 이미지들, 말하자면 자신을 살아 있는 존재로 표상하는 이미지들에 의해 방향이 설정된다. 자아는 마음의 작동을 집중시키고, 외부 대상이나 사건과 조우할 때 동기를 부여한다. 그뿐만이 아니다. 뇌 바깥 세계를 탐색할 때 유기체가 맞닥뜨리는 가장 최우선 과제인 생명을 어떻게 성공적으로 조절할 것인가 하는 문제에 관심을 일깨운다. 이런 관심은 자아 과정을 통해 자연스럽게 생겨나는데, 그 바탕에는 원초적이면서도 변형된 신체감각이 자리 잡고 있다. 이처럼 자연발생적으로 느껴지는 자아는 자신의 정동 상태affective의 방향성valence 과 강도에 따라 매 순간 달라지는 관심과 필요의 정도를 직접적으로 신호한다.

 의식의 과정이 더욱 복잡해지고, 기억, 추론, 언어 등 공진화한 기능들이 더해지면서 의식은 훨씬 더 다채로운 혜택을 가져다주었다. 무엇보다 그 혜택은 계획과 숙고 분야에서 두드러지며, 열거할 수 있는 장점들은 부지기수이다. 이제 의식은 가능한 미래를 내다보고, 자동 반응을 지연시키거나 억제할 수 있게 되었다. 진화상 새로운 능력으로 꼽을 만한 대표적인 예가 지연된 만족이다. 이것은 지금 당장 좋은 것을 더 나은 미래를 위해 미루거나, 혹은 당장의 이익이 장기적으로 해가 될 수 있다고 판단될 때 기꺼이 포기하는 능력을 일컫는다. 이런 의식의 추이는 기본적인 생리적 항상성을 더 섬세하게 관리할 수 있게 만들었고, 궁극적으로는 사회문화적 항상성의 발단이 되기도 했다(이 주제는 이 장의 후반부에서 다시 다룰 예정이다).

복잡한 뇌를 지닌 많은 비인간종들에게서도 의식적이고 상당히 유능한 행동들이 자주 관찰된다. 이런 사례는 곳곳에 포진되어 있는데, 특히 포유류에서 가장 눈에 띈다. 하지만 인간의 경우 확장된 기억과 추론, 언어 능력에 힘입어 의식은 현재 그 정점에 이른 것으로 보인다. 내가 보기에 인류는 인식자로서의 자아를 한층 강화하는 한편 인간 조건이 처한 위기와 가능성을 더 명확히 포착함으로써 이런 최고점에 도달할 수 있었다. 한편 자연의 결함과 삶의 우여곡절drama이 속속들이 폭로되고, 눈앞에 펼쳐진 온갖 유혹과 별의별 악을 마주하게 되면서, 일각에서는 이렇게 강변할지도 모른다. 이런 발견으로 우리에게 순수성의 상실이라는 비극적 후과後果를 초래했다고 말이다. 하지만 그렇다고 해도 그것은 우리가 선택할 수 있는 사안이 아니다. 의식은 지식 성장과 과학기술의 진보를 이끌어 낸 숨은 주역이다. 이 두 가지 모두는 인간 의식을 통해 인류가 마주한 난관과 기회를 헤쳐 나가는 대표적인 방도임에는 틀림없다.

자아의 통제 이슈

의식이 주는 이점을 논하는 자리에서 꼭 살펴보아야 할 중요한 사실이 하나 있다. 우리가 행동을 실행에 옮길 때, 그것이 대부분 비의식적 과정의 지배를 받는다는 사실을 뒷받침하는 실증적 증거들이 이제는 넘쳐날 만큼 꾸준히 쌓여 있다는 것이다. 이런 현상은 다양한 상황에서 빈번히 관찰되며, 충분한 가치를 내포하고 있다. 비근한 예로, 자동차 운전이나 악기 연주 같은 기술 실행 과정에서도 두루 확인되고, 사회적 상호작용 속에서도 자주 목격된다. 이미 확실히 입증된 것도 있고 그렇지 않은 것도 있지만, 인간 행동에 비의식이 개입한다는 증거들은 종종 잘못 해석되기 쉽다. 벤자민 리벳을 필두로 댄 웨그너와 패트릭 해거드 등 많은 연구자들이 규명했듯, 우리가 언제 어떤 행동을 시작했는지에 대한 주관적인 인상이 실제와 다를 수 있다는 사실로 인해 자아가 주도하는 의식적 통제의 가치를 쉽게 과소평가하게 된다.[1] 또한 이런 실험 결과들은 사회심리

---

1   이런 발견을 뒷받침하는 풍부하고 의미 있는 연구 문헌들이 축적되어 있다. H. H. Kornhuber and L. Deecke, "Hirnpotentialänderungen bei Willkürbewegungen und passiven Bewegungen des Menschen: Bereitschaftspotential und reafferente Potentiale", *Pflugers Archiv für Gesamte Psychologie* 284, 1965, pp. 1~17; B. Libet, C. A. Gleason, E. W. Wright, and D. K. Pearl, "Time of Conscious Intention to Act in Relation to Onset of Cerebral Activity (Readiness-potential)", *Brain* 106, 1983, pp. 623~642; B. Libet, "Unconscious Cerebral Initiative and the Role of Conscious Will in Voluntary Action", *Behavior and Brain Sciences* 8, 1985, pp. 529~566.
그 외에도 이 분야의 학술적 발전에 공헌한 주요 연구자들은 다음과 같다. D. M. Wegner, *The Illusion of Conscious Will*, Cambridge, Mass.: MIT Press, 2002; P. Haggard and M. Eimer, "On the Relationship Between Brain Potentials and the Awareness of Voluntary Movements", *Experimental Brain Research* 126, 1999, pp. 128~133; C. D. Frith, K. Friston, P. F.

학에서 제시되는 다양한 증거들과 함께 인간의 전통적인 책임 개념을 재고해야 한다는 논거로 자주 인용되고 있다. 만약 의식적 추론과는 별개인 요인들이 인간의 행태를 결정짓는데 크게 영향을 미친다면, 인간은 과연 자신의 행동에 책임이 있다고 할 수 있을까?

이와 같은 발견을 두고 해석은 분분하다. 하지만 피상적으로 받아들이거나 확대 해석하려는 일부 움직임에 비해 실제로 제기된 문제는 그리 심각하지 않다. 첫째, 비의식적 처리가 실재하며 우리의 행동을 통제할 수 있다는 사실에는 더 이상 이견이 없다. 게다가 이런 비의식적 통제는 환영할 만한 현실로, 앞으로 살펴볼 것처럼 우리에게 분명한 이점을 제공한다. 둘째, 비의식적 과정은 상당 부분 다양한 방식으로 의식적 지시를 받는다. 쉽게 말해 행동을 통제하는 방식으로는 의식적인 것과 비의식적인 것, 두 가지 유형이 있다고 하더라도 비의식적 통제 역시 부분적으로는 의식적으로 형성되고 수정될 수 있다. 인간의 유년기와 청소년기가 긴 것도 우리 뇌의 비의식적 과정을 교육하고, 의식적 의도와 목표에 부응하는 통제 방식을 비의식적 뇌 공간 안에 구축하는 데 오랜 시간이 걸리기 때문이다. 이토록 느린 교육과정은 의식적 통제의 일부를 무의식적 서버로 옮기는 과정으로 비유할 수 있지만, 그렇다고 해서 의식적 통제를 다분히 인간 행동에 혼란을 초래할 수 있는 비의식적 힘에

Liddle, and R. S. J. Frackowiak, "Willed Action and the Prefrontal Cortex in Man: A Study with PET", *Proceedings of the Royal Society of London*, Series B 244, 1991, pp. 241~246; R. E. Passingham, J. B. Rowe, and K. Sakai, "Prefrontal Cortex and Attention to Action", *Attention in Action*, ed. G. Humphreys and M. Riddoch, New York: Psychology Press, 2005.

전부 넘겨준다는 뜻은 아니다. 이런 입장을 설득력 있게 옹호한 연구자가 패트리샤 처칠랜드이다.2

의식은 비의식적 과정이 존재한다고 해서 평가절하되지 않는다. 오히려 비의식적 과정은 의식의 작동 범위를 넓히는 계기가 된다. 또한 뇌가 정상적으로 작동한다면, 비의식적 차원에서 건강하고 활력 있게 어떤 행동을 한다고 해서 그 행동에 대한 개인의 책임이 저절로 경감되지 않는다.

궁극적으로 의식적 과정과 비의식적 과정 사이의 상호 관계는 공진화한 기제가 만들어 낸 뜻밖의 기능적 협력 구조를 보여 주는 또 다른 사례이다. 비의식적 마음이 선점하던 환경하에서 후발 주자인 의식은 필연적으로 행동을 직접 통제하는 역할을 맡게 되었다. 비의식적 마음이 상당히 긍정적 성과를 거둔 것은 사실이지만, 그 효율성이 보편적으로 보장되지는 않았다. 다시 말해 비의식 중심의 운영에는 항상 개선의 여지가 있었다. 의식은 먼저 비의식적 실행 체계의 일부를 선택적으로 제지한 다음, 곧바로 그 체계를 정밀하게 탐색하는 과정을 거쳐 미리 계획하고 결정한 행동을 실행하는 방식으로 성숙해졌다. 결과적으로 비의식적 처리 과정은 행동

---

2   해당 문제와 관련한 보다 탄탄한 총설로는 다음 참조. C. Suhler and P. Churchland, "Control: Conscious and Otherwise", *Trends in Cognitive Sciences* 13, 2009, pp. 341~347; J. A. Bargh, M. Chen, and L. Burrows, "Automaticity of Social Behavior: Direct Effects of Trait Construct and Stereotype Activation on Action", *Journal of Personality and Social Psychology* 71, 1996, pp. 230~244; R. F. Baumeister et al., "Self-regulation and the Executive Function: The Self as Controlling Agent", *Social Psychology: Handbook of Basic Principles*, 2nd ed., ed. A. Kruglanski and E. Higgins, New York: Guilford Press, 2007; R. Poldrack et al., "The Neural Correlates of Motor Skill Automaticity", *Journal of Neuroscience* 25, 2005, pp. 5356~5364.

실행을 위한 효율적이고 편리한 수단으로 자리 잡게 되었고, 의식은 더 심도 있는 분석과 계획에 더 많은 시간을 확보할 수 있게 되었다.

집으로 걸어가면서 어느 쪽 길로 갈지 고민하는 대신 우리는 당면한 문제 해결책을 강구하기도 한다. 그럼에도 우리는 무사히 집에 도착할 수 있다. 이때 우리는 학습곡선을 따라 기존의 반복된 의식적 연습으로 익혀 둔 비의식적 기술의 수혜를 입고 있는 셈이다. 집으로 걸어가는 내내 우리의 의식이 신경 쓴 것은 단지 전체적인 목적뿐이었고, 나머지 의식적 과정은 창의적인 용도로 자유자재로 쓸 수 있었다.

같은 원칙이 음악가와 운동선수가 전문적인 기량을 발휘할 때도 똑같이 적용된다. 그들의 의식적 처리는 목표 달성, 기록 갱신, 위험 요소 회피, 예상치 못한 상황 감지 등 승부가 갈리는 순간에 집중된다. 그리고 나머지는 연습, 연습, 또 연습이다. 그것이 제2의 본성으로 몸에 배었을 때, 비로소 카네기 홀에 입성할 수 있는 길이 열릴 것이다.

마지막으로 의식-무의식의 협력적 상호작용은 도덕적 행동에도 동일하게 적용된다. 도덕적 행동은 오랜 시간 반복적인 연습을 거쳐 습득되는 일종의 기술 장비라 할 수 있다. 처음에는 그 원칙과 근거를 의식적으로 명확히 알고 받아들이지만, 시간이 흐르면서 인지적 무의식 속에 그 정보들은 '제2의 본성'으로 자리 잡게 된다.

결론적으로 의식적 숙고라 함은 순간적인 행동 통제와는 별로 상관없는 능력이다. 도리어 미래의 행동을 계획하고, 무엇을 할지 말지를 결정하는 능력에 관한 것이다. 의식적 숙고는 일반적으로 오랜 시간이 걸리는 결정을 의미하며, 이런 결정은 며칠 혹은 몇 주가 소요되기도 한다. 이것은 한순간에 내려지는 결정과는 확연히 구별된다. 실제로 몇 분이나 몇 초 만에 성사되는 의식적 숙고는 매우 드문 일이다. 번갯불에 콩 구워 먹듯 순식간에 내리는 결정은 통상적으로는 '생각 없는' 혹은 '자동적인' 반응으로 간주된다.3 모름지기 의식적 숙고란 지식에 대한 성찰과 관련되어 있다. 우리는 인생의 중대 결정을 내릴 때 성찰과 지식을 적용한다. 그뿐만이 아니다. 우리는 사랑과 우정, 교육, 진로, 대인 관계 등을 관리하기 위해서도 의식적 숙고를 활용한다. 또한 도덕적 행동에 관한 결정 역시 협의든 광의든 의식적 숙고를 요하며, 보통은 시간을 들여 차근차근 완성된다. 물론 이런 결정은 외부 지각을 압도하는 비실시간 정신 공간에서 처리된다. 의식적 숙고의 중심에는 미래를 조망하는 자아가 있으며, 이 주체는 주의가 내부로 향한 나머지 외부 지각의 변화무쌍한 양상을 알아차리지 못한다. 이런 주의 분산에는 신경생리학적으로 아주 타당한 해명이 가능하다. 여태 살펴본 바와 같이, 이미지 처리를 담당하는 뇌 공간은 초기 감각피질이 한데 모여 있는 곳이며, 의식적 성찰 과정과 직접적인 지각 과정이 모두 이곳에서 일어난다. 그러다 보니 이 두 과정을 완전히 병렬로 처리하기에는 한계가 있어, 결국 어느 한쪽을 우선시할 수밖에 없는 구조를 취한다.

---

3 S. Gallagher, "Where's the Action? Epiphenomenalism and the Problem of Free Will", *Does Consciousness Cause Behavior?*, eds. Susan Pockett, William P. Banks, and Shaun Gallagher, Cambridge, Mass.: MIT Press, 2009.

의식적 숙고는 조직화된 자서전과 뚜렷한 정체성 위에 세워진 확고한 자아의 지휘 아래 이루어진다. 이것이 바로 의식이 이룩한 가장 위대한 성취 중 하나이다. 이런 사실을 염두에 두면, 의식을 무용지물 따위의 부수적 현상이나 있어도 그만 없어도 그만인 장식품 쯤으로 치부하는 관점, 그리고 심지어 굳이 없다손 치더라도 뇌는 생명 관리 업무를 변함없이 효과적으로, 그것도 더 수월하게 해낼 것이라는 허황된 주장 모두 반박할 수 있다. 의식은 바로 그런 종류의 성취이다. 우리는 성찰적이고 의식적인 숙고 없이는 인간의 삶터가 된 물리적·사회적 환경에서 지금과 같은 삶을 영위할 수 없다. 하지만 동시에 의식적 숙고의 산물조차도 타고난 생물학적 성향이나 문화적으로 학습된 수많은 비의식적 편향에 의해 상당히 제약받고 있는 것 또한 사실이다. 이런 현실은 행동에 대한 비의식적 통제 역시 신중하게 다루어야 할 쟁점임을 시사한다.

그럼에도 불구하고, 대부분의 중요한 결정들은 여전히 실행에 옮겨지기 훨씬 전에 의식적 마음속에서 내려진다. 이때 결정들은 모의 실험simulation과 검토를 통해 시험해 볼 수 있고, 의식적 통제를 통해 비의식적 편향의 영향을 최소화할 수 있는 길이 열린다. 결국 결정을 실행하는 일은 반복을 통해 점차 숙련된 기술로 다듬어질 수 있고, 그 과정에는 비의식적 처리, 즉 일반적인 지식과 추론을 담당하는 인지적 무의식cognitive unconscious이 개입한다. 의식적 결정은 의식적 마음에서의 성찰, 시뮬레이션, 실행으로부터 출발하지만, 그 후에는 비의식적 처리 과정을 거치며 반복적으로 강화되고, 새로운 행동으로 구체화된다. 하지만 이처럼 난삽하고 취약한 의사 결정 및 실행 체계의 의식적·무의식적 요소들은 간혹 욕구와 욕망에 휘둘려 궤도를 이탈할 수 있다. 그런 상황에서는 최후의 보루인 거부권마저 별 힘을 못 쓸 수 있다. 이른바 순간적인 억제는 약물 중독과 관련해 유명한 권고 사항을 연상시킨다. "그냥 거절하세요." 이 전략은 무해한 손가락 움직임 정도를 사전에 막는 데는 통할지 몰라도 마약이나 알코올 의존증, 폭식이나 성중독처럼 강한 욕망이나 욕구에 이끌리는 행위를 멈추기에는 턱없이 부족하다. 성공적으로 거절하려면 오랜 기간 의식적으로 준비해야 한다.

무의식에 관한 단상

우리의 뇌는 의식을 실현한 새로운 거버넌스 방식과 무의식적이며 자동적인 기존의 거버넌스 방식을 성공리에 결합해 왔다. 덕분에 비의식적 뇌 처리 과정은 의식적 결정을 뒷받침하는 임무를 충실히 해낼 수 있게 되었다. 네덜란드의 심리학자 압 데익스테르후이스의 연구는 이 같은 주장을 구체적으로 예증하는 사례이다.[4] 해당 연구 결과의 의미를 제대로 이해하려면 먼저 실험이 어떻게 설계되었는지 살펴볼 필요가 있다. 이 연구에서 실험 참가자들은 두 가지 다른 조건에서 구매 결정을 내리도록 했다. 한 조건에서는 참가자들

---

[4] Ap Dijksterhuis, "On Making the Right Choice: The Deliberation-without-Attention Effect", *Science* 311, 2006, p. 1005.

이 주로 의식적으로 숙고한 뒤 결정을 내렸고, 다른 조건에서는 주의를 산만하게 만드는 조작으로 의식적 숙고가 불가능하도록 유도했다.

이때 구매 대상 품목은 두 종류로 나뉘었다. 하나는 토스터기나 수건 같은 일상적인 소소한 생활용품이었고, 다른 하나는 자동차나 주택처럼 목돈이 들어가는 대형 품목이었다. 어떤 품목을 막론하고 모든 참가자에게는 각 제품의 장단점에 대한 폭넓은 정보가 제공되었다. 이것은 가격표까지 넣은 일종의 소비자 보고서나 다름없었기 때문에 실험 참가자들이 '최고의' 품목을 고르는 데 유용했을 것이다. 하지만 막상 결정을 내려야 하는 순간이 임박해 오자, 데익스테르후이스는 일부 참가자들에게는 선택 전에 품목 정보를 다시 한번 꼼꼼히 검토할 3분의 시간을 주었고, 다른 참가자들에게는 같은 시간 동안 아예 딴생각을 하게 만들어 집중을 흐트러뜨렸다. 참가자들은 저가 소품小品과 고가품 모두를 대상으로 똑같이 각각 3분씩 '집중 숙고' 조건과 '주의 분산' 조건을 번갈아 수행했다.

의사 결정의 질과 관련해 어떤 예측을 할 수 있을까? 일상 가정용품의 경우 사안의 중요성과 복잡성이 낮으면, 실험 참가자들이 의식적으로 곰곰이 생각하든 무의식적으로 결정하든 나름 양질의 선택을 하리라는 합리적인 예측이 가능하다. 아무리 꼼꼼한 사람이라도 두 개의 토스터기 중 하나를 고르는 일은 식은 죽 먹기니까. 반면 4도어four-door 세단처럼 비싼 물건이라면 충분히 시간을 들여 깐깐하게 따져 본 참가자들이 더 나은 결정을 내릴 것이라고 기대하는 것은 당연하다.

놀랍게도 결과는 이런 예측을 한참 빗나갔다. 의식적인 사전 숙고 없이 내려진 결정들이 모든 품목군에서 더 괜찮은 결과를 가져왔고, 특히 고가품일수록 그 차이가 두드러졌다. 이상의 결과를 종합해서 얻은 일차 결론은 다음과 같다. 자동차나 집을 살 때처럼 큰 결정을 내릴 때는 사실관계를 충분히 파악하고 장단점을 비교하되, 조급해하거나 고민하지 마시라. 그냥 결정을 내리시라. 의식적 숙고의 미덕에 대한 찬사는 여기까지이다.

두말할 나위 없이 이런 뜻밖의 결과만을 가지고 의식적 숙고를 기피해야 한다고 결론지어서는 안 될 일이다. 이 실험이 주는 진짜 메시지는 우리의 비의식적 처리 과정이 흔히 생각하는 것보다 훨씬 더 많은 종류의 추론을 할 수 있다는 것, 그리고 그 추론이 과거 경험을 통해 잘 훈련되어 있다면 시간이 부족한 상황에서 오히려 더 합리적인 결정을 내릴 수 있게 해 준다는 것이다. 실험 환경에서는 특히 고가의 물건을 고를 때, 주의를 기울여 의식적으로 고민하는 것이 최선의 결과를 낳지 못했다. 의식적 추론 공간은 한계가 있다. 주어진 시간 안에 여러 변수를 동시에 고려해야 하는데도, 정작 한 번에 집중할 수 있는 정보량이 한정되다 보니 오히려 최선의 선택에서 멀어질 수 있다. 반면 무의식적 공간은 잠재적으로 훨씬 더 큰 처리 용량을 갖추고 있기에 많은 변수를 수용하고 다룰 수 있어 짧은 시간 안에 더 나은 선택을 내릴 확률이 높다.

데익스테르후이스의 연구는 비의식적 처리 전반에 대한 이해를 뛰어넘어 몇 가지 중요한 화두를 던진다. 그중에서도 핵심은 의사 결정에 과연 얼마나 많은 시간이 필요한가 하는 문제이다. 예컨대 오후 내내 최근에 올라온 음식 리뷰를 뒤적이고, 메뉴 가격과 위치를 자신의 취향과 기분, 지갑 사정과 비교할 수 있다면, 그날 저녁은 최고의 식당을 고를 수 있을지도 모른다. 하지만 그렇게 한가롭게 시간을 쓸 만큼 현실은 녹록지 않다. 우리는 늘 시간에 쫓기고 있고, 매번 내리는 결정마다 오직 '합리적'인 선에서만 시간을 할애할 수밖에 없다. 물론 이 '합리적'이라는 기준도 결정해야 할 사안의 중요도에 따라 달라지기 마련이다. 우리는 모든 결정에 무한정 시간을 쏟을 수 없으니, 복잡한 계산에 머리 싸매기보다는 때로는 몇 가지 지름길을 택하는 편이 더 바람직하다. 희소식은 우리네 감정의 과거 흔적들이 그런 지름길을 찾는 데 길잡이 역할을 해 주고, 인지적 무의식은 바로 그 감정의 기록들을 기가 막히게 활용한다는 점이다.

이런 맥락에서 보면 나 역시 인지적 무의식이 추론 능력을 갖추고 있고, 의식에 견주어 작업 '공간'도 훨씬 더 넓다는 생각에 공감한다. 다만 이번 연구 결과를 해석함에 있어 놓치지 말아야 할 결정적 변수가 하나 있다. 실험에서 제시된 다채로운 고가의 제품군과 실험 참가자들이 기존에 경험한 감정 사이에 유의미한 상관관계가 있었다는 점이다. 비의식적 공간은 이런 암묵적 개입에 취약할 뿐 아니라 특정 선택지가 과거에 학습된 감정적-느낌적 요인과 얽힌 편향에 의해 비의식적으로 표식되어marked 있다. 그래서 오히려 더 유용한 선택으로 이끌기도 한다. 나 역시 무-의식이 지닌 장점을 전적으로 인정하지만, 그것이 감정적-느낌적 요인과 결부될 때야말로 의식의 표면 아래에서 벌어지는 심층적 인지 작용을 온전히 이해할 수 있다고 생각한다.

무엇보다도 데익스테르후이스의 실험은 무의식과 의식의 조합을 실증하고 있다. 무의식만으로 주어진 일을 해내기란 버거운 일이다. 해당 실험에서 실험 참가자들은 무의식의 힘을 빌렸지만, 비의식 과정 속에서도 다년간의 반복 훈련으로 다져진 의식적 숙고의 덕을 톡톡히 본 셈이다. 게다가 비의식 기제가 본연의 임무를 다 하는 와중에도 그들은 온전히 의식적 상태를 유지하고 있다. 마취 상태와 혼수상태의 환자처럼 의식이 소실된 상태에서는 현실 세계에서 의사 결정을 내리거나 성적 쾌락을 느낄 수 없다. 여기에서도 암묵적 수준과 명시적 수준의 절묘한 시너지 효과가 성공을 보장하는 것이다. 우리는 하루에도 수차례, 꽤 정기적으로 인지적 무의식을 호출하고, 다양한 반응 실행을 포함한 수많은 과업을 무의식의 전문성에 암암리에 위임한다.

우리가 전문성을 비의식적 공간에 아웃소싱한다는 것은, 어떤 기술을 정교하게 갈고닦아서 더는 필요한 기술적 단계를 의식하지 않게 될 때 일어난다. 처음에는 의식의 스포트라이트를 받으며 기술을 익히지만, 시간이 지날수록 그 기술은 마음의 광활한 지하로 옮겨 가서 의식적 성찰이라는 비좁은 공간이 혼잡하지 않도록 한다.

---

5 A. Bechara, A. R. Damasio, H. Damasio, and S. W. Anderson, "Insensitivity to Future Consequences Following Damage to Prefrontal Cortex", *Cognition* 50, 1994, pp. 7~15; A. Bechara, H. Damasio, D. Tranel, and A. R. Damasio, "Deciding Advantageously Before Knowing the Advantageous Strategy", *Science* 275, 1997, pp. 1293~1294.

데익스테르후이스의 실험은 의사 결정 과제에서 비의식이 미치는 영향이라는 연구 주제에 신선한 활력을 불어넣었다. 우리 연구진 역시 이 흐름이 막 시작되던 초기 단계에서 그 가능성을 입증할 수 있는 결정적인 증거를 제시한 바 있다.5 예컨대 위험과 불확실성이 내재된 상황에서 득실을 따지는 카드 게임을 할 때, 실험 참가자들은 자신의 선택 이유를 명확히 설명하기도 전에 이미 이기는 전략을 채택하기 시작하는 모습이 관찰되었다. 그보다 몇 분 전부터는 손실이 예상되는 나쁜 덱에서 카드를 뽑으려 할 때마다 참가자의 뇌에서 이례적인 정신생리학적psychophysiological 반응이 일어났고, 반대로 이득이 예상되는 덱에서 카드를 뽑을 때는 이런 반응이 나타나지 않았다. 해당 연구 결과의 가치는 피부 전도skin conductance로 측정된 이런 반응들이 실험 참가자 본인이나 관찰자의 육안으로는 전혀 알아챌 수 없다는 사실에 있다. 즉 실험 참가자의 의식 레이더에 포착되지 않은 채 부지불식간에 일어나고, 필승 전략을 향한 행동의 추이만큼이나 은근슬쩍 나타난다.6

정확히 무슨 일이 벌어지고 있는지는 아직 불투명하지만, 분명한 것은 그것이 무엇이든 그 순간의 의식적 판단이 반드시 필요한 것은 아니라는 사실이다. 의식적 직감gut feeling에 상응하는 비의식적

---

6 앨런 코위의 연구실에서 최근 수행된 일련의 실험은 '내기 패러다임'(wagering paradigm)을 활용해 우리가 진행했던 도박 실험에서 나타난 승리 전략의 선택이 무의식적으로 처리된다는 것을 재확인했다. N. Persaud, P. McLeod, and A. Cowey, "Post-decision Wagering Objectively Measures Awareness", *Nature Neuroscience* 10, no. 2, 2007, pp. 257~261; [옮긴이] 원문에는 'waging paradigm'으로 표기되어 있으나, 해당 논문 및 일반적인 학술 용례를 확인한 결과 'wagering paradigm'이 올바른 표현이므로 정확성을 위해 수정하여 표기했다.

직감이 마치 의사 결정 과정에 '전율'jolts을 일으키듯 개입해 비의식적 계산을 유리한 쪽으로 이끌고, 잘못된 선택을 미연에 방지할 수도 있다. 실상은 비의식적으로 잠재된 마음속에서는 중대한 추론 과정이 진행되고 있을 테고, 우리는 그 중간 단계를 인지하지 못한 채 그 결과만 의식 표면 위로 전달받는다. 그 과정이 어떻든 일종의 직관에 부응하는 결과가 나오지만, '아하!' 하는 깨달음의 순간 없이도 그저 묵묵히 해결책을 내놓는다.

비의식적 처리 과정이 실제로 존재한다는 사실은 수많은 연구를 통해 꾸준히 확인되어 왔다. 우리의 경제적 의사 결정 역시 순수한 합리성보다는 손실 회피나 이익에서 오는 쾌감 같은 강력한 편향에 크게 좌우된다.7 타인과의 상호작용 방식도 성별, 인종, 태도, 억양, 복장 등 온갖 편향의 영향을 받는다. 공간의 친숙함이나 디자인적 요소 등 상호작용이 일어나는 물리적 환경도 우리의 반응을 왜곡시킬 수 있고, 바로 직전에 경험한 관심사와 감정 상태가 더해지면 그 파급력은 더 커진다. 이와 더불어 시간대도 의미 있는 변수이다. 가령 배고픔이나 포만감에 따라 결정이 달라지는 것처럼 말이다. 우리는 합리적 추론을 뒷받침할 자료를 의식적으로 따져 볼 겨를도 없이, 눈 깜짝할 사이에 누군가의 얼굴에 더 호감을 갖거

---

7 D. Kahneman, "Maps of Bounded Rationality: Psychology for Behavioral Economists", *American Economic Review* 93, 2003, pp. 1449~1475; D. Kahneman and S. Frederick, "Frames and Brains: Elicitation and Control of Response Tendencies", *Trends in Cognitive Science* 11, 2007, pp. 45~46; Jason Zweig, *Your Money and Your Brain: How the New Science of Neuroeconomics Can Help Make You Rich*, New York: Simon and Schuster, 2007; J. Lehrer, *How We Decide*, New York: Houghton Mifflin, 2009.

나 은근한 신호로 그런 선호를 드러내기도 한다. 이것이 바로 개인적 삶과 시민으로서의 삶에서 중대한 결정을 내릴 때마다 더욱 신중해야 하는 이유이다.[8] 예컨대 과거의 감정에 쏠려 무의식의 기세로 어떤 집에 끌리는 정도라면 무방하다. 하지만 계약서에 서명하기 전에는 무의식이 내미는 선택지를 잠시 멈추고 진중하게 심사숙고할 필요가 있다. 직관적으로는 옳아 보여도 자료를 재검토해 보면 당초의 선택이 틀렸다고 결론지을 수도 있다. 무엇보다도 해당 분야에서의 과거 경험이 특수하거나 편향되어 있거나 정보가 충분하지 않을 때 이런 위험 부담은 한층 더 높아진다. 이런 경향은 선거에서 투표를 하거나 배심원으로 판결을 내려야 할 때 더욱 예민하게 나타난다. 감정적/비의식적 요인의 영향력은 정치 선거판과 법정 재판에서 유권자나 배심원이 맞닥뜨리는 골칫덩어리이다. 이런 영향력은 이미 널리 인식되어 있어서 지난 수십 년간 유권자의 심리를 조정하려는 참으로 가공할 만한monstorous 선거 캠페인 기제가 거대 산업으로 성장해 왔다. 또 대중에게는 잘 알려지지 않았지만, 배심원 선정 과정에서도 이와 맞먹는 수준의 정교한 전략들이 동원된다.

    현실이 이렇다 보니 돌파구는 결국 성찰과 재평가, 사실 여부 확인, 그리고 재고再考에 있다. 이런 노력은 선거 당일 투표소에 들

---

8 Elizabeth A. Phelp, Christopher J. Cannistraci, and William A. Cunningham, "Intact Performance on an Indirect Measure of Race Bias Following Amygdala Damage", *Neuropsychologia* 41, no. 2, 2003, pp. 203~208; N. N. Oosterhof and A. Todorov, "The Functional Basis of Face Evaluation", *Proceedings of the National Academy of Sciences* 105, 2008, pp. 11087~11092. 비의식적 편향에 대한 증거는 요즘 대중 서적에서도 어렵지 않게 찾아볼 수 있다.

어가기 전이나 배심원장에게 평결서를 제출하기 전에 가급적 잠시라도 시간적 여유를 갖게 해 주는데, 바로 그 시간이 신중한 판단을 위한 절호의 기회를 제공해 준다.

지금까지의 모든 연구는 감정적이든 아니든, 비의식적 영향과 비의식적 추론 단계가 실제 과업 수행에 어떤 영향을 미치는지를 예시한다. 하지만 과제의 전제가 주어질 때나 실제 결정을 내릴 때에도, 아니면 자신의 행동 결과를 인식할 때에도 실험 참가자들은 충분히 의식적인 상태에 있다. 이런 사례들은 의식적 결정 안에 비의식적 요소가 어떻게 개입하는지를 보여 줄 뿐 아니라 우리가 마치 모든 것을 의식적으로 완벽히 통제한다고 믿는 겉모습 이면에 얼마나 복잡하고 다층적인 메커니즘이 숨어 있는지 보여 준다. 그렇다고 해서 이 모든 사실이 우리의 의식적 숙고 능력을 부정하거나 우리의 행위에 대한 책임을 면피하게 하는 핑계거리가 되어 주지는 않는다.

유전적 무의식에 관한 첨언

거두절미하고 의식적 숙고가 직면해야 할 숨은 영향력 중 하나인 유전적 무의식에 대해 간단히 짚고 넘어가야겠다. 유전적 무의식이란 무엇일까? 쉽게 말해 인간의 유전체에 내재된 방대한 양의 지시 사항들을 뜻한다. 이 정보들은 인체 본연과 뇌에 고유한 표현형을 새기는 데 관여함은 물론 유기체의 활동 자체를 지원한다. 우리의 뇌 회로는 유전자로부터 기본 설계도를 물려받는데, 그 설계에는 유기체를 관리할 수 있는 최초의 비의식적 노하우 목록repertoire이 이미 들어 있다. 이런 본능적인 지식들은 생명 유지, 생사 문제, 번식이라는 가장 중추적인 생물학적 기능과 직결된다. 이와 같은 막중한 이슈들이 중심에 있기 때문에 유전체의 설계는 종종 우리가 의식적으로 내린 선택처럼 보이는 많은 행동들조차 사실은 비의식적 성향에 따라 이루어지게 만든다. 그리고 음식, 음료, 배우자, 거주 환경 등에 대한 어린 시절의 자연스런 기호嗜好 역시 한편으로는 유전적 무의식에서 비롯되지만, 다른 한편으로는 자라면서 겪는 개인적 경험에 따라 얼마든지 조절되고 변화될 수 있다.

심리학은 오래전부터 인간 행동의 무의식적 원천의 존재를 인식하고, 본능, 자동화된 행동, 충동, 동기 등의 이름으로 이를 탐구해 왔다. 최근 연구 동향을 보면 이런 무의식적 경향이 인간 뇌 속에 매우 이른 시기에 자리 잡으며, 그 바탕에는 유전적 영향이 지대하다는 점이 더욱 명확해지고 있다. 우리는 의식적 존재로서 이런 성향을 다듬고 고치려고 노력하지만, 그 영향력은 실로 광범위하고 깊다. 특히 문화의 구조까지 스며든 일부 심층적 성향들에 관해서는 더욱 그렇다. 음악, 회화, 시와 같은 예술의 초기 형태는 유전적 무의식에 깊이 뿌리내리고 있으며, 사회 공간의 구조와 규범, 관습 역시 그 지배하에 놓여 있었다. 프로이트와 융이 간파했듯, 유전적 무의식은 인간의 성적 취향의 여러 측면과도 떼려야 뗄 수 없는 관계이다. 또한 종교적 원형 서사와 고전극, 소설에서 반복되는 시대를 초월한 플롯에도 크게 이바지했는데, 이런 이야기들은 대부분 유전적으로 프로그래밍된 감정을 중심으로 전개된다. 예컨대 상식과 확실한 증거, 이성을 압도하는 맹목적 질투에 사로잡혀 오셀로는 무고한 데스데모나의 목숨을 앗아 가고, 카레닌은 불륜을 저지른 안나 카레니나를 그토록 가혹하게 응징한다. 이아고의 천인공노할 악행은 오셀로가 태생적으로 질투에 약하게 태어나지 않았다면 실패했을 것이다. 남성과 여성 간의 성적 인지 구조의 비대칭성을 비롯한 수많은 요소들이 인간 유전체에 각인되어 있고, 이런 고전 인물들의 행동 배후에도 꿈틀거리고 있다. 또한 이들은 시대가 바뀌어도 현대적 관점에서 여전히 공감을 불러일으킨다. 아킬레우스, 헥토르, 오디세우스의 치열한 남성적 공격성 역시 유전적 무의식과 연결고리가 두텁다. 오이디푸스와 햄릿이라는 두 인물도 예외는 아니다. 전자는 근친상간의 금기를 직접 깨뜨림으로써, 후자는 그 금기를 은밀히 깨부수려는 경향 때문에 둘 다 파국에 치닫는다. 이런 초시간적 불멸의 등장인물들에 관한 프로이트의 해석은 이 인물들의 진화적 기원과 맥을 같이하면서 인간 본성의 보편적 특성을 보여 준다. 연극과 소설, 그리고 그 계승 매체인 영화는 유전적 무의식에 크게 빚지고 있다.

유전적 무의식은 인간 행동의 레퍼토리에서 반복적으로 관찰되는 보편적 유사성에도 일정 부분 책임이 있다. 그럼에도 우리는 이처럼 단조롭고 예측 가능한 행동 양상에서 부단히 탈피하면서 예술의 손길이나 진정한 인간적 만남이라는 순수한 마법을 통해 삶의 무한한 변주를 창조해 낸다. 그렇게 삶에 스며드는 무한한 기쁨과 경이로움이야말로 인간 존재를 진정으로 살아 있게 만드는 활력소가 아닐까!

의식적 의지의 느낌

우리는 얼마나 자주 의식적 성찰로 다듬어진 인지적 무의식에 따라 우리의 이상과 욕망, 계획들을 실현하려 할까? 또 얼마나 자주 태초부터 새겨진 생물학적 편향과 식욕, 욕망에 이끌려 행동할까? 나의 견해로는 인류 대다수가 도덕적 결함을 지닌 선의의 존재로서 어느 한쪽으로 더 치우치기도 하면서 이 두 가지 층위register 모두에 영향을 받으며 살아간다. 어느 쪽이 더 지배적인지는 아마 그때그때의 상황과 시점에 달려 있을 뿐이다.

우리가 어떤 방식을 택하든, 그것이 좀 더 도덕적인 쪽이든 아니든 간에 특정 순간에 우리가 취한 행동은 거의 언제나 '바로 그때 그 자리에서, 내가 의식적으로 그렇게 했다'는 인상을 기필코 남긴다. 그 인상이 실제일 때도 있지만, 때로는 완전히 착각일 때도 있다. 이것은 일종의 느낌이다. 인간이라는 유기체가 새로운 지각에 관여하거나 새로운 행동을 착수할 때 생기는 느낌인데, 내가 앞서 말했듯 구조화된 자아의 일부인 알고 있다는 느낌과 다를 바 없다. 이런 입장에 동조하는 댄 웨그너는 의식적 의지를 "개인이 자기 행동에 대한 저작권을 나타내는 신체 표지, 곧 행위의 주체가 자기임을 인증해 주는 감정"으로 설명한다. 그에 따르면 우리가 어떤 행동을 한다는 느낌과 함께, 우리는 이런 행동에 부착된 의식적 의지의 감각도 얻는다.9 다시 말해 우리는 T. H. 헉슬리가 한 세기 전에 상정했던 것처럼 단순한 '의식적 자동기계'가 아니며, 자기 삶을 스스로 통제할 수 없는 존재도 아니다.10 우리네 유기체가 어떤 행동을 했다는 정보가 마음에 전달될 때, 그와 함께 따라오는 느낌이 바로 그 행동이 자기 자신에게서 비롯되었다는 사실을 알려 준다. 지금 하고 있는 행동이 '내가 한 것'임을 확증할 수 있어야 다음에 무엇을 할지 숙고할 동기도 생긴다. 만약 그런 종류의 느낌과 확인이 없다면, 우리는 우리가 저지른 행동에 대해 도덕적 책임을 질 수 없을 것이다.

인지적 무의식 교육하기

인간 행동이라는 것이 워낙 변덕스럽다는 것은 인지상정이다. 그렇다 보니 이런 행동을 좀 더 효과적으로 다스리려면 우리가 기존 지식을 계속 쌓아가면서 새롭게 밝혀진 사실들도 깊이 있게 들여다보는 것 말고는 딱히 뾰족한 수가 없다. 좀 더 구체적으로 말하자면 사실을 면밀히 분석하고, 내린 결정의 결과를 따져 보며, 그 결정이 불러온 감정적 여파를 차분히 되돌아보는 시간을 갖는 것, 바로 이런

---

9   Wegner, *The Illusion of Conscious Will*.
10 T. H. Huxley, "On the Hypothesis That Animals Are Automata, and Its History", *Fortnightly Review* 16, 1874, pp. 555~580; T. H. Huxley, *Methods and Results: Essays by Thomas H. Huxley*, New York: D. Appleton, 1898에 재수록.

행로야말로 그 실용적 지침을 마련하는 길이요, 우리가 흔히 말하는 지혜를 쌓아 가는 여정이다. 그런 지혜를 발판 삼아 우리는 지금껏 살아온 삶의 궤적과 우리가 살아가는 세상을 규정해 온 문화적 관습과 윤리적 규범의 틀 안에서 자신의 행동을 돌아보고 교정할 수 있다. 더 나아가 우리는 이 관습과 규범들을 따르기도 하고, 때로는 이에 충돌하며 갈등을 겪기도 한다. 심지어는 이를 더 나은 방향으로 개선하기 위해 전력을 다하기도 한다. 단적인 예로, 양심적 병역거부자들이 겪는 갈등만 봐도 이런 상황이 얼마나 복잡한지 알 수 있다.

여기에서 놓치지 말아야 할 또 하나의 중요한 사실은 우리가 의식적으로 고민해서 내린 결정들이 실제 행동으로 쉽게 이어지지 않는 이유를 제대로 아는 것이다. 그런 결정들이 실행으로 옮겨지려면, 반드시 인지적 무의식으로 스며들어야 한다. 또한 우리는 그 이행이 순조롭게 자리 잡도록 도와야 한다. 이를 위한 한 가지 방법은 우리가 비의식적으로 실현되기 바라는 절차와 행동을 철두철미하게 의식적으로 연습하는 것이다. 이렇게 반복적으로 연습하다 보면 그 과정이 곧 수행 기술을 숙련시키는 통로가 되고, 결국 의식적으로 설계한 심리적 행동 프로그램이 무의식의 층위로 내재화된다.

나는 여기에서 특별히 새로울 법한 어떤 개념을 창안하고 있는 것이 아니다. 다만 의사 결정과 행동이라는 신경 작용이 어떠할지를 전제하고, 그 안에서 실용적인 메커니즘을 간결하게 추려 내고 있을 뿐이다. 수천 년 동안 현명한 지도자들은 추종자들에게 규칙적인 의례적 행위를 반복하게 하면서 이와 유사한 해결책을 처방해 왔다.

그에 따른 파생 효과side effect로, 의식적으로 의도된 결정들이 비의식적 행동 체계에 점차 스며들었을 것이다. 또한 그런 의례에는 종종 강렬한 감정, 심지어 고통까지도 따라붙곤 했는데, 이는 인간의 마음에 특정 반응 메커니즘을 각인시키기 위해 경험적으로 발달해 온 방식이었다. 하지만 내가 말하고자 하는 바는 이런 현상이 단지 종교적·시민적 의례에 한정되지 않는다는 점이다. 나는 여기에서 일상적인 삶의 문제들, 특히 건강과 사회적 행동 같은 영역까지 포괄해서 이야기하고 있다. 아마도 우리가 비의식적 처리 과정에 대해 제대로 배워 본 적이 없는 탓에 하고많은 사람들이 식단과 운동 등의 루틴을 제대로 지키지 못하는 것이 아닐까? 우리는 스스로를 통제한다고 생각하지만, 실제로는 그렇지 못한 경우가 비일비재하다. 비만, 고혈압, 심장 질환의 증가 추세만 보더라도 그 사실을 여실히 알 수 있다.

 이런 문제는 단지 생물학적 체질makeup에서 비롯된 것만은 아니다. 그런 기질이 우리가 바람직하지 않은 것들을 소비하도록 부추기고, 그 위에 쌓여온 문화 전통과 그 취약점을 노리는 광고 산업까지 더해져 똑같은 소비 경향을 조장한다. 딱히 여기에 거창한 음모가 도사리지는 않아 보인다. 지극히 자연스러운 현상일 뿐이다. 만약 이 모든 것이 비의식적 교육의 부재에서 비롯된 상황이라면, 어쩌면 바로 지금 이 지점이야말로 우리가 일상에서 실천할 수 있는 기술 훈련을 새롭게 시도해 볼 수 있는 절호의 기회일지도 모른다.

 약물 중독의 유행도 이와 무관하지 않다. 술은 말할 것도 없고,

그토록 많은 사람들이 각종 약물에 쉽게 중독되는 이유 중 하나는 항상성의 압박과 관련이 있다. 우리는 날마다의 평범한 일상 속에서 불가피하게 좌절과 불안, 그리고 다양한 역경을 직면하며 살아간다. 이런 경험들은 항상성의 균형을 흔들고, 그 결과 우리는 불편함, 고통, 낙담 혹은 슬픔 같은 감정적 어려움에 시달리게 된다. 소위 남용 물질substances of abuse이라 불리는 약물들은 이렇게 무너진 균형을 빠르고 일시적으로 회복시켜 주는 효과가 있다. 어떻게 그것이 가능한 걸까? 나는 이런 중독성 물질들이, 뇌가 그 시점에 형성하고 있는 '몸에 대해 느껴지는 이미지'를 변경시킨다고 나름 확신한다. 균형이 깨진 항상성 상태는 신경학적으로 방해받고 있는, 즉 이상異常이 있는 신체 풍경으로 표상되고, 특정 약물을 일정 용량 복용하면 뇌는 보다 원활하게 돌아가는 유기체를 표상하게 된다. 그렇게 해서 이전까지 몸의 불편함으로 느껴졌던 이미지에 해당하는 괴로움은 일시적인 쾌감으로 탈바꿈한다. 이 과정에서 뇌의 욕구 체계는 사실상 납치당한 것처럼 왜곡되고, 결과적으로 항상성 회복이라는 본래 목적은 충족되지 않거나 그 효과가 오래 가지 못한다. 그럼에도 당장의 고통을 즉시 해소correction하려는 유혹possibility을 뿌리치기란, 그 선택이 단기적이고 선택의 폐해가 치명적일 수 있다는 사실을 이미 잘 알고 있는 사람들에게조차도 절대 만만치 않은 일이다. 내가 지금까지 개괄한 틀에서 보면 이런 상황에는 엄연한 이유가 서려 있다. 비의식적 항상성 요구는 자연스럽게 발동하며, 잘 훈련된 강력한 대항마에 의해서만 제지될 수 있다. 부정적인 결과를 초래하는 감정은 더 강력한 다른 감정에 의해서만 상쇄

될 수 있다고 간파한 스피노자는 정곡을 찌른 것 같다. 이 말이 의미하는 바는 단순히 비의식적 과정을 순순히politely 억누르도록 훈련하는 것만이 능사가 아니라 오히려 그 비의식적 장치 자체가 감정적인 반격을 가할 수 있도록 의식적 마음에 의해 훈련되어야 함을 강조하고 있다.

뇌와 정의

의식적·무의식적 통제에 관한 생물학적 개념은 인간이 어떻게 살아가고 있는지 뿐만 아니라 어떻게 살아야 하는지에 대해서도 중요한 통찰을 던져 준다. 이런 통찰이 무엇보다도 결정적인 역할을 하는 분야가 바로 사회적 행동, 그중에서도 도덕적 행위라 불리는 영역과 법률로 정해진 사회적 합의를 어기는 문제들이다.

문명, 특히 정의라는 이름으로 세워진 문명의 모습은 인간이 동물과는 전혀 다른 방식의 의식적 존재라는 전제를 중심에 두고 형성되어 왔다. 대체로 각 문화권은 복잡한 의사 결정 과정을 상식적으로 해석하고, 확립된 법을 위반하는 범법자들로부터 공동체를 보호하기 위해 사법 체계를 발전시켜 왔다. 그럴 만한 이유가 있었기에 극히 드문 예외 몇 가지를 빼면, 뇌과학과 인지과학의 실증적 증거는 법적 판단에서 그다지 비중 있게 참작되지 못했다.

그런데 요즘 들어 뇌 기능에 관한 증거들이 널리 알려지면서 이제는 기존 법의 정당성 자체가 흔들릴 수 있다는 우려가 커지고 있다. 그동안 많은 법체계는 이런 증거들을 일부러 외면하면서 당면한 문제들을 회피해 왔다. 하지만 지금부터라도 이 문제에 유연하게 대응할 필요가 있다. 물론 행위에 대한 책임은 인식 능력을 보유한 모든 사람에게 있다는 사실은 너무나 자명하다. 그렇다고 해서 인간의 의식이 뇌에서 어떻게 구성되는지를 연구하는 신경생물학적 탐구가 무의미하다고 단정할 수 있을까? 오히려 의식의 신경생물학은 정의의 실현이나 미래 성인을 사회 구성원으로 길러 내는 교육과정에까지 중요한 시사점을 제공한다. 따라서 오늘날의 변호사, 판사, 입법자, 정책 입안자, 교육자들은 의식과 의사 결정의 신경생물학을 숙지해야 한다. 이런 지식은 현실성 있는 법률 제정을 촉진하고, 미래 세대가 자기 행동에 책임질 수 있도록 준비시키는 데에도 꼭 필요한 자산이 된다.

특정 뇌 기능 장애가 생기면 아무리 머릿속으로 깊이 생각해 보아도, 비의식적이든 의식적이든 자신의 행동을 제어하지 못할 수 있다. 우리는 이런 사례들의 전반적인 윤곽을 이제야 조금씩 파악해 가는 중인데, 예컨대 일부 전전두엽 손상 환자들이 충동을 억제하지 못한다는 것은 주지의 사실이다. 이들의 행동 제어 방식은 정상적인 범주를 벗어난다. 그렇다면 이런 사람들이 법의 심판대에 섰을 때, 우리는 그들을 범죄자로 보아야 할까, 아니면 신경질환 환자로 보아야 할까? 내 생각에 아마도 둘 다일 것이다. 그들의 신경학적 병변이 범죄 행위의 일부 원인을 설명할 수 있더라도 그 행위 자체가 면책되어서는 안 된다. 더불어 그들이 신경학적 질환을 앓고 있다면 그들은 엄연히 환자이며, 사회는 이들에게 합당한 처우를 제공할 의무가 있다. 그럼에도 현시점에서 이 문제를 바라보면 비극이라는 말 외에는 달리 표현할 길이 없다. 우리는 이런 신경학적 질환의 단면을 이제 막 이해하기 시작했을 뿐이고, 설사 진단은 가능하더라도 치료 면에서 우리가 할 수 있는 일은 거의 없기 때문이다. 그렇다고 이런 한계가 사회적 책임을 면해 주는 것은 아니다. 우리가 지금 해야 할 일은 명약관화하다. 이미 확보된 지식을 정확히 이해하고, 이를 바탕으로 공론의 장을 마련하고, 보다 나은 해결책을 모색하기 위한 심층 연구에 박차를 가하는 것이다.[11]

한편 전전두엽의 복내측 부위에 손상을 입은 몇몇 환자들은 가상의 도덕적 딜레마에 직면했을 때, 매우 실용적이고 공리주의적인 방식으로 판단한다. 이들에게는 인간 정신의 선량함이나 도덕적 직관 따위는 거의 작동하지 않기 때문이다. 예컨대 살인의 의도는 있었지만 실제로 사망에 이르지 않은 가상의 살인 미수 상황과 순전히 우발적이었지만 결국 사람이 죽은 사고를 별반 다르지 않게 본다. 심지어 살인 의도가 있었던 첫 번째 상황이 더 용납할 만하다고 판단하기도 한다.[12] 겉으로 보기에는 '법 없이도 살 사람'처럼 평온

---

11 맥아더 재단은 다수의 기관 컨소시엄을 기반으로 신경과학과 법에 관한 야심 찬 프로젝트에 착수했다. 해당 프로젝트는 마이클 가자니가의 주도하에 현대 신경과학의 관점에서 이러한 이슈를 조사, 토론, 연구하는 것을 목표로 한다.
12 우리 연구진에서 수행한 관련 연구는 다음과 같다. S. W. Anderson, A. Bechara, H. Damasio, D. Tranel, and A. R. Damasio, "Impairment of Social and Moral Behavior Related to Early Damage in Human Prefrontal Cortex", *Nature Neuroscience* 2, no. 11, 1999, pp. 1032~1037; M. Koenigs, L. Young, R. Adolphs, D. Tranel, M. Hauser, F. Cushman, and A. Damasio, "Damage to the Prefrontal Cortex Increases Utilitarian Moral Judgments", *Nature* 446, 2007, pp. 908~911; A. Damasio, "Neuroscience and Ethics: Intersections", *American Journal of Bioethics* 7, 2007, p. 1, pp. 3~7; L. Young, A. Bechara, D. Tranel, H. Damasio, M. Hauser,

해 보일 수 있지만, 이들이 동기와 의도, 결과를 이해하는 방식은 전통적인 도덕적 판단 틀과는 사뭇 다르다. 인간의 뇌가 행동에 대한 판단을 어떻게 처리하고, 또 그 판단에 따라 실제 행동을 어떻게 통제하는지를 온전히 이해하려면 우리는 아직 갈 길이 멀다.

자연과 문화

생명의 역사는 수많은 종들로 갈라져 나가는 나무의 형상을 하고 있다. 가지 끝에 닿지 못한 종일지라도 각각의 종은 자신이 속한 생태적 환경$_{neighborhood}$ 안에서 저마다의 뛰어난 지능을 발휘할 수 있다. 그래서 그 성취는 그들이 처한 환경에 비추어 평가되어야 한다. 하지만 생명의 나무를 긴 시간의 호흡 속에서 조망해 보면, 생명체가 단순한 형태에서 점차 복잡한 형태로 진화해 왔음을 부정할 수 없다. 그런 까닭에 생명의 역사 속에서 의식이 언제 출현했는지, 그리고 그것이 생명에 어떤 기여를 했는지 궁금해하는 것은 지극히 당연한 일이다. 생물학적 진화를 마치 생명의 나무를 타고 사전 계획 없이 위로 뻗어 올라가는 형국으로 본다면, 의식은 비교적 늦게 나무의 꽤 높은 지점에서야 비로소 출현했을 가능성이 농후하다. 의식은 원시 수프나 박테리아, 단세포 혹은 단순한 다세포생물, 곰

and A. Damasio, "Damage to Ventromedial Prefrontal Cortex Impairs Judgment of Harmful Intent", *Neuron* 65, no. 6, 2010, pp. 845~851.

곰팡이나 식물 같은 유기체들에서는 어떤 형태로도 드러나지 않는다. 이 생물들 역시 생명 조절을 위한 정교한 기제를 갖추고 있기는 하지만, 더 정확히 말하면 그것은 훗날 의식이 형성되기 위한 생물학적 토대에 불과하다. 아직까지 의식의 징후는 어디에도 없다. 이들 중 그 무엇에도 뇌는커녕 마음조차 없다. 신경세포가 없다면 행동은 제한되고, 마음은 형성될 수 없다. 마음이 없다면 의식도 본질적으로 존재할 수 없다. 오직 의식의 전조 현상만이 있을 뿐이다.

신경세포가 등장하면서 생명은 괄목상대하게 달라졌다. 신경세포는 기존의 신체 세포를 변형해서 나타난 존재이다. 또한 다른 신체 세포와 같은 구성 요소를 내포하고 있고, 기본적인 세포 활동도 비슷하지만, 그 기능만큼은 실로 독특하다. 이 차별성은 신경세포가 신호 운반자이자 정보를 주고받는 처리 장치라는 점에서 비롯된다. 이런 신호 전달 능력 덕분에 그것은 스스로 복잡한 신경 회로와 신경망을 조직할 수 있다. 이렇게 만들어진 회로와 신경망은 다른 세포에서 벌어지는 사건을 표상하고, 다른 세포의 기능에 직간접적으로 영향을 미치며, 심지어 자기 자신의 기능에까지 영향을 준다. 신경세포는 궁극적으로 신체 내 다른 신체 세포를 향해 신호를 보낸다. 그렇기에 전기화학적 신호를 유기체 곳곳으로 분산시켜 복잡한 회로와 시스템을 만들어 내는 능력을 가졌다고 해서 신체 세포로서의 지위를 상실하지는 않는다. 신경세포는 여전히 영양분에 철저히 의존하는 신체 세포이지만, 두 가지 측면에서 다른 신체 세포들과 뚜렷이 구별된다. 첫째, 주로 다른 신체 세포에게는 불가능한 고도의 정교한 기능을 수행한다는 점이고, 둘째, 가능한 한 자신의 주인만큼이나 오래 살아남으려는 생존 태도를 견지한다는 점이다. 신체와 뇌를 별개로 구분하려는 시각이 과도하게 부각된 배경에는 뇌를 구성하는 신경세포 역시 신체 세포 그 자체라는 사실이 간과되었기 때문이다. 이런 구분은 곧 심신 문제와도 밀접한 관련된다.

일단 신경세포가 움직일 수 있는 유기체 안에 자리 잡게 되면, 생명은 자연이 식물에는 허락하지 않았던 방식으로 변모한다. 기능적 복잡성이 점점 심화되면서 물꼬가 터지자 한층 정교해진 행동이 가능해지고, 마침내 마음의 과정과 의식의 경지에까지 다다른다. 이렇게 점진적으로 복잡해지는 과정 뒤에 숨어 있는 한 가지 비밀이 드디어 선명해졌다. 그것은 바로 이런 유기체가 이용할 수 있는 신경세포의 개수뿐 아니라 이들이 회로로 조직되어 점차 더 큰 규모로 확장되는 방식과도 관련이 있다는 점이다. 이런 회로들은 거시적 뇌 영역에까지 확장되어 복잡한 기능적 연결망을 이루는 시스템을 구성하게 된다. 이런 연유로, 우리는 행동과 마음의 문제를 개별 신경세포나 그 위에 작용하는 분자, 혹은 생명을 유지하는 유전자만으로는 설명할 수 없다. 물론 개별 신경세포, 미세 회로, 분자, 유전자 수준의 연구는 문제를 포괄적으로 이해하는 데 불가결하다. 하지만 유인원과 인간의 마음이나 행동이 이토록 상이한 이유는 뇌를 이루는 구성 요소의 수와 그 요소들이 조직되는 패턴의 차이에 있다.

신경계는 생명의 관리자이자 생물학적 가치의 큐레이터 역할을 도맡아 왔다. 초기에는 뇌 없이 기질의 도움을 받았지만, 결국에는 이미지, 즉 마음의 도움을 받게 되었다. 마음이 등장하면서 수많은 종에서 생명 조절 능력이 비약적으로 향상되었다. 그 이미지들이 조잡스러울 뿐 아니라 지각하는 순간에만 잠깐 나타났다가 곧바로 사라졌지만 말이다. 사회적 곤충의 뇌는 이런 성취를 보여 주는 좋은 예이다. 그들은 놀라우리만치 정교하게 행동함에도 불구하고 다소 융통성이 부족하고, 정해진 행동 순서가 어긋나면 제대로 대처하지 못한다. 또한 임시 작업 기억 공간에 표상을 유지하는 능력도 아직 갖추지 못한 상태이다. 수많은 비인간종에서도 마음을 가진 행동은 매우 복잡해졌지만, 인간의 수행 능력을 특징짓는 유연성과 창의성이 단순히 일반적인 마음만으로 표출될 수 있었을지는 의문이다. 마음은 주체화되어야 했고, 그 안에서 일어나는 자아 과정에 의해 더 풍부해져야 했다.

일단 자아가 마음에 떠오르면, 비록 처음에는 미미하게 시작되더라도 생명의 판도가 일변한다. 내부 세계와 외부 세계의 이미지들이 원자아를 중심으로 결속력 있게 조직되고, 유기체의 항상성 요구에 맞추어 그 방향을 잡을 수 있게 된다. 그렇게 되면 보상과 처벌, 충동과 동기 등 초기 진화 단계에서 생명 과정을 이끌던 기제들이 복잡한 감정의 발달로 이어진다. 이런 과정을 거치면서 사회적 지능도 점차 유연해진다. 핵심자아가 형성된 이후에는 정신적으로 처리할 수 있는 공간이 넓어지고, 관습적인 기억과 회상, 작업 기억, 추론 능력이 뒤따라 발달한다. 생명 조절은 점점 더 명확히 정의된 하나의 개체를 중심으로 이루어진다. 드디어 자서전적 자아가 도래하면 생명 조절의 양상 자체가 근본적으로 뒤바뀌게 된다.

만약 자연이 무심하고, 부주의하며, 불합리한 체계로 작동한다면, 인간의 의식은 그런 자연의 방식에 문제를 제기하지 않을 수 없다. 인간 의식의 출현은 뇌와 행동, 마음의 진화적 발달과 결부되어 있으며, 결국 자연사 전체를 통틀어 전무후무한 혁신의 쾌거인 문화라는 것을 창조하게 된다. 신경세포의 등장과 함께 행동이 다양해지고 마음이 형성된 것은 생명의 장대한 파노라마 속에서 중대한 변곡점이었다. 하지만 그 이후 태동한, 스스로를 유연하게 성찰할 수 있는 의식 있는 뇌 역시 그에 못지않게 중대 사건이었다. 그 뇌 덕분에 우리는 비록 완벽하지 않더라도 부주의한 자연의 지시에 순응하지 않고, 나름대로 반항적으로 맞서는 방편을 고안해 낼 수 있었다.

그렇다면 이렇게 독립적이고 반항적인 마음은 어떻게 발달했을까? 이 질문에 대해 우리는 추측할 수밖에 없을 뿐더러, 앞서 다룬 내용은 복잡하고 방대한 전체 그림의 단편에 지나지 않는다. 이 문제를 제대로 논하려면, 한 장章은커녕 책 한 권으로도 모자란다. 그럼에도 한 가지는 확실하다. 반항자는 어느 날 불쑥 등장하지 않았다는 사실이다. 다양한 감각 양식에 기반한 지도들로 구성된 마음은 생명 조절을 개선하는 데 분명 유용했다. 하지만 그것들이 실제로 느껴지는 정신적 이미지로 바뀌었을 때조차 그 마음은 아직 독립적이지 않았고, 반항적인 것은 더더욱 아니었다. 유기체의 내부 상태를 느끼는 이미지들은 생존 가능성을 높이고, 어쩌면 잠재적으로 멋진 장관을 연출할 수도 있었다. 하지만 그것을 지켜볼 '누군가'는 아직 오지 않았다. 마음이 처음으로 핵심자아를 품었을 때 비로소 의식다운 의식이 개시되었지만, 우리는 그저 목표에 한 걸음 가까워졌을 뿐 아직 도달하지는 못했다. 단순한 주체, 이른바 주인공의 등장은 분명한 이점을 가져왔다. 그것은 생명 조절에 필요한 요구와 뇌가 외부 세계를 토대로 만들어 낸 다채로운 정신적 이미지들 사이에 강력한 연결 고리를 만들어 주었고, 그 결과 행동 지침을 최적화할 수 있었다. 하지만 여기에서 말하는 독립성은 자아가 인간 조건의 보다 전체적인 모습을 드러낼 만큼 충분히 복잡해졌을 때에야 비로소 가능해졌다. 생명체가 고통과 상실은 말할 것도 없고 기쁨, 번영, 어리석음 등으로도 위험에 처할 수 있다는 것을 깨달았을 때, 인간의 과거와 미래에 대해 질문을 던질 수 있게 되었을 때, 상상력이 고통을 줄이고 상실감을 덜어 주고, 행복과 환상fancy의 가능성을 넓혀 주는 방법을 제시할 수 있게 되었을 때, 바로 그제야 반항자는 떠올라 인간 존재를 전혀 새로운 방향으로 이끌기 시작했다. 그 방향들 중 일부는 저항적이었고 일부는 순응적이었지만, 모두 지식에 바탕을 둔 사고에서 비롯되었다. 처음에는 신화적 지식이었고, 나중에는 과학적 지식으로 전환되었지만, 어쨌든 그것은 지식이었다.

자아가 마음에 오다

인류의 굳건한 자아가 처음으로 마음속에 떠오른 순간은 언제, 어디에서였을까? 그리고 언제부터 문화라는 생물학적 혁명에 착수했을까? 그 비밀이 밝혀진다면 실로 경사스럽지 않겠는가! 하지만 시간의 흐름을 견뎌 온 인류의 흔적을 해석하고, 그 연대를 추정하려는 연구자들의 부단한 노력에도 불구하고, 우리는 여전히 그 질문에 답을 찾지 못한 채 미궁 속을 헤매고 있다. 자아는 더디지만 점진적으로, 그리고 지역마다 속도의 차이를 보이며 들쑥날쑥 성숙해 왔다. 또한 이런 발달 과정은 꼭 동시대가 아니더라도 세계 도처에서 공통적으로 일어났다는 점은 틀림없다. 분명한 것은 약 20만 년 전 현생 인류의 가장 직접적인 조상이 지구를 거닐기 시작하면서 자아의 점진적 발달이 서서히 싹트기 시작했다는 사실이다. 그리고 약 3만 년 전부터는 동굴벽화, 조각, 암각화, 금속 주조, 장신구 제작 등 예술 활동은 물론 어쩌면 음악 창작에까지 손을 뻗었다는 점도 빼놓을 수 없다. 특히 프랑스 아르데슈의 쇼베 동굴은 약 3만 2000년 전의 것으로 추정되며, 라스코 동굴의 경우 이미 수백 점의 복잡한 그림과 수천 개의 조각, 도형과 추상 기호들이 어우러져 시스티나 성당을 방불케 했다. 이런 예술에는 상징을 처리할 수 있는 마음이 확실히 구동 중이었다. 호모 사피엔스의 특징인 언어의 출현과 예술 및 기술의 폭발적 발전 사이의 정확한 인과 관계는 아직 밝혀지지 않았지만, 수만 년 전부터 인류가 고인을 특별히 예우하며 정성껏 장례를 치르고 묘비 비슷한 구조물을 세웠다는 점은 분명하다. 생명에 대한 깊은 관심 없이 이런 행위들이 부상할 수 있었을까? 이런 행위는 생명에 대해 감정적으로만이 아니라 지적으로도 가치를 부여했음을 암시한다. 삶을 해석하려는 이러한 시도는 결국 확고한 자아가 있었음을 암시한다. 또한 그런 시도는 확고한 자아 없이는 생겨날 리 만무하다.

약 5000년 전, 문자의 발명은 자아의 존재를 뒷받침해 주는 몇 가지 확실한 증거를 남겼다. 또한 3000년이 채 되지 않은 호메로스의 서사시가 쓰였던 무렵에는 자서전적 자아가 분명히 인류의 마음에 들어와 있었던 것으로 보인다. 그럼에도 나는 『일리아스』와 『오디세이아』의 사건들 사이에, 그 비교적 짧은 기간 동안에 인간 마음에 중대한 변화가 일어났다고 주장한 줄리언 제인스의 견해에 깊이 공감한다.[13] 인간과 우주에 관한 지식이 축적되고, 지속적인 성찰이 이루어지면서 자서전적 자아의 구조는 달라졌으며, 마음의 이질적인 처리 체계들이 보다 긴밀하게 연결되고 조율되었을 것이다. 이런 변화는 처음에는 가치에 의해, 이후에는 이성에 의해 주도된 뇌 활동의 협응 결과로 나타났고, 인간에게 유리하게 작용해 왔다. 어쨌든 내가 반항적 자아라 부르는 이 자아는 진화의 시간 스케일로 보면 불과 수천 년 남짓 된 극히 최근에 진입한 존재이다. 이 자아는 십중팔구 홍적세Pleistocene라는 장구한 시기를 거치며 인간이 획득한 뇌의 특징들을 활용한다. 그것은 운동 기술뿐 아니라 사실과 사건, 특히 개인의 생애와 인격, 정체성을 구성하는 방대한 기억 기록을 간직할 수 있는 뇌의 능력에 의존한다. 또한 이런 기억들을 지각 공간과 나란히 작동하는 뇌 안의 작업 공간에서 재구성하고 조

---

[13] Julian Jaynes, *The Origin of Consciousness in the Breakdown of the Bicameral Mind*, New York: Houghton Mifflin, 1976(한국어판은 줄리언 제인스, 『의식의 기원: 인류는 신의 음성을 들을 수 있었다』 김득룡·박주용 옮김, 연암서가, 2017).

작할 수 있는 능력에 의존한다. 무엇보다 이 작업 공간은 시간의 흐름을 유예하고, 즉각적 반응이라는 성급한 폭거에서 벗어나 시간을 두고 결정을 내릴 수 있는 일종의 '오프라인 저장소'이다. 이 자아는 뇌가 현실을 곧이곧대로 베끼는 표상에 그치지 않고, 행위와 대상, 타인을 상징적으로 표상할 수 있는 뇌의 능력에도 의존한다. 이 반항적 자아는 특히 느낌 상태와 같은 내면의 정신 상태를 몸짓과 손짓, 음악적 음조나 언어를 통한 음성 표현을 통해 외부로 표출할 수 있는 뇌의 능력에 크게 기대고 있다. 끝으로 이 자아의 성장은 각자의 뇌가 보유한 내부 기억 체계에 병진하는 외부 기억 장치의 도움을 크게 받았다. 이런 외부 기억은 초기의 회화적 표현, 예컨대 동굴 벽화, 조각품, 도구, 장신구, 장례용 건축물 등에서 시작되어 언어가 발명된 이후에야 나타난 문자 기록으로 발전했다.

자서전적 자아가 뇌 회로에 각인된 지식뿐 아니라 돌, 점토, 종이 등 외부 기록에 새겨진 지식까지 활용할 수 있게 되면서 인간은 자신의 개별적인 생물학적 필요를 집단적으로 축적된 지혜sapience와 접목할 수 있는 능력을 갖추게 된다. 이로써 인류는 탐구하고 성찰하고, 그에 따라 반응하는 긴 여정의 첫 삽을 뜨게 되었다. 그 여정은 인류의 역사 전반에 걸쳐 다양한 형태로 전개되었는데, 신화와 종교, 예술은 물론이고, 인간의 사회적 행동을 다스리고 조정하기 위해 고안된 도덕 규범, 사법 제도, 경제 시스템, 정치 체계, 과학과 기술 등으로 구체화되었다. 의식이 남긴 가장 궁극적인 산물은 기억이다. 생물학적 가치의 필터로 걸러져 선택되고, 이성에 의해 활력을 얻은 바로 그 기억 말이다.

성찰적 자아의 귀결

언어가 주요 의사소통 수단으로 정착된 어느 시점의 초기, 초기 인류를 상상해 보자. 그들은 오늘날 우리와 비슷한 많은 능력을 겸비한 뇌를 가지고, 음식, 성, 주거지, 안전, 편안함, 존엄성, 어쩌면 초월성까지도 추구했을 의식적 개인들이었다. 그런 환경에서라면 자원 경쟁이 워낙 치열해서 골머리를 앓았을 테고, 갈등은 만연했을 것이며, 협력은 꼭 필요한 요소였을 것이다. 그러다 보니 보상과 처벌, 학습 등이 그들의 행동 방향을 이끌었을 공산이 크다. 이제 이 초기 인류가 우리와 닮은 감정 스펙트럼을 갖추었다고 가정해 보자. 애착, 혐오, 공포, 기쁨, 슬픔, 분노 등 기본 감정은 물론 그 밖에 신뢰, 수치심, 죄책감, 연민, 경멸, 자부심, 경외감, 감탄 등 사회적 감정 역시 분명 그들 내면에 자리했을 것이다. 또한 이번에는 그들이 자신들을 둘러싼 물리적 환경뿐 아니라, 동종이든 타종他種이든 모든 생명체들에 대해 강한 호기심으로 가득 찼다고 가정해 보자. 20세기에 시행된 인류학 연구에 따르면 비교적 고립된 부족조차도 자기 자신에 대해 지대한 관심을 가지고 있었고, 자신들의 기원과 운명에 관한 이야기를 나누었다. 그렇다면 이런 호기심은 어디에서 비롯된 것일까? 그리 어렵지 않게 짐작할 수 있다. 초기 인류는 배우자와 자녀 등 자신이 특별하게 유대를 맺은 사람들에게 깊은 애정과 애착을 경험했을 것이고, 그 유대가 끊기거나 타인이 고통받는 모습을 보거나 혹은 자신이 괴로울 때 슬픔을 경험했을 것이다. 반대로 그들은 기쁨과 만족의 순간 역시 경험하고 목격했을 것이고, 사냥, 구애, 주거지 확보, 전쟁, 양육 등 삶의 분투 속에서 성공의 달콤함을 만끽했을 것이다.

인간 존재가 얼마나 드라마틱한지, 또 그 안에서 어떤 보상이 주어질 수 있는지 체계적으로 이해하려는 시도는 사실 인간의 의식이 완전히 꽃피운 이후에야 가능했을 것이다. 다시 말해 스스로를 성찰하고, 그 지식의 편린들을 모을 수 있는 자서전적 자아를 가진 마음이 생긴 후에야 말이다. 당시 초기 인류가 지녔던 지적 자질을 감안하면 그들도 언젠가 우주 속에서 자기 자리가 어디쯤일지 궁금해했을 것이다. 수천 년이 지난 지금도 여전히 우리를 붙잡고 있는 '우리는 어디에서 왔고, 어디로 가는가' 같은 질문을 그들 역시 품었으리라. 바로 그때야말로 반항하는 자아가 본격적으로 성숙하는 시점이다. 이와 함께 인간이 처한 조건과 세상의 이치를 설명하려는 신화들이 창조되고, 사회적 규범과 규칙이 단단해졌다. 그전까지는 친족 이타주의와 호혜적 이타주의 같은 도덕 이전의 행동만이 전부였다면, 이제는 진정한 의미의 도덕성이 성찰적 자아의 출현 이전부터 자연이 지켜 온 본능적 행동의 왕좌를 대신하게 된 것이다. 또한 그 무렵, 인류는 그 신화를 소재로 종교 이야기들을 새롭게 창조하면서 인간 실존이라는 굴레 속에 감춰진 진실을 들추어내고자 했다. 인류는 여기에서 멈추지 않았다. 나아가 복잡하게 얽힌 인생사의 우여곡절을 조금이나마 완화하고자 새로운 법을 세웠고, 그 법 질서를 더욱 굳건히 다지는 데 이 종교 이야기들을 다시금 활용했다. 한마디로 성찰하는 의식은 실존에 대한 해상도를 높이는 데 그치지 않았고, 의식 있는 개인들이 스스로 사태를 해석하고 합당한 조치를 취할 수 있도록 이끌었다.

　나는 문화가 발전해 온 핵심 동력이 바로 항상성 충동homeostatic impulse이라고 제안한다. 인간의 뇌가 더 커지고 영리해지면서 생긴 인지 능력의 확장만으로는 우리가 목도한 문화의 눈부신 발전을 온전히 설명할 수 없을 것으로 보인다. 문화의 진보가 어떤 모습을 띠든, 내가 이 책 전체를 관통하며 논의해 온 자동화된 항상성의 형태와 동일한 목적을 공유한다. 즉 생명 과정에서 감지된 불균형에 반응하고, 인간의 생물학적 한계와 우리가 사는 물리적·사회적 환경의 틀 안에서 그 균형을 바로잡으려 한다. 도덕적 규칙과 법률의 세분화, 사법 체계의 발전 역시 결국 사회적 행동이 불러 온 불균형, 곧 개인과 집단을 위협하는 문제에 대응하기 위해 등장했다. 이런 문화적 장치는 개인과 집단의 균형을 회복하는 데 그 목적이 있었다. 경제 및 정치 체계의 발전, 의료의 발달 역시 같은 맥락에서 비롯된 것이다. 사회라는 공간 안에서 생긴 문제들은 그 안에서 해결해야만 했다. 그렇지 않으면, 그 사회집단을 구성하는 개인들의 생존 자체가 위태로워질 수 있었기 때문이다. 여기서 언급하는 불균형이란 단순히 생리적인 것에 국한되지 않는다. 그것은 사회적·문화적 변수에 의해 정의되므로, 불균형의 감지는 의식 있는 마음이 작동하는 상위 수준, 이른바 대뇌 피질에서 발생하지, 뇌의 피질하 수준에서 일어나지 않는다. 나는 이 전체 과정을 포괄해 '사회문화적 항상성'이라고 이름한다. 신경학적으로 보면 사회문화적 항상성은 뇌의 피질 수준에서 출발하지만, 동시에 그 불균형에 대한 감정 반응은 기본 항상성 과정에도 곧바로 영향을 미친다. 이렇게 인간의 뇌는 고차원과 저차원을 번갈아 오가며, 일종의 하이브리드적 조절 구조로 생명을 지켜낸다. 때로는 혼돈의 문턱까지 아찔하게 돌입하면서도 놀랍게도 그 경계를 아슬아슬하게 비껴가며, 줄타기 하듯oscillatory course 균형을 찾아간다. 더 나아가 의식적 성찰과 계획된 행동은 기존의 자동화된 항상성을 뛰어넘어 생리학적으로 경이로운 생명 관리 안에 새로운 가능성의 문을 열어 주었다. 우리는 이제 자동화된 항상성에 의문을 던지고, 그것을 조율할 수 있게 된 것이다. 단지 살아남기 위한 수준을 넘어서 보다 향상되고 보다 일관되게 행복에 이르는 최적의 항상성 범위를 스스로 정할 수 있게 된 것이다. 그렇게 상상하고 꿈꾸고 기대하는 행복이 인간 행동의 적극적인 동기로 자리 잡게 되었다. 이처럼 사회문화적 항상성은 생명 관리를 위한 새로운 기능적 층위로 추가되었지만, 생물학적 항상성은 여전히 그 기저에 남아 있다.

의식적으로 성찰할 줄 알게 된 유기체들은 생명 조절과 항상성의 균형을 추구하는 진화적 설계를 기반으로 고통받는 이들을 어루만지고, 도움을 준 이들에게는 보답하고, 해를 끼친 이들에게는 제재를 가하는 행동 방식을 발달시켰다. 이와 함께 해악을 방지하고 선을 장려하기 위한 행동 규범들이 만들어졌고, 그 속에서는 처벌과 예방, 제재와 찬사가 뒤섞인 다양한 양식들이 생겨났다. 하지만 이 모든 지혜를 어떻게 남에게 이해시키고 나누며, 설득력 있게 실천하게 만들 수 있을까? 바로 이 질문이 우리 앞에 놓여 있다. 그리고 마침내 우리는 답을 찾아냈다. 다름 아닌 스토리텔링이었다. 이야기하는 능력은 우리 뇌가 자연스럽게 암묵적으로 해 오던 일이다. 이 암묵적인 이야기 짜기가 우리 자아를 창조했고, 그렇기에 스토리텔링이 인간 사회와 문화의 곳곳에 깊숙이 스며든 것은 어찌 보면 너무도 당연한 일이다. 이 사회문화적 이야기의 권위를 신화적 존재들, 즉 인간보다 더 강력한 힘과 지식을 가진 존재들에게서 빌려 오는 것 또한 인간에게는 거스를 수 없는 대세였다. 이들은 인간의 고통을 해석해 주고, 구원을 약속하며, 미래를 바꿀 권능이 있다고 믿어졌다. 비옥한 초승달 지대의 하늘에서도, 북유럽 신화 속 신들의 전당 발할라에서도, 이런 신화적 존재들은 줄곧 인간의 마음을 매혹적으로 사로잡았다.

자신을 변화시키고 사회를 발전시키기 위해 이런 내러티브를 창작하거나 이용할 수 있는 뇌를 가진 개인과 집단은 바로 그 특성 덕분에 진화적으로 선택받았다. 그렇게 형성된 뇌의 건축적 특성은 개인은 물론 집단 차원에서도 선택 압력을 받았고, 결국 세대를 거듭할수록 그 빈도가 증가할 만큼 진화적으로 성공적이었다.[14]

여기에서 우리는 항상성을 크게 기본 항상성과 사회문화적 항상성 두 가지로 분류할 수 있다. 하지만 후자는 순전히 '문화적 구성물'이고, 전자는 '생물학적 사실'이라는 식으로 단순화해서 접근하면 곤란하다. 생물학과 문화는 깊이 얽혀 전적으로 상호작용하기

---

14 최근 출간된 성격이 다른 두 권의 문헌은 종교적 사고의 기원, 역사적 전개, 생물학적 기반에 대해 상호 보완적이면서도 통찰력 있는 관점을 제시하고 있다. Richard Wright, *The Evolution of God*, New York: Little, Brown, 2009; Nicholas Wade, *The Faith Instinct*, New York: Penguin Press, 2009.

때문이다. 사회문화적 항상성 역시 특정 유전체의 지침 아래 특정 방식으로 형성된 뇌에서 비롯된 마음 활동으로 이루어진 것이다. 흥미롭게도 문화적 변화가 인간의 유전체에 중대한 변화를 초래할 수 있다는 증거가 점점 늘고 있는 추세이다. 예컨대 낙농업의 발명과 식단에서의 우유 소비가 증가함에 따라 유당을 소화할 수 있도록 돕는 유전자에 변화가 생겼다.[15]

나는 신화와 종교의 발달을 이끈 바로 그 항상성 충동이, 동일한 지적 호기심 및 설명 욕구의 도움을 받아 예술의 탄생에도 깊이 관여했을 것이라 생각한다. 프로이트가 예술을 종교가 낳은 신경증에 대한 해독제로 보았다는 점에서 이 주장은 다소 아이러니하게 들릴 수 있지만, 내가 말하고자 하는 바는 반어가 아니다. 실제로 나는 항상성 충동이라는 동일한 조건이 바로 이 두 가지 발전 모두를 촉진했다고 본다. 음악, 춤, 회화, 조각 같은 예술이 생명을 조절하려는 필요에서 처음 태동했다면, 그것에 지속적인 생명력을 불어넣었던 결정적인 동인은 바로 의사소통을 향상시키고 사회생활을 조직화하려는 인간의 능력이었다.

잠시 눈을 감고 태곳적 인류를 상상해 보자. 어쩌면 언어가 등장하기 전일 수도 있지만, 그들은 이미 마음과 의식을 갖추고 있었

---

15 W. H. Durham, *Co-evolution: Genes, Culture and Human Diversity*, Palo Alto, Calif.: Stanford University Press, 1991; C. Holden and R. Mace, "Phylogenetic Analysis of the Evolution of Lactose Digestion in Adults", *Human Biology* 69, 1997, pp. 605~628; Kevin N. Laland, John Odling-Smee, and Sean Myles, "How Culture Shaped the Human Genome: Bringing Genetics and the Human Sciences Together", *Nature Review Genetics* 11, 2010, pp. 137~148.

다. 감정과 느낌을 내재한 채 그들은 슬픔이나 기쁨, 위험이나 안전 혹은 안락함, 이익과 손실, 쾌락과 고통이 무엇인지 이미 알고 있었다. 그렇다면 그들이 마음에 품고 있던 그 내면의 결을 어떻게 바깥으로 표출했을지 상상해 보자. 어쩌면 그들은 위험을 알리는 외침, 인사 소리, 무리를 부르는 호령, 기쁨을 나누는 환성, 애도를 표하는 울음을 냈을 것이다. 인간의 발성기관은 본디 자연이 하사한 악기이기에 그들은 흥얼거리거나 심지어 노래를 불렀을지도 모른다. 한 발 더 나아가 누군가가 자신의 가슴을 두드리는 장면을 상상해 보자. 흉강chest cavity은 자연이 건넨 북 아니던가! 아마도 그 북소리는 마음을 집중시키는 도구이자 명령이나 전투 지시 등 사회적 조직화의 도구로 쓰였을 것이다. 또 하나의 장면을 떠올려 보자. 누군가가 원시적인 뼈 피리를 불고 있다. 그 소리는 주술처럼 사람을 매혹하고, 위로하며, 현혹시키고, 유희의 수단으로 사용되었을 것이다. 아직 모차르트도 아니고 <트리스탄과 이졸데>도 아니지만, 인류는 표현의 길을 찾아냈던 것이다. 그러니 자, 이제 상상의 나래를 조금 더 펼쳐 보자.

  음악, 춤, 회화 같은 예술이 막 움트기 시작하던 시절, 인간은 아마도 그런 예술을 통해 위협과 기회에 관한 정보를 전달하고자 했을 것이다. 또한 자신들의 슬픔이나 기쁨을 표현하고, 사회적 행동을 형성하는 데 필요한 메시지를 서로 나누고자 했으리라. 하지만 이런 소통만이 전부가 아니었다. 예술은 항상성 보상homeostatic compensation이라는 또 하나의 기능을 수행했을 가능성이 크다. 만약 그 기능이 없었다면, 예술이 과연 지금처럼 꽃피우고 오래도록 존속할 수 있었을까? 더 흥미로운 점은 이 모든 일이 인간이 단어를 만들고 그것들을 문장으로 구성하기 전, 그리고 모든 소리가 똑같이 들리는 것이 아니라는 놀라운 사실을 발견하기 훨씬 전부터 이미 일어나고 있었다는 것이다. 소리에는 저마다 고유의 강세가 있었고, 그 강세들이 시간 속에서 관계를 맺으며 리듬을 만들어 냈다. 그렇게 시의 언어가 창작될 수 있었고, 그 언어적 리듬은 다시 음악과 춤의 실연實演으로 되돌아와 스며들었다.

이렇듯 예술은 인간의 뇌가 오랜 진화 과정을 거치며 특정한 정신적 특성들을 획득한 뒤에야 비로소 가능해졌다. 아마도 이 변화는 홍적세 동안 차곡차곡 축적된 결과였을 것이다. 또한 이런 특성들은 다양한 형태로 나타난다. 첫째, 자연물은 물론 인공물이나 장신구에서도 발견되는 특정 형태와 색채는 시각적으로 쾌감을 유발한다. 둘째, 음색과 음높이의 조화, 리듬의 체계적 구성 등 소리의 특징은 쾌감을 불러일으키는 청각적 패턴으로 작동한다. 셋째, 구조화된 공간이나 물과 초목이 어우러진 탁 트인 풍경은 인간에게 감정적 반응을 자극한다.[16]

예술은 애초에 예술가와 수용자 모두를 위한 항상성 기제이자 소통 수단으로 기능했을 것이다. 하지만 시간이 지나면서 예술은 예술가와 관객 양쪽 모두에게 보다 다채로운 방식으로 활용되었고,

---

16 생물학자 E. O. 윌슨은 처음으로 이러한 특성들이 지닌 진화적 위치에 주목했다. 데니스 더튼은 이러한 핵심적 특성들에 관한 포괄적 목록을 다음 문헌에서 제시했다. Dennis Dutton, *The Art Instinct: Beauty, Pleasure, and Human Evolution*, New York: Bloomsbury Press, 2009. 그 역시 예술의 기원을 생물학적 관점에서 고찰하고 있으나, 그의 방점은 인지적 측면에 있는 반면 나의 방점은 항상성에 있다.

점차 개인과 사회에 중요한 사실적·감정적 정보를 전달하는 특권적인 매개체로 자리 잡았다. 이런 기능은 초기의 서사시, 연극, 조각을 통해 구체적으로 확립되었다. 그뿐만 아니다. 예술은 감정과 느낌을 불러일으키는 자양분이 되었고, 그중에서도 음악은 시대를 초월해 그 역할을 독보적으로 수행해 왔다. 하지만 이것이 다가 아니다. 예술은 자기 자신과 타인의 마음을 들여다보는 창이자 삶의 다양한 국면을 미리 살아보는 무대이자 도덕적 판단과 실천을 시뮬레이션하는 훈련장이기도 하다. 궁극적으로 예술은 생물학적 기반과 인간 신체성에 깊이 뿌리를 두고 있으면서도 인간을 사고와 감정의 가장 높은 경지로 끌어올리는 통로가 되었다. 그리하여 우리는 예술 안에서 늘 갈망해 온 이상적 항상성의 정제된 형태, 즉 영적 차원에서 구현된 생물학적 대응물을 만나게 된다.

요컨대 예술이 진화 속에서 살아남을 수 있었던 까닭은 예술이 생존에 실질적 가치를 지녔고, 더 나아가 행복이라는 개념의 발전에 일조했기 때문이다. 예술은 사회집단을 결속시키고, 공동체의 조직을 촉진하며, 의사소통을 원활하게 하는 한편, 두려움, 분노, 욕망, 슬픔 등에서 비롯된 감정적 불균형을 완화했다. 게다가 쇼베 동굴과 라스코 동굴 벽화에서 보듯, 예술은 아마도 문화적 삶을 외부에 기록으로 남기는 첫걸음이었을 것이다.

예술의 진화적 존속을 두고, 일각에서는 예술가들이 이성에게 더 매력적으로 다가갈 수 있었기 때문이라고 주장하기도 한다. 피카소를 떠올리면 웃음과 함께 고개가 절로 끄덕여지는 것도 사실이다. 하지만 그런 주장과는 별개로, 예술 그 자체가 내포한 치유의 가치만으로도 그것은 타의 추종을 불허했을 것이다.

물론 예술이 인간이 겪는 괴로움, 이루지 못한 행복, 잃어버린 순수에 대한 완전한 보상 따위는 아니었다. 그럼에도 예나 지금이나 예술은 여전히 어느 정도의 보상을 담보한다는 사실만은 부정할 수 없다. 그것은 예술이 자연재해와 인간이 저지른 악행을 상쇄해 주는 균형 장치였기 때문으로 풀이된다. 예술은 의식이 인류에게 선사한 가장 매혹적인 선물 중 하나로 남아 있다.

그렇다면 의식이 인류에게 준 궁극의 선물은 무엇일까? 어쩌면 그것은 우리네 상상의 바다에서 미래를 항해하며, 자아라는 배를 안전하고 생산적인 항구로 인도하는 능력일지도 모른다. 이 가장 위대한 선물 역시 자아와 기억이 교차하는 그 지점에 둥지를 틀고 있다. 기억이 개인적인 느낌으로 물들 때tempered, 인간은 자신의 행복뿐 아니라 공동체 전체의 복지까지도 상상할 수 있는 힘을 부여받는다. 그런 기억은 그 행복과 복지를 실현하고 증진시킬 수 있는 가능성의 지평을 넓혀 준다. 기억은 찰나의 지금 여기, 곧 완전히 살아 낸 과거와 기대에 부푼 미래 사이에서 쉴 새 없이 흔들리는 그 순간에 자아를 머무르게 한다. 미래는 거기 멀리 사라져 가는 소실점에서 우리를 앞으로 이끌며, 지금 이 여정을 계속해 나갈 의지를 북돋는다. T. S. 엘리엇의 다음 시구가 바로 이를 말하는 것인지도 모른다. "흘러간 시간과 흘러갈 시간/있을 수도 있었던 일과 실제 있었던 일이/ 하나의 끝점을 가리키나니, 그것은 항시 현재로다."17

---

17 T. S. Eliot, *The Four Quartets*, New York: Harcourt Books, 1968(한국어판은 T. S. 엘리엇, 『사중주 네 편: T. S. 엘리엇의 장시와 한 편의 희곡』, 윤혜준 옮김, 문학과지성사, 2019). 이 글귀는 1부 '번트 노턴'(Burnt Norton) 부분의 마지막 세 절에서 인용되었다.

부록

뇌의 구조

인간의 뇌를 삼차원적으로 들여다보면, 육안으로도 뚜렷이 확인할 수 있는 구조적 배열을 어느 정도 파악할 수 있다. 전체적인 패턴은 각각의 뇌마다 대체로 비슷비슷하며, 특정 구성 요소들은 어떤 뇌에서나 일정한 위치를 차지하고 있다. 이런 배열을 보고 있노라면 우리 얼굴의 구성 요소인 눈, 코, 입이 서로 일정한 관계 속에 배치된 모습이 떠오른다. 각 요소의 정확한 형태와 크기는 사람마다 조금씩 다르지만, 그 차이는 한정된 범위 안에서만 달라진다. 예컨대 네모난 눈을 가진 얼굴이나 한쪽 눈이 코나 입보다 훨씬 큰 얼굴은 찾아볼 수 없다. 대체로 얼굴은 좌우 대칭을 이룬다. 각 구성 요소들 간의 상대적 위치 역시 이런 제한을 따른다. 우리 얼굴이 그러하듯, 뇌에서도 일정한 규칙에 따라 구성 요소들이 공간 안에 배치된다. 그럼에도 뇌는 사람마다 상당한 차이를 보인다. 모든 뇌는 저마다 독특하다.

하지만 이 책에서 다루고 있는 개념과 연관된 뇌의 또 다른 구조적 측면은 눈으로는 직접 관찰할 수 없다. 뇌 표면 아래에는 신경세포들을 서로 연결하는 축삭으로 이루어진 방대한 배선망이 펼쳐져 있다. 인간의 뇌에는 대략 수백억[1](약 10^{11}억) 개의 신경세포가 들어 있고, 이들 사이에는 어림잡아 수천조(약 10^{15}조) 개에 달하는 연결이 형성되어 있다. 하지만 이 연결 구조는 무작위로 이루어진 것이 아니라 일정한 패턴에 따라 짜여 있다. 또한 신경세포가 전부 서로 연결되는 것이 아니라 극히 선택적인 방식으로 연결망을 이룬다. 한 발짝 떨어져 보면 뇌의 특정 영역은 하나의 배선도로 구성되어 있거나, 아니면 여러 개의 배선도로 나뉘어 있는 것처럼 보인다.

이렇게 뇌의 배선도를 이해하는 것은 뇌가 어떻게 작동하는지를 밝히는 데 중요한 실마리가 된다. 하지만 이 배선도는 뇌가 발달하는 과정과 각자의 경험에 따라 끊임없이 변하기 때문에 이를 제대로 파악하기가 쉽지 않다. 우리는 유전자의 지시에 따라 특정 연결 패턴을 타고난다. 이 연결은 태아기부터 다양한 환경적 요인의 영향을 받고 있으며, 출생 후에는 각자가 처한 특수한 환경과 경험이 초기 연결 패턴에 점차 관여하게 된다. 개인의 활동 반경에 따라 어떤 연결은 가지치기되고, 어떤 연결은 강화되고, 또 어떤 연결은 점점 약해진다. 게다가 신경망 내의 배선의 두께 역시 필요에 따라 두꺼워지거나 얇

---

[1] [옮긴이] 원문에서는 신경세포와 시냅스 수를 각각 '1011억 개', '1015조 개'로 표기하고 있으나, 이는 실제 신경과학적 수치와 맞지 않다. 표기상의 오류로 짐작해 과학적 관례에 따라 신경세포는 약 10^{11}개, 시냅스는 약 10^{15}개로 수정했음을 밝힌다.

아진다. 학습과 기억이란 결국 자신만의 뇌 배선도를 다듬고, 형태를 만들고 조정하고 재조정해 나가는 과정에 다름 아니다. 이 과정은 우리가 태어나는 순간부터 시작되어 죽음이 우리를 삶과 갈라놓거나 혹은 알츠하이머병이 이 과정을 차단할 때까지 계속된다.

우리는 이런 배선의 설계도를 어떻게 규명할 수 있을까? 최근까지 이런 연구 주제를 실증적으로 검증하기 위해서는 일반적으로 인간이나 실험동물의 사후 조직 표본과 뇌 표본을 채취하는 절차가 필수적으로 요구되었다. 뇌조직 시료는 고정액으로 처리한 후 식별 가능한 염료로 염색하고, 아주 얇은 절편으로 잘라 현미경으로 분석할 수 있다. 이런 실험 신경해부학적 연구 방식은 오랜 전통을 가지고 있고, 오늘날 우리가 알고 있는 신경망 관련 지식의 상당 부분도 바로 이 방법에서 비롯되었다. 하지만 여전히 신경해부학에 관한 우리의 지식은 턱없이 부족하다. 따라서 개선된 염색 기법과 최신 고해상도 현미경의 성능을 활용한 꾸준한 연구가 절실하다.

최근 들어 살아 있는 인간을 대상으로 자기공명영상 기법이 도입되면서 새로운 가능성의 문이 열렸다. 특히 확산 영상과 같은 비침습적 기법 덕분에 인체 내부의 뇌 구조적 연결망을 시각화할 수 있게 된 것이다. 아직 풀어야 할 기술적 과제들이 남아 있기는 하지만, 이들 기법은 충분히 가시적인 성과를 기대하게 만든다.

그렇다면 인간 뇌 속에 있는 수백억 개의 신경세포와 그것들이 조합해서 만들어 내는 수천조 개의 시냅스는 어떻게 단순한 반응을 넘어서 각각의 소유주가 의식할 수 있는 마음을, 더 나아가 문화를 창조하는 마음까지 형성할 수 있을까? 아무리 많은 신경세포와 시냅스가 상호작용하면서 고도의 복잡성을 이룬다고 해도, 단지 그것만으로 이런 능력이 설명되기에는 어딘가 어설퍼 보인다. 물론 상호작용과 복잡성은 실제로 존재한다. 하지만 그것이 마구잡이로 뒤죽박죽 섞여 있는 집합은 아니다. 이 상호작용과 복잡성의 이면에는 두 가지 중요한 특성이 숨어 있다. 하나는 다양한 구조로 배열된 국소 회로들이 모여 형성하는 영역들이고, 다른 하나는 이런 영역들 사이를 조직적으로 연결하는 방식이다. 각 영역은 내부적으로 어떻게 구성되어 있느냐에 따라 그 기능이 달라진다. 또한 그 영역이 전체 구조 속에서 어떤 위치를 차지하는지도 중요하다. 넓게 보면 어떤 영역이 어디에 위치하느냐에 따라 짝을 이루어 소통하고 상호작용하는 영역이 결정되기 때문이다. 더욱 까다로운 점은 그 반대 역시 성립한다는 점이다. 즉 짝이 되는 영역이 다른 영역과 소통하고 상호작용하게 될수록 해당 영역의 위치도 함께 정해지는 경향이 있다. 본격적인 논의를 이어 가기에 앞서, 우선 뇌 구조를 형성하는 기본 요소들에 대해 간단하게나마 설명자료를 덧붙이려 한다.

건축 재료

마음 만들기를 실행하는 뇌는 신경조직으로 이루어져 있다. 또한 다른 모든 생체조직과 마찬가지로, 이 신경조직도 세포로 구성된 살아 있는 조직이다. 뇌세포의 중심은 신경세포로, 앞서 1장부터 3장까지 언급한 바와 같이 신경세포는 생물학 전체를 통틀어도 가히 독특한 세포 유형이라고 평가할 수 있다. 신경세포와 그에 연결된 축삭은 신경교세포라는 또 다른 유형의 뇌세포로 이루어진 지지체에 둘러싸여 있다. 아니, 차라리 그 위에 매달려 있다고 하는 편이 더 어울린다. 이처럼 신경교세포는 신경세포에 물리적 지지뿐 아니라 영양분도 일부 공급한다. 신경세포는 신경교세포 없이 스스로 생존할 수 없다. 그럼에도 행동과 마음에 관한 한 핵심적인 단위는 바로 신경세포라는 점을 모든 증거가 가리키고 있다.

신경세포가 축삭을 통해 근육섬유로 신호를 보내면 움직임이 발생한다. 또한 신경세포가 아주 정교하게 지도로 짜인 신경망 내에서 활동하면 그 결과는 이미지로 표상된다. 이것이 곧 정신 활동에서 유통되는 주요 통화가 된다. 우리가 아는 한 신경교세포가 이런 작동에 어떻게 기여하는지에 대해서는 아직 전모가 밝혀지지 않았지만, 신경교세포는 직접적으로 그런 기능을 하지 않는다. 안타깝게도 신경교세포는 현재로서는 치료법이 전무한 가장 치명적인 뇌종양의 일종인 신경교종gliomas의 주된 발생 원인이기도 하다. 설상가상으로 이들 악성종양은 다른 암과 달리 전 세계적으로 발병률이(원인은 분명하지 않지만) 점점 증가하고 있는 추세이다. 뇌종양의 또 다른 흔한 원인은 피부처럼 뇌조직을 감싸는 막 구조인 수막meninges세포에서 유래하는 경우이다. 수막종meningiomas은 보통 양성 종양에 속하기에 언뜻 무해해 보일 수 있지만, 위치적인 측면에서 문제가 되거나 무제한적으로 자랄 경우 정상적인 뇌 기능을 심각하게 해칠 수 있다.

신경세포는 세 가지 주요 해부학적 구성 요소로 이루어져 있다. (1) 세포체는 세포의 중심 동력원으로, 세포핵과 미토콘드리아 같은 소기관들이 들어 있다(신경세포의 유전정보, 이른바 유전체는 주로 세포핵에 저장되어 있지만, 미토콘드리아 내부에도 DNA가 일부 존재한다). (2) 축삭은 세포체에서 뻗어 나온 주요 출력 섬유로, 정보를 멀리까지 전달한다. (3) 수상돌기는 세포체에서 가지처럼 뻗어 나온 입력 섬유로, 더듬이처럼 여러 방향에서 오는 신호를 수용하는 역할을 한다. 신경세포들은 시냅스라 불리는 접합 지점에서 서로 연결된다. 대부분의 경우 한 신경세포의 축삭 말단이 다른 신경세포의 수상돌기와 화학적으로 접속하면서 신호를 전달하게 된다.

신경세포는 활성 상태(발화)와 비활성 상태(비발화), 즉 '켜짐'이나 '꺼짐' 사이를 오가며 작동한다. 발화란 전기화학적 신호가 생성되어 시냅스를 통해 다음 신경세포로 전달되는 과정을 의미한다. 이 신호가 다음 신경세포의 발화 기준을 충족시키면, 그 세포 역시 연쇄적으로 발화하게 된다. 이런 전기화학적 신호는 신경세포체에서 출발해 축삭을 따라 이동한다. 시냅스 경계는 보통 한 신경세포의 축삭 끝부분과 다른 신경세포의 수상돌기 시작 부분 사이에 위치한다. 물론 이 설명에는 약간의 변형과 예외도 있지만, 신경세포의 종류에 따라 모양과 크기가 다양하다는 점을 감안하면, 이 정도 개요는 큰 틀에서 수용 가능한 표준 모델로 간주할 수 있다. 각 신경세포는 워낙 작아서 현미경 없이는 볼 수 없고, 특히 시냅스를 관찰하기 위해서는 고배율 현미경이 필요하다. 하지만 작다는 개념은 상대적인 것일 뿐이다. 예컨대 신경세포를 구성하는 개별 분자와 비교하면 신경세포는 오히려 거대한 생명체이다.

신경세포가 발화하면 활동 전위로 알려진 전류가 세포체에서 축삭을 따라 빠르게 전파된다. 이 전류의 이동 속도는 단 몇 밀리초 내에 이루어질 만큼 빠르다. 이 사실을 고려하면 뇌의 생물학적 처리 속도와 마음의 경험 속도 사이에는 현격한 시간 척도의 차이가 있음을 짐작할 수 있다. 눈앞에 나타난 시각적 패턴을 의식적으로 인지하는 데에는 수백 밀리초가 걸린다. 더 나아가 우리는 어떤 느낌을 초 단위로, 즉 수천 밀리초 동안, 그리고 때로는 몇 분 동안 경험하기도 한다.

신경세포의 발화 전류가 시냅스에 도달하면 두 신경세포 사이의 미세한 공간인 시냅스 틈새로 신경전달물질(글루탐산염)이 방출된다. 흥분성 신경세포의 경우 이 시냅스는 단독으로 작동하지 않는다. 대신 여러 신경세포들이 각기 신호를 보내거나(혹은 보내지 않으며), 이들의 협력적인 상호작용을 통해 다음 신경세포가 발화할지 여부, 다시 말해 자체적인 활동 전위를 생성할지 여부가 결정된다. 이 과정을 통해 다음 신경세포도 신호를 생성하고 자신만의 신경전달물질을 방출하면서 연쇄 작용을 계속 이어 간다.

시냅스는 강할 수도, 약할 수도 있다. 이 강도는 자극이 다음 신경세포로 얼마나 잘 전달되는지를 좌우한다. 흥분성 신경세포에서 시냅스가 강할수록 자극 전달이 더 쉽게 일어나고, 약할수록 전달이 저지되거나 아예 차단되기도 한다.

시냅스의 강화는 학습과 밀접한 관련이 있다. 여기에서 말하는 시냅스의 강도란 결국 얼마나 쉽게 발화할 수 있는가로 해석할 수 있으며, 시냅스가 강할수록 다음 신경세포들이 활성화되기 쉬워진다. 기억이라는 것도 바로 이런 작동 방식에 의존하고 있는 셈이다. 지금 우리가 알고 있는 기억의 신경학적 기반에 대한 이해는 20세기 중반

도널드 헵이 제시한 선구적인 아이디어로 거슬러 올라간다. 그는 처음으로 학습이 시냅스의 강화와 그 후속 신경세포의 발화 촉진에 달려 있을지도 모른다고 제안했다. 당시에는 어디까지나 이론적인 가설에 불과했지만, 이후 이 아이디어는 실제 사실로 입증되었다. 지난 수십 년 동안, 학습에 대한 우리의 이해는 점점 더 깊어져서 이제는 분자 수준의 메커니즘과 유전자 발현 단계까지 상세하게 밝혀지고 있다.

한편 평균적으로 보면 신경세포는 전체 중에서 비교적 소수의 다른 신경세포들과만 소통한다. 각각의 신경세포가 다른 신경세포와 모두 연결되는 건 아니라는 이야기이다. 실제로 많은 신경세포들은 국소 회로 안에서 서로 가까운 신경세포들과 주로 연결되어 있다. 일부 신경세포들은 축삭이 수 센티미터까지 뻗어 있더라도 실제로는 극히 제한된 다른 신경세포들과만 접촉한다. 그렇다 하더라도 이처럼 연결되는 수나 범위는 해당 신경세포가 뇌 전체 구조 속에서 어떤 위치에 있는지에 따라 달라진다. 서로 짝을 이루며 연결되는 영역의 수는 많을 수도, 적을 수도 있는 것이다.

수백억 개의 신경세포는 회로로 구성되어 있다. 일부는 육안으로는 보이지 않을 만큼 작고 미세해서 아주 국소적인 활동에만 관여한다. 하지만 이런 미세 회로들이 여러 개 모여 함께 자리를 잡으면 특정한 구조를 갖춘 하나의 영역을 이루게 된다.

뇌의 기본적인 영역별 구조에는 핵 유형과 층상 구조의 대뇌 피질 유형 두 가지가 있다. 대뇌 피질에서는 신경세포들이 얇은 이차원 막 구조를 따라 층층이 배열된다. 이런 층들 중 다수는 지형적으로 정교하게 조직되어 있어서 상세하게 지도를 그리는 데 적합하다. 반면 신경세포핵(각 신경세포 내부의 세포핵과는 혼동하지 않아야 함)은 보통 그릇 안의 포도처럼 덩어리 형태로 배열되어 있다. 물론 이 규칙에도 예외는 있다. 예컨대 슬상핵과 소구 같은 핵은 이차원 층상 구조를 가진다. 여러 핵이 지형적으로 구성되어 있다는 점은 비교적 개략적이나마 지도 작성이 가능하다는 의미이다.

핵은 말하자면 '노하우'를 담고 있는 구조이다. 특정 메시지가 핵을 활성화시키면, 그에 따라 어떤 행동을 취해야 하는지 혹은 무엇을 해야 하는지가 이미 회로 안에 내장되어 있다. 이런 성향적인 노하우 덕분에 핵은 대뇌 피질이 거의 없거나 아예 없는 종에서도 생명 유지에 필수적이다. 하지만 인간의 뇌에서도 핵은 중책을 맡고 있는데, 대사 작용, 내장 반응, 감정, 성적 활동, 느낌, 심지어 의식의 일부 측면까지도 책임진다. 내분비계와 면역계도 핵에 의존해서 조절되며, 정동적인 삶 역시 마찬가지이다. 그럼에도 인간의 경우 많은 핵은 마음의 영향을 받아 작동하고, 전부는 아니더라도 대부분은 대뇌 피질의 영향을 받아 활동한다고 할 수 있다.

중요한 점은 핵과 층상 구조의 대뇌 피질로 구분되는 개별 영역들이 서로 연결되어 있다는 사실이다. 이들 영역은 점차 더 큰 규모의 회로로 확장된다. 다수의 대뇌 피질의 층상 영역들이 서로 상호작용하며 연결되어 있지만, 각 층상 영역은 피질하핵과도 연결되어 있다. 가끔 대뇌 피질의 층상 영역들이 핵으로부터 신호를 받는 수신자가 되기도 하고, 어떤 경우에는 신호를 보내는 발신자가 되기도 한다. 또한 경우에 따라서는 수신자이자 발신자가 되기도 한다. 이런 상호작용은 특히 수많은 종류의 시상핵과 관련해서도 중요하다. 시상핵(이때 대뇌 피질과의 연결에서는 양방향 연결 경향을 보이는 반면, 기저핵과의 연결에서는 대뇌 피질에서 신호가 내려가거나 혹은 그 반대로 올라오는 단방향 흐름을 보일 뿐 양방향은 아니다)과 관련해서도 중요하다.

요컨대 신경 회로는 케이크처럼 층을 이루며 표면에 평행하게 배열되어 대뇌 피질 영역을 형성한다. 반대로 층이 없이 덩어리로 묶여 있을 경우에는 핵을 이룬다(이전에 언급한 예외들은 따로 주의해서 볼 필요가 있다). 대뇌 피질 영역과 핵은 모두 축삭돌기의 '투사'에 의해 연결되어 전체 시스템을 형성하고, 이 시스템은 다시 복잡한 수준으로 올라가면서 '시스템의 시스템'으로 조직된다. 이런 투사들이 육안으로 보일 정도로 두껍고 뚜렷해지면, 우리는 그것을 '경로'라고 이름한다. 규모로 따지면 모든 신경세포와 국소 회로는 미시적인 단위에 속한다. 반면 대뇌 피질 영역과 대부분의 핵, 그리고 시스템의 시스템은 거시적 구조에 속한다.

만약 신경세포가 벽돌이라면, 뇌에서 이 벽돌들을 서로 잇는 시멘트는 무엇일까? 바로, 앞서 설명한 신경교세포이다. 이 세포들은 뇌 곳곳에서 신경세포를 든든히 받쳐 주는 구조물을 만들고 있으며, 빠르게 축삭을 감싸서 신호 전달 속도를 높이는 수초화된 피복 역시 신경교세포가 만들어 낸다. 이 피복은 단지 축삭을 감싸고 보호하는 데 그치지 않고, 절연체 역할과 함께 시멘트처럼 떠받치는 기능까지 한다. 신경교세포는 축삭과 수상돌기가 없고, 장거리 신호를 전달하지 않는다는 점에서 신경세포와는 엄연히 다르다. 다시 말해 신경교세포는 다른 세포를 조절하거나 표상하지 않으며, 신경세포처럼 정보를 모방하거나 가공하는 기능도 없다. 그렇다고 해서 신경교세포의 역할은 단순히 신경세포를 위한 받침대에 머무르지 않는다. 예컨대 신경교세포는 신경세포에 필요한 에너지를 저장하고 공급하는 물질을 가지고 있으며 이를 전달하기도 한다. 앞서 언급했듯, 신경교세포의 영향력은 생각보다 훨씬 막강할 수 있다.

대규모 건축 구조에 대한 부연 설명

신경계는 중추신경계와 말초신경계 두 부분으로 나뉜다. 중추신경계의 핵심은 대뇌로, 왼쪽과 오른쪽 두 개의 대뇌 반구로 이루어져 있다. 두 반구는 뇌량에 의해 연결된다. 우스갯소리로는 대뇌 반구가 처지는 걸 막기 위해 자연이 뇌량을 발명했다고 하지만, 실제로는 이 두꺼운 신경섬유다발이 좌반구와 우반구를 양방향으로 연결하고 통합하는 데 크나큰 기여를 한다.

대뇌 반구는 대뇌 피질로 덮여 있고, 피질은 여러 엽(후두엽, 두정엽, 측두엽, 전두엽)으로 조직화되어 있다. 이 외에도 내측 표면(정중면)에서만 확인할 수 있는 대상피질이라는 부위도 포함된다. 또한 소뇌의 표면을 검사할 때는 전혀 보이지 않는 대뇌 피질의 두 영역도 존재한다. 하나는 전두엽과 두정엽 아래에 가려진 섬피질, 다른 하나는 측두엽 내부에 가려진 해마이다.

대뇌 피질 아래에는 다양한 중추신경계의 핵들이 자리하고 있다. 여기에는 기저핵, 기저전뇌, 편도체, 간뇌(시상과 시상하부가 합쳐진 구조) 등 뇌 깊숙한 곳에 위치한 핵 복합체가 포함된다. 대뇌는 뇌간

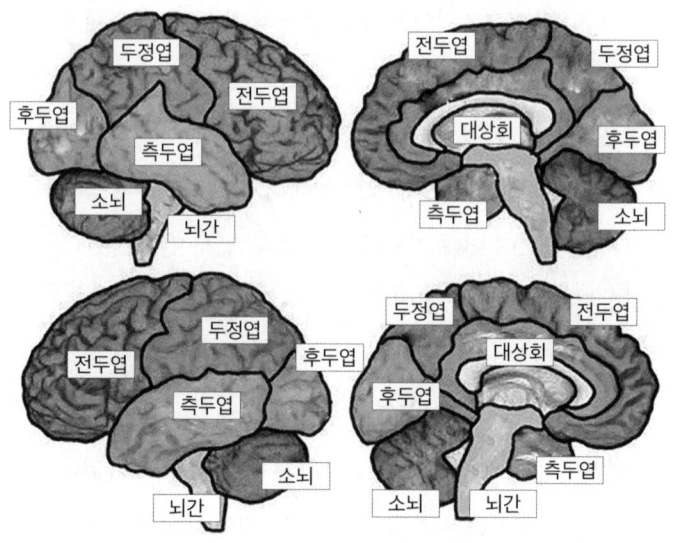

그림 A.1 자기공명영상 자료를 근거로 삼차원으로 재구성한 대규모 인간 뇌의 구조. 왼쪽 패널에는 좌우 반구의 외측(바깥쪽) 모습이 나타나고, 오른쪽 패널에는 정중앙(내부) 단면이 보인다. 오른쪽 패널에 보이는 흰색의 곡선 구조는 뇌량에 해당한다.

을 통해 척수와 연결되고, 뇌간 뒤쪽에는 소뇌가 자체적으로 두 개의 반구 형태로 자리하고 있다. 일반적으로 시상하부는 시상과 함께 간뇌의 일부로 분류되지만, 실제로는 뇌간의 기능과 더 밀접하게 연관되어 있으며, 생명 조절과 관련된 가장 중차대한 기능을 뇌간과 공유한다.

중추신경계는 신경세포에서 나오는 축삭 다발을 통해 신체의 구석구석과 연결된다(이 다발들을 신경이라고 부른다). 또한 중추신경계와 말초를 잇거나 혹은 그 반대로 연결되는 신경 전체가 말초신경계를 구성한다. 이 신경들은 뇌에서 신체로, 다시 신체에서 뇌로 자극을 전달한다. 말초신경계에서 가장 오래되고 중요한 영역 중 하나가

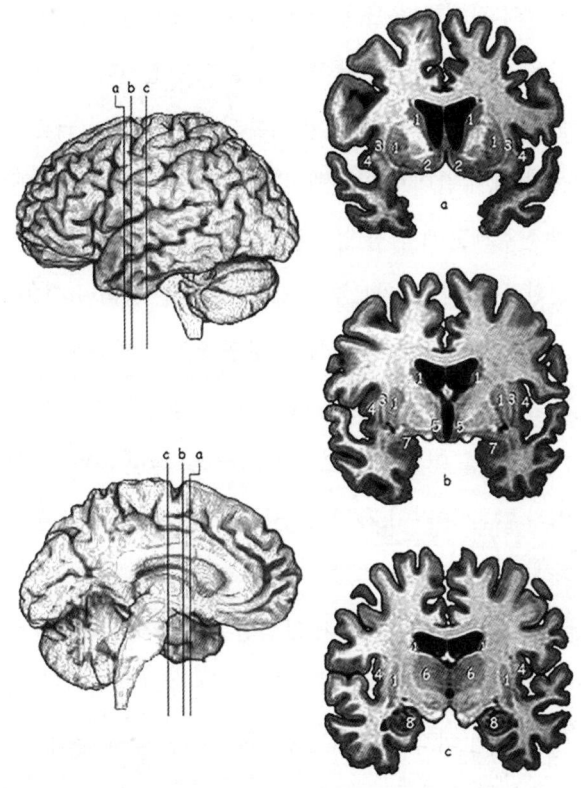

그림 A.2 왼쪽 패널은 인간 뇌를 측면 및 정중면에서 삼차원 재구성을 통해 시각화한 것(각각 위와 아래에서 본 모습). 오른쪽 패널은 세 개의 뇌 단면을 보여 주며 a, b, c로 표시된 선을 따라 단면이 얻어졌다. 이 단면들은 뇌 표면 아래에 있는 많은 중요한 구조들을 보여 준다. 1은 기저핵, 2는 기저전뇌, 3은 전장, 4는 섬피질, 5는 시상하부, 6은 시상, 7은 편도체, 8은 해마. 대뇌 피질은 대뇌 반구 전체 표면을 덮으며, 모든 고랑의 깊은 부분까지 포함된다. 단면에서 대뇌 피질은 그 아래 더 밝은 백질과 쉽게 구별되는 어두운 가장자리로 나타난다. 단면 중앙의 검은 부분은 외측 뇌실lateral ventricles이다.

자율신경계인데, 이 영역은 대부분 의지로 통제되지 않기 때문에 그렇게 불린다. 자율신경계는 교감신경계, 부교감신경계, 장신경계enteric system 등으로 구성된다. 이 자율신경계는 생명 유지뿐 아니라 감정과 느낌에도 깊이 관여한다. 또한 뇌와 신체는 혈류를 타고 이동하는 호르몬과 같은 화학 분자들을 통해서도 상호 연결된다. 뇌에서 신체로 향하는 분자들은 시상하부핵에서 비롯되며, 신체에서 뇌로 되돌아오는 화학물질 역시 반대로 이동해 혈액뇌장벽이 없는 뇌의 맨아래 영역을 통해 신경세포에 직접 영향을 미치기도 한다(혈액뇌장벽은 혈류를 통해 순환하는 특정 분자로부터 뇌를 보호하는 장벽이다). 이 맨아래 영역은 뇌간에 위치하며, 부완핵, 수도관주위 회색질핵과 같은 생명 조절의 핵심 구조들과 아주 가깝다.

중추신경계를 어느 방향으로든 자른 뒤 절단면을 살펴보면, 어두운 구역과 밝은 구역이 확연히 구분된다. 어두운 구역은 회색질(실제로는 회색보다는 갈색에 가깝다)이고, 밝은 구역은 백질(흰색보다는 황갈색에 가깝다)로 알려져 있다. 회색질은 신경세포체들이 빽빽하게 모여 있어서 어두운 색을 띠고, 백질은 이 신경세포체에서 나온 축삭들을 둘러싼 절연 피복 때문에 밝은색을 띤다. 앞서 논의했듯, 이 절연층은 수초화되어 있어 축삭을 따라 전기 신호가 빠르게 전달되도록 돕는다. 이런 수초화 절연과 고속 신호 전달은 진화적으로 비교적 최근에 등장한 축삭의 특징으로 간주되며, 반대로 수초화되지 않은 섬유는 느리고 오래된 형태로 여겨진다. 회색질은 크게 두 가지 유형으로 나뉜다. 대체로 층 구조를 가진 회색질은 대뇌 반구를 감싸는 대뇌 피질에서 찾아볼 수 있고, 소뇌를 감싸는 소뇌 피질에도 존재한다. 반면 층이 없는 회색질은 핵으로 구성된 구조를 이룬다. 여기에 해당하는 주요 예는 위에서 언급했던 기저핵(각 대뇌 반구의 깊은 곳에 자리하고 있으며, 미상핵, 조가비핵, 창백핵이라는 세 개의 큰 핵으로 구성된다)과 편도체(단일 구조로는 꽤 큰 덩어리로, 각 측두엽의 깊숙한 부분에 위치한다). 시상, 시상하부, 뇌간 회백질의 작은 핵 집합체들도 이에 포함된다.

대뇌 피질은 대뇌의 바깥을 감싸는 얇은 막으로, 각 대뇌 반구의 표면을 덮고 있다. 피질에는 깊은 열구fissure와 좁고 얕은 고랑sulci[2]이 있어서 뇌의 겉모습에 특유의 주름진 형태인 깊고 얕은 틈crevice을 만든다. 피질의 두께는 약 3밀리미터이며, 층들은 서로 평행하게, 그리고 뇌 표면과도 나란히 배열되어 있다. 대뇌 피질 중 진화적으로 가장 최근에 발달한 부분은 신피질이다. 대뇌 피질은 전두엽, 측두엽, 두정엽, 후두엽 등 엽 단위로 구분된다. 그 밖의 회백질 구조들(앞서 설명한 다양한 핵들과 소뇌)은 모두 피질 아래에 위치한다.

이 글에서는 가끔 초기 감각피질, 연합피질, 심지어 고차 연합피질까지 언급하고 있다. 여기에서 '초기'라는 표현은 시간과는 상관없이 감각 정보가 처리되는 연쇄적 경로에서 해당 영역이 차지하는 공간적 위치를 뜻한다. 초기 감각피질은 말초 감각 신호가 대뇌 피질로 처음 들어오는 입구 근처에 위치하며, 예컨대 시각·청각·촉각 신호 등이 처음 도달하는 지점이다. 이 초기 영역은 보통 동심원적으로 배열되어 있고, 전달된 감각 신호를 사용해 정밀한 지도를 작성하는 데 일익을 담당하고 있다.

연합피질은 그 이름처럼 초기 감각피질에서 전달된 신호들을 상

---

2   [옮긴이] 열구(fissure)는 가장 깊게 파인 곳을, 고랑(sulcus)은 상대적으로 얕게 파인 곳을 형성한다. 회(gyrus)는 이러한 구들 사이의 융기된 뇌 표면을 지칭한다.

호 연결한다. 연합피질은 초기 감각피질이나 운동피질이 존재하지 않는 피질 영역이라면 어디에나 있을 수 있다. 이 영역들은 대체로 계층적으로 구성되어 있으며, 계층에서 상위에 위치한 피질은 보통 고차 연합피질로 불린다. 전전두피질과 전측두피질이 대표적인 고차 연합피질에 해당한다.

대뇌 피질의 다양한 영역은 전통적으로 신경세포 배열의 독특한 구조적 설계에 따라 숫자로 식별되며, 이 숫자 분포를 바탕으로 세포구축학적 지도가 작성된다. 가장 널리 알려진 번호 체계는 한 세기 전 브로드만이 제안한 방식으로, 오늘날에도 여전히 유용하게 사용되고 있다. 브로드만 번호는 해당 영역의 크기나 기능적 중요성과는 전혀 무관하다.

위치의 중요성

뇌 영역의 내부 해부학적 구조는 해당 영역의 기능을 결정하는 데 있어 매우 중요한 요소이다. 하지만 그 영역이 뇌의 삼차원 공간 내에서 어디에 위치하는가도 또 다른 핵심적인 결정 요인이다. 뇌 전체 용적 내의 자리 배치와 내부 구조는 대체로 진화의 결과이지만, 개인의 발달 과정에서도 영향을 받는다. 개인의 경험은 회로를 형성하는 데 작용하되, 그 영향력은 주로 미세 회로 수준에서 두드러지지만, 거시 해부학적 수준에서도 분명히 드러난다.

핵은 진화적으로 오래된 구조로, 뇌 전체가 마치 염주의 구슬처럼 이어진 신경절의 사슬에 불과했던 생명의 초기 연대까지 거슬러 올라간다. 이 신경절은 본질적으로는 뇌라는 통합된 한 덩어리로 진

화되기 전의 독립된 핵이라고 볼 수 있다. 2장에서 살펴본 선충류의
뇌 역시 줄줄이 이어진 신경절 사슬로 이루어져 있다.

    뇌 전체의 공간에서 볼 때, 핵의 위치는 비교적 아래쪽이고, 항
상 대뇌 피질이 형성하는 외막 아래에 위치한다. 핵은 뇌간, 시상하
부와 시상, 기저핵, 기저전뇌(그 연장선상에는 편도체로 알려진 핵 덩
어리가 있다)에 자리잡고 있다. 핵은 대뇌 피질에 비해 상대적으로 변
두리로 밀려난 것처럼 보이지만, 진화적 지위는 여전히 높다. 역사적
으로 오래된 핵일수록 뇌의 중앙선에 더 가깝다. 뇌는 중앙선을 기
준으로 좌우로 나누어져 있기에 비교적 오래된 핵들은 중앙선을 경
계로 대칭적으로 배치된 핵들과 마주 보고 있다. 생명 조절과 의식에
필수적인 뇌간의 핵들이 대표적이다. 하지만 편도체처럼 진화적으로
더 최근의 핵들은 좌우 각각의 독립성이 더 뚜렷하게 드러나고 서로
극명하게 분리되어 있다.

    대뇌 피질은 핵보다 진화적으로 더 최근에 발달한 구조이다. 대
뇌 피질은 전부 얇은 막 형태의 구조가 특징이며, 구조적 특징의 수
혜로 일부 피질은 상세한 지도 작성 능력을 부여받았다. 하지만 피질
의 층수는 (오래된 피질의 경우) 세 개에서부터 (더 최근 피질의 경우)
여섯 개까지 다양하다. 각 층 내부와 층 간 회로 연결의 복잡성 역시
다양하다. 뇌 전체에서의 위치 역시 기능적 의미를 갖는다. 대체로 비
교적 최근에 발달한 피질은 주요 감각 경로들(청각, 시각, 체감각 등)
이 대뇌 피질에 도달하는 지점과 주변에 자리 잡고 있어, 감각 처리
와 지도 작성 기능을 담당한다. 다시 말해 이런 피질들은 '초기 감각
피질' 영역군에 몸담고 있는 셈이다.

운동피질 역시 진화 시기에 따라 서로 다른 특성을 지니고 있다. 일부 운동피질들은 상당히 오래되고 작으며, 전대상영역과 보조 운동 영역의 정중선에 위치하고 있다. 아울러 각 대뇌 반구의 내부(또는 중앙) 표면에서 뚜렷하게 볼 수 있다. 반면 또 다른 운동피질들은 진화적으로 최근의 것이고 구조적으로 정교하며, 뇌의 외부 표면(외측 표면)에서 넓은 영역을 차지한다.

특정 영역이 뇌 전체 기능에 기여하는 정도는 그 영역과 짝을 이루며 상호작용하는 다른 부위에 크게 의존한다. 어떤 영역이 해당 부위와 소통하고 어떤 영역이 해당 부위에 반응하는지, 구체적으로 말하면 어떤 영역이 영역 X에 자체 신경세포를 투사하고(영역 X의 상태를 변경하고) 어떤 영역이 영역 X로부터의 투사를 받는지(그 출력에 의해 변경되는지)가 중요하다. 많은 것이 영역 X가 신경망 내에서 위치한 곳에 따라 결정된다. 영역 X가 지도 작성 능력을 갖고 있는지 여부도 기능적 역할에 중요한 요소이다.

마음과 행동은 핵과 피질 영역이라는 은하계에서 수렴하고 발산하는 신경 투사들에 의해 조율되는 순간순간의 산물이다. 만약 이 은하계가 원활하게 조직되고 조화롭게 움직이면, 주인은 시를 지을 것이다. 그렇지 않다면 대혼란이 초래될 수 있다.

뇌와 세상 사이의 접점에서

두 가지 유형의 신경 구조가 뇌와 외부 세계의 경계를 점하고 있다. 하나는 안쪽을 향하고, 다른 하나는 바깥쪽을 향한다. 첫 번째는 말초신경계에 위치한 감각 수용기들이다. 여기에 해당하는 예로는 눈의 망막, 내이의 달팽이관, 피부의 신경 말단 등이 있다. 이 감각 수용기들은 외부로부터 다른 신경세포의 투사를 받지 않는다. 적어도 자연 상태에서는 그렇다. 물론 최근에는 보철 장치에서 나오는 유사 전기 신호가 이러한 상황을 바꾸고 있다는 하다. 본질적으로 이 수용기들은 빛, 진동, 기계적 접촉 등 물리적 자극을 직접 받아들이는 구조이다. 감각 수용기는 신체의 경계에서 출발해 뇌 내부로 이어지는 다층적 신경 회로를 따라 신호의 연쇄적 신호를 일으킨다. 이 신호들은 단순히 배관 시스템의 물처럼 위로 흘러가기만 하는 것이 아니라 경유하는 각 중계소마다 처리와 변환 절차를 거친다. 더 흥미로운 점은 이 신호들이 종종 반대로 되돌아가 신호가 처음 투사된 감각 수용기 쪽으로 향하기도 한다는 것이다. 이런 뇌 구조의 특성은 아직까지 연구가 진척되지 않았지만, 아마도 의식의 특정 측면과 밀접한 관련이 있을 것으로 추정된다.

또 다른 경계 지점은 신호가 뇌에서 발생해 외부 세계로 이어지는 마지막 지점, 즉 뇌의 출력이 종료되고 환경이 시작되는 부분이다. 신호는 뇌 내부에서 출발해 대기 중으로 화학물질을 방출하거나 신체 근육섬유에 연결되면서 마무리된다. 근육섬유로 이어지는 이 연결이 바로 우리가 움직이거나 말할 수 있게 해 주는 작동 메커니즘의 마지막 단계이다. 그다음에는 공간 속에서의 실제 움직임이 이루어진다. 진화 초기에 생명체들은 세포막이나 피부의 경계에서 화학물질을 방출하는 방식으로 외부 세계에 영향을 미쳤는데, 이는 생존을 위해 견인차 역할을 했다. 인간에게서도 이와 유사한 예로는 페로몬의 방출을 들 수 있다. 하지만 이 부분에 대한 연구는 아직 미진하다.

　뇌라고 하는 것은 단순한 반사 회로에서 시작해 점차 더 복잡한 체계로 진화해 온 구조로 개념화할 수 있다. 예컨대 감각신경세포 NEU는 대상 OB를 감지하면, 반응신경세포 ZADIG에 신호를 보낸다. 그러면 ZADIG는 이 신호를 근육섬유 MUSC에 전달해 실제 움직임을 일으킨다. 진화 과정에서 감각신경세포 NEU와 반응신경세포 ZADIG 사이에 또 다른 신경세포가 추가되었다. 그것이 바로 사이신경세포이며, 여기에서는 INT라 하자. INT가 회로에 개입하면서 ZADIG의 반응은 더 이상 자동적이지 않게 된다. 예컨대 ZADIG는 NEU로부터 강력한 신호를 동시에 받았을 때에만 반응하고, 신호가 약하거나 불완전하면 반응하지 않을 수도 있다. 이때 반응 여부는 INT의 판단에 달려 있다.

　뇌의 진화에서 두드러진 변화 중 하나는 회로의 각 수준마다 이런 사이신경세포에 해당하는 요소가 점점 더 추가되었다는 점이다. 그것도 단 하나가 아니라 여러 개가 동시에 늘어난 것이다.

　대뇌 피질에 자리한 가장 큰 대응물은 사이 영역interregions이라고 볼 수 있다. 이 영역은 다른 피질 영역들 사이에 샌드위치처럼 끼어 있으며, 다양한 자극에 대한 단순한 반응을 조절하고 반응이 더 이상 단순하거나 자동적이지 않게 만드는 명확한 목적을 가지고 있다.

　그다음 단계에서 뇌는 단순한 자극-반응 구조에서 벗어나 점점 더 세밀하고 정교한 반응 체계를 갖추게 되었다. 이 과정에서 뇌는 자극을 정밀하게 지도화하는 시스템을 발전시켰고, 마침내 이미지와 마음이라는 궁극적인 산물을 만들어 냈다. 이어지는 단계에서는 뇌가 이 마음에 자아의 과정을 덧붙이게 되면서 완전히 새로운 반응을 창조해 낼 수 있는 능력이 생겼다. 끝으로 특히 인간에 와서 이런 의식 있는 마음이 비슷한 존재들과 집단을 이루고 조직될 때, 문화라는 새로운 결과물이 탄생하게 되었다. 이 문화는 외부 인공물을 만들어 냈고, 세대를 거듭하며 뇌의 작동 방식에 영향을 미쳤는가 하면, 나아가 인간 뇌의 진화에도 직접적인 영향을 주었다.

뇌는 시스템의 시스템이다. 각각의 시스템은 작지만 육안으로 볼 수 있는 대뇌 피질 영역과 피하핵이 정교하게 연결되어 구성된다. 이들은 미세한 국소 회로로 이루어지고, 회로는 신경세포로 구성된다. 이 모든 연결은 시냅스를 통해 이루어진다.

신경세포의 기능은 그 세포가 속한 국소 신경 회로의 구조에 따라 달라진다. 또한 전체 시스템의 기능은 이 회로들이 서로 어떻게 연결되어 있으며, 다른 회로에 어떤 영향을 미치는지에 따라 좌지우지된다. 마지막으로 각 회로가 시스템의 기능에 얼마나 기여하는지는 그 회로가 시스템 안에서 어디에 위치해 있는가에 달려 있다.

마음-뇌 동일성 가설에 대한 첨언

이 책에서 채택한 관점 중 하나는 마음 상태와 뇌 상태가 본질적으로 동등하다는 가설이다. 하지만 이 가설은 아직 학계나 대중적으로나 널리 받아들여지지 않고 있다. 물론 이를 반박하는 목소리들도 경청할 필요가 있다.

물리적 세계에서의 동등성equivalence과 동일성identity은 대부분 질량, 부피, 운동, 전하 등 물리적 속성을 기준으로 정의된다. 뇌가 이런 물리적 세계에 포함된다는 점에는 의문의 여지가 없다. 하지만 물리적 상태와 정신적 상태가 동일할 수 없다고 주장하는 사람들은 이렇게 말한다. 어떤 물리적 대상에 대응하는 뇌의 활동 지도는 물리적 용어로 분석할 수 있지만, 그와 연관된 정신적 패턴은 물리적 용어로 다룰 수 없을 뿐더러 애초에 그런 시도는 얼토당토않다는 것이다. 왜냐하면 지금까지의 과학은 정신적 패턴이 가진 물리적 속성을 명확히 밝히지 못했고, 앞으로도 그런 속성을 규명하지 못할 가능성이 높기 때문에 정신적인 것을 물리적인 것과 동일시하는 것은 불가능하다는 주장이다. 하지만 이런 추론에는 논리적인 허점이 있다.

    무엇보다도 어떤 상태가 정신적이지 않다고 해서 그게 곧 물리적이라고 단정할 수 있을까? 외부 세계의 대상들은 말초 감각을 통해 지각하거나 측정 기구를 통해 수치화할 수 있다. 하지만 정신적 사건은 그런 방식으로는 측정이 불가능하다. 이는 곧 정신적 사건이 뇌 내부에서 일어나는 일이라는 점을 고려할 때, 정신 상태 자체가 애초에 측정 가능한 성질의 것이 아니라는 뜻이다. 사실상 정신적 사건은 마음이라는 더 큰 과정의 일부로서만 지각할 수 있으며, 바로 그렇기 때문에 외부에서 독립적으로 측정하거나 객관화할 수 없다. 이 점은 안타깝지만, 정신이 물리적이냐 비물리적이냐 하는 문제 자체에 대해 아무런 결론도 내려 주지 않는다. 하지만 반대로 이런 상황은 정신 상태와 신체 상태가 절대로 동일할 수 없다는 기존 입장에 의문을 제기할 단초를 제공한다. 단지 내성적 관찰에 근거해 정신은 비물리적이라고 단정하는 태도는 부적절하다. 개인적 관점은 자기 자신에게 직접적으로 주어지는 경험을 인식하고 활용하는 데에는 유용할 수 있다. 이런 경험들은 의식화되고 삶을 이끌어 가는 데에도 도움이 된다. 하지만 그 경험들은 광범위한 성찰과 분석, 즉 비실시간적 사고와 검토를 통해 반복적으로 검증되어야 하며, 여기에는 반드시 과학적 비판과 평가도 포함되어야 한다.

신경 지도와 그에 상응하는 이미지는 개인의 뇌 속에 존재하며, 해당 뇌의 소유자만이 접근할 수 있다는 점은 하나의 제약으로 작용한다. 하지만 이런 이미지가 원래 뇌 안에서 형성되는 이상 이 지도/이미지들이 뇌의 사적이고 격리된 구조 외에 어디에 있을 수 있겠는가? 뇌의 해부학적 구조가 이런 정보를 외부로 드러내도록 설계되지 않은 이상, 그것이 뇌 밖에서 발견된다면 그야말로 뜻밖의 일일 것이다.

지금으로서는 정신 상태/뇌 상태의 동등성을 확정된 사실로 받아들이기보다는 유용한 설명 도구로 간주하는 편이 타당하다. 이 가설을 뒷받침하기 위해서는 꾸준한 실증적 증거의 축적이 필요하며, 진화 신경생물학을 비롯한 다양한 신경과학적 관점들이 추가적으로 뒷받침되어야 한다.

혹자는 정신 사건을 이해하는 데 있어 굳이 다른 추가 관점이 꼭 필요하냐고 의문을 제기할 수 있지만, 그에 대한 정당한 근거는 충분히 확보되어 있다. 무엇보다 정신 사건이 뇌 사건과 긴밀하게 연결되어 있다는 사실은 누구도 부인하지 않는다. 또한 뇌 사건은 대체로 뇌 내부에서 발생하고, 바깥에서는 직접 측정할 수 없다는 점 역시 분명하다. 이런 특수한 위치와 접근성의 한계는 정신 사건을 이해하기 위해 별도의 접근 방식이 필요함을 정당화한다. 또한 정신/뇌의 사건들이 생물학적 진화의 오랜 역사 속에서 형성된 결과라는 점을 고려할 때, 그 기원을 추적하는 데 진화론적 증거를 함께 고려하는 것은 지극히 타당하다. 무엇보다 중요한 점은 정신/뇌 사건이 자연계에서 가장 복잡한 현상 중 하나일 가능성이 높다는 점이다. 그렇다면 특별한 분석 틀이나 접근법이 필요하다는 것은 결코 예외적인 주장이 아니라 오히려 당연한 일이다.

설령 지금보다 훨씬 정교한 신경과학 기술을 갖추더라도, 정신 상태와 관련된 신경 현상 전체를 완벽하게 이해하는 일은 불가능에 가까울 것이다. 당분간 우리가 할 수 있고 또 해야 할 일은 새로운 실증적 증거들을 바탕으로 이론의 정확도를 점진적으로 높여 가는 것이다.

정신/신경 동일성 가설을 받아들이면, 특히 하향 인과성downward causality[3]이라는 해묵은 난제를 해결하는 데 유용하다. 신경계와 그 명령에 반응하는 근육의 움직임을 보면 명백히 알 수 있듯, 정신 상태는 실제로 물리적 행동에 영향을 미친다. 문제는 정신이 비물리적인 것으로 여겨질 때, 그것이 어떻게 지극히 물리적인 신경계에 영향을 미칠 수 있는가 하는 점이다. 이 지점에서 어떤 이들은 이를 신비주의적 현상으로 치부하기도 한다. 하지만 정신 상태와 신경 상태를 하나의 동일한 과정의 두 얼굴로 본다면, 즉 마음과 뇌를 본질적으로 동일한 체계의 다른 표현으로 받아들인다면, 하향 인과성은 더 이상 특별히 문제될 것이 없다. 마치 우리를 속이는 듯한 또 하나의 야누

---

3 [옮긴이] 복잡한 시스템 내에서 상위 수준의 구조나 패턴이 그 구성 요소나 하위 수준의 행동에 영향을 미치는 인과관계를 설명하는 개념이다. 전통적인 상향 인과성(bottom-up causality) 개념, 즉 하위 수준의 원인이 상위 수준의 결과를 초래한다는 관점과 대비된다.

스처럼 보일 수도 있겠지만, 실은 동일한 흐름 안에서 발생하는 현상일 뿐이다.

반면 마음과 뇌의 동일성을 거부한다면 한 가지 불편한 가정을 받아들여야 한다. 신경세포가 감각 대상을 지도화하고, 이로부터 완전한 정신적 사건이 만들어진다는 것은 다른 신체 세포들이 신체의 형상을 만들거나 움직임을 실행하는 것보다 훨씬 부자연스럽고 비현실적이라는 가정이다.

하지만 정말 그럴까? 인체 본연의 세포들이 특정 계획에 따라 공간적으로 배열되면, 그것은 하나의 유기적 구조를 만들어 낸다. 손을 예시로 들면 납득하기 쉬울 것이다. 손이라는 기관은 뼈, 근육, 힘줄, 결합조직, 혈관, 신경, 피부층 등이 특정 건축적 패턴에 따라 조직된 결과물이다. 손과 같은 생물학적 대상이 공간 속에서 움직이며 특정 동작을 할 때, 예컨대 당신의 손이 나를 가리킨다면, 그것들은 시간과 공간 속에서 발생한 물리적 사건이다. 마찬가지로 이차원적 층 구조에 배열된 신경세포들이 외부로부터 입력을 받아 활성화되거나 비활성화될 때 하나의 패턴이 생성된다. 이 패턴이 특정 대상이나 행동과 일치할 때 그것은 해당 대상이나 행동에 대한 지도, 즉 무언가에 대응하는 지도가 된다. 이 지도 역시 물리적 세포들의 활동에 기반하고 있으니, 그 패턴 자체도 그것이 대응하는 대상이나 행동과 동등하게 물리적인 현상이다. 이 패턴은 뇌에 순간적으로 그려지고, 뇌 속에 새겨진다. 그렇다면 뇌세포 회로들이 적절하게 배선되어 있고, 의도한 대로 작동하며, 필요할 때마다 활성화될 수 있다면, 그 회로가 특정한 대상에 대한 이미지적 대응물을 생성하지 못할 이유가 있을까?

또한 그런 회로의 순간적 활동 패턴이 처음의 대상이나 행동처럼 물리적이지 않을 이유는 과연 무엇일까?

감사의 말

건축가들은 종종 신이 자연을 창조하셨고, 그 나머지는 건축가가 만들었다고 강조하곤 한다. 이 말은 자연은 물론 인간이 만든 장소와 공간 역시 우리가 누구인지, 우리가 무엇을 하는지를 이해하는 데 중대한 영향을 미친다는 사실을 상기시켜 준다. 나는 이 책을 파리의 어느 겨울 아침나절에 쓰기 시작했다. 그 후 두 해의 여름 동안 말리부에서 대부분의 원고를 집필했고, 그 이듬해 여름에는 이스트 햄튼에서 마지막 장을 마무리 짓고 최종 수정 작업을 거쳤다. 장소가 중요하다는 사실은 어쩔 수 없기에 잿빛 하늘과 눈 내리는 날씨에도 아랑곳하지 않고 여느 때와 마찬가지로 축제 분위기인 파리에 가장 먼저 진심 어린 고마움을 표하고 싶다. 또한 태평양 위에 안식처를 마련해 준 코리와 딕 로우(리처드 노이트라의 도움을 잊지 않겠다)에게 감사드리며, 또 동쪽 해안에서는 자신만의 절묘한 미적 취향을 실어 이색적인 휴식처를 제공해 준 코트니 로스에게도 깊은 감사를 전한다.

하지만 과학 서적이 탄생하는 배경에는 그 장소적 감각을 넘어서는 무언가가 있다. 나의 경우에는 운 좋게도 남캘리포니아 대학교 USC에서의 작업이 결정적이었다고 해도 과언이 아니다. 특히 USC의 뇌와 창의성 연구소를 비롯해 돈사이프 인지신경과학 영상 센터, 그리고 여러 학과와 단과대학에서 함께한 동료 연구자들과 학생들의 협력 없이는 이 책은 가능하지 않았을 것이다. 그렇기에 USC 문학·예술·과학 대학의 지도부와 데이나와 데이비드 돈사이프, 그리고 우리 일상의 지적 환경을 지탱해 준 루시 빌링슬리와 조이스 카밀레리에게도 진심으로 감사드린다. 아울러 이 연구를 수행하도록 도와준 국립신경질환 뇌졸중 연구소, 매더스 재단을 비롯한 여러 지원 기관에도 같은 마음을 담아 감사를 표한다.

고마운 동료들과 친구들은 원고 전체 혹은 부분 부분을 꼼꼼히 읽고 귀중한 제안을 아끼지 않았다. 그들은 이 책의 핵심 아이디어들에 대해 깊이 있는 토론과 비평을 나누어 주었다. 한 분 한 분 열거하자면 한나 다마지오, 카스퍼 마이어, 찰스 록랜드, 랄프 그린스팬, 캘럽 핀치, 마이클 퀵, 마누엘 카스텔스, 메리 헬렌 이모디노-양, 조나스 카플란, 앙투안 베카라, 레베카 릭맨, 시드니 하먼, 브루스 아돌프 등이다. 더 넓게는 글을 세심하게 검토하고 귀중한 피드백과 조언을 아낌없이 건네 준 분들로는 우르술라 벨루기, 마이클 칼라일, 패트리샤 처칠랜드, 마리아 데 소우자, 헬더 필리페, 스테판 헥, 시리 휴스베트, 제인 이사이, 조나 레러, 요요 마, 킹손 맨, 조셉 파르비지, 피터 삭스,

줄리앙 사르멘투, 피터 셀러스, 다니엘 트라넬, 코엔 반 굴릭, 빌 비올라 등이 있다. 이 모든 분들이 보여 준 지혜와 진정성, 관대함에 고개 숙여 감사드린다. 이 책에 여전히 남아 있는 모든 실수와 오류는 전적으로 그들의 몫이 아니라 내 책임이다.

판테온 출판사의 편집자 댄 프랭크는 적어도 내가 판단할 수 있는 한 세 가지 탁월한 편집자적 자질을 고루 갖춘 귀재이다. 철학자이자 과학자이자 소설가의 역량을 두루 겸비한 그는 원고에 대해 시의적절하면서도 온화하고, 때로는 촌철살인의 조언을 하며 세 가지 재능을 유감없이 발휘했다. 나는 그의 통찰력 있는 견해와 나의 까다로운 수정 요청을 묵묵히 기다려 준 인내심에도 마음을 다해 감사드린다. 또한 언제나 그렇듯, 오랜 친구이자 의형제이자 나의 대리인인 마이클 칼라일의 예지와 지성, 성실함에 마음 깊이 고마워하고 있다.

그림 6.1과 6.2를 준비해 준 카스퍼 마이어와 나머지 그림을 모두 준비해 준 것에 그치지 않고, 몇 년 전 『다이달러스』지에 함께 기고했던 심신 관련 글의 아이디어와 일부 표현을 4장에서 사용할 수 있도록 기꺼이 허락해 준 한나 다마지오에게 그저 고마울 따름이다. 수없이 반복된 교정 작업을 인내심 있게, 능숙하고도 성의 있게 함께해 준 신시아 누녜스, 문헌 조사에서 꼭 필요한 도움을 준 라이언 에식스와 파멜라 맥네프에게도 고마운 마음을 간직하고 있다.

잉크웰 매니지먼트의 에단 바소프와 로렌 스미스는 내 모든 질문과 요청을 성심성의껏 경청해 주었고, 전문적인 식견으로 첨언해 주었다. 크노프/판테온 출판팀의 모든 구성원들에게도 해당되지만, 그중에서도 항상 웃음을 잃지 않고 열정적으로 지원해 준 미치코 클

라크, 질리언 베릴로, 자넷 비엘, 버지니아 탄에게 특히 감사의 뜻을 전한다. 최종 출판물이 나오기까지 애써 주신 모든 분들의 노고에 마음을 다해 감사를 표한다.

옮긴이 후기

안토니오 다마지오의 『자아가 마음에 오다』가 오랜 기다림 끝에 우리말 옷을 입고 출간되었습니다. 그의 전작들이 국내 독자들에게 폭넓은 반향을 일으켰던 만큼, 이 책 역시 다마지오의 전 작품을 읽고 싶었던 분들께 보물 지도의 마지막 조각을 맞춘 것처럼, 그와의 학문적 여정을 완성하는 계기가 되기를 기대해 봅니다. 물론 다마지오와의 첫 인연을 이제 막 시작한 독자들에게도 그의 종횡무진하는 사유 세계로 입문하는 설레는 마중물이 되기를 염원합니다. 더불어 '우리는 누구이며, 어디에서 와서 어디로 가는가'라는 존재론적 화두와 씨름해 온 모든 소풍객들에게도 이 따스하고 치열한 책 한 권이 목을 축여 주는 한 모금의 물이자 마음과 자아, 의식에 대한 이해의 해상도를 한층 더 높여 주는 반가운 길잡이가 될 수 있기를 바랍니다.

인간 이해에 대한 기존의 관점 재고

책의 내용을 본격적으로 논의하기에 앞서, 다마지오의 학문적 사유를 관통하는 인간관을 간략히 짚고 넘어가려 합니다. 그는 인간을 이해하는 두 가지 전통적 관점에 근본적 이의를 제기합니다. 하나는 정신과 물질을 양분해 온 이원론적 패러다임이고, 다른 하나는 언어를 사고의 출발점으로 전제해 온 서구의 오랜 인식론입니다.

먼저 비판의 도마에 오르는 것은 이원론입니다. 다마지오는 정신 활동이 신체와 별개라는 오랜 관념을 해체하고, 데카르트로부터 굳어진 이분법이 실제 경험과 생물학적 현실 사이에 인위적 간극을 조성했다고 진단합니다. 이런 인식론적 단절로는 생명과 정신이 어떻게 서로를 구성하며 작동하는지를 온전히 설명하기 어렵다고 보았습니다. 이 틈을 메우기 위해 다마지오는 일원론의 기수라 할 수 있는 스피노자의 사유를 참조합니다. 정신과 신체를 단일한 실재의 상이한 양상으로 이해하는 이중측면론의 입장을 취하는 것이지요. 이는 추상적인 철학적 입장 표명을 넘어섭니다. 우리가 실제로 겪는 정신-신체 경험의 연속성과 신경생물학의 실증을 동시에 견인하려는 해석 틀을 제시합니다.

『데카르트의 오류』를 필두로 한 그의 저작 전반에서 다마지오는 이런 관점을 일관되게 피력해 왔습니다. 이성·감정·느낌·마음·자아·의식 등 우리가 흔히 '정신'이라 부르는 활동들이 결코 순수한 추상의 산물이 아님을, 실질적으로는 뇌의 생물학적 메커니즘 위에 구축된 실체임을 그는 줄곧 강조합니다. 한마디로 정신의 실체는 물리적 기반 없이는 성립할 수 없다는 것이 그의 단호한 입장입니다.

　　그렇다면 그는 이원론적 맹점을 구체적으로 어떻게 해소하고 있을까요? 다마지오에 따르면 하나의 정신 상태는 반드시 그에 상응하는 물리적 뇌 상태로 표상되며, 이는 특정 신체 상태를 유도합니다. 중요한 것은 여기서 멈추지 않는다는 점이죠. 그 신체 반응은 다시금 뇌에 지도화되어 새로운 정신 상태로 통합됩니다. 이 같은 양방향적 순환 구조는 신체 상태에서 출발할 때도 동일하게 작동합니다. 정신 현상과 신체 작용, 특히 뇌의 작용은 서로 분리된 것이 아닙니다. 서로의 반응을 조율하고, 업데이트하며, 정교하게 상호작용하는 회로의 일부로서 끊임없이 재구성됩니다. 단절이 아닌 순환, 분리가 아닌 통합. 바로 그 방향을 다마지오는 말하고자 합니다. 그렇기에 정신 없는 신체도, 신체 없는 정신도 없다는 것이죠. 그는 이 회로 구조 안에서 '신체화된 마음', 곧 '생물학적 정신'이라는 독자적인 개념 지형을 구축해 냅니다.

　　이런 맥락에서 특히 주목할 점은 다마지오가 뇌를 자극에 수동적으로 반응하는 기관으로 보지 않는다는 것입니다. 그는 뇌를 능동적이고 예측적인 체계로 간주합니다. 뇌는 몸 안팎에서 보내는 신호를 능동적으로 수집하고, 그에 따라 정보를 수정·갱신하지요. 더 나아가 변화무쌍한 환경과의 상호작용 속에서 예측을 시도하며, 그 과정에서 맞닥뜨리는 예측 오류조차 보다 더 정밀한 학습과 향상된 적응의 기회로 전환시킵니다. 결국 뇌는 시행착오를 반복하는 존재이기에 그 반복 속에서 우리는 끊임없이 변화하고 배우는 자신을 마주하게 됩니다. 어쩌면 우리가 일상 속에서 되풀이하는 시행착오란 신체-정신 상호작용이 창발시킨 회로 구조에서 비롯된 하나의 생물학적 원형일지도 모릅니다.

다음으로 비판대에 오른 인간의 버릇은 '언어 중심주의'입니다. 이원론이 신체를 배제했다면, 언어 중심주의는 감각을 삭제합니다. 다마지오의 두 번째 비판은 바로 인간 정신을 다시 언어 속에 가두려는 인식의 오류를 겨냥합니다. 하이데거가 언어를 "존재의 집"이라 일갈했듯, 우리는 흔히 언어를 사유의 절대 조건이라 믿고, 언어화된 자아를 자아 그 자체로 착각해 왔습니다. 물론 시각이나 청각에 제약이 있는 경우는 예외로 해야겠지만, 우리네 삶은 피상적으로 시청각적 지각과 그에 수반되는 인식과 이미지, 그리고 그것들이 언어로 자동 번역되는 듯한 일상으로 채워집니다. 그럴 만도 하지요. 문제는 이처럼 언어 중심의 일상이 언어의 집 바깥에 놓인 존재의 층위를 자칫 망각하게 만든다는 점입니다. 인간은 언어 이전의 존재라는 자명한 사실이 오랫동안 언어의 그림자에 가려져 있었던 것이죠. 그 탓에 인간의 본질은 지나치게 협소하게 규정되고, 감각적이고 생리적인 체험은 지성의 변방으로 밀려나게 되었습니다.

이런 언어 중심주의에 맞서 다마지오는 감각의 선험성을 분명히 합니다. 그는 생존을 지탱하는 암묵적 지식이 언어적이고 의식적인 사고보다 앞선다는 점에 방점을 찍습니다. 우리가 낯선 상황에 봉착했을 때 가장 먼저 일어나는 반응은 무엇일까요? 말할 것도 없이 언어는 아닙니다. 심장 박동이 빨라지고, 손에 땀이 배며, 근육이 긴장하는 등 미세한 생리적 반응이 먼저 일어납니다. 그다음에야 감정과 느낌이 밀려오고, 언어는 맨 마지막에 동원되죠. 언어는 사유의 구성 요소일 수는 있어도 그 기원은 아닙니다. 경험적으로 쉽게 알 수 있듯, 그 기원은 내장기관과 생리적 상태에서 비롯되는 비언어적 신호에 있습니다. 외부 자극이 뇌에 표상되기 전부터 이미 작동하는 우리 몸의 원초적 반응이죠. 이런 내부감각이야말로 심리적 경험의 원형적 형태라는 사실을 다마지오는 일관되게 환기합니다. 우리가 늘상 겪으면서도 무심히 지나치기 쉬운 대목이지요.

이 책 곳곳에서도 엿볼 수 있듯, 마음과 자아, 의식 같은 정신의 실체들은 언어의 그물망으로는 쉽게 포착되지 않습니다. 하이데거가 언어를 존재의 조건이라 명명하면서도 끝내 언어로는 닿지 못하는 실재의 차원을 남겨 두었던 이유도 이와 무관하지 않을 것입니다. 동양철학이 진리를 문자에 가두지 않으려 했던 '불립문자'不立文字 전통 역시 같은 문제의식을 담고 있습니다. 바로 이런 한계 때문에 존재의 가장 깊은 체험은 언어적 형상화 이면에서 펼쳐지기에 다마지오가 시와 은유, 음악과 연극 등 예술적 감각의 언어를 애써 차용해 사유를 전개하는 방식 역시 그 여백을 건너기 위한 의도로 읽힙니다. 그래서 그의 저작은 일관되게 상기시킵니다. 우리가 언어를 익히고 말로 세계를 정련하기 훨씬 이전부터 인간은 이미 '느끼고 반응하는 존재'였다는 사실을요.

지금까지의 논의를 종합해 보면, 이원론과 언어 중심주의는 서로 맞물려 돌아가는 복합적인 인식 구조를 드러냅니다. 전자가 정신에서 신체를 멀어지게 했다면, 후자는 그 정신을 오직 언어로만 환원하려 합니다. 하나는 자아를 신체 바깥으로 밀어냈는가 하면, 다른 하나는 그것을 말의 내부로 가두어 버린 셈이죠. 다마지오는 이런 이

중의 억압에 동시에 저항하며, '느끼는 신체'와 '말 이전의 존재'를 복원하고자 했습니다.

그렇다면 다마지오는 단지 뇌를 설명하고 있는 것일까요? 역설적이게도 그는 뇌로부터 인간의 의미 구조를 다시 설계하고 있는 것은 아닐까요? 한 가지 눈에 띄는 점은 그가 환원주의와 전체론 사이에서 어느 한쪽으로 치우치지 않고 균형의 접점을 모색한다는 것입니다. 그는 뇌의 작동을 생물학적·물리적 기반 위에 두되, 거기에서 파생되는 인간 정신의 다층적 구조와 의미 세계를 결코 소홀히 하지 않습니다. 물질과 의미, 기계적 설명과 주체적 경험은 그의 시야 안에서 대립 항이 아닌 하나의 연속선으로 배열됩니다. 이런 인식론적 태도를 따라가다 보면 복잡한 정신 현상을 단지 신경세포의 활동으로 환원하는 기계론적 시각은 비껴가고, 어느새 생명과 정신이 어떻게 상호 조율 속에서 고유한 주체성을 획득하는지 수긍하게 됩니다.

바로 이 때문에 그의 작품은 전통적인 과학 서사의 경계를 허무는 것은 물론 인간 정신을 바라보는 새로운 시야를 열어 줍니다. 실제로 오랫동안 철학과 종교, 예술이 몰두해 온 질문들에 다마지오는 과학의 언어로 응답하고자 합니다. 그 연장선상에서 이 석학은 뇌신경과학적 발견이 어떻게 인문학적 상상력을 심화시키고 확장시킬 수 있는지 몸소 보여 주는 귀감이 되고 있습니다.

나는 어떻게 내가 되었는가?

다마지오의 『자아가 마음에 오다』 역시 그의 전작들과 마찬가지로 과학과 인문학의 가교를 유려하게 넘나들며 마음과 의식, 자아라는 인간 정신의 알짬에 천착합니다. 더불어 인간 개체를 넘어 인류 문명 전체의 방향타까지 타진하는 논의는 그의 책의 또 다른 백미입니다. 이 책에서 다마지오는 '신경 자아'neural self와 '신경 의식'neural consciousness이라는 개념을 주축으로 크게 두 가지 질문을 톺아봅니다. 첫째, "뇌는 어떻게 마음을 형성하는가?", 둘째, "그 마음이 어떻게 의식적으로 되는가?"입니다. 이것은 책의 원제와 부제Self Comes to Mind: Constructing the Conscious Brain가 함축하고 있는 문제의식이기도 합니다. 결론부터 말하자면, 자아가 마음에 출현하면서 의식이 출현하게 된 것입니다. 자아는 마음과 의식을 잇는 관문이자 그 전이를 가로지르는 교두보 역할을 하는 셈입니다. 마치 뇌량이 좌우뇌를 연결해 전뇌적으로 작동하듯, 자아는 뇌의 다층적 국면들을 유기적으로 매개하며, 마음이 의식으로 전환되는 변곡점이 되는 것이지요.

거시적 차원에서 보면 다마지오의 논의는 감정이나 느낌, 마음, 자아, 의식 등 정신 활동 전반이 생존을 위한 자연선택의 결과였음을 강조합니다. 다시 말해 우리는 살아남기 위해 느끼고, 기억하고, 자각하게 된 것입니다. 그렇기에 이런 정신 현상들이 생존에 어떤 방식으로 이점이 되었는지 가늠해 보는 것이 그 본질을 이해하는 첫걸음이 될 것입니다. 요스케 야나세의 통찰을 빌리자면, 다마지오는 진화의 최종 산물인 의식으로 가는 길목마다 일정한 개념쌍을 설정합니다.

성향disposition과 이미지image, 감정emotion과 느낌feeling, 마음mind과 자아self라는 쌍이 그것입니다. 이 짝들은 배타적이거나 그렇다고 상보적인 관계에 그치지 않고, 각 쌍의 두 번째 항이 첫 번째 항을 되비추며 자기 참조self-reference의 고리를 만듭니다. 이를테면 성향·감정·마음이 일차적인 작동 기반을 이룬다면, 이미지·느낌·자아는 그러한 기반을 자기 지시적으로 반영하고 확장하는 이차적 구성물입니다. 여기에서 말하는 '이차성'이란 이미 주어진 내용을 스스로 되돌아보고 재구성하는 자기 반영적 구조, 곧 자기 성찰의 틀을 의미합니다. 단순히 무언가를 덧붙이거나 대체하는 것이 아니죠. 예컨대 이미지는 성향이 스스로를 표상하는 방식이고, 느낌은 감정에 대한 내적 감지의 양태이며, 자아는 마음이 자신을 주체로 인식하는 결과입니다. 이 기제는 비단 정보를 수용하고 처리하는 것을 넘어 그 정보를 '나'와 관련지어 해석하고 의미를 부여하는 존재론적 과정까지 포함합니다. 이런 흐름에서 이들 개념에 접근하면 마음·자아·의식이라는 복잡한 정신 현상이 병렬적인 기능 목록으로 여겨지지 않고, 서로를 근거 삼아 투영하고 확장해 나가는 역동적이고 계층적인 구조로 파악됩니다. 이 논리에 의하면 의식이 무엇인지도 어렵지 않게 짐작할 수 있을 것입니다. 의식은 비의식에 대한 자기 참조일 것입니다. 비의식이 선행하지 않았다면, 의식은 스스로 모습을 드러냈을 리 만무합니다.

다마지오가 제시하는 의식 개념은 단일하지 않습니다. 즉 순수한 마음과 동의어일 수 있는 기본적 수준에서부터 자서전적 자아를 동반하는 복잡다단한 마음에 이르기까지 실로 광범위한 스펙트럼을 아우릅니다. 그의 이론에서 의식은 단지 고차원적 인간 의식이나 자의식의 또 다른 이름이 아닙니다. 깨어 있음, 마음, 자아라는 세 개의 선율이 어울려 빚어내는 삼중주와도 같습니다. 뇌라는 생물학적 토대 위에서 펼쳐지는 하나의 유기적 앙상블, 바로 살아 있는 신경 과정의 정교한 협연으로 이해해야 합니다.

그는 '깨어 있음'에서 의식의 물꼬를 틉니다. 깨어 있음이란 환경 자극에 반응할 수 있는 감각적 준비 상태로, 자극을 수용하고 처리할 준비가 된 기저층의 의식입니다. 각성과 수면의 일상적 순환 속에서 우리는 매일 아침 잠에서 깨어나는 순간, 의식의 존재를 직관적으로 확인하게 됩니다. 그런 점에서 1장의 제목을 '잠에서 깨어나다'로 붙인 저자의 의도가 이심전심으로 전해져 절로 미소를 머금게 합니다.

이제 처음 제기했던 빅퀘스천, "뇌는 어떻게 마음을 형성하는가?"에 대해 구체적으로 살펴볼 차례입니다. 흔히 '마음'이라 하면 주관이나 감정, 느낌의 다른 이름으로 여겨지기 쉽지만, 그것은 마음이라는 숲 전체를 조망하지 못한 오해입니다. 다마지오에 따르면, 마음은 이런 깨어 있음이라는 기저층을 발판 삼아 생명체 안팎의 온갖 대상과 사건을 신경 지도라는 이미지로 지각하고 회상하는 일종의 표상 체계입니다. 그는 이 이미지를 '마음의 통화'currency of the mind라 칭하며, 마음과 의식을 구성하는 핵심 요소로 지목합니다. 그렇다면 식물이나 아메바, 짚신벌레 같은 단세포생물에게도 마음이 있을까요? 이때 관건은 이미지를 만들 수 있는 신경세포의 유무입니다. 신경세포가 없는 유기체는 표상 능력이 없으니 겉보기에는 유의미해 보이는 행동조차도 단순한 생화학적 반사작용에 불과합니다. 감정과 유사한 생리적 반응이 나타날 수는 있지만, 이를 실제로 '느끼는' 경험이나 이미지로 구성된 '마음'은 신경계 없이는 불가능합니다. 다마지오가 말하는 마음을 형성하는 이미지는 시각·청각·체감각뿐 아니라 심박, 위장 운동, 장기 내부의 압력 등 내부감각까지 포괄합니다. 특히 내부감각의 표상은 마음 형성의 토대이자 원초적 자아의 시초가 됩니다.

신경계가 진화하면서 마음 역시 점차 복잡하고 정교한 양상을 띠게 됩니다. 가장 기본적인 마음은 즉각적인 감각 정보를 통합하는 수준에서 시작되었지만, 생명체들은 환경과 끊임없이 상호작용하는 가운데 더욱 유연하고 효과적인 표상 능력을 키워 나갔습니다. 가령 배고픔을 달래거나 위험을 피했던 성공의 경험은 몸 상태의 개선으로 감지되고, 이런 감각이 축적되면 보다 정교한 행동 양식이 발달하게 됩니다. 생명체는 이런 체감의 피드백을 거듭하며 자신이 수행한 목적 지향적 행위가 항상성 유지에 얼마나 효과적이었는지를 평가하고, 그 결과를 기억 속에 저장함으로써 행동의 선택지를 다양화한 것이지요. 이것이 바로 마음의 본질이자 우리가 마음을 갖게 된 이유입니다.

이제 의식의 출현이라는 두 번째 빅퀘스천에 다가서기 위해 자아에 대한 질문을 정초할 필요가 있습니다. 점점 복잡해진 마음의 바통을 이어받아 우리가 경험하는 자아가 모습을 드러냈습니다. 그런데 스무 살의 '나'와 지금의 '나'는 같은 자아라고 할 수 있을까요? 생물학적 연속성을 부정할 수는 없지만, 경험과 정체성은 적잖이 달라져 있습니다. 그 차이는 어디에서 기인하는 것일까요? 다마지오에 따르면, 인간의 자아는 원자아, 핵심 자아, 자서전적 자아라는 세 단계의 발달 과정을 거칩니다. 신생아는 원자아를 가지고 태어나 생후 일정 시점에서 핵심 자아를 얻고, 대략 두 살 무렵부터 자서전적 자아가 형성되기 시작합니다. 이 발달은 단지 성장에 따른 개인의 내적 변화에 국한되지 않습니다. 그 밑바탕에는 개체 발달과 함께 종의 진화라는 이중의 시간 경로가 그 안에 중첩되어 있습니다. 다시 말해 자아는 한 개인의 생애 속에서 구축되지만, 그 기저에는 수백만 년에 걸친 생명 진화의 신경생물학적 토대가 자리하고 있으며, 이는 자아가 본질적으로 진화의 산물임을 시사합니다.

원자아는 가장 기초적인 층위로, 신체 내부 상태를 모니터링하는 비의식적 신경 패턴들의 집합입니다. 호흡, 맥박, 체온 등 생리적 항상성을 유지하기 위한 자동적 생존 시스템이 여기에 해당하죠. 말하자면 '생명의 지도'를 그리는 작업에 가깝습니다. 따라서 이 수준에서는 아직 자아 의식이나 자기 지각은 성립하지 않습니다.

그 위에 자리한 핵심자아는 '나'라는 주체적 감각이 처음으로 등장하는 의식의 발화점입니다. 또한 순간순간 진동하는 펄스 형태로 생성되고 소멸되는 '지금 여기'의 현재 의식 상태이기도 하죠. 유기체가 외부 자극에 반응하면서 "이건 나의 경험이구나"라는 주관적 인식(1인칭적 시점)이 생길 때, 비로소 '의식다운 의식'이 출현하게 됩니다. 핵심자아의 출현이 의식의 출현으로 간주되는 까닭입니다. 이로써 자아는 단순한 감각의 통합을 넘어 경험의 주체성과 소유감을 갖춘 자기 지각으로 진입하게 됩니다. 이 지점에서 마음과 자아는 서로 분기하기 시작합니다. 마음이 감각과 느낌의 통합적 표상이라면, 자아는 그것을 '나의 것'으로 지각하고 반응하는 주관성의 형식을 취합니다. 다마지오는 이와 같은 신경적 층위를 통해 감각의 표상으로서의 마음이 어떻게 주관성을 획득하며 의식의 문턱을 넘는지 해명하고자 합니다. 이로써 마음이 의식이 되는 수수께끼에 한 발 더 다가설 수 있게 되었습니다.

마지막으로 자서전적 자아는 기억, 언어, 사회적 상호작용, 미래 계획 등 고차원적인 인지적·사회적·영적 능력 위에 구축됩니다. 원자아와 핵심자아가 각각 신체의 자동성과 현재 감각에 뿌리를 둔 물질적 자아라면, 자서전적 자아는 과거와 미래로 시간의 지평을 넓히는 한편, 현재를 해석하고 조직하는 자기 서사의 주체라 할 수 있죠. 이 자아는 마치 영상 편집자처럼 비실시간$_{off-line}$으로 과거의 기억을 불러들여 현재의 맥락 속에 재배치하고, 아직 오지 않은 미래를 설계합니다. 우리는 이 자아에 힘입어 삶을 이야기로 엮어 가고, 자신만의 고유한 정체성, 타자와의 윤리적 관계, 가치의 일관성 혹은 그 변화를 스스로 창조해 가는 것이죠.

이처럼 세 자아는 생리적·행동적·인지적 층위를 따라 서서히 분화하면서도 상호 참조와 연속성을 지닌 하나의 유기적 진화 구조를 이룹니다. 그렇기에 우리는 예전의 나와 같기도 하고 다르기도 합니다. 다마지오는 이 전체 과정을 오케스트라와 지휘자의 관계에 비유합니다. 오케스트라처럼 각 뇌 부위의 협응이 먼저 시작되면, 그 흐름 안에서 지휘자처럼 자아가 등장해 이를 조율하는 것이지요. 결국 주체는 연주의 원인이기보다 이미 진행 중인 생명의 협연 속에서 자신을 발견하고 구성해 가는 하나의 시간적 응답인 셈입니다.

우리는 어디로 나아가야 하는가?

마음과 자아, 의식 등을 탐문하는 오늘날의 실험실이 어쩌면 수도원이나 선방, 명상터의 다른 이름일 수 있지 않을까 하는 생각이 문득 뇌리를 스쳐 갑니다. 깊은 산사의 수행자들이 가부좌를 틀고 무념의 경계에 다다르려 했던 진리를 이제는 EEG, fMRI, PET 등 최첨단 뇌영상 장비 앞에 선 뇌신경과학자들이 대신하는 듯한 인상이 들어서입니다. 방법론은 판이하지만, 그들이 추구하는 궁극의 지향은 어딘가 닮아 보입니다. 마음의 실체를 향한 인류의 집요한 정신적 순례가 현대에 이르러 첨단 과학이라는 새로운 수행의 양태로 변주되고 있는 까닭입니다. 그렇다고 다마지오가 내성법이라는 전통적인 자아 탐구의 도구를 폐기했다는 뜻은 아닙니다. 오히려 내면을 향한 성찰의 깊이와 그로부터 파생되는 통찰의 가치를 일정 부분 긍정하되, 그것이 재현 가능성과 신경생리적 상관성을 담보하지 못한다는 한계를 날카롭게 인식하고 있을 뿐이죠. 그래서 박학다식한 이 사유의 장인은 어쩌면 가장 주관적인 정신 현상을 가장 물리적인 장치로 가시화하려는 과학적 분투에 평생을 바치고 있는지도 모릅니다.

그렇다면 신경생물학의 시선으로 마음과 자아, 의식을 이해하는 것이 우리네 삶에 어떤 변화를 가져다줄 수 있을까요? 이 질문에 답하려면 먼저 인간이 어떻게 생물학적 조건을 초월해 문화적 실존으로 이행해 왔는지를 살펴야 합니다. 이 대목에서 다마지오의 혜안이 빛을 발합니다. 그는 생리적 항상성이 사회문화적 항상성으로 전환되는 과정을 조망합니다. 그 과정에서 생물학적 필요와 사회적 가치가 만나는 접점을 예리하게 짚어 냅니다. 단세포생물이 유전적 결정론의 굴레에 갇혀 있다면, 인간은 문화라는 제3의 자원을 이용해 제한적이나마 자유의 여지를 확보해 왔습니다. 자연을 극복하려는 인간의 몸부림은 이제 생물학의 내부에서조차 문화의 흔적을 남기고 있습니다. 즉 자서전적 자아와 고차원적 의식이 자연 시스템에 일정한 개입을 행사하게 되었다는 의미이죠. 후성유전학이 입증했듯, 문화적 환경은 유전자의 발현 방식에까지 영향을 미칩니다. 문화라는 변수가 인간의 생물학적 조건의 어디까지 침투할 수 있을지 가히 예측을 불허합니다.

 이런 문화와 생물학의 상호작용은 개인의 의사결정 과정에서도 확인됩니다. 신경 기반의 연구 성과에 따르면, 인간의 선택과 행동이 의식적 판단만으로 이루어지는 것이 아니라는 점이지요. 의식 아래에서 작동하는 거대한 무의식적·비의식적 메커니즘들이 우리의 결정과 판단을 떠받치고 있다는 것이죠. 그렇기에 이런 발견들이 제도나 규범, 교육 시스템에까지 반영될 때 비로소 인간 본성에 부합하는 제도 설계가 가능해집니다. 인간을 '이성적 존재'로만 규정하고 채택한 정책과 제도들은 이제 한계를 드러내고 있지요. 법과 교육, 행정 영역이 더 이상 논리적 정당성에만 기댈 것이 아니라 인간 조건의 복합성과 다층성을 받아들이는 방향으로 바뀌어야 할 때입니다.

 무엇보다 생물학적 숙명론의 그림자가 걷히고, 신경생물학이 들려주는 인간 정신의 진실 앞에서 우리는 교육의 본질과 가능성을 다시금 묻지 않을 수 없습니다. 특히 교육은 그 자체로 가장 정제된 문화적 장치일 뿐 아니라 생물학적 감각이 문화적 서사로 번역되는 사이 공간이자 인간을 인간답게 하는 가장 정제된 문화적 장치이기 때문입니다.

역사를 돌아보면 인간 탐구의 출발점은 언제나 자기 이해였습니다. '나는 누구인가?' 이 화두는 교육과 일상을 막론하고 끊임없이 제기되어 온 인류 보편의 과제였지요. 성리학을 비롯한 동양의 교육 전통을 보더라도 '마음'은 교육의 중심이었습니다. 공부란 자기를 온전히 이해하고 마음을 닦는 일에 다름 아니었지요. 마음의 본성인 '선' 善을 계발하고 그것을 삶 속에서 실현하는 것, 그것이 수행이자 자기 완성의 길이었습니다. 즉 교육의 궁극적 목적이자 삶의 목표였던 셈입니다. 서양의 교육 전통도 다르지 않았습니다. 소크라테스의 "너 자신을 알라"로 시작된 철학적 탐구는 진리 추구, 자기 성찰, 인간 완성을 향한 여정으로 이어졌지요. 이 또한 서양 지성사의 진면목이었습니다.

하지만 불행하게도 공부는 존재론적 의미를 상실한 채 실용성과 유용성 중심으로 축소되어 버렸습니다. 마음의 수양은 뒷전으로 밀려났고, 교육은 기능 습득에 머물고 있습니다. 동서양을 불문하고 교육의 본래 지향점이 사라져 버린 것이죠. 그 결과 우리는 지금 '마음의 실종'을 목도하고 있다고 해도 과언이 아닙니다. MBTI나 에니어그램, 자기계발서 등의 열풍 역시 진정한 자기 이해와 성장을 갈망하는 시대적 징후와 무관하지 않아 보입니다. 이렇듯 정작 마음의 돌봄이 가장 절실한 시대를 살아가고 있는 것이 우리의 현주소입니다.

실제로 우리 교육 시스템도 이런 필요성을 외면해 온 것은 아닙니다. 한국의 국가 교육과정은 수차례 개정을 거듭하면서도 예외 없이 자아실현과 전인적 인간 양성을 핵심 목표로 내세워 왔지요. 초·중·고 각 학교급별 총론 및 각론의 창의적 체험활동을 통해 자기 이해의 구체적 로드맵을 마련해 왔습니다. 이론적으로는 공교육을 이수한 성인이라면 누구나 자기 이해와 자아 존중감은 기본이요, 자아 정체성이 확립되어 있어야 마땅할 겁니다. 그런데 현실은 어떨까요? 공교육을 마친 성인 가운데 '내가 누구인지', '어떻게 살아야 하는지' 자신 있게 말할 수 있는 사람이 얼마나 될까요? 교육의 이상과 현실 사이의 괴리가 여기저기에서 드러나지만, 자기 이해 분야는 그 간극을 대표하는 사례입니다. 현재 학교 현장의 자기 이해 프로그램들은 대부분 추상적 개념 학습이나 단편적 활동에 그치기 일쑤이죠. 그마저도 외부 기관에 위탁하는 경우가 비일비재해서 개별 학교가 목표를 실현하기에는 한참 미흡한 실정입니다.

이처럼 방기된 마음 교육, 곧 자기 이해의 자리를 어떻게 다시 회복할 수 있을까요? 이후의 논의에서는 신체성과 의사 결정, 느림이라는 세 가지 열쇠말을 새로운 환경 정비의 핵심 단서로 삼아 자기 이해 교육의 돌파구를 찾고자 합니다. 이 세 가지는 창의적 체험 활동과 같은 특정 시수에만 국한될 것이 아니라, 교육 전반을 관통해야 할 철학인 셈이죠. 물론 학교만의 몫은 아닙니다. 가정과 사회 전반에서 평생 다루어야 할 생애적 책무이기도 합니다.

첫째, 신체성 교육입니다. 여기에서 거론하는 신체성은 가시적인 신체 움직임은 물론 내면에서 일어나는 미세한 감각과 다양한 감정까지 고루 아우르는 포괄적 개념입니다. 앞서 언급했듯, 신체는 자아의 물리적 토대이고, 이때 내부감각은 다마지오가 지칭한 '원자아'

와 '핵심 자아'를 이루는 생리적 기반이 되지요. 몸이 보내는 이런 생리적 신호들을 느끼고 해석할 수 있는 능력이야말로 자기 이해의 출발선이라 할 수 있습니다. 인식자로서의 자아는 물질적 자아를 자기 참조화해서 발전한 까닭이겠지요. 그래서 우리는 무엇보다 '몸 안에 마음이 있다'라는 사실에 먼저 주목해야 합니다. 우리 속담에도 "화장실 가기 전 심보와 화장실 다녀온 후 심보가 다르다"라는 말이 있지 않습니까? 우리는 종종 '마음먹기에 달려 있다'라거나 '마음이 약해서 안 된다'라는 식으로 모든 성패를 정신력 탓으로 돌리는 사회적 편견을 접하고는 하지요. 하지만 이런 의지나 정신 승리를 부추기는 논리와는 정반대의 접근이 필요하다고 생각합니다. 내 마음이 힘을 내려면 먼저 내 몸이 어떤 상태에 놓여 있는지, 내가 내 신체를 어떻게 대하고 있는지 세밀하게 살펴야 합니다. 이것을 인식하고 돌보는 것이야말로 진짜 마음의 힘, 곧 마음 근력을 키우고 마음 교육을 실현하는 첫걸음입니다.

더불어 감정에 대한 올바른 이해 역시 신체성 교육에서 빼놓을 수 없습니다. 감정을 단순히 억제하거나 제거해야 할 대상으로 여겨 온 오해가 감정 조절의 어려움을 키우지 않았을까요? 감정은 무엇인가요? 몸에서 비롯되는 생리적 리듬이요, 행동을 이끌어 내는 본능적 프로그램입니다. 또한 생존을 위해 중요한 정보와 자극을 평가하고 그 중요도를 부각해 주는 신경 신호이기도 하지요. 그렇기에 감정을 생각으로 조절하려는 노력은 어딘가 과녁을 빗나간 화살 같습니다. 감정은 사고보다 훨씬 더 원초적이고 근본적인 생명 현상이기 때문입니다.

감정에 대한 패러다임 전환은 스피노자 철학에서도 확인할 수 있습니다. 그는 『에티카』에서 감정을 '신체의 변용'affection이라 규정하며 감정을 능동적 감정active affects과 수동적 감정passive affects으로 나눕니다. 능동적 감정은 기쁨처럼 활력을 북돋우는 반면, 수동적 감정은 슬픔처럼 우리를 움츠리게 만들지요. 스피노자는 윤리적 삶을 위해 수동적 감정에서 능동적 감정으로의 전환이 필요하다고 보았는데, 그 방법으로 '신체의 변용'을 자각하고 신체의 자발적인 움직임과 자기 인식을 실천해야 한다고 제시했습니다. 이는 곧 비의식적·자동적인 신체 반응과 감정 상태를 의식적으로 포착하고 주체적으로 다룰 수 있을 때, 삶의 자유와 주체성을 실현한다는 뜻입니다.

따라서 학생들의 신체 활동이라 함은 단순한 운동 이상의 의미로, 학습 과정에서 불안과 무기력, 좌절 같은 수동적 감정을 기쁨과 열정, 만족 같은 능동적 감정으로 바꾸어 주는 교육적 실천이 됩니다. 말하자면 몸을 움직이는 일이 곧 감정을 움직이는 일이 되는 것입니다.

당연히 자기 몸의 신호에 집중하고 이를 정확히 감지하며, 있는 그대로 이를 받아들이고 소중히 여기는 법을 배운 아이들은 자연스럽게 자기 존중을 체득하게 되고, 이런 자기 존중은 타인의 몸과 감정도 소중히 여기는 타인 존중으로 확장될 것입니다. 이렇게 자기 몸을 통해 형성되는 자아의 토대를 저는 '신체 자아'라고 이름하고 싶습니다. 자아의 출발점이 내부감각과 내부감정을 섬세하게 알아차리는 데 있다면, 가장 효과적인 훈련법이 명상입니다. 명상은 메타 자각적 감수성을 키우는 데 탁월한 방식이지요. 신체 감각을 기틀로 감정을 다루고, 자기 자신을 되돌아보며, 나아가 타인을 향한 감수성까지 함양할 수 있습니다. 이런 과정을 통해 감지 능력은 윤리적 감수성으로 이어집니다. 타인을 탓하기 전에 나의 반응과 책임을 되돌아보는 태도, 즉 자기 참조적 사고의 회복이 이루어지는 것이지요. 명상 외에도 다양한 예술 체험 및 감상, 시 낭송, 일기 쓰기, 감정 호명, 자연 관찰 등은 교사와 학생 모두에게 유효한 자기 참조적 사고의 훈련이 됩니다. 이런 활동들을 통해 디폴트 모드 네트워크DMN가 활성화되면서 외부의 소음과 자극에서 벗어나 진정한 자기와 만나는 신경학적 기반이 구축되는 것이지요.

다른 한편, 우리는 이 모든 논의가 AI 시대와 무관하지 않음을 인식해야 합니다. 요즘처럼 AI가 우리 삶과 교육에 본격화되는 시대일수록 '몸의 교육'의 당위성은 더욱 커진다고 봅니다. 인간의 몸은 수조 개의 살아 있는 세포로 구성된 생명체입니다. 각 세포는 고유한 유전자와 생명 주기를 지니고, 생로병사의 실존적 조건 속에 놓여 있습니다. 반면 AI는 이런 생물학적 취약성과 신체 기반의 통합 경험이 부재합니다. 감각과 감정이 유기적으로 연결된 체화된 경험이 없다는 점에서 AI의 반응은 알고리즘적 시뮬레이션에 불과하지요. 이 차이를 분명히 인식해야 AI 시대의 교육도 바르게 설계할 수 있다고 생각합니다.

오늘날 AI 기술은 이미 우리 일상 깊숙이 들어와 거스를 수 없는 대세가 되었습니다. 중요한 것은 이 기술과 어떻게 공존할지, 그리고 교육이 어떻게 대응할지 선제적으로 대비해야 한다는 점이지요. 최근 교육계에서도 생성형 AI의 확산에 따라 혁신적 교육 도구로서의 활용 방안이 활발히 논의되고 있습니다. 여기에서 핵심은 인공지능에 무작정 의존하는 것이 아니라 인공지능과 협업할 수 있는 방안을 모색하는 것이겠지요. AI와 함께 질문을 던지고 사고한다는 것은, 가령 생각의 근거를 따지고, 다른 관점이 있을 수 있는지 탐색하는 과정이 아닐까요?

AI는 어디까지나 보완적 도구로 활용하되, 인간 교사와 학생 간, 그리고 학생들 상호 간의 신체적·정서적 상호작용을 대체해서는 안 됩니다. 감정 조절, 공감 능력, 사회적 상호작용과 같은 체화된 학습이 요구되는 영역일수록 사람과 사람 사이의 관계성은 더 중요해질 것입니다. 손으로 만지고, 직접 보고 듣고, 몸으로 겪는 실물 중심의 교육, 감각을 일깨우는 전통적 학습 방법, 그리고 독서를 통한 간접 경험은 '오래된 미래 교육'으로서 우리가 지켜나가야 할 교육의 본령입니다.

둘째, 의사 결정 교육의 강조입니다. 자신의 삶에서 무엇이 중요한지를 선택하는 힘, 그것이 곧 결정이지요. 그 선택에 어떤 요인들이 영향을 미치는지를 인식하고, 나에게 진정으로 의미 있는 것을 분별해 내는 힘, 그것이 바로 의사결정 교육의 핵심입니다. 요즘 많은 사람들이 '결정 장애'를 앓고 있다고 스스럼없이 말합니다. 사소한 선택조차 망설이고 미루고 두려워하는 모습은 개인의 성격만의 문제는 아닐 것입니다. 오히려 어릴 적부터 결정 능력을 제대로 키워 주지 못한 주변 환경이 원인일 수 있습니다. 교육과정 개편으로 학생들의 흥미와 적성을 고려한 선택 교육과정이 강화된 것은 긍정적인 진전이지만, 반수생이나 자퇴생 등 증가하는 선택 실패 사례가 방증하듯,

단지 선택지를 많이 주는 것만으로는 충분하지 않습니다. 영화 「곡성」에서 효진(김환희 분)이 "뭣이 중헌디"라고 절규했던 것을 떠올려 봅시다. 무엇이 중요한지 알지 못하면 제대로 선택할 수 없습니다. 그런데 진짜 중요한 것을 우리는 어떻게 알 수 있을까요?

다마지오가 밝힌 의사 결정의 실체는 실로 놀랍습니다. 그는 '신체 표지'Somatic Marker 이론을 통해 의사 결정이 결코 이성적 계산만으로 이루어지지 않으며, 앞서 살펴본 신체의 감각과 감정이 주도적 역할을 한다고 적시했습니다. 과거의 경험이 형성한 신체 표지가 새로운 선택 앞에서 결과를 '미리 느끼게' 하고, 그 감각이 옳고 그름을 가늠하게 만들지요. 다시 말해 뇌는 의식적 사고에 앞서 신체 상태를 시뮬레이션하고, 내장감각이나 근육 긴장, 호르몬 변화 등을 통해 각 선택지의 결과를 예측한다는 뜻입니다. 우리가 흔히 '직감'이라 부르는 판단이 바로 이런 신경생리적 시뮬레이션의 결실인 셈이지요. 따라서 교육은 학생들이 선택의 순간마다 "지금 내 몸은 어떻게 반응하는가?", "이 감정은 무엇을 말해 주는가?"라는 내적 질문을 던지고, 신체 감각을 신호로 삼아 스스로 판단할 수 있도록 도와야 합니다. 바로 앞서 강조한 신체성 교육이 의사 결정 교육과도 직결되는 지점입니다.

물론 신체 신호가 백발백중 '정답'을 알려 준다는 뜻은 아닙니다. 그랬다면 의식은 인간 삶에 등판할 필요조차 없었겠지요. 다마지오는 감정 기반의 직관을 신뢰할 만한 안내자로 인정하면서도, 그 자체로는 불완전하기에 의식적 성찰의 필요성을 강조합니다.

특히 중대한 삶의 결정 앞에서는 신체 신호를 비판적으로 검토하고, 정보 탐색과 논리적 숙고를 통해 보완해야 합니다. 이는 교육을 통해 길러져야 할 핵심 역량입니다. 내부 감각의 지혜를 존중하되, 동시에 의식적 판단력을 기르는 훈련과 피드백 환경을 설계할 때 비로소 온전한 의사결정이 가능해집니다.

　이런 배경을 고려할 때, 의사 결정 교육과정의 도입은 시대적 과제가 아닐 수 없습니다. 가치 있는 선택을 위해서는 풍부한 정보 제공이 선결 조건이며, 더불어 실질적으로 '좋은 선택을 위한 연습 기회'가 주어져야 합니다. 즉 학생들이 스스로 결정할 수 있는 힘을 반복해서 길러 주는 것, 그리고 그 과정에서 실수하거나 시행착오를 겪더라도 충분히 성찰하고, 자신이 내린 결정에 책임질 수 있도록 교육 구조를 설계하는 일입니다. 다니엘 카너먼Daniel Kahneman이 이스라엘에서 시도했던 '의사 결정 교육과정' 사례는 비록 정식 교과로 완전히 정착되지는 못한 한계를 보였지만 시사하는 바가 큽니다. 가령 불확실한 사안에 대해 학생들이 각자 예측하거나 결정한 것을 적고, 이를 외부 데이터와 비교하면서 '인지 편향'과 '계획 오류' 같은 심리 현상을 직접 체험하고 이해하도록 교육하는 방법입니다. 이런 반복적인 실습과 집단 토론을 통해 학생들은 '내적 신호 감지→정보 탐색→의견 교환→책임 있는 결단'의 실질적 과정을 체화할 수 있었다고 합니다. 신경과학과 행동경제학, 심리학을 연계한 교육과정을 각 교육 단계에 맞게 접목한다면, 신경 가소성이 왕성한 시기의 학생들은 삶의 중요한 갈림길마다 더 만족스럽고 유익한 선택을 할 수 있을 것입니다.

　선택의 미학이 일구어 낸 우리네 삶. 매번 '신의 한 수'를 두며 살순 없더라도, 마치 복내측 전전두 피질 손상 환자처럼 지속적으로 악수惡手를 두는 삶은 피해야 하지 않을까요? 선택은 실천의 시작이기에 교육은 이 힘을 길러 주는 터전이어야 하겠지요. 교육의 중심축이 사교육으로 넘어간 지 오래이고, 그 여파로 공교육의 사기가 떨어진 지 한참입니다. 그럼에도 우리 아이들의 미래를 위해 교육개혁에 대한 희망을 결코 포기할 수는 없습니다. 교사, 교육철학자, 신경심리학자, 교육과정 개발자, 예술가 등 다양한 분야의 전문가들이 협력적 지혜를 모아 우리나라에서도 이런 교육과정이 실현되기를 바라며, 이를 통해 얻어지는 학문적 성과를 기대해 봅니다.

셋째, 느린 교육과정의 실현입니다. 다른 동물에 비해 인간의 뇌가 성인 수준으로 발달하기까지 유년기와 청소년기가 유독 긴 이유를 생각해 봅시다. 단지 생물학적 성숙 때문만은 아닐 겁니다. 우리의 뇌는 비의식적 감각과 감정의 기반 위에 의식적 목표와 판단, 통제 기능을 천천히 체계화하는 기관입니다. 이처럼 시간이 걸리는 성장 과정은 마치 의식적 조절 능력의 일부를 무의식적 신경 회로 속에 '서버화'하는 훈련과도 같습니다. 느림은 일종의 신경학적 숙성인 셈이지요.

다마지오가 강조한 '인지적 무의식'은 바로 이런 느린 리듬의 교육과 직결됩니다. 도덕적 행동은 오랜 시간 반복적인 연습을 거쳐 습득되는 일종의 기술이라고 했지요. 처음엔 의식적으로 배운 윤리적 태도가 반복을 거듭하며 '제2의 본성'처럼 자연스럽게 작동하게 되는 것입니다.

이런 도덕적 감수성은 어디에서 시작될까요? 바로 가정입니다.

사람과 사람 사이의 관계 맺음과 자연과 사물들과의 조화로운 삶의 방식을 몸으로 익히는 곳이지요. 정직함, 책임감, 공정함, 나누기 등 관계의 기본적 덕목들은 일상의 친밀한 경험을 통해 자연스레 체화됩니다. 공교육만으로는 이런 감정적 친밀성과 생활 밀착적 윤리를 온전히 대신하기 어렵습니다.

그런데 이 귀하디 귀한 시기에 어떤 일이 벌어지고 있나요? 어떤 문화적 도구들은 항상성 조절을 방해하거나 알로스테시스의 균형을 붕괴시키는 원인이 되기도 하는데, 대입 입시라는 블랙홀이 모든 교육 담론을 빨아들이는 현재 우리나라의 교육 시스템은 높은 청소년 자살률에서 알 수 있듯, 오히려 학생들에게 재앙이 되고 있습니다. 설상가상으로 입시 준비 연령이 점점 낮아지는 기현상이 확대되고 있습니다. 도덕적 가치와 윤리적 감수성이 무의식 속에 뿌리내려야 할 시기에 우리 사회는 아이들에게 경쟁과 속도만을 강요하고 있습니다.

이런 '인지적 조급함'의 폐해는 불 보듯 뻔합니다. 착한 사마리아인 심리 실험Good Samaritan Experiment 결과에서 보듯, 시간에 쫓기고 바쁠수록 우리는 타인의 고통을 지나치기 쉬울 뿐 아니라 자기도 모르게 시야가 자신에게로만 좁혀지기 쉽습니다. 우리의 윤리적 뇌, 곧 타인과 사회적 가치를 고려해 판단하고 실천하는 신경 기반 역시 약화되지요. 학교폭력, 시험 부정 행위, 따돌림처럼 아이들의 도덕적 판단력이 마비되는 현상이 끊이지 않는 것 역시 이와 무관하지 않을 것입니다. 여기에 디지털 환경까지 가세해 상황을 더욱 악화시키고 있습니다. 아이들의 시각과 청각 반응은 초스피드로 빨라지지만, 반면 추상적 사고나 성찰적 판단은 점점 둔화되고 있습니다. 즉각적 반응, 빠른 피드백, 자극 과잉의 정보가 인간의 감각 균형을 무너뜨리고, 숙고적이고 비실시간적 사고를 회피하게 만듭니다. 이런 환경에서는 윤리성의 토대는 물론 창의성도 발현되기 어렵겠지요.

그렇다면 느린 교육과정은 어떻게 실현할 수 있을까요? 그것은 지식 전달의 속도를 늦추고 양을 줄이는 것을 넘어 우리 삶의 생태적 조건을 복구하는 일입니다. 감정과 신체, 가치와 판단, 감각과 도덕성, 무의식과 의식이 조화를 이루며 성장할 수 있도록 교육의 리듬 자체를 되찾는 것이 그 목표이지요. 특히 아이들에게 더 많은 시간과 여유를 허락해야 합니다. 앞서 다룬 신체성 교육이 '신체 자아'의 토대를 마련한다면, 느린 교육과정은 이와 더불어 타인과의 깊은 관계 속에서 '관계 자아'를 키워 나가는 과정인 셈입니다. 넉넉히 주어진 시간 속에서 아이들은 타인에게 공감하며 협력하고, 윤리적 선택을 직접 경험하게 됩니다. 그 과정에서 자신의 결정에 책임지는 법을 배우고, 개인적 만족을 넘어 공동체에 기여하는 보람을 체험하지요. 이렇게 관계 속에서 자기를 발견하고, 더 나아가 자기를 넘어선 큰 가치를 위해 살아가려는 '초월 자아'로 성장해 나가는 것, 이것이야말로 느림이 선사하는 진정한 선물입니다.

이를 위해서는 가정과 학교, 그리고 사회 전반의 윤리적 인센티브 구조 또한 뒷받침되어야 합니다. 우리의 사회적 뇌가 진화한 발자취를 좇아 덕목을 실천한 이들에게 실질적 존중과 보상이 주어질 때, 아이들은 사회가 지향하는 이상적 모델을 저절로 체득합니다. 아이들은 존경할 수 있는 어른을 통해 배우고, 사회는 닮고 싶은 이상을 향해 진화합니다. 우리가 추구해야 할 교육의 속도는 더 빨라야 하는 것이 아니라 더 깊어야 합니다. 느림은 인간다움을 길러 내는 리듬이자 정신과 도덕성을 건강하게 길러 내는 신경학적 회복의 시간입니다.

신체성을 통해 자아의 근원을 발견하고, 의사 결정을 통해 삶의 주도권을 되찾으며, 느림 속에서 깊이 있는 자기 성장을 이루어 가는 것. 이것이야말로 다마지오의 신경생물학이 전하는 마음 교육, 즉 자기 이해 교육이 나아가야 할 길이 아닐까요?

***

세상에서 가장 쉬운 일은 어쩌면 한 번도 해 보지 않은 일이 아닐까 하는 깨달음이 이번 번역 작업을 하면서 선명하게 각인되었습니다. 한 권의 책이 세상에 나오기까지의 '사회적 출산'을 처음 겪으면서 번역자와 작가를 비롯한 출판업에 종사하시는 모든 분들께 어찌 경의를 표하지 않을 수 있을까요? 제가 다마지오 선생님을 만날 수 있었던 것도 이분들의 노고가 아니었다면 애초에 불가능했을 것입니다. 더불어 일일이 거명하지는 못하지만, 건강이 여의치 않을 때마다 치유의 끈을 단단히 맺어 주신 여러 주치의 선생님들께도 진심으로 감사드립니다.

처음 이 책을 접하게 된 인연은 2015년 뉴욕의 스트랜드 서점이었습니다. 당시 가장 큰 영감을 주던 신경과학자의 책을 접했을 때의 전율은 지금도 생생합니다. 어떤 면에서 이 번역서는 마음속에 혼자

가입했던 '다마지오 펜 클럽 회원'의 오랜 결실인지도 모릅니다. 그때는 그저 사전 찾기 손품을 부지런히 팔며 서툴게 책장을 넘기던 독자였지만, 돌이켜보면 그 만남이 번역자로 가는 첫걸음이었나 봅니다.

다마지오 선생님과의 첫 조우는 2009년으로 거슬러 올라갑니다. 여러 책에서 자주 인용되던 『데카르트의 오류』를 찾아 읽은 이후 마치 오즈의 마법사 도로시처럼, 저는 뇌신경과학이라는 매혹적인 세계로 빨려 들어갔습니다. 인간의 본질, 삶의 방향성 같은 오래된 인문학적 화두에 대해 뇌신경과학자들이 던지는 낯설고도 명쾌한 버전들은 깊은 울림을 주었고, 저 역시 그 안에서 삶의 빅퀘스천들에 대한 실마리를 찾을 수 있으리라는 희망을 품게 되었습니다. 지금도 다마지오 선생님께서 제시한 새로운 인간관이 언젠가 인류의 고통을 덜고 행복을 넓히는 원리와 정책으로 꽃필 수 있으리라는 희망을 변함없이 간직하고 있습니다.

번역을 마치면서 지난했던 번역의 배경이 되어 주신 고마운 분들을 떠올려 봅니다. 뇌신경과학에 대한 학문적 변곡점을 마련해 주신 다마지오 선생님은 인간관에 대한 새로운 통찰과 영감을 선사해 주셨습니다. 서투르고 실수도 많을 새내기 번역자로서의 한계가 분명하지만, 한국 독자들에게 그분의 사유를 전하는 작업에 참여함으로써 조금이나마 그 빚을 갚을 수 있게 되어 감사한 마음뿐입니다.

신경과학에 대한 호기심의 첫 씨앗을 심어 주신 분이 다마지오 선생님이라면, 그 씨앗에 영양분을 듬뿍 넣어 주신 분은 '박문호 자연과학 세상'의 박문호 박사님이십니다. 박사님의 강의와 저서는 신경과학의 난해한 개념들을 한결 쉽게 이해하도록 도와주었고, 학문적 매력은 한층 높여 주었습니다. 학문적 열정의 대명사 박문호 박사님께도 깊이 감사드립니다. 그리고 학문의 광야에서 '마음챙김기반교육'mindfulness-based education이라는 이름으로 마음 교육의 학문적 정체성을 확립하시고, 그 토대 위에서 후학들의 '마음 교육을' 향한 배움의 길잡이가 되어 주시며, 격려와 지원을 아끼지 않으시는 연세대학교 황금중 지도교수님께 마음 다해 감사드립니다. 또한 '내면소통' 강의를 통해 본서의 주제와 관련해 사유의 폭을 넓혀 주신 김주환 교수님께도 깊은 감사를 전합니다.

다음으로 번역이 결실을 맺기까지 든든한 전경이 되어 주신 분들께도 감사의 마음을 전합니다. 잠자고 있던 번역서의 가능성을 발굴해 주신 성공회대학교 진태원 교수님의 배려가 없었다면 이 책은 세상의 빛을 보지 못했을 지도 모릅니다. 진심 어린 감사를 드립니다. 그리고 다마지오 선생님에 대한 존경과 애정 표현에 기꺼이 출판으로 동참해 주신 그린비 유재건 대표님께도 진심으로 감사드립니다. 오랜 인내심으로 기다려 주시고, 꼼꼼한 교정과 편집의 정수를 보여 주신 구세주 편집자님과 민승환 편집자님, 그리고 문혜림 편집자님께 각별히 감사드립니다. 더불어 따뜻한 책의 온도를 세련되게 표지에 담아 주신 심민경 디자이너님께도 감사의 마음을 전합니다.

고갈된 체력 앞에서 완주가 걱정될 무렵 기꺼이 러닝메이트가 되어 준 나의 소중한 벗들에게도 같은 마음으로 고마움을 전합니다. 가톨릭관동대학교 국제성모병원 문성진 교수님의 의학용어 감수 덕분에 번역의 정확성을 높일 수 있었습니다. 번역의 의도를 정확히 파악하면서도 독자의 관점을 놓치지 않았던 장진희 박사님과 이수복

작가님의 우정은 잊을 수 없습니다. 이 책이 가독성 있는 글이 되었다면, 이분들의 정성 어린 조언 덕분입니다.

더불어 저로 하여금 늘 '동심의 탈주선'을 그리게 하는 제자들, 인문학 공부 모임인 '수유너머 104의 신경과학과 철학 사이'와 '필로버스의 신경과학'에서 함께 배움의 길을 걸어온 세미나원들에게도 한결같이 고마움을 전합니다. 그리고 부재중에도 든든한 존재감으로 곁이 되어 주시는 엄마 아빠, 언제나 몇 번이라도 힘이 되어 주는 길주 오라버니와 가족들에게도 한없이 고마움을 전합니다.

마지막으로, 믿음직한 지원군이자 묵묵한 후원자로 함께해 주신, 그리고 앞으로도 함께해 주실 독자 여러분께 진심으로 감사드립니다. 보내 주신 성원에 힘입어 몇몇 오류를 바로잡고 문장을 다듬어, 더 편안하게 읽히는 글로 고칠 수 있었습니다. 아울러, 신세를 진 모든 분들과 가슴별이 된 그리운 이들에게까지 사랑으로 빚진 마음을 전할 수 있었고, 용기가 필요한 아이들에게도 작은 나눔을 이어 갈 수 있어 감사할 따름입니다. 다마지오 선생님께서 다시 시작하기 위해 이 책을 집필하셨다면, 저는 제가 입은 감사를 나누고 싶어서 이 책의 번역을 시작했습니다. 그 초심을 담아 앞으로도 『자아가 마음에 오다』, 이 책 이름으로 저의 역자 인세 전액을 아이들의 건강과 안전을 지키는 단체에 꾸준히 그리고 기쁘게 후원할 것입니다.

저자께서 일러 주셨듯, 의식이 인류에게 남긴 가장 위대한 선물은 상상의 바다를 항해하며 자아라는 배를 더 나은 미래로 이끌어 가는 능력입니다. 그 항로 끝에 독자 여러분 모두가 자신만의 눈부신 항구에 닿기를 바랍니다.

찾아보기

[인명]

가자니가, 마이클(Gazzaniga, Michael) 323, 442
그린스팬, 랄프(Greenspan, Ralph) 70, 490
나카슈, 리오넬(Naccache, Lionel) 303
누스바움, 마사(Nussbaum, Martha) 189
다마지오, 한나(Damasio, Hanna) 123, 131, 134~135, 174, 196, 202, 209~210, 218, 358, 428, 442, 490~491
다윈, 찰스(Darwin, Charles) 26, 203
더튼, 데니스(Dutton, Dennis) 459
데니-브라운, 데릭(Denny-Brown, Derek) 146
데닛, 대니얼(Dennett, Daniel) 155, 395
데제린, 쥘(Déjérine, Jules) 340
드한, 스태니슬라스(Dehaene, Stanislas) 293, 302~303
데익스테르후이스, 압(Dijksterhuis, Ap) 424, 426, 428~429
라이클, 마커스(Raichle, Marcus) 341, 357~358
레이코프, 조지(Lakoff, George) 158
로고테티스, 니코스(Logothetis, Nikos) 303
록랜드, 찰스(Rockland, Charles) 490
루드라우프, 데이비드(Rudrauf, David) 27, 135, 202
르두, J.(LeDoux, J.) 37
리벳, 벤자민(Libet, Benjamin) 418
리브, 크리스토퍼(Reeve, Christopher) 128
리졸라티, 자코모(Rizzolatti, Giacomo) 172, 174, 244~246
마, 요요(Ma, Yo-Yo) 5, 406

마굴리스, 린(Margulis, Lynn) 71

마이어, 카스퍼(Meyer, Kaspar) 27, 123,
221, 238, 245, 314, 490~491

매군, 호레이스(Magoun, Horace) 28~29,
294, 383

메르커, 비욘(Merker, Bjorn) 132, 143, 146,
328

메를로퐁티, 모리스(Merleau-Ponty,
Maurice) 158

모루치, 주세페(Moruzzi, Giuseppe) 28~29,
294, 383

민튼, M. A.(Mintun, M. A.) 358

바그만, 코넬리아(Bargmann, Cornelia) 105

바스, 버나드(Baars, Bernard) 293, 302~303

반 호센, 게리(Van Hoesen, Gary) 135, 237,
344, 346, 360~361, 363, 365

부르주아, L.(Bourgeais, L.) 165

베르나르, 장-프랑수아(Bernard, Jean-
François) 165

베르나르, 클로드(Bernard, Claude) 84

베카라, 앙투안(Bechara, Antoine) 196, 358,
428, 442, 490

보비, 장-도미니크(Bauby, Jean-
Dominique) 368~369

브렌타노, 프란츠(Brentano, Franz) 155

브룬, A.(Brun, A.) 365

블럼버그, 바루크(Blumberg, Baruch) 105

블룸, 해럴드(Bloom, Harold) 256

샹쥬, 장-피에르(Changeux, Jean Pierre) 50,
293

서덜랜드, 스튜어트(Sutherland, Stuart) 25

서얼, 존(Searle, John) 34, 395

셰링턴, 찰스(Sherrington, Charles)

163~164, 192

슈나벨, 줄리안(Schnabel, Julian) 368

슈워츠, 제임스 H.(Schwartz, James H.) 77,
218

스트렐러, 버나드 M.(Strehler, Bernard M.)
143, 146, 328

스포른스, 올라프(Sporns, Olaf) 237, 348

스피노자, 바루흐(Spinoza, Baruch de) 26,
74, 116, 153, 196, 440

싱어, 울프(Singer, Wolf) 147, 149~150

아인슈타인, 알버트(Einstein, Albert) 26

에델만, 제럴드(Edelman, Gerald) 35, 44,
50, 70, 123, 293

에크혼, R.(Eckhorn, R.) 149

엘리엇, T. S.(Eliot, T. S.) 31, 461~462

왓츠, 앨런 G.(Watts, Alan G.) 102

우드, 제임스(Wood, James) 256

웨그너, 댄(Wegner, Dan) 418, 435~436

웨어링, 데보라(Wearing, Deborah) 373

웨어링, 클라이브(Wearing, Clive) 373

윌슨, E. O.(Wilson, E. O.) 44, 70, 459

이나스, 로돌포(Llinás, Rodolfo) 35, 44, 74,
114, 286, 386, 402

이모디노-양, 메리 헬렌(Immordino-Yang,
Mary Helen) 209~210, 358, 490

재스퍼, 허버트(Jasper, Herbert) 28~29,
294

제인스, 줄리언(Jaynes, Julian) 160, 450

제임스, 윌리엄(James, William) 29~32,
36~37, 158, 190~193, 255, 296~297

존슨, 마크(Johnson, Mark) 158

찰머스, 데이비드(Chalmers, David) 42, 395

찾아보기 **523**

처칠랜드, 패트리샤(Churchland, Patricia) 37, 42, 395, 420, 490

카너먼, D.(Kahneman, D.) 430

카스텔스, 마누엘(Castells, Manue) 64, 490

캐넌, 월터(Cannon, Walter) 84, 192

캔델, 에릭(Kandel, Eric) 77, 218

코슬린, 스티브(Kosslyn, Steve) 225, 242~243

코흐, 크리스토프(Koch, Christof) 35, 247, 293, 342

쿡, N.D(Cook, N.D) 403

크레이그, A. D.(Craig, A. D.) 164, 199, 309, 376

크릭, 프랜시스(Crick, Francis) 25, 35, 293, 342

토노니, 줄리오(Tononi, Giulio) 27, 260, 293, 303

투텔, 로저(Tootell, Roger) 122~123

트라넬, 다니엘(Tranel, Daniel) 131, 134~135, 174, 218, 428, 442, 491

트웨인, 마크(Twain, Mark) 67

팍시노스, M.(Paxinos, M.) 344

판디야, D. N.(Pandya, D. N.) 237

판크셉, 야크(Panksepp, Jaak) 5, 35, 37, 44, 53~54, 132, 143, 297, 328

펜로즈, 로저(Penrose, Roger) 41~42, 403

펜필드, 와일더(Penfield, Wilder) 28~29, 294

포스너, 제롬(Posner, Jerome) 29, 260, 382~383

프로이트, 지그문트(Freud, Sigmund) 277, 283~285, 433~434, 457

프리스, 크리스(Frith, Chris) 37, 174, 246,

418

플럼, 프레드(Plum, Fred) 29, 260, 361, 381~383

피츠제럴드, F. 스콧(Fitzgerald, F. Scott) 65, 215

피치, 테쿰세(Fitch, Teccumseh) 74, 155

핑커, 스티븐(Pinker, Steven) 44, 115

하이먼, 브래드(Hyman, Brad) 361, 365

하이트, 조너선(Haidt, Jonathan) 210

해거드, 패트릭(Haggard, Patrick) 418

헉슬리, T. H.(Huxley, T. H.) 436

험프리, 니콜라스(Humphrey, Nicholas) 44

헵, 도널드(Hebb, Donald) 469

홉슨, 앨런(Hobson, Allan) 286

흄, 데이비드(Hume, David) 36~37

[주제어]

C. 신경섬유(C. nerve fibers) 164

[ㄱ]

가상의 신체 회로 메커니즘(as-if body loop mechanism) 172~175

각성 상태[깨어 있음](wakefulness); ~ 관련 뇌 구조와 과정 298~300; 의식과의 관계 255, 257; 초기 임상적 혼수상태 개념화에서 ~의 역할 259~261; 뇌전증적 자동증과의 관계 262~267; ~의 단계 291~292

간뇌(diencephalon) 166, 197, 355, 473

감각기관(sensory portals); ~을 위한 뇌 구조와 기능 315~316; 지각적

특성의 구축 과정에서 311~313;
핵심자아 생성에서 290~291; 신경
경로로서 155~156; 마음의 관점을
규정하는 역할 311, 313~314

감각계(sensory systems); 감각기관의
위치 인식 311~313; 신체 지도에서
155~157; ~에 관여하는 뇌 구조
129~132, 143, 194~197, 386~388,
478~480; 기억 기록 형성에서의
역할 219~220; ~의 지도 제작
120~125; ~의 귀인 오류 312~315;
~의 말초신경 구조 480~483; 연구
필요성 408~409; 무의식적 유기체의
95~96

감각질(qualia); ~의 개념적 문제
395~396; ~ 내 지도 간 상호 연결
408; 경험의 필수 요소로서 396;
마음의 과정으로서 399~400; ~의
감소 혹은 실패한 반응 397~398

감금 증후군(locked-in syndrome) 367~369

감마-아미노부티르산(gamma-
aminobutyric acid) 353~354

감정 표현(emotional expression) 129,
204~206, 267~269

감정(emotion); 생물학적 가치와의 관계
181~182; ~ 유발을 위한 뇌-신체
소통 160~161, 163; ~에 관련된 뇌
구조와 과정 134~138, 171~172,
188~189; ~의 분류 203~204; ~에
인지 과정 참여 183~184, 212;
~의 제어 119~201; 신체 표지의
생성 32, 280~281; 정의 103, 133,
182~184; 감정-느낌 순환 185~186;
~의 진화적 기원 103~104; 느낌과
대비되는 183~184; 의식의 지표로서
268~269; ~에 대한 제임스의 개념화

190~192; ~의 기원에서 항상성
메커니즘 92~94; 보편 감정 203~204

감정과 느낌에서 전대상피질(anterior
cingulate cortex, in emotion and feeling)
136, 196, 305

감정의[감정적] 느낌(feelings of emotion);
~의 처리에 관여하는 뇌 구조 133,
194~198, 198~199; 정의 133,
183~185, 193~194; ~의 생성
184~185

감정적으로 유효한 자극(emotionally
competent stimuli) 187~188

감탄(admiration) 208~213

거울 신경세포(mirror neurons) 172~174,
244~245

경두개 자기 자극[TMS](transcranial
magnetic stimulation) 49

경막(dura mater) 164

경멸(contempt) 195, 207

고립로핵(nucleus tractus solitarius); 연결성
142, 167; ~에서의 지도 제작 132

고차 연합피질(higher-order association
cortexes) 477~478

고통과 쾌락(pain and pleasure) 40, 53~54,
94, 132~135, 169, 404

공감(empathy); 타인의 고통에 대한 연민
207~208; 타인의 느낌 인식 268

공포(fear); ~의 신경생리학 172~173,
188~190, 201; ~에 대한 생리적 반응
184~185

교감신경계(sympathetic nervous system)
475

군소(Aplysia california) 68

오인 오류(misattribution errors) 311~313

근위축성 측삭경화증(amyotropic lateral sclerosis) 368

근육(muscles); ~을 모니터링하는 메커니즘 164~165; 움직임을 위한 구조와 기능 161~162

급속 안구 운동[REM] 수면(rapid eye movement sleep) 286, 356

기술(skills) 428, 437

기억(memory); 알츠하이머병이 ~에 미치는 영향 360~367; 기억상실증 372~373; 자서전적 자아에서의 333~337; ~을 회상할 때 디폴트 네트워크의 뇌 활동 341; 관련 뇌 구조와 과정 216~217, 226~228, 232~235, 239~243; ~ 회상이 시간에 따라 변하는 양상 216~217, 333~335; 회상 과정의 복잡성 228~230; 관련 지도 제작 114~115; 꿈속 ~ 285~287; ~이 촉발하는 감정 186~188; 움직임에 의해 되살아나는 174~175; ~을 불러일으키는 메커니즘 215~217; 의식 진화에서 291~292; 사실 기억과 절차 기억 230; 개별 대상으로서의 ~ 더미 336; ~에서 비롯된 이미지 124~125; 신경세포가 분열하지 않는 것과의 관계 81~82; ~의 신경 과정 468~470; ~의 편향된 기록과 회상 219~220; 반항적 자아 발전을 위한 요구 조건 450~451; 정신 과정에서 ~의 역할 215~217, 224~226; ~에서 감정적 현저성의 역할 307, 327; ~의 기록에서의 감각-운동 패턴 219~220; 인간 삶을 위한 ~의 중요성 461~462; 저장 및 인출 시스템 222~230; 기억량 334~335

기억상실증(amnesia) 372

기저전뇌(basal forebrain) 91, 169, 329, 349, 398, 473~475, 479

기저핵(basal ganglia) 329~330, 341, 349, 363, 391, 473, 475~476

기질[성향](dispositions); ~의 작동을 위한 뇌 구조 232~234; ~의 기능 234~235; 이미지 형성 과정에서의 246~247; 지도와 대비되는 219~220

꿈(dreams); ~에서의 뇌 활동 355~356; 의식 개념과의 관계 254~255

[ㄴ]

낙담(discouragement) 206

내부감각 및 내부감각계(interoception and interoceptive system); ~에서 뇌 구조와 과정 309~310; 정의 95~96; 감정의 느낌과의 관계 183~184; ~의 항상성 기능 304~305; ~의 내부감각 총괄 지도 304~310; ~의 메커니즘 164~167; ~의 신경 과정 400~401; ~의 상대적 불변성 307, 317~318

내분비계(endocrine system) 72, 107, 140, 223, 471

아편 유사제(opioids, endogenous) 405

내장(viscera); ~과 뇌와의 연결 193~198; 구성 요소 159~160; ~에서 공포 반응 188~190

노르에피네프린계(norepinephrine) 91, 384, 405

뇌 구조와 기능(brain structure and function); ~대한 기계적 은유 87~89

뇌 손상(brain damage) 49, 141, 243, 343, 366, 371, 382

뇌간(brain stem); ~의 해부학 및

신경해부학 381; ~의 손상에서
비롯된 혼수상태 367~368, 381;
자서전적 자아의 생성에서 336~337;
핵심자아의 생성에서 307; 감정
및 느낌에서 210~211; ~의 진화
389~392; ~에서의 원자아 생성
299~300, 325~327; ~의 마음 형성
기능 128~130; 내부감각 총괄계의
작동 309~311; ~에서의 원초적 느낌
53~54, 304~306; 감각질 효과의
생성 과정에서 398~399; ~에서 각성
상태 298~300

뇌량(corpus callosum) 473~474

뇌-마음 동일성(brain-mind equivalence);
~의 개념적 기반 43~46; ~의 개념에
대한 반론들 43, 483~488

뇌막(meninges) 164, 382

뇌자도(magnetoencephalography) 49, 174,
202

뇌전증 자동증(epileptic automatism) 262,
372

뇌졸중(stroke) 81, 138, 343, 367, 371, 375

뇌파 검사(electroencephalography) 259,
355

느껴지는 이미지(felt images) 132, 439

[ㄷ]

달팽이관(cochlea) 120~121, 156, 313,
406, 408, 481

당혹(embarrassment) 195, 207~208

대뇌(cerebrum) 473~474

대상피질(cingulate cortex) 473

대상으로서 자아(self-as-object) 31~33,
38

대인 상호작용(interpersonal interaction);
무뇌수두증 아이의 ~ 능력 141~142

도덕적 판단(moral judgments) 358~359,
442~443, 460

도망치거나 얼어붙는 반응(flee or freeze
response) 188~189

도파민계(dopaminergic system) 91, 384

동기(motivations); 감정과의 관계
181~182, 182~186, 185~186, 446;
~에 작용하는 유전체적 무의식
33~34, 282~283; ~의 기원이 되는
항상성 메커니즘 97~98, 101~102

두정덮개(parietal operculum) 173~174

두정피질(parietal cortex) 340, 355~356

디폴트 네트워크(default network) 341,
357~360

[ㄹ]

롤란도 덮개(Rolandic operculum) 173~174

[ㅁ]

마음(mind); 대뇌 피질 없이도 존재하는
138~142; ~ 형성에 관여하는 뇌
영역 128~133, 148~149; 고대의
~의 개념화 159~160; 의식과의 관계
24~25, 28~29, 33~35, 68~69, 253;
~의 비의식적 작동의 증거 259~261;
진화적 중요 105~106, 445~446; ~
연구의 목표 26~28; ~의 호문쿨루스
모델 318~319; 생명 조절과
적응에서의 105~107; ~의 신비한
특성 24~25, 41, 64; 자기와 타인의 ~
지각 24~25; ~과 관련된 뇌 구조의
특성 148~151; ~에 대한 자아
관찰의 신뢰성 38~39, 295; ~ 연구

과정에서 감정의 중요성 181~182;
비물리적 현상으로서 ~의 연구 41;
깨어 있음(각성)과의 관계 257~258,
262~267

마취(anesthesia) 352~354

막, 세포(membrane, cell) 70, 78, 403, 481

말초신경계(peripheral nervous system)
473~476, 480~481

망막(retina) 119~121, 143, 312

맨아래구역(area postrema) 136, 143, 405, 476

명시적 기억(explicit memory) 234~235

모노아민성 핵(monoaminergic nuclei) 166

몽유병(sleepwalking) 273

무뇌수두증(hydranencephaly) 138~142, 197

무운동 함구증(akinetic mutism) 139, 146, 268, 360, 363, 372

문화(culture); ~ 전반에 나타나는 공통 감정 203; 예술 발전 456~461; ~의 진화 452~455, 482~483; ~의 항상성 확장 60~61, 454~456; ~ 형성에 유전체 무의식의 역할 432~435

미주신경(vagus nerve) 128~129

[ㅂ]

바소프레신(vasopressin) 91

박테리아(bacteria) 69~73, 95, 104

반항성(rebelliousness) 447, 450, 453

배경 감정(background emotions) 206~207

백일몽[몽상](daydreams) 272~273

백질(white matter) 475~476

번식(reproduction) 101, 432~433

법률 제도(legal systems) 60, 440~441, 454

보상과 처벌(reward and punishment)
58~59, 181~182, 182~186, 225, 446, 452

복내측 전전두 피질(ventromedial prefrontal cortex) 172, 187, 346~347

복잡성(complexity); 의식의 진화에서 289; 신경생물학적 · 정신적 현상에 대한 45~46, 150~151; 신경세포 개수와 조직 패턴 244~245

복측 피개 영역(ventral tegmental area) 330

본능(instincts) 433

부교감 신경계(parasympathetic nervous system) 475~476

부완핵(parabrachial nucleus);
알츠하이머병에서의 변화 363~364;
~에서의 지도 제작 119~120, 132;
항상성에서의 역할 166, 307

브로드만 영역(Brodmann's Areas)
315~316, 345, 478

뼈대(skeleton) 71

[ㅅ]

사랑(love) 23, 25~26, 205

사법 체계(justice systems) 440, 454

사이신경세포(interneurons) 482~483

사이영역(interregions) 482

사회문화적 항상성(sociocultural homeostasis) 60~61, 64, 417, 454, 454~455, 456~457

사회적 감정 social emotions 58~59, 207~208, 208~210, 452

삼차 신경(trigeminal nerve) 382~383
삼차신경핵(trigeminal nucleus) 136, 164, 309~310
상구(superior colliculus); 의식 생성에서 ~의 역할 329~331; 자아 생성에서 ~의 역할 325~328; ~의 기능 142~143, 144, 147, 380~381; ~의 감마대 전기 진동 147; ~에서의 이미지 형성 146~147; ~의 지도 143~145; ~의 구조 142~143
상대적 불변성(relative invariance) 308
상상력(imagination); ~의 수렴-발산 모델 242~243; 의식의 선물로서 127, 216~217, 292, 448; 공상 중에서 272~273, 285
상행 망상 활성화계(ascending reticular activating system) 383~385
생존 의지(will to live); 단순 생명체에서의 표현 73, 402
서사(내러티브) 구성주의(narrative constructivism); 핵심자아의 생성에서 322~323; 원자아의 생성에서 323; 문화적 전승을 위한 455~456; 주체로서 자아의 320~323
선충[선형동물](nematodes) 104~105
설전부(precuneus) 344
섬모(cilia) 71, 120
섬피질(insular cortex); ~ 손상 134~138; 감정 과정에서의 198~200; ~의 기능 194~196; ~의 위치 137, 194~195; ~에서의 원초적 자아 생성; 느낌 처리 과정에서 195~197; ~의 체감각 역할 136, 195
성(sexuality) 433~434
세로토닌계(serotonergic system) 91, 384

세포 골격(cytoskeleton) 70~71
세포 과정(cellular processes); 노화 효과 73; 번식과 대체에 관한 81~82
세포질(cytoplasm) 70, 71, 74~76
소구(colliculi) 120, 140, 143, 381, 471
소뇌 피질(cerebellar cortex) 476
소뇌(cerebellum) 129~130, 189, 473~474
소유감(ownership) 322, 327, 330
수도관주위 회색질핵(periaqueductal gray nuclei); 정의 167, 384; 신체에서 뇌로의 질적 정보 전달에서 133, 136~138, 168~169
수렴-발산 영역(convergence-divergence regions); ~의 기능 236~237, 340~341; ~의 위치 339~342; 기억 회상에서 236~238, 246~249; ~의 구조 236~237; ~의 기원 및 발전 236~237
수렴-발산 지대(convergence-divergence zones); 연결 및 신호 전달 236; 의미 구성 236; 작동 증거 244~245; ~의 위치 238~245; ~의 기원 및 발전 236~237; ~의 구조 236~237, 247~248
수막종(meningiomas) 467
수면(sleep) 325~328
수상 돌기(dendrites) 80, 378, 468
수초 형성(myelin sheathing) 476~477
수치심(shame) 103, 207, 452
슬상체(geniculate bodies) 120
시각계(visual system); ~에서의 예측 171~172; 시각 자각 311~313; ~에 관여하는 뇌 구조 142~147, 319~320; 감각 경로의 구성 요소

311~313; ~에서 기억 회상을 위한 이미지 공간 232~233; ~에서 상호 연결된 지도들 405~407; ~에서 지도 제작 119~121, 405~407; ~의 속도 468~470

시냅스 간극(synaptic cleft) 468~469

시상(thalamus); 해부학 474~476; 뇌간-피질 기능 협응에서 ~의 역할 391; 정보 및 이미지 협응에서 ~의 역할 386~387; 의식 생성에서 ~의 역할 329, 385~388; 자아 생성에서 ~의 역할 328, 337, 339; 기능 385~386; ~에서 의식의 기원 56, 329, 385~388; ~의 감각 기능 130~131, 385~386; 각성(깨어 있는) 상태에서 ~의 역할 298~299

시상하부(hypothalamus); 해부학 474~476, 476~477; ~의 기능 380~381, 474~476; 공포 반응에서 188~189; 내부감각 총괄계에서 309~310; 신경해부학 381; 항상성에서의 역할 163~167; 각성(깨어 있는) 상태에서 298~299

시스템의 시스템(systems of systems) 472, 483

식물인간 상태(vegetative states) 259~261, 276~277, 369~370, 371~372, 381~383

신경, 시냅스(synapse, neuronal) 77, 467~471

신경 조절자(neuromodulators) 149

신경 패턴(neural pattern); 정의 116~117, 127

신경계(nervous system); ~의 구조 473~478; 해부학적 474~475; ~의 진화 71~72; 말초신경계 473~476

신경교세포(glial cells) 76, 466~467, 472~473

신경교종(gliomas) 467

신경섬유(a nerve fibers) 164

신경절(ganglia) 78, 104, 478~479

신체 느낌(body feelings) 133, 163~164, 301~302, 394

신체 지도화(body mapping) 51, 157~163

신체 표지[들](somatic marker[s]) 32~33, 280~281, 435~436

신체(body); 구획 159~162; 고대에서의 개념화 159~160

신체실인증(asomatognosia) 375~376

신피질(neocortex) 195, 477

신화(myths) 448, 451, 453, 456~457

실감 나는 신체 상태(felt body states) 133

쐐기핵(nucleus cuneiform) 384

[ㅇ]

아메바(amoeba) 59, 70, 80, 401~402

아세틸콜린(acetylcholine) 354

알츠하이머병(alzheimer's disease) 81~82, 352, 360~367

알츠하이머병에서의 후내측피질 변화(entorhinal cortex changes in Alzheimer's disease) 352, 361~362, 364~366

암묵적 기억(implicit memory) 234~235

약물(물질) 사용(substance use); 중독 438~440; 뇌로의 신체 신호 전달 방해 201, 354; 향정신성 물질 397~398

양자물리학(quantum physics) 41

어렴풋한 기미(hint half hinted) 273, 333
언어(language); 의식과의 관계 275~276;
　~를 사용한 초기 인류 450~453;
　~의 역사적 발전 448~450; ~의
　기반으로서 이미지 123~124
역설적 의식(paradoxical consciousness)
　254, 268, 286, 356
연민(compassion) 187, 207~208,
　208~213, 452
열정(enthusiasm) 206~207
영상 기술(imaging technology) 49, 136,
　142, 174, 209~210, 221, 237, 244,
　260~261, 348, 355, 465
영성과 종교(spirituality and religion) 55,
　433~434, 457
예쁜꼬마선충(C. Elegans) 104~105
예술(arts) 433~434, 449~450, 457~462
예측과 기대(prediction and anticipation);
　~를 위한 가상의 신체 회로 메커니즘
　171~174; 행동 전의 의식적 숙고
　421~424; ~에서 의식의 진화적 이점
　281~283, 416~417; 항상성 유지를
　위한 86~87, 94; ~에서 비의식적 뇌
　기능 100~101; 뇌에서 이루어지는
　신체 상태 시뮬레이션 170~175
옥시토신(oxytocin) 91, 100
외부감각(exteroception); 96, 133,
　164~165, 301~302
외상 후 스트레스 증후군(post-traumatic
　stress syndrome) 216
우울증(depression) 398
운동계(motor system); 뇌 구조 480; 기억
　기록 형성 과정과 운동계 219~220
움직임(movement); ~에 관여하는
뇌 구조 129~130; 뇌 지도를
　생성하는 과정에서 113~115;
　~에서 전기화학적 신호 전달 77;
　~이 불러일으키는 정신적 이미지
　176~178; ~의 진화 95~97; ~ 위한
　신경 신호 통합 143~146; ~ 위한
　근육과 뼈 구조 95~97, 160~162
원느낌(protofeelings) 393~394, 402
원생동물(Protozoa) 69~70
원심성 복사(efference copy) 171~172
원자아(protoself); ~와 신체 연결 52; ~
　생성에 관여하는 뇌 구조 299~300,
　325~326; 지각된 대상과의
　상호작용에서 ~의 변화 320~322,
　325~326; 핵심자아 생성에서의 304,
　320~321; ~의 생성에서 51, 290,
　304; 정의 290, 304; 의식의 진화에서
　34~35; 호문클루스 개념과의 관계
　318~319; 외부로 향한 감각 기관
　지도 311~316; ~의 내부 감각 총괄
　지도 304~310; ~의 유기체 총괄
　지도 310~311; 물질적 자아로서 55;
　~ 속 원초적 느낌 52, 53, 297; ~의
　산물 291; 원느낌과의 관계 393~394;
　~의 역할 319; ~의 지도 유형 304
원초적 느낌(primordial feelings) 52~53,
　54~56, 133, 169~170, 194, 296~297,
　305~306, 320, 391, 400~401
유전체 무의식(genomic unconscious)
　58~59, 433
유전학(genetics); ~에 대한 문화적 영향
　64~65
음악(music) 124, 140, 301, 397, 433, 451,
　457~460
의도성(intentionality) 155

의례적 행위(ritualized behavior) 437~438

의미 기억(semantic memory) 228~230

의식(consciousness); 부재 23~24;
~없는 적응 행동 74~75; 마취 효과
352~354; ~의 기원과 발달에서의
생물학적 가치 58~59; ~에 관여하는
뇌 구조와 과정 56~58, 328~332,
377~378, 388~389, 392~393; ~의
이점으로서의 숙고 421~423; ~ 속
마음의 내용 254~255; 정의 25~26,
253~256; ~의 지표로서 감정
267~269; 진화적 이점 281~282,
415~417; 진화적 기원 46, 443~444;
~의 프로이트식 개념화 283~284;
~에 대한 탐구의 목표 26~28,
62~65; ~에서의 내부 감각계의
중요성 307; ~의 강도 척도 269; ~의
가장 단순한 수준에 대한 내성적
고찰 295~298; ~ 전후의 생명 조절
282; ~의 문학적 재현 256; ~의
주요 특징 21~22; 생명 유지와
보존 기능에서 58; 비인간 동물에서
275~276; 비물리적 현상으로서 41;
~를 규정하는 측면으로서의 자아
33~34, 254, 266~267, 273~274; ~의
범위와 강도의 다양성 271~272; ~
탐구에서 드러나는 감정의 중요성
181~182; 식물인간 상태에서
260~261; 각성 상태와의 관계
21~23, 254~255, 256~257, 294;
느낌 없이 379

의식의 교향곡적 은유(symphonic metaphor of consciousness) 56~58

의식의 신경학적 기초(neural basis of consciousness); 뇌간에서 380~385;
~ 관여하는 뇌 구조 380; ~ 관한
연구에서의 자아 개념 35~36;
개념적 얼개 47~51; ~ 관한 현재의
지식과 이해 378, 410, 465~466;
생명과 ~의 신비 해소 62~65; ~
관한 연구의 토대 28~30; 법률 및
사법 체계에 대한 함의 440~443;
~ 관한 연구의 함의 62~65; 대규모
시스템 수준 분석 49; ~가 가지는
설명력의 한계 445; 정신적 사건을
뇌의 사건으로 보는 관점 43~44;
~를 탐구하는 데 있어 통합적 관점의
필요성 44; 연구에 관한 다양한 관점
43; ~에 대한 진화적 접근의 합리적
근거 44~46; 시상에서 385~388;
~에서 신경세포의 역할 392~394

의식의 흐름(stream of consciousness) 33,
255~256, 271

이미지 공간(image space) 232~235, 246,
248~249, 302~303

이미지(images); 자서전적 자아에서
55; 신체 지도화에서 51; ~ 형성에
관여하는 뇌 구조 129~133,
145~146, 302; 대뇌 피질과의 관계
387; 자서전적 자아의 생성에서
336~338; 의식의 생성에서
300~302, 322; 핵심자아의 생성에서
55, 325~326; 원자아의 생성에서
51~52; 정의 48, 115~116, 257;
~ 사용으로 의식의 진화적 이점
415~416; ~에 대한 반응으로
나타나는 감정과 느낌 396~397;
느껴지는 124, 133, 301~302, 304,
448; ~의 비논리적 흐름 125~126;
상호작용적으로 생성되는 126~127;
지도화와의 관계 114, 116~117,
123~125, 133; 기억 저장과 회상에서
228~229; ~의 신경적 생성 47~48;
비의식적 마음에서 126, 278~281;

의식 속 대상의 297; ~로서 원초적 느낌 51, 52; ~로 유기체를 표상 301; ~의 선택과 배열(순서화) 184~185; ~의 원천 300; ~의 가치 125~126, 399

인센티브(incentives) 97~98, 99~102

인식자로서 자아(self-as-knower) 30~31, 33, 38, 417

인지 기능(cognitive functioning); ~에 관여하는 뇌 구조들 128~129, 391~392; 감정 처리에서 183, 184~186; 무의식적 추론의 증거 424~432

일반 기억(generic memory) 228~230

일화 기억(episodic memory) 228~230, 365

[ㅈ]

자부심(pride) 207~208, 452

자서전적 의식(autobiographica consciousness) 271, 276, 362

자서전적 자아(autobiographical self) 55~56, 271~272, 290~291, 323, 333~339, 350~351, 371~375, 393~394, 450~454

자아(self); ~의 집합적 요소 297; ~ 생성에 관여하는 뇌 영역 50, 56~57, 327~328; ~의 연속적 진화 38~40, 291~292; ~의 이중 개념 30~33; 인간 역사에서 ~의 출현 448~450; ~를 위한 안정된 플랫폼 구축 317, 320; ~의 진화적 장점 415~417; ~ 과정의 진화 291~292; ~의 프로이트적 개념화 283~285; 의식 속 ~의 이미지 297~298; ~의 생성에서 내부감각과 외부감각 306~308, 325~316; ~의 내성적 자기성찰 295; ~의 범위와 강도의 표현 31; ~의 신경과학적 개념화 35~36; 대상으로서의 30~32, 33, 55, 254; ~의 철학적 접근 36~38; ~의 소유물 31~33; ~의 원초적 느낌 133, 297; ~과정의 개념화 30, 50; 감각질과의 관계 409; ~의 반항적 특성 447, 450~451, 453~454; ~ 관찰에 대한 자아의 신빙성 39~40, 295; ~에서의 감정과 느낌의 역할 181~182, 393~394; 사회적 감정과의 관계 210; ~의 구성 단계 54~56, 289~291

자율신경계(autonomic nervous system) 474~476

잠수종과 나비(Diving Bell and the Butterfly, The) 368~369

장신경계(enteric system) 474~476

재귀 신호전달(recursive signaling) 148~149, 150

재입력 신호전달(reentrant signaling) 148~149

전기화학적 신호 전달(electrochemical signaling); 신체-뇌 상호작용에서 162~163; 느낌 상태의 생성에서 405; 뇌의 마음 형성 영역에서 148~151; 신체 내부를 모니터링하기 위해 163~165, 404~405; 신경의 77~78, 443~444, 467~471; ~의 타이밍과 동기화 148~150

전장(claustrum) 341~342, 347

전전두피질(prefrontal cortexes) 378~379, 478

정족수 감지(quorum sensing) 104~105

조류(birds) 59

조직(tissue); 생존을 위한 인센티브
시스템 99~100; 고통과 쾌락 상태의
조절 99~101

죄책감(guilt) 207, 452

주관성(subjectivity); ~의 생성에서 34;
의식 생성에서 ~의 역할 319~320;
~의 진화적 기원 291~292; ~의
진화적 중요성 23; 마음의 의식 있는
상태 경험에서 ~의 역할 254

주의(attention); 정의 321

주체[주인공]으로서 자아(protagonist, self
as) 33, 320~322, 447~448

중뇌피개(tectum) 142

중독(addiction) 438~440

목격자으로서의 자아(witness, self as)
38~40

지도(maps); ~에 관여하는 뇌 구조
117~120, 133; 정의 48, 115~116;
기질과의 대비 221~222; 뇌의
독특한 특징으로서 113; ~의
진화 222; 외부로 향한 감각
통로 311~316; 감정의 느낌에
대한 198~199; 이미지와의 관계
113~114, 116~117, 123~125, 133;
상호작용적으로 생성되는 113~114;
~의 생명 관리 역할 113~114, 127;
내부감각 총괄과의 관계 304~310;
유기체 총괄 310~311; 기억 저장과
회상에서 228; 신경학적으로
형성되는 47~48; 원자아의 304;
감각질 문제로 제기되는 399~400;
~의 원천 대상 121~122; 주관적 산물로서
121~122; 상구의 143~144; 다양한
유형의 133

지연된 만족(delayed gratification) 416~417

지혜(wisdom) 258, 436~437, 451

직감(gut feeling) 280, 297~298, 429~430

진핵세포(eukaryotic cells) 69~71, 80, 95,
108

진화(evolution); 적응 행동의 74~75;
예술의 457~461; 뇌 속 성향
공간과 이미지 공간의 247~248;
~이론에서의 자아의 이중 개념
30~31; 초기 인간 존재 452~455;
사이신경세포와 사이영역의
481~483; 언어 능력의 276; 생명체
68~75; 사회문화적 항상성의 60~61,
454~455

질병실인증(anosognosia) 375

질적 정보(qualitative information); ~에서
감각 기관의 역할 167~168, 311~313

질투(envy, jealousy) 207

짚신벌레(paramecium) 46, 70, 77, 401

[ㅊ]

창의성(creativity) 50, 61, 446

척수(spinal cord); ~의 마음 형성 기능
128~129; 신체 내부 환경의
모니터링을 위한 ~에서 신호 전달
164

청각계(auditory system) 408

체감각피질(somatosensory cortices); ~의
결손 140, 197, 375; 의식 생성에서
~의 역할; 감정과 느낌에서 ~의
역할 195; ~에서 원자아의 생성 316;
~의 역할 140, 172, 195, 315~316,
329, 375

초기 감각피질(early sensory cortices);
해부학 225, 477; ~의 구성 요소 130;

기능 130~131, 363, 422; ~에서의
이미지 만들기 130, 350
최면(hypnosis) 273
추상적 이미지(abstract images) 300
축삭(axons) 47, 77, 78, 344, 345, 403, 464,
466, 467, 468, 470, 472, 474, 476;
~돌기 80, 120
충동(drives); 감정과의 관계 182, 186;
항상성 메커니즘과의 관계 101~102
충동적 행동(impulsive behavior) 441~443
측두피질(temporal cortex) 226, 247, 340,
341, 361, 365, 478
측두-두정 접합부(temporoparietal
junction) 341
측좌핵(nucleus accumbens) 330, 346, 347

[ㅋ]
코르티솔(cortisol) 91, 100, 162, 184, 188
콜린성 핵(cholinergic nuclei) 166

[ㅍ]
파충류(reptiles) 59
편도체(amygdala) 172, 184, 187, 188, 195,
346, 347, 391, 398, 473, 475, 476, 479
편향(bias); 정의 280; ~의 영향 423, 430
평활근(smooth muscles) 96, 133, 160, 161,
167, 309
프로포폴(propofol) 354
피개(tegmentum) 142, 298, 330, 352, 354,
355, 366, 367, 369, 381, 384, 394
피부(skin) 70, 71, 79, 82, 115, 122, 133,
156, 159, 164, 168, 188, 204, 316,
406, 407, 429, 467, 481, 487

[ㅎ]
하구(inferior colliculus) 120~121, 144
학습(learning); ~에 관여하는 뇌
구조 469~470; ~에 관한 현재
이해 217~218; 인지적 무의식의
교육으로서 436; ~이 일어나는 신경
과정 468~471
항상성(homeostasis); ~ 유지를 위한 변화
예측, 100~102, 186, 282, 495, 513;
정의 59, 84; ~을 유지하기 위한 생명
유지 과정 58~59, 82~84, ~ 충동
454; 사회문화적 항상성 61~64,
454~460
항상성 범위(homeostatic range); ~의
조절에서 의식의 이점 102~103;
생물학적 가치로서 93~94; 최적
상태에 대한 의식적 93, 455; 생존
인센티브 시스템에서의 99; 고통 및
쾌락 상태와의 관계 94
해마(hippocampus; 알츠하이머병의 영향
361~362, 365~366; 해부학 473~475;
~의 기능 129, 361, 372~373
핵, 세포(nucleus, cell) 69, 70 ,71, 74
핵심 의식(core consciousness) 271
핵심자아(core self); 자서전적 자아와의
관계 55~56, 60, 290~291, 323,
336~337, 371~372; 동물에서
59~60; ~의 구현을 위한 뇌 구조
307; 의식불명 상태에서 371~376;
물질적 자아로서 55, 504; ~의 펄스
55, 56, 291, 324, 326, 335~337, 338,
387, 503
행복(well-being); ~을 위한 생명
조절에서 의식의 강점 107; 생물학적
가치로서 103; 최적의 생명 조절에
대한 의식적 인식 108

행위 주체성(agency) 327, 330

향정신성 물질(mind-altering substances) 273

혐오감(disgust) 182, 194, 195, 196

호르몬계(hormonal system); 뇌-신체 소통에서 162~163

호메로스와 호메로스의 시(Homer and Homeric poems) 159, 450

호문쿨루스(homunculus) 57, 267, 318, 319, 338

혼수상태(coma) 259, 260, 268, 273, 353, 360, 367, 369, 370, 371, 372, 381, 382, 428

환각제(hallucinogenic drug) 125

환경(environment); ~과 뇌 접점의 신경 구조 480~482

활동 전위(action potential) 468, 469

회색질(gray matter) 53, 133, 136, 138, 140, 142, 144, 166, 167, 168, 169, 188, 189, 201, 268, 305, 307, 328, 346, 347, 349, 384, 476

횡문근(striated muscles) 96, 133, 161, 189

후내측피질(posteromedial cortices); 마취 작용에서 353~354; 알츠하이머병에서의 변화 363~366; 혼수상태 및 식물인간 상태에서 369~370; ~의 구성 요소 345~347; 수렴-발산 영역으로서 역할 339~341, 350~352; 디폴트 네트워크에서 위치 357~360; 사회적 감정의 경험에서 211~212; ~의 위치 345, 350; ~의 대사 활동 358, 366, 369~370; 자기와 관련된 의식 형성 과정에서의 ~ 340, 348~352, 358~360; 수면 상태에서 355~356

후뇌량팽대피질(retrosplenial cortex) 344

후대상피질(posterior cingulate cortex) 344, 364, 365